Un panorama complet des civilisations du monde entier :

HISTOIRE UNIVERSELLE

9

La Révolution française et l'Empire

**Carl Grimberg
et Ragnar Svanström**

Traduction Gérard Colson

Adaptation française
sous la direction de
Georges-H. Dumont

marabout

Collection
marabout université

L'ouvrage original « Världshistoria, Folkens Liv och
Kultur », de Carl Grimberg et Ragnar Svanström, a été
traduit par Gérard Colson et adapté sous la direction de
Georges-H. Dumont.

© P.A. Nordstedt & Söners, Stockholm. Pour la présente
édition : 1964, Ed. Gérard & Cᵒ ; et 1974, **marabout** s.a.
Verviers, et 1983, les nouvelles éditions marabout

LES DÉBUTS DE L'HISTOIRE
DE LA POLOGNE

NOBLES ET PAYSANS

En 1598, un diplomate anglais envoyé par la reine Élisabeth visita la Pologne; il étudia fort soigneusement le pays et en décrivit les habitants comme un peuple fier et vigoureux : " Les nobles y sont très courtois et très réservés dans leurs manières, très polis et très aimables dans leurs rapports avec autrui, hospitaliers et prodigues dans leur façon de vivre. Ce sont de fins gourmets et joyeux drilles qui savent se distraire pendant leurs loisirs et n'éprouvent, au contraire des Hollandais, aucune gêne à ne rien faire. "

Un historien polonais du XVe siècle dit des nobles de son pays : " C'est chez eux une manie de ne rien se reprocher mais de reprocher des tas de choses à leurs subalternes. Ce sont des gens pleins de morgue, beaux parleurs, de vrais héros de théâtre. " Et il ajoute : " Je ne parle pas ici de quelques individus — le peuple entier souffre de cette manie. Nous sommes vaniteux et légers et nous parviendrons bien un jour à nous mettre dans une situation catastrophique. "

Les autres classes de la société polonaise n'avaient aucun droit vis-à-vis de la noblesse. Le gentilhomme n'était même pas cité devant un tribunal s'il lui prenait fantaisie d'assassiner quelque " inférieur ". Les paysans en étaient réduits au servage, parfois fort proche d'un véritable esclavage. Les deux plus graves défauts de la société polonaise étaient la faiblesse du pouvoir exécutif (il s'avérait impossible de former un corps de fonctionnaires dignes de confiance) et l'absence presque complète de classes moyennes. La bourgeoisie des villes était économiquement trop faible pour jouer les troisièmes forces entre la noblesse toute-puissante et les paysans attachés à la terre.

C'est pourquoi les villes polonaises n'ont pas connu l'essor des autres cités européennes, ne sont pas devenues des centres d'entreprise et de progrès. Elles ne pouvaient non plus absorber l'excédent de naissances à la campagne.

LES PIASTS, FONDATEURS DU ROYAUME DE POLOGNE

Nous ne savons rien avec certitude de l'histoire de la Pologne avant la fin du IXᵉ siècle. Les Polonais semblent ne s'être réunis en un seul peuple qu'au début du Xᵉ siècle, un demi-siècle donc après la réunion des Slaves en Russie. Cette fusion ne fut pas réalisée par des gouvernants étrangers, mais par un prince autochtone appelé *Piast*. Il a probablement rassemblé en un seul royaume les tribus slaves de la Moyenne-Vistule et fondé la dynastie des Piasts qui va régner sur la Pologne jusqu'en 1370.

Les Polonais étaient depuis toujours un peuple d'agriculteurs. L'apiculture et la chasse étaient également fort importantes dans leur société. Après la soumission de la Poméranie (qu'habitait un peuple parent), les Polonais se mirent à pratiquer la navigation.

Tout au long de son histoire, le sort de la Pologne est déterminé par sa situation géographique : le pays est pris en étau entre les Russes poussant vers l'ouest et les Allemands adeptes du " Drang nach Osten ". En 1107, l'archevêque Adelgast de Magdebourg disait à ses Saxons : " Les païens polonais sont les plus misérables des hommes mais ils ont le meilleur pays, si riche en bétail, en miel, en grains et en gibier qu'aucune région ne lui est comparable. En marche donc vers l'est, conquérants saxons! Vous pourrez y sauver vos âmes et, en même temps, conquérir les meilleures terres du monde! "

Ces paroles ne tombèrent pas dans l'oreille de sourds. Des troupes de Saxons, toujours plus nombreuses, envahirent la Silésie. Moines et colons suivirent les guerriers. Bientôt, le pays voyait s'élever monastères allemands et fermes allemandes. Les colons amenaient l'ordre et la prospérité partout où ils s'installaient. Ils n'en étaient pas moins haïs pour leur intrusion. La colonisation allemande parvint à son sommet vers 1300 et la Pologne fut de plus en plus germanisée. Les ordres prussiens de chevalerie annonçaient ainsi, et avec quelle vigueur, le nationalisme allemand. Tout un temps, on eût dit que la Pologne entière allait subir une germanisation complète.

L'influence allemande s'accrût avec la dynastie des Piasts car elle recherchait l'appui des empereurs chaque fois que le besoin s'en faisait sentir. Comme les ducs de la Bohême tchèque, les rois de Pologne se plaçaient sous la protection de l'empereur et lui payaient tribut. Des missionnaires allemands convertissaient le peuple au catholicisme, creusant davantage le fossé entre les Polonais et les Russes orthodoxes.

Mais au fil du temps, et avec l'éveil d'un sentiment national polonais, le pays voulut secouer la dépendance où le tenait l'empereur. Dès lors, les Piasts se fixèrent pour tâche le maintien de l'indépendance polonaise. *Boleslas le Hardi* qui dans le même temps régnait à Kiev sous le nom de Vladimir Ier, annexa notamment la Silésie et la Moravie, prit le titre de roi avec l'approbation du pape.

A la mort de Boleslas, ces conquêtes se perdirent très vite. La Pologne était déchirée par les dissensions entre le roi et les grands du royaume, entre la noblesse et les paysans, entre les chrétiens et les païens, voire entre les chrétiens eux-mêmes, car les catholiques se querellaient avec les orthodoxes. La Pologne orientale était harcelée par les Tartares tandis qu'à l'ouest les Allemands continuaient leur pénétration.

Le pays connut un certain renouveau sous *Casimir le Rénovateur* qui accéda au trône en 1034 et sous son fils, le vigoureux mais instable *Boleslas II*, qui combattit les ennemis du royaume et poursuivit l'œuvre paternelle pour le rétablissement des anciennes frontières polonaises.

Boleslas II fut surnommé le " Sauvage ". S'il faut en croire une légende médiévale, " aucune femme, aucune jeune fille n'était à l'abri de ses ruses et de ses stratagèmes ".

Boleslas ne faisait rien pour cacher ses débordements. La cour et le clergé toutefois craignaient tant la colère du roi qu'on ne lui faisait aucun reproche. Seul, le pieux évêque *Stanislas* de Cracovie osa l'exhorter par trois fois à montrer plus de retenue et à songer au salut éternel. Stanislas finit par menacer le roi d'excommunication. Boleslas refusant toujours de s'amender, l'évêque eut l'extraordinaire courage de le mettre au ban de l'Église. Il paya cette audace de sa vie. Boleslas en personne lui fendit le crâne d'un coup d'épée.

Ainsi, Stanislas devint un saint et un martyr, raconte une chronique, et il se produisit des miracles sur sa tombe. Lorsque le roi apprit cette nouvelle, il eut grande horreur de son forfait et tomba dans un tel désespoir qu'il s'enfuit du royaume, comme un Caïn; il parvint en Hongrie sous un déguisement. Comme sa conscience ne lui laissait aucun repos, il résolut d'aller en pèlerinage à Rome pour supplier le Saint-Père de lever l'excommunication.

" Mais, en approchant du monastère bénédictin d'Ossiach en Carinthie, le roi ressentit l'impérieux besoin de s'arrêter là et de vivre désormais dans la pénitence. Il resta donc au monastère et accomplit de bon cœur les plus durs travaux. Parfois, on le moquait, on l'accablait de reproches, on le frappait même pour sa maladresse, mais le pécheur repenti supportait tout avec une patience infinie. Sur son lit de mort seulement, il révéla au prieur sa véritable identité; il confessa le meurtre de saint Stanislas et reçut les derniers sacrements. Puis il mourut, parmi les prières de toute la congrégation. Depuis ce jour, son corps repose dans l'église d'Ossiach. "

D'autres sources prétendent que Boleslas n'a pas quitté volontairement son royaume mais qu'il en a été chassé. Il existe aussi différentes versions de sa mort.

Après la fuite de Boleslas en 1079, la Pologne retomba dans la désunion et l'impuissance. Le royaume s'affaiblit de la même manière que l'empire russe à la même époque. Au XIIᵉ siècle, la Pologne fut également divisée en plusieurs principautés quasi indépendantes et continuellement opposées les unes aux autres. En cette période de déclin national, la colonisation allemande et la germanisation firent d'importants progrès.

La situation s'éclaira en 1241 avec la bataille de Liegnitz contre les Mongols, lorsqu'une petite mais héroïque armée de Polonais et d'Allemands osa tenir tête aux hordes asiatiques. Les Mongols remportèrent la journée; mais la résistance acharnée des Polonais les empêcha de pousser plus loin leur avantage. Liegnitz est leur dernière victoire dans cette partie du monde. Cette bataille épargna à l'Europe occidentale le sort de la Russie.

Une question se pose : pourquoi les empereurs allemands n'ont-ils pas mis la faiblesse de la Pologne à profit pour soumettre le royaume? En fait, depuis l'époque de Frédéric Barberousse, les empereurs étaient entièrement absorbés par des projets de croisade, la défense de leurs intérêts en Italie et la lutte contre les papes.

Au début du XIVe siècle, l'énergique Vladislas Ier sauva la Pologne de la dissolution qui la menait au bord de la catastrophe. Comme le père de Charlemagne, Vladislas était surnommé le " Bref " ou le " Nain ". Sa petite taille ne l'empêchait pourtant pas de lutter avec acharnement pour le bien de son royaume et contre l'influence allemande, exercée surtout à cette époque par les ordres prussiens de chevalerie. Depuis qu'ils avaient poussé jusqu'à la Baltique, les chevaliers teutoniques étaient les plus redoutables ennemis de la Pologne.

En 1325, Vladislas faisait alliance avec le duc de Lituanie. Dès lors, il put lancer une grande offensive contre les chevaliers teutoniques, conduits par le grand-maître de l'Ordre. Le combat fut terrible mais incertain. Toutefois, la Pologne échappait à la plus grande menace; elle ne pourrait plus, désormais, être absorbée ou morcelée par ses voisins occidentaux.

Pour sceller le rétablissement de l'unité nationale, Vladislas convoqua une diète polonaise en 1331, la première d'une longue série de ces assemblées parfaitement ignorantes des principes parlementaires mais fort éprises d'éloquence. L'unanimité y était nécessaire pour chaque résolution de sorte que chaque membre disposait en pratique d'un droit de veto.

A Vladislas succédait en 1333 son fils *Casimir le Grand*, la plus belle figure des dynasties polonaises. Casimir étendit son royaume en prenant d'anciens territoires russes aux Lituaniens et aux Tartares. En Pologne même, il renforça l'union du peuple en installant une administration centralisée de type occidental. Son règne fut le temps de la tolérance et le roi, le père de la patrie. Casimir fit également beaucoup pour asseoir l'économie du pays.

Le peuple polonais, reconnaissant, n'a pas oublié son bon roi Casimir. Non sans raison : ce grand monarque a défendu les pauvres et les faibles contre leurs oppresseurs et délivré du servage une grande partie de la population paysanne. De même, Casimir a rendu de grands services à la culture polonaise en fondant l'université de Cracovie en 1364.

L'attitude du roi à l'égard des Juifs prouve sa tolérance. Ceux-ci avaient toujours été fort nombreux en Pologne. Ils faisaient le commerce de marchandises et d'esclaves, et prêtaient de l'argent. Toutefois, certains d'entre eux étaient paysans. La vie leur fut d'abord très douce mais l'avènement du christianisme donna le signal des persécutions contre " le peuple qui avait crucifié le Christ ". Comme dans les États d'Allemagne, les rois de Pologne durent prendre les Israélites sous leur protection personnelle. Cette assistance ne répondait pas exclusivement à des mobiles humanitaires. Les rois avaient besoin de l'argent juif. En Pologne donc, les Juifs ne tombèrent pas sous les lois du pays mais sous la juridiction immédiate du souverain. Grâce à Casimir, la Pologne ne connut, en cette époque de peste, aucune persécution, alors que les pogroms se multipliaient dans le reste de l'Europe, de la Sierra Nevada aux côtes de la Baltique. La Pologne méridionale devint un refuge pour les nombreux Israélites chassés de Hongrie et de Pologne. Ceci explique pourquoi, jusqu'à notre époque, la Pologne a toujours compté un fort pourcentage de Juifs parmi sa population. Jusqu'au jour où Hitler ordonna l'exécution massive des Juifs polonais, un des crimes les plus affreux de l'histoire mondiale.

En 1370, la dynastie des Piasts s'éteignit avec Casimir le Grand. La Pologne fut alors réunie à la Hongrie sous le neveu de Casimir, *Louis d'Anjou*. Ses sujets hongrois décernèrent à Louis le titre de " Grand ", mais pour les Polonais, il ne fut jamais qu'un étranger. Il dut payer sa couronne de grands privilèges concédés à la noblesse de Pologne, notamment l'exemption fiscale et le monopole des fonctions d'État.

LA DYNASTIE DES JAGELLONS

La réunion de la Pologne et de la Lituanie

A la mort de Louis, la couronne polonaise passa au grand-prince *Jagellon* de Lituanie qui avait épousé une fille de Louis, la charmante *Hedwige*. Les deux royaumes furent donc réunis en 1386 par une union personnelle qui allait devenir une union réelle en 1569.

Les Lituaniens s'étaient formés en État vers le milieu du XIIIᵉ siècle. Au moment où la Russie et la Pologne étaient envers ses deux voisins et sut le convaincre d'attaquer la Lituanie. Au début de ces longues hostilités, la Pologne fut gouvernée pendant quarante-deux ans par *Sigismond Iᵉʳ*, monarque plein d'humanité et très conscient de ses devoirs. Avec l'aide d'excellents collaborateurs, le roi remit de l'ordre dans les finances polonaises. Des caisses bien remplies étaient chose indispensable car Sigismond devait, pour ses guerres contre la Russie, garder une forte armée prête au combat. En outre, il lui fallait tenir la bride aux grands seigneurs polonais et freiner leurs velléités d'indépendance. Comme tous les autres rois de Pologne et de Lituanie, Sigismond eut mille peines à calmer ces encombrants personnages.

Le fils de Sigismond, *Sigismond II Auguste* (1548-1572) dut lutter contre Ivan le Terrible. Le tyran russe voulait exploiter la dissolution de l'ordre teutonique pour s'emparer de Narva et des territoires orientaux de la Livonie, le pays des Chevaliers. La ville protestante de Reval et l'ouest de l'Estonie voulurent se mettre à l'abri par une alliance avec la Suède. A ce moment, le dernier grand-maître de l'Ordre, *Gothard von Kettler*, offrit la Livonie à la Pologne et fit personnellement vœu de vassalité au roi Sigismond-Auguste en tant que duc de Courlande.

LA POLOGNE DEVIENT UN ROYAUME ÉLECTIF

Avec la mort de Sigismond II en 1572, la dynastie des Jagellons s'éteignait en ligne masculine directe. Il restait une descendante : la princesse *Anne*.

Lorsque le peuple polonais devait pourvoir à la vacation du trône, il s'empressait de mêler à la question les querelles sociales et religieuses dont il était coutumier. Cette fois, non moins de cinq candidats au trône obtinrent des voix. On comptait parmi eux le tsar de Russie, un archiduc autrichien et Jean III de Suède. Mais deux d'entre eux avaient bien peu de chances : la réputation d'Ivan le Terrible n'avait rien d'attirant. Quant à l'Autrichien, la majorité de la nation polonaise portait une haine profonde à tout ce qui était germanique. En outre, la Turquie considérait son élection comme un casus belli.

Grâce aux talents diplomatiques et aux caisses bien fournies de l'ambassadeur français, *Henri de Valois*, frère du roi Charles IX de France, emporta la majorité à la Diète. Mais Henri allait régner sur la Pologne sans aucun enthousiasme. A peine son frère eut-il rendu l'âme que le roi de Pologne quitta son royaume, nuitamment et en toute hâte, pour rentrer dans sa chère patrie.

Le successeur de Henri de Valois fut le prince de Transylvanie, *Stéphane Bathory*, à la condition qu'il s'alliât aux Jagellons en épousant la princesse Anne.

Stéphane Bathory allait être pour la Pologne un véritable chef, un souverain pénétré de ses devoirs et, de surplus, un homme très cultivé, mûri par de nombreux voyages. Son grand intérêt pour la culture lui fit fonder en Transylvanie et en Pologne de nouvelles institutions d'enseignement où les jeunes gens pauvres pouvaient aussi recevoir leur éducation. Bon catholique, Stéphane se montra tolérant à l'égard des protestants et des orthodoxes. Son règne fut une bénédiction pour la justice, l'administration et l'économie polonaises. Hélas, ce souverain devait disparaître dix années seulement après son accession au trône.

Stéphane Bathory fut aussi un grand général. Il ouvrit une période de guerres victorieuses contre les Russes, alors également opposés aux Suédois. La Pologne et la Suède livrèrent une bataille côte à côte et défirent la Russie en 1578, près de Wenden, en Livonie. Par ailleurs, la collaboration entre les deux royaumes était fort gênée par leur rivalité au sujet de cette même Livonie.

La Pologne connut à cette époque son premier, et pour des siècles son unique grand poète, *Jean Kochanowski*. C'est dans le sud, en Italie, que son art a pris son essor et Kochanowski est, à plus d'un égard, très proche d'Horace. Une paraphrase du *Livre des Psaumes* lui valut sa réputation de plus grand poète polonais; c'est une émouvante interprétation pénétrée d'un profond sentiment religieux. Il écrivit également des élégies, des satires dans le ton d'Horace, de la poésie humoristique et un drame de style classique. Sa plus belle œuvre consiste en de splendides élégies où il pleure la mort prématurée de sa fille.

LES VASA SUR LE TRÔNE DE POLOGNE

En 1587, la Pologne et la Suède semblaient devoir cesser de combattre pour la Livonie. Stéphane Bathory était mort l'année précédente. *Sigismond*, l'héritier du trône de Suède avait été désigné comme son successeur. Sigismond était le fils de Catherine, la sœur du dernier Jagellon. Les patriotes polonais espéraient de cette union avec la Suède de grands avantages pour leur commerce dans la Baltique.

Mais au lieu de réaliser l'union entre la Pologne et la Suède, l'avènement de Sigismond devait susciter d'amères rancœurs entre les deux pays. Sigismond resta catholique, un catholique fanatique. Il fut pour cette raison détesté par une partie considérable de ses sujets, " dissidents ", orthodoxes, protestants et membres de diverses sectes. Le nouveau roi fit une surprise fort désagréable aux Polonais ayant travaillé à son élection. Sigismond, en effet, entama des pourparlers secrets avec les Habsbourg puis, il épousa une princesse autrichienne. Ces deux initiatives que tout Polonais devait trouver détestables, s'accompagnaient d'une prédilection non déguisée pour la culture allemande.

Sigismond n'était pas plus populaire en Suède. De larges couches de la population, avec à leur tête l'oncle de Sigismond, le duc *Charles de Sudermanie*, ne désiraient pas voir sur le trône un catholique aussi pointu. Le règne de Sigismond finit donc par provoquer, non pas une réunion fructueuse entre la Suède et la Pologne, mais une guerre entre la branche suédoise et la branche polonaise de la famille Vasa. Le duc Charles vainquit les troupes polonaises de Sigismond à Stangebro, en 1598. L'année suivante, Sigismond était chassé du trône de Suède. La Livonie redevint la pomme de discorde entre Suédois et Polonais.

En 1600, le duc Charles se mit en marche pour conquérir cette province balte et forcer son neveu à l'abdication. Au printemps 1601, presque toute la Livonie était en son pouvoir. Mais la chance tourna bientôt. La bataille de Kircholm, aux environs de Riga, en 1605 donna aux soldats polonais l'une de leurs plus glorieuses victoires. Trois mille quatre cents Polonais y anéantirent à peu près la moitié d'une armée de 12 000 hommes, composée de Suédois et de mercenaires venus de plusieurs nations. Le duc Charles lui-même eut toutes les peines du monde à rentrer en Suède.

La victoire n'offrit pas d'avantages durables à la Pologne car le malaise entre le roi et son peuple dégénérait en un conflit ouvert.

Par ailleurs, Sigismond s'intéressait toujours plus à la lutte pour le trône de Russie. Le temps du " grand désordre " était arrivé. Le colosse moscovite vacillant sur ses bases, la Pologne et la Suède transportèrent leurs hostilités sur son territoire pour se disputer le butin. Pour l'une comme pour l'autre, l'élection de Michel Romanov en 1613 fut une amère désillusion.

En 1621, Gustave-Adolphe II suivit l'exemple de son père. Il marcha sur la Livonie, conquit Riga puis occupa toute la côte prussienne à l'exception de Dantzig qui resta fidèle à Sigismond. En 1629, il signait avec Sigismond l'armistice d'Altmark, pour lequel Richelieu avait fait office de média-teur. La Suède gardait la plus grande partie de la Livonie, Riga et plusieurs ports prussiens très importants, à l'est de Dantzig.

La guerre contre la Suède

La vie de Sigismond III ne fut qu'une longue suite de tentatives avortées pour prendre part à la politique mondiale. Il mourut en 1632, la même année que son oncle et grand adversaire, Gustave-Adolphe II. Son fils, *Vladislas IV*, qui avait été quelque temps tsar de Russie, fut un monarque vigoureux et sympathique, mais dès le jour de son élection, son pouvoir fut strictement limité par la Diète. Ses talents n'eurent donc que peu d'utilité pour son peuple.

Pendant un demi-siècle, les révoltes des Cosaques avaient été coutumières en Pologne comme en Russie. Mais le soulèvement de 1648 fut plus dangereux que tous les autres car les rebelles avaient un excellent chef : l'hetman *Bohdan Chmielnicki*; alors que la Pologne avait pour roi le faible *Jean-Casimir*, frère de Vladislas. Chmielnicki conclut une alliance avec le khan tartare de Crimée. La guerre civile s'étendit à tout le territoire polonais; elle provoqua de terribles pertes en hommes et en biens.

Le monde musulman tout entier était alors au comble du bonheur. Car il espérait détruire la Pologne, le bastion du christianisme. Heureusement, Jean-Casimir put enfin disposer d'une armée capable de faire pièce à Chmielnicki et à ses troupes tartares ou turques. Mais, cette fois, la victoire polonaise n'eut aucun résultat positif. A peine les Polonais l'eurent-ils remportée que des dissensions entre le roi et la noblesse paralysèrent les opérations militaires. En 1664, Chmielnicki se plaçait sous la souveraineté du tsar Alexis.

Sigismond III Vasa, le dernier des Jagellons, roi de Pologne en 1587. Il hérita de la couronne de Suède en 1592. Gravure sur cuivre de Jonas Suyderhoef.

La Russie, de plus en plus menaçante, se trouvait sur le point d'envahir les régions côtières de la Pologne. Le roi de Suède *Charles X Gustave* choisit ce moment pour prendre part à la guerre. Le prétexte officiel était la défense de la Livonie. En fait, les Suédois voulaient empêcher les Russes d'atteindre la Baltique en brisant la barrière côtière édifiée contre eux par Gustave-Adolphe. Charles-Gustave déclara donc la guerre à la Pologne soi-disant parce que son petit-neveu Jean-Casimir ne voulait point renoncer à ses droits au trône de Suède.

Jean-Casimir s'enfuit devant les Suédois. Les deux capitales de la Pologne, Varsovie et Cracovie, se rendirent à l'ennemi. Seul un miracle pouvait encore sauver le royaume.

Et le miracle eut lieu.

Le monastère de Tyszowice et sa statue miraculeuse de la Vierge résistèrent aux Suédois. L'ennemi dut se retirer après quatorze jours de siège.

L'admirable défense de Tyszowice fut le signal d'un soulèvement du peuple polonais tout entier. Cette révolte inopinée força Charles-Gustave à demander l'aide de l'électeur Frédéric-Guillaume Ier de Brandebourg. La Suède et le Brandebourg unirent leurs forces à la bataille des Trois-Jours près de Varsovie, en juillet 1656. Les deux alliés repoussèrent les assauts des hussards et des Tartares polonais pour finalement les mettre en fuite. Grâce au génie stratégique de Charles-Gustave, 18 000 hommes en défirent plus de 50 000, un exploit qui allait susciter l'étonnement admiratif de Napoléon lui-même.

Lorsque le Danemark déclara la guerre à la Suède, Charles-Gustave dut quitter le champ de bataille où il avait remporté tant d'inutiles victoires. Mais après sa mort, par la paix d'Oliva, la branche polonaise de la famille Vasa dut abandonner toute revendication au trône de Suède. La Pologne, tout en gardant le reste de son territoire, devait céder, de façon définitive, la Livonie à la Suède. La guerre contre la Russie qui avait succédé à la révolte de Chmielnicki se termina en 1667 par l'armistice d'Andrussowo qui, en fait, fut une longue paix. La Pologne partageait l'Ukraine avec la Russie, le Dnieper formant ligne frontière. Toutefois, le pays éprouvait une perte sensible dans le passage de Kiev à la Russie. Dans la lutte entre les deux puissances voisines, l'empire des tsars avait définitivement pris l'avantage.

L'année suivante, Jean-Casimir perdait inopinément son meilleur appui par la mort de sa femme *Marie-Louise*, princesse française qui, après avoir été sa belle-sœur, était devenue son épouse. Dans sa tristesse, Jean-Casimir abandonna le trône de Pologne et partit, simple particulier, vers le pays de sa femme où il mourut en 1672.

Le grand malheur de la Pologne restait son fameux *liberum veto*. Chaque membre de la Diète pouvait écarter une résolution en lui refusant l'unanimité indispensable. Le sort de tout un peuple dépendait de l'homme à qui il prenait caprice de se lever et de dire à l'Assemblée : " Je m'oppose ". La célèbre " anarchie polonaise " reposait sur cette loi du veto; la noblesse y voyait une condition vitale pour le bien-être de la patrie; en réalité, le veto permettait une " anarchie systématique et organisée ". La noblesse polonaise, un million de personnes sur quatorze millions d'habitants, dominait entièrement les diètes.

Jean Sobieski

L'abdication de Jean-Casimir fut le signal de graves conflits internes. Par surcroît, les Turcs mirent l'occasion à profit pour pénétrer en Pologne. En 1672, ils assiégeaient Lemberg (Lvov) avec une armée de 275 000 hommes. Cette ville, puissamment fortifiée, avait repoussé trois sièges pendant les guerres contre la Suède. Cette fois encore, elle fut de taille à résister. Mais, devant l'immense supériorité des armées orientales, le gouvernement polonais conclut la paix cette même année. Il cédait l'Ukraine polonaise au sultan et promettait de lui verser un impôt annuel.

Dès l'année suivante, le général polonais *Jean Sobieski* prenait une belle revanche sur les Turcs en leur infligeant une cuisante défaite. Il s'ouvrait ainsi le chemin du trône. Sobieski devint roi de Pologne sous le nom de Jean III.

Jean III poursuivit la guerre contre les Turcs avec plein succès. Dans ce but, il s'était allié à l'empereur. Le roi mit le dernier fleuron à l'œuvre de sa vie en remportant la grande victoire de Vienne en 1683, aux côtés du maréchal autrichien Charles de Lorraine. Les hussards polonais décidèrent du sort de la bataille. Sobieski apprit l'heureuse nouvelle au pape Innocent XI par une lettre dans laquelle il disait : " *Venimus, vidimus, Deus vicit !* " (Nous sommes venus, nous avons vu, Dieu a vaincu). La même année, il remportait une seconde grande victoire, libérant la Hongrie du joug turc. La Chrétienté était sauvée. Jean Sobieski devint le héros de l'Occident. Son nom seul inspirait aux Turcs et aux Tartares plus de crainte que des armées entières.

Mais quel avantage la Pologne retirait-elle de ce glorieux exploit? Rien d'autre que l'honneur de l'avoir accompli. Les soldats polonais avaient sauvé l'une des puissances qui, un siècle plus tard, allait déchirer leur patrie.

Jean Sobieski poursuivit la guerre contre les Turcs mais les opérations n'aboutirent à aucun résultat véritable. Tantôt ses propres troupes abandonnaient le roi, tantôt celles de l'empereur Léopold, son envieux allié, lui faussaient compagnie. Toutefois, le grand général avait brisé l'offensive turque. Et pour de bon. Son plus grand mérite historique est d'avoir déterminé ce tournant de la lutte entre le Christianisme et l'Islam.

La belle carrière de Jean Sobieski devait finir en tragédie. La maladie, des revers sur le champ de bataille et en politique vinrent assombrir ses dernières années. Jean ne vécut pas assez longtemps pour voir la paix de Karlowitz, résultat de ses efforts contre les ennemis de la Chrétienté. Sa vie privée ne fut guère plus heureuse. Le roi avait épousé une jolie Française, pleine d'éclat et de joie de vivre, mais le mariage fut empoisonné par l'esprit de gaspillage et les intrigues de l'épouse. Le couple royal avait trois fils et une fille. Les deux frères aînés vivaient en état de querelle permanente. Le père prenait parti pour l'aîné, la mère pour le cadet. Lorsque Jean III rentrait chez lui après d'épuisantes campagnes, il n'y pouvait trouver le calme dont il avait tant besoin.

Sur son lit de mort, le roi se vit rappeler par son confesseur qu'il devait faire un testament. Jean refusa, plein d'une amère résignation : " Personne ne m'a obéi de mon vivant. Comment serais-je assez fou pour croire qu'ils vont en faire selon ma volonté après ma mort? "

La fin de Jean Sobieski signifiait la fin de la grandeur polonaise. Le roi défunt avait sauvé tout un continent mais il n'avait pu protéger son pays de la catastrophe menaçante.

AUGUSTE LE FORT

L'Alcibiade de Dresde

La Pologne subit alors des humiliations de toutes sortes. Lorsqu'il fallut choisir un successeur à Jean Sobieski, ce ne furent pas les Polonais eux-mêmes mais des puissances étrangères qui décidèrent de l'élection. Un candidat avait la faveur du peuple : c'était un Français, le prince de Conti, cousin du " Grand Condé ". La Russie, l'Autriche et le Brandebourg voulaient imposer à la Pologne l'électeur Frédéric-Auguste de Saxe. L'élection eut lieu sous la pression des troupes russes : Frédéric-Auguste arriva le premier sur les lieux. Il adopta officiellement la religion catholique et intervint avec ses troupes saxonnes. Il triompha ainsi de son rival et monta sur le trône de Pologne sous le nom d'*Auguste II*.

Auguste était né en 1670. Peu doué pour l'étude, il déclarait dans sa jeunesse : " Un homme n'a besoin que d'une bonne épée pour se pousser dans le monde. " Son idéal était d'être un jour chevalier célèbre. Il se mit très tôt à fréquenter les dames de la cour qui d'ailleurs admiraient fort ses beaux yeux, ses cheveux bouclés et sa grande force physique. Liselotte, la belle-sœur de Louis XIV, constatait que " Paris a entièrement corrompu Auguste ". Mais il devait se corrompre bien plus encore à Venise où la vie nocturne était comme " un chaudron de sorcière où bouillaient toutes les voluptés ".

En 1693, un an avant de devenir prince électeur, Auguste épousait une princesse brandebourgeoise, sa cousine *Christiane Eberhardine*, dont les principes et la piété n'eurent pas la moindre influence sur ce fougueux mari. La vie conjugale de Christiane ne fut qu'une longue suite de désillusions. En 1694, Auguste nouait sa fameuse liaison avec la belle *Aurora Königsmark* qui passait pour avoir huit ans de moins que son amant princier mais en avait huit de plus.

Très cultivée, Aurora se conduisit avec tant de tact qu'elle parvint à se gagner jusqu'aux sympathies de la princesse elle-même. En 1696, elle mit au monde un robuste garçon qui allait devenir un grand stratège : *Maurice de Saxe*. Trois semaines auparavant, Christiane Eberhardine avait, elle, donné le jour à un pauvre avorton : le futur prince électeur et roi *Auguste III*.

Lorsque la belle Aurora revint à la cour de Dresde après ses relevailles, elle trouva la place prise par une autre femme. L'infidélité de son amant n'avait rien pour la surprendre. De plus, elle était trop intelligente pour s'abaisser à des scènes pénibles. L'ancienne passion d'Auguste et d'Aurora se changea en une amitié paisible et confiante. L'ex-favorite sut garder ainsi une position influente à la cour de Saxe.

Parmi les nombreuses femmes qui prirent ensuite la place d'Aurora Königsmark, figurent la jolie Turque Fatima et la princesse polonaise Lubomireka. La comtesse de Kosel fut la plus connue des maîtresses princières après Aurora, non seulement parce qu'elle passait pour la plus belle femme de Saxe mais aussi pour son extraordinaire prétention. En 1727, Auguste, devenu veuf, adressa plusieurs demandes en mariage, notamment à la tsarine Élisabeth. Ce furent autant d'échecs.

Les multiples aventures d'Auguste, " l'Alcibiade de Dresde " coûtaient fort cher au trésor saxon. Parties de chasses, mascarades et autres divertissements coûteux se succédaient à la cour. Auguste se souciait peu de toutes ces dépenses : le prince était persuadé que ses alchimistes lui donneraient un jour de l'or à profusion et il continuait, malgré les échecs, à financer leurs dispendieuses expériences.

Plus encore que les plaisirs de leur prince, l'union avec la Pologne irritait les Saxons. A cette nouvelle, ce ne furent que cris et lamentations de la part du peuple de Saxe : le prince abandonnait donc la vraie foi pour se faire Polonais! Coururent alors les rumeurs les plus folles. La Saxe, ce berceau de la Réforme luthérienne, allait retourner sous la domination du pape!

Il ne faudrait pas en conclure qu'Auguste II n'a rien fait pour ses deux royaumes. Le roi a, sans aucun doute, offert la prospérité à ses Saxons en stimulant le commerce et l'industrie, en créant de nouvelles sphères d'activité économique. La foire de Leipzig, datant du Moyen Age et célèbre dès le XVIe siècle, crût encore en prestige grâce aux efforts de la cour. Nombre de commerçants y affluaient de tous les pays. On y négociait les pelleteries et le cuir du nord et de l'est, la soie venue du sud et les articles de mode en provenance de l'ouest. Des filatures et d'autres fabriques s'installèrent en Saxe. Auguste lui-même offrit le château inhabité de Meissen à une manufacture de porcelaines dont la célébrité allait s'étendre au monde entier. Le roi restait le principal client de la fabrique.

Auguste s'est également fait un nom comme mécène et ami des arts. Les collections installées avant son règne dans le palais de Dresde s'accrurent, grâce à lui, par d'importantes acquisitions dans plusieurs pays. Non content d'être le plus fin connaisseur de son époque en matière d'art, Auguste adorait la musique et le théâtre. C'est sous son règne que l'opéra de Dresde acquit sa grande réputation.

Le prince électeur fit de Dresde la Florence de l'Allemagne. De cette époque datent ses splendides boulevards et le non moins splendide pont Auguste, sur l'Elbe. Le prince collaborait avec d'éminents architectes pour embellir sa capitale. Il étudiait les plans, supervisait les travaux du palais, n'était jamais à court d'idées originales. C'est à Dresde que l'architecte Poppelmann édifia son chef-d'œuvre, le *Zwinger*, l'avant-cour d'un palais qui ne fut jamais construit. L'allégresse baroque de ses péristyles fait écho à l'énorme joie toujours de mise à la cour d'Auguste le Fort. L'édifice fut endommagé par les bombardements à la fin de la seconde guerre mondiale, mais il est aujourd'hui restauré en grande partie.

Auguste II installa dans sa capitale un musée de peinture dont les collections furent enrichies par son fils Auguste III. C'est un des plus beaux musées du monde. Jamais encore de telles merveilles n'avaient été rassemblées de ce côté des Alpes.

Jusqu'à la seconde guerre mondiale, le *Zwinger* d'Auguste II, ses collections artistiques, son musée et son opéra attirèrent à Dresde des touristes venus de toutes les parties du monde. Les millions dépensés par le prince électeur allaient donc donner plus tard d'énormes intérêts.

Auguste dans la Grande Guerre du Nord

Avant son couronnement en 1697, Auguste avait juré à ses sujets polonais de leur rendre la Livonie. Le peuple, déchiré par les guerres, désirait ardemment la paix. Néanmoins, Auguste rompit avec la politique pro-suédoise de Jean Sobieski et entraîna la Pologne dans la Grande Guerre du Nord, au seul avantage de ses trois voisins les plus dangereux, la Russie, la Prusse et l'Autriche. Auguste, qui avait escompté faire une promenade triomphale en Livonie, fut cruellement déçu. La guerre dura des années et conduisit la Pologne plus près encore du déclin. Personnellement, le roi devait y laisser son trône; après sa campagne de Pologne, le vainqueur, Charles XII, offrit la couronne au prince polonais *Stanislas Lekzinski*.

Charles signait la paix avec la Pologne l'année suivante, mais le malheureux pays n'avait pas fini de souffrir.

Auguste poursuivit la lutte avec des troupes saxonnes et les contingents que lui envoyait le tsar Pierre. Le général suédois Rehnsköld détruisit presque entièrement la propre armée d'Auguste à Franstdadt en 1706. Charles XII infligea de lourdes pertes aux Russes près de Grodno. Ensuite, l'armée suédoise pénétra en Saxe, forçant Auguste à céder cette couronne de Pologne qu'il avait acquise au prix de si grands efforts, à reconnaître Stanislas et à rompre son alliance avec les ennemis de la Suède.

Stanislas Ier était un roi beaucoup plus sympathique que l'intrigant Auguste le Fort, mais son règne fut éphémère. Dès 1709, Auguste II, exploitant la défaite de Charles XII à Poltava, parvenait à reprendre le trône avec l'appui des Russes. Dès lors, il régna par la grâce du tsar. Pierre Ier était le véritable maître du pays. L'ambassadeur du tsar jouait le rôle d'arbitre entre le roi de Pologne et le peuple.

Pierre et ses successeurs s'immiscèrent brutalement dans les affaires polonaises sous le prétexte de " défendre le droit et les lois de Pologne ". Les occasions d'intervenir ne leur firent jamais défaut car les Polonais traitaient fort mal leurs minorités protestante et orthodoxe que la Prusse et la Russie avaient respectivement prises sous leur protection. Par le traité de Potsdam en 1720, Pierre Ier de Russie et Frédéric-Guillaume Ier de Prusse donnèrent une garantie d'assistance aux dissidents polonais. C'était garantir en même temps l'anarchie.

Lorsque l'heure en sera venue, cette anarchie entraînera le partage de la malheureuse Pologne.

TURCS, AUTRICHIENS ET PRUSSIENS

GUERRES EN EUROPE ORIENTALE

L'empire ottoman après Soliman II

En 1529, les redoutables janissaires de Soliman II se trouvaient aux portes de Vienne. Le " péril turc " avait inspiré à Luther son fameux cantique " Ein festes Burcht ". Après la mort de Soliman II, ses successeurs prirent pour objectif Vienne, le plus puissant bastion de la Chrétienté à l'Est.

Par bonheur pour l'Europe, ces années marquent aussi, à l'intérieur même de l'empire ottoman, le début d'une période de déclin qui correspond à divers égards au " grand désordre " sévissant alors en Russie. C'est la grande époque du harem ; les favoris de ces dames et leurs gardes du corps se disputent charges et prébendes. L'empire tombe en quenouille et ce gouvernement des femmes s'exerce dans la plus infernale gabegie. Les grades d'officier vont au plus offrant, les nominations ne tiennent aucun compte de la compétence militaire. La discipline s'effrite, l'armée perd de sa combativité, l'arrogance et les excès des janissaires empirent de jour en jour. Sultans et grands vizirs vont et viennent selon l'arbitraire des factions les plus puissantes.

A l'étranger, ce spectacle haut en couleurs, sanglant et dramatique est suivi avec passion. L'ambassadeur anglais prédisait, au printemps 1623, que, si les choses continuaient à ce train, l'empire ottoman allait droit à sa perte. Dans le mois même où l'Anglais faisait cette sombre prédiction, les janissaires pénétraient dans le Sérail, déposaient un sultan faible d'esprit et proclamaient à sa place *Mourad IV*, encore mineur lors de l'événement.

Par ce coup d'État, les janissaires s'étaient, en fait, creusé leur propre tombe. Ils ne tarderaient pas à comprendre que le sultan qu'ils s'étaient donné voulait être autre chose qu'un simple jouet aux mains de ses gardes. Mourad fut longtemps un très paisible jeune homme. Il aimait par-dessus tout se promener, perdu dans ses rêves, par les allées de ses vastes jardins d'agrément ; il écrivait des poèmes mélancoliques et se donnait beaucoup de peine pour acquérir une très belle écriture. Mais quand il eut atteint ses vingt et un ans, il se produisit un événement qui, de l'humaniste rêveur et du doux calligraphe fit un homme d'État, un guerrier et même un bourreau.

Sur l'avis de ses proches conseillers, Mourad, sans demander l'opinion des janissaires, démit le grand vizir en fonction et le remplaça incontinent. Le soulèvement des janissaires ne se fit pas attendre. Après une nouvelle irruption dans le Sérail, les émeutiers exigèrent la tête des conseillers du sultan. Mourad dut céder à la force ; le sang du grand vizir qu'il s'était lui-même choisi éclaboussa la robe du jeune sultan.

Jamais Mourad n'oublia la crainte mortelle et l'humi-liation qu'il avait dû subir en ces jours mémorables. Il jura de se venger de la plus sanglante façon. Mourad n'épargnait aucun moyen d'étoffer son trésor personnel. Cet argent devait lui servir à se procurer une garde fidèle et, quand les temps lui seraient propices, à frapper son grand coup. Il écartait de sa route, l'un après l'autre, tous ses adversaires véritables ou potentiels. Le nombre des janissaires fut limité à la cour ; une des méthodes du sultan était d'envoyer les gardes mener au loin des expéditions périlleuses ; par contre, il renforça les effectifs des troupes régulières en garnison dans le pays. Les grands de l'empire se mirent à trembler, convaincus maintenant que la moindre négligence ou la plus petite tentative de révolte serait pour eux la mort immédiate. Personne n'osait encore lever le petit doigt contre le terrible sultan. Les vizirs n'étaient plus que ses esclaves. De plus en plus, Mourad prenait plaisir à verser le sang de ses sujets. Mais le peuple adorait ce souverain qui réservait sa cruauté aux malfaiteurs et aux grands de l'empire.

Le règne de Mourad finit tristement; il se tua à force de boire, en 1640, alors qu'il était encore relativement jeune.

A Mourad succéda son frère *Ibrahim Ier*; comme despote, Ibrahim valait son prédécesseur. La cruauté et la soif de jouissances semblent avoir été ses traits essentiels. Pour l'amour de ses nombreux favoris, il vidait les caisses de l'empire. Il se faisait partout des ennemis. En 1648, au moment où il s'apprêtait à faire assassiner les principaux officiers des janissaires, la mesure fut comble et il tomba victime d'une conjuration.

Le seul successeur possible était son jeune fils *Mahomet IV*, alors âgé de sept ans. Le pays fut d'abord gouverné par la mère d'Ibrahim, ensuite par la mère du jeune sultan. Ce gouvernement des femmes mena une fois de plus à l'anarchie et au soulèvement des " prétoriens ". Mais l'empire fut encore sauvé, cette fois par un vieillard de soixante-dix ans, *Mahomet Köprulu*, surnommé le " Richelieu ottoman ".

La carrière de Köprulu montre qu'à certains égards, les mœurs turques n'étaient pas imperméables à la démocratie. Né en Albanie, il avait commencé sa carrière comme gâte-sauce dans les cuisines du sultan. Son intelligence et ses talents culinaires le poussèrent au rang de maître des cuisines puis de maître d'hôtel; plus tard encore, il fut jugé apte aux emplois militaires. En 1656, la veuve du sultan Ibrahim lui offrit le poste de grand vizir; Köprulu accepta mais à la condition d'avoir liberté complète, notamment en ce qui concernait la nomination et le licenciement des fonctionnaires et officiers. L'exigence était énorme, mais Köprulu eut gain de cause, à la réprobation générale. Pachas et chefs ecclésiastiques protestèrent vigoureusement; Köprulu n'était, disaient-ils, rien d'autre qu'un vieillard retombé en enfance et, au surplus, parfait analphabète.

Il apparut bientôt que le gâteux se défendait encore fort bien et que l'analphabète s'entendait mieux à l'organisation de l'État que de nombreux savants. Les contemporains, frappés de stupeur, durent avoir l'impression de voir Mourad sortir de sa tombe : fonctionnaires corrompus, juges indignes, officiers incapables et soldats rebelles étaient mis à mort sans aucune pitié. Durant ses cinq années de pouvoir, Köprulu aurait fait exécuter quelque 35 000 per-

sonnes. Comme de juste, les résultats furent à l'avenant :
le grand vizir tenait parfaitement la situation en main.

Sur son lit de mort, Köprulu exhorta le jeune sultan
Mahomet IV, alors âgé de vingt ans, à ne jamais prêter
l'oreille aux avis des femmes et à tenir toujours ses troupes
bien occupées dans les expéditions militaires et les sièges.

Mais, tout comme les sultans, les grands vizirs se suivent
et ne se ressemblent pas. Mahomet IV fut un parfait despote
et le successeur de Köprulu un parfait flagorneur.

Les Hongrois et la liberté

A cette époque, nul cadeau n'aurait fait plus de plaisir
au sultan que la riche ville de Vienne. Les Turcs n'avaient
jamais entièrement renoncé à leur projet de conquérir la
cité impériale. L'occasion leur parut favorable d'attaquer
la Hongrie où régnait une forte opposition entre le roi et
le parlement, entre Allemands et Hongrois, villes et campagnes, noblesse et peuple, catholiques et protestants.

Après la bataille de Mohacs en 1526, l'empereur
Ferdinand Iᵉʳ de Habsbourg avait coiffé, en Hongrie, la
couronne de Saint-Étienne. Mais ses successeurs ne
régnèrent, en réalité, que sur les comtés avoisinant la Styrie
et l'Autriche proprement dite, et sur les riches districts
miniers de la Haute Hongrie. C'étaient, du reste, les régions
les plus peuplées et les plus prospères du royaume magyar.

La puissance politique et économique se trouvait entièrement aux mains de la haute noblesse qui possédait
d'immenses domaines, un grand nombre de serfs, cavaliers
et châteaux fortifiés; mais la petite noblesse, fort nombreuse, jouait elle aussi un rôle des plus importants. Ces
petits hobereaux étaient gens fort impulsifs, chevaleresques
ou cruels selon leur caprice du moment; avant tout de
hardis cavaliers, montrant fort peu d'intérêt pour les livres
et la culture, d'énormes buveurs et d'incorrigibles égoïstes.
Dès qu'ils croyaient en danger *leurs* privilèges qu'ils
appelaient " les libertés hongroises ", leur patriotisme ne
connaissait plus de bornes. Aristocrates anarchistes dans
un monde où la monarchie absolue avançait chaque jour
à pas de géant, les nobles de Hongrie suivaient d'un œil
fort soupçonneux la politique de la cour de Vienne. Quand
l'empereur, qui connaissait fort bien les faiblesses du
peuple hongrois, garnit les forts frontaliers de mercenaires
allemands, les ombrageux Magyars en furent inquiets et

vexés. En 1659, l'ambassadeur de Venise constatait que : " Les Hongrois veulent que l'empereur les défende, mais ne peuvent souffrir qu'il y emploie ses propres soldats. "

La Sublime Porte n'ignorait rien de cette situation et comptait sur la passivité des nobliaux hongrois lorsqu'elle lancerait enfin sa marche sur Vienne. La petite noblesse hongroise était en majorité protestante et le catholicisme des Habsbourg n'était pas fait pour arranger les choses. En Hongrie turque, soit la plus grande partie de la vaste plaine couvrant le centre du pays, tous les cultes étaient tolérés. Les Ottomans méprisaient trop le christianisme pour se donner la peine de vouloir convertir les chrétiens. Dans la première moitié du XVIIe siècle, les protestants avaient reçu aide et assistance de leurs princes dans une troisième partie de la vieille Hongrie, la Transylvanie, une région montagneuse à l'est du pays et, en 1645 encore, *Georges Ier Rakoczi* avait su obtenir de l'empereur que les protestants pussent y exercer librement leur culte. Depuis lors, la Transylvanie, par suite de querelles intestines, avait cessé de jouer un rôle dans la politique hongroise et le nouveau prince, *Michel Apafy*, n'était guère plus qu'un vassal de l'empire ottoman. Aussi bien, la cour de Vienne avait-elle commencé, en étroite collaboration avec la haute noblesse catholique, son œuvre de catholicisation; à leur plus grand dépit, les protestants hongrois virent la veuve de leur prince Rakoczi se vouer à cette tâche. Les prédicateurs calvinistes étaient au désespoir et saluaient les Turcs du nom de libérateurs.

L'invasion turque et la paix de Vasvar

" Va, chien, prépare le plan d'une nouvelle campagne et tâche de garder ta tête sur tes épaules! " C'est en ces termes que le sultan Mahomet IV se serait adressé à son grand vizir *Ahmed Köprulu*, fils et successeur de Mahomet Köprulu. Ahmed savait bien ce que son maître entendait par-là : l'été venu, l'armée ottomane devait absolument se trouver en opérations; il résolut de diriger son attaque contre les possessions autrichiennes.

L'Autriche vivait alors sous le règne de l'empereur *Léopold Ier*, un prince des plus éclairés et des plus éclectiques. Léopold s'intéressait indifféremment aux inventions techniques, à l'histoire, aux expériences de physique, à la théologie, aux mathématiques et aux beaux-arts. Il était, en outre, très bon musicien. Léopold Ier était dévoué à sa tâche, consciencieux, probe et plein de bienveillance. Il montrait, parmi ses principales vertus, un sens très développé de la justice, un jugement sain et beaucoup de bonne volonté. Mais il n'avait rien d'un grand politique. Son indécision semblait devoir conduire aux pires catastrophes. Léopold répugnait à l'action. Même après s'être rendu compte à quel point ses ministres négligeaient l'État pour leurs propres intérêts, il différait leur renvoi de jour en jour. Léopold Ier pensait, comme Louis XIV, qu'il tenait du Tout-Puissant sa mission sur terre. Cependant, le Roi-Soleil voyait le monde comme un immense théâtre où il jouait le rôle principal sous les traits de Mars ou Jupiter. Léopold, par contre, fuyait l'arène politique pour aller se réfugier dans sa salle de musique ou à l'église.

En avril 1663, les Turcs déclaraient solennellement la guerre; en septembre, les hordes de cavaliers tartares passaient la frontière de Moravie. Villes et villages flambaient derrière eux. Plus de 20 000 hommes, femmes et enfants furent emmenés en esclavage. La terre autrichienne entendait à nouveau sonner le tocsin, "la cloche des Turcs"; son peuple fuyait une fois encore devant la fureur ottomane.

Si Ahmed Köprulu avait eu, dès ce moment, la bonne idée de marcher droit sur Vienne, rien n'eût arrêté l'élan de ses troupes et sauvé la capitale impériale. Mais comme il tenait d'abord à s'emparer des principales forteresses défendant la frontière, il dut commencer par établir ses quartiers d'hiver. Ceci fait, les Turcs lancèrent une action psychologique très vigoureuse pour détacher les Hongrois de l'empereur. Ce fut une véritable "offensive du sourire". Les Turcs rappelaient les liens de parenté entre le peuple hongrois et le peuple turc, payaient comptant tout ce qu'ils achetaient, allaient même jusqu'à distribuer des aumônes. Cette adroite propagande fut loin de rester sans résultats.

La trop grande méticulosité d'Ahmed Köprulu sauva Vienne. Son adversaire mit ce temps à profit pour rassembler ses forces. Le maréchal d'empire *Montecuccoli*, resté toute l'année 1663 sur la défensive, reçut enfin, au cours de l'été 1664, des renforts envoyés par les princes allemands et par *Louis XIV* (très antiturc à cette époque); Montecuccoli eut le bonheur, le 1er août de cette même année, d'infliger de lourdes pertes aux Ottomans alors qu'ils s'apprêtaient à franchir la Raab, à cent cinquante kilomètres au sud de Vienne. L'Europe entière applaudit à cette victoire. Chacun espérait l'annonce d'un nouveau succès qui aurait définitivement chassé les infidèles d'Europe.

La paix de Vasvar vint donc comme un coup de tonnerre. Immédiatement après la bataille, Ahmed avait entamé des pourparlers avec la cour de Vienne qui, pour différentes

Ahmed Köprulu, fils du grand vizir Mohamed Köprulu, succéda à son père en 1661.
(Gravure sur cuivre d'époque.)

raisons, désirait mettre fin à la guerre. C'est ainsi qu'Ahmed, bien que vaincu sur la Raab, put offrir à son souverain quelques places fortes hongroises en plus de quelques riches présents de l'empereur.

Les Hongrois furent cruellement déçus et leur colère terrible. Au moment où les ministres autrichiens examinaient les mesures à prendre, les principaux nobles hongrois ourdissaient une conspiration pour libérer leur pays et en chasser les Habsbourg. Toutefois, un soulèvement était voué à l'échec s'il ne pouvait compter sur une aide extérieure; au surplus, l'entente parmi les conjurés était loin d'être parfaite. La révolte de mars 1670 eut donc très peu de succès et fut réprimée sans peine.

Les suites ne se firent pas attendre. Les chefs rebelles furent mis à mort, deux mille nobles arrêtés, d'énormes biens confisqués et partagés entre les Hongrois restés fidèles à la couronne. Vienne se mit énergiquement à l'œuvre pour anéantir le pouvoir des États, introduire l'absolutisme et catholiciser le pays. La Haute Hongrie calviniste devint le théâtre d'une guerre civile avec des horreurs comparables à celles de la guerre de Trente Ans. La fortune changeait de camp, mais qu'une ville tombât aux mains des " croisés " rebelles ou des " mercenaires " impériaux, les conséquences en étaient toujours pareilles pour les malheureux habitants ; ce n'étaient que pillages, incendies, exécutions, tortures.

Écrasée par la répression ou occupée de sa propre guerre, la noblesse hongroise ne prit donc aucune part à la campagne que les peuples d'Europe allaient lancer ensemble contre le péril ottoman.

La dernière croisade

Alors que l'Europe politique se préoccupait surtout des " réunions " réalisées par Louis XIV, Vienne eut vent d'inquiétantes concentrations de troupes à Constantinople. Une fois de plus, l'Europe fut prise de terreur devant le péril turc. Le pape *Innocent XI* qui, durant des années, avait prêché en vain la croisade contre le " colosse aux pieds d'argile ", mit aussitôt tous ses moyens à la disposition de l'empereur ; sa propagande intensive ralluma la flamme des Croisades. La Pologne, la Bavière, la Saxe et les petits souverains de Franconie promirent des troupes ; les princes italiens, l'Espagne et le Portugal fournirent de l'or et de la poudre et *Charles XI* de Suède accepta de participer à l'entreprise. *Frédéric-Guillaume de Brandebourg* regrettait profondément, étant données ses obligations à l'égard du roi Très-Chrétien, de ne pouvoir offrir sa quote-part. A son grand dépit, Louis XIV devait constater que l'enthousiasme général gagnait son propre peuple.

Au début de mai 1683, à Presbourg (actuellement Bratislava), Léopold passa ses troupes personnelles en revue ; les contingents autrichiens devaient, jusqu'à l'arrivée des renforts, observer les mouvements de l'ennemi. A la fin de ce même mois, l'armée ottomane mettait en marche toutes ses formations ; on eût dit un formidable serpent qui rampait à travers la plaine hongroise. Au matin du 7 juillet, un officier recru de fatigue parvenait à Vienne apportant une pénible nouvelle : les Turcs avaient enfoncé les fortifications frontalières et marchaient sur la capitale.

Le cœur gros, Léopold décida de se replier provisoirement sur la ville bavaroise de Passau. Les équipages impériaux quittèrent Vienne de nuit, à la lueur des torches, sous les malédictions des Viennois abandonnés à leur triste sort.

Mais le lendemain matin, la cavalerie pénétrait en grande fanfare dans les murs et les Viennois reprirent courage. Le même jour vit arriver *Ernest-Roger de Stahremberg*, le commandant désigné par l'empereur. Ardent, plein d'enthousiasme, Stahremberg s'entendit mieux que personne à ranimer les énergies défaillantes. Les bourgeois de la ville furent immédiatement mis à l'œuvre, les retranchements de la périphérie améliorés dans la mesure du possible, des canons mis en place, les dangereux toits de chaume enlevés, les portes de la ville murées. Il n'était que temps. Le 13 juillet, les premières troupes tartares firent leur apparition; trois jours plus tard, du haut de la cathédrale Saint-Etienne, Stahremberg put constater de ses yeux que la ville était complètement encerclée. L'armée impériale avait pris position sur la rive gauche du Danube, après que son général en chef, le duc *Charles de Lorraine*, l'éminent disciple de Montecuccoli, eût conféré une dernière fois avec Stahremberg.

Kara Mustapha, le grand vizir, n'avait pas le moindre doute sur l'issue de la bataille. Son armée était forte de 200 000 hommes, alors que celle de Stahremberg n'en comptait que 15 000. Le bombardement de la ville commença sans tarder; ensuite, les tranchées des assaillants se rapprochèrent chaque jour un peu plus de la place assiégée. Au matin du 11 septembre, les Viennois virent l'ennemi se ranger en bataille, mais il se disposait face aux collines du Wiener Wald, face à l'ouest, au Kahlenberg!

L'armée de secours était arrivée.

Dans les premiers jours de septembre, les forces alliées avaient fait leur jonction près de la ville de Tullin, immédiatement à l'ouest du Wiener Wald. L'armée impériale comptait à ce moment 21 000 hommes, l'armée bavaroise 10 500, l'armée saxonne 9 000 et l'armée franconienne 7 000. Pour sa part, le roi de Pologne,

Un combat de cavalerie : à gauche, un Turc charge le yatagan au poing tandis que son adversaire brandit un pistolet d'arçon.

Jean Sobieski, amenait 15 000 hommes, principalement des hussards; c'étaient de magnifiques soldats aux cuirasses ornées de pierres précieuses, l'épaule recouverte d'une peau de panthère.

Le dimanche 12 septembre, par une splendide journée d'automne, l'aile gauche des alliés se mit en mouvement dès sept heures du matin. A dix heures, le duc Charles fit faire halte à ses hommes pour donner au centre et aux Polonais le temps de s'aligner sur lui. Deux heures encore et Jean Sobieski était à sa hauteur; la lutte s'engagea, sous un feu incessant de mousqueterie et d'artillerie. Le grand vizir aperçut alors les Polonais pour la première fois et concentra aussitôt ses forces contre cette menace. Sobieski qui chevauchait à la tête de ses troupes, envoya en avant quelques-uns de ses hussards qui furent presque immédiatement engagés contre des forces turques supérieures en nombre et ne furent sauvés que par l'intervention des bataillons d'infanterie bavaroise.

Pour dégager les Polonais, le duc accéléra son avance. Vers cinq heures de l'après-midi, il parvint au camp turc; il fit aussitôt pivoter toute son aile gauche pour avoir le Danube dans le dos et pouvoir marcher droit à travers le camp. Cette manœuvre força les Turcs à retraiter plus encore. A ce moment, les lanciers polonais lancèrent une charge. Kara Mustapha fit encore une vaine tentative pour leur résister. Mais la journée était perdue pour lui. A six heures, Sobieski arrêtait son cheval devant la tente du grand vizir.

Les janissaires qui, durant la bataille, n'avaient pas cessé d'attaquer Vienne, firent un dernier effort pour la prendre d'assaut; ils n'y réussirent pas et s'enfuirent à la faveur de l'obscurité.

" L'Autriche avant tout! "

Au début du XVIIIe siècle, un jeune poète s'écriait : " Qui ne connaît Vienne, la nouvelle Rome! " La victoire du Kahlenberg sur les Turcs avait fait un centre européen de cette ville autrefois simple forteresse frontière. Sur les ruines du siège, s'élevèrent de somptueux palais et maisons du plus beau style baroque. " Jamais je n'ai rien vu d'aussi beau que les faubourgs de Vienne, assurait la femme d'un diplomate anglais. Presque toutes les maisons y sont des palais. " Vienne devint La Mecque de l'architecture : sculpteurs, décorateurs et ouvriers du bâtiment y affluaient en grand nombre. Cette rage de bâtir n'était qu'une des expressions d'un sentiment de force, nouveau et par-là même irrésistible. " L'Autriche avant tout; il suffit qu'elle le veuille! " tel était le titre, quelque peu provoquant, d'un écrit répandu dès 1684; l'auteur y voulait démontrer que l'Autriche, par ses richesses naturelles et la densité de sa population, était mieux que tout autre État capable de conquérir l'indépendance économique et de devenir ainsi l'État le plus puissant d'Europe.

Cet enthousiasme s'explique fort bien par les victoires sensationnelles des armées impériales depuis 1683; en quelques décennies, ces triomphes avaient fait de Vienne le centre d'une nouvelle grande puissance en Europe.

Lorsque Kara Mustapha se fut enfui vers l'est avec les débris de sa grande armée, l'empereur Léopold et ses conseillers se trouvèrent placés devant un choix de la plus haute importance : fallait-il chasser complètement les Turcs de Hongrie ou tourner les armes contre un autre ennemi, Louis XIV?

La victoire de Vienne avait ouvert d'agréables perspectives qu'il importait maintenant d'exploiter à fond. Le printemps 1684 vit se former, sous les auspices du pape, une Sainte-Alliance entre l'empereur, la Pologne et la république de Venise, dans le double but de délivrer les peuples vivant sous le joug des Turcs et de réaliser de grands objectifs politiques.

Les progrès de la guerre ne furent pas aussi foudroyants qu'on l'avait espéré. Il n'empêche que, dès 1688, les troupes impériales occupaient solidement la Transylvanie, la Hongrie et certaines parties de la péninsule balkanique. L'empire ottoman était en état de décomposition. Mahomet IV fut forcé d'abdiquer et son successeur envoya à Vienne des ambassadeurs chargés d'ouvrir des négociations. Cette situation ne laissait pas d'inquiéter le roi de France; il estima le moment venu d'intervenir pour forcer l'empereur Léopold à éparpiller ses forces sur un double front. D'où l'invasion du Palatinat par les Français. Ce qui offrit aux Turcs l'occasion de souffler un peu; tout un temps, la situation fut assez menaçante pour l'empereur. Mais la fortune lui sourit à nouveau lorsqu'il eut confié au prince *Eugène de Savoie* le commandement de ses troupes sur le front oriental. Celui-ci remporta en 1697 à la bataille de Zenta, une victoire éclatante et décisive sur les Turcs; deux ans plus tard, la paix de Karlowitz forçait le sultan à quitter la Transylvanie et la plus grande partie de la Hongrie. Lorsque, profitant de la guerre de la Succession d'Espagne, les Turcs firent une tentative pour reconquérir les territoires qu'ils avaient dû céder, ils furent une nouvelle fois battus par le prince Eugène qui signait alors, avec la prise de Belgrade, l'un de ses plus beaux exploits. En 1718, à la signature de la paix, les Turcs durent abandonner le Banat, district-frontière au sud de la Hongrie, ainsi que d'autres territoires en Valachie, en Serbie et en Bosnie. Un chant populaire composé pendant la campagne montre bien quels espoirs insensés les victoires du prince Eugène semaient dans de très larges couches de la population. L'auteur de la chanson souhaite, et certainement non sans y croire, l'entrée des troupes autrichiennes à Jérusalem. Le dernier vers dit : " Celui qui forme le même vœu peut chanter avec moi : Alleluia! Amen! "

Mais l'empereur régnant étendit également ses États dans d'autres directions que l'est. Par la paix de Rastadt (1714), qui mettait fin à la guerre de la Succession d'Espagne (1701-1713), ses possessions s'augmentèrent des Pays-Bas espagnols, de Milan, de Naples et de la Sardaigne, cette dernière échangée quelques années plus tard contre la Sicile. De vastes perspectives s'ouvraient au commerce autrichien. En 1723 était fondée la " Compagnie impériale et royale des Indes, établie dans les Pays-Bas autrichiens, sous la protection de saint Charles ", dite " la Compagnie d'Ostende " parce que c'était de ce port sur la mer du Nord — Anvers et l'Escaut étaient bloqués par les Hollandais — que partaient les navires de long cours. La Compagnie d'Ostende reprit en charge les audacieuses initiatives privées que, dès 1715, *Charles VI* avait encouragées avant de les organiser; ses efforts aboutirent à la création d'une colonie belge à Banquibazar sur le Gange et à de fructueuses opérations commerciales en Chine. L'empereur Charles VI fixa à Trieste une autre compagnie à charte, la Compagnie d'Asie et d'Afrique, qui colonisa les actuelles îles Tristan da Cunha.

Dans le même temps, les Habsbourg remportaient une nouvelle victoire : la réconciliation solennelle des Hongrois avec la couronne. Fort impressionné par la défaite des Turcs, le parlement hongrois avait décrété en 1687 que la couronne de Hongrie reviendrait par droit d'hérédité à la dynastie des Habsbourg; dès lors, la haute noblesse hongroise s'engagea résolument dans la lutte contre les Infidèles. Il faut dire que, pendant la guerre de la Succession d'Espagne, la Hongrie connut encore un soulèvement provoqué par certaines mesures d'ordre fiscal, mais la révolte ne fut jamais bien grave et se réprima très facilement. En cette occurrence, le gouvernement de Vienne sut tirer profit des leçons du passé : en 1711, les rebelles obtinrent l'amnistie; les Hongrois virent leurs droits et privilèges officiellement reconnus, la liberté de conscience enfin garantie. Le chef des révoltés, *François II Rakoczi* refusa de s'incliner et fut envoyé en exil. Ce dernier combattant de la liberté devint le héros des Hongrois et la " Marche de Rakoczi ", qu'un chef tzigane avait composée en son honneur, leur hymne national.

Tous ces " pays héréditaires ", anciens et nouveaux, avaient été placés, à partir de 1711, sous l'autorité du second fils de Léopold 1er, Charles VI, qui succédait à son frère Joseph Ier. Monarque intelligent, très doué pour les arts, Charles VI se sentait supérieur aux autres souverains. Aucun Habsbourg après lui ne fut aussi imbu de son impériale dignité. Sa cour était magnifique, imposante. Vienne était devenu le lieu de résidence de la haute noblesse. L'empereur distribuait généreusement à ses barons hauts emplois, domaines, pensions et cadeaux variés; ses courtisans, de nationalités les plus diverses, s'entouraient d'un luxe incroyable.

Mais cette aristocratie cosmopolite ne cherchait pas ses plaisirs à la cour. Charles avait les meilleurs musiciens du monde et son opéra italien surpassait tout ce qui pouvait se voir ailleurs; toutefois, ses représentations étaient peu nombreuses et les rares promenades en traîneau, les dîners de gala et les feux d'artifice n'avaient qu'un caractère représentatif. On ne s'en amusait que davantage en ville. On s'y livrait au jeu avec une véritable frénésie, bien que l'empereur eût tout fait pour y mettre le hola. L'empereur Léopold avait dit un jour que le siège de Vienne était un châtiment de Dieu pour les péchés des Viennois. Dans le monde entier, les dames viennoises étaient réputées pour leur " coquetterie " comme on disait alors; les étrangers de marque pouvaient espérer leurs faveurs sans trop craindre de déception. Les musulmans mettaient l'oisiveté paradisiaque loin au-dessus du travail; l'insouciance et la légèreté viennoises avaient réellement un caractère oriental. Les cafés qui s'ouvrirent au cours des années suivant le départ des Turcs portaient aussi le cachet de l'Orient; on les considérait dès cette époque comme une chose typiquement " viennoise ".

L'empereur Charles voulait régner par lui-même et croyait sincèrement qu'il en allait selon ses désirs. Mais le véritable maître du pays fut tout d'abord le prince Eugène. Par la suite, le pouvoir tomba en d'autres mains. Non pas dans celles des hauts et puissants seigneurs qui composaient le Conseil des ministres — Sinzendorff, paresseux, jouisseur et plein d'ambition; Stahremberg, affaibli par l'âge; l'indécis Harrach ou le peu énergique Königsegg — mais bien dans celles d'hommes de rang plus modeste, parmi lesquels figurait en tout premier lieu le baron *Jean-Christophe de Bartenstein*. " A Vienne, Bartenstein fait la pluie et le beau temps ", disait-on dans les cercles politiques d'Europe et l'on racontait comment, en présence de diplomates étrangers, il avait fait la leçon à Sinzendorff. Mais les ministres n'étaient pas tout à fait de simples marionnettes. L'Autriche était, en fait, une union personnelle entre un certain nombre d'États : la Haute et la Basse Autriche, la Bohême, le Tyrol, la Hongrie, etc. et, dans chacun de ces pays, un ministre représentait l'empereur et son gouvernement. Le sentiment unitaire était fort peu développé. Fait caractéristique : dans les documents officiels, on ne mentionnait jamais l'Autriche, mais bien " les pays héréditaires ". Les assemblées des États fixaient le montant des impôts et leurs organes se chargeaient eux-mêmes de la perception; des sommes importantes disparaissaient souvent dans les poches des grands seigneurs, dans le cas le plus favorable sous forme de salaire pour l'une ou l'autre sinécure.

La Pragmatique Sanction et la guerre de la Succession de Pologne

Le 19 avril 1714, l'empereur Charles réunit ses conseillers pour leur transmettre une importante communication sur la succession au trône. Il déclara qu'à sa mort, tous les pays héréditaires tant nouveaux qu'anciens, reviendraient par ordre de primogéniture à ses enfants mâles et ensuite à ses filles; suivaient dans l'ordre de succession les deux filles de son prédécesseur Joseph Ier et leurs descendants. Cette déclaration officielle était nécessaire en ce qui concernait la couronne de Hongrie qui ne s'était jusquelà transmise que par les descendants mâles du roi. Sans la déclaration et si Charles — le dernier Habsbourg de la ligne mâle — ne laissait que des filles [1], la Hongrie aurait repris le droit d'élire son roi, ce qui aurait pu causer le démembrement de la monarchie autrichienne. Or, l'empereur

---

[1]
Léopold Ier (1658-1705)

Joseph Ier (1705-1711)   Charles VI (1711-1740)

Marie-Josèphe   Marie-Amélie   Marie-Thérèse (1740-1780)

n'avait que deux filles, Marie-Thérèse et Marie-Anne; le fils qu'il avait eu en 1716 était mort après quelques mois. Il va de soi que les Hongrois firent tout ce qui était en leur pouvoir pour se dérober à ce nouveau règlement de la succession au trône, qui fut appelé la *Pragmatique Sanction*. La Hongrie ne devait se soumettre à la volonté de l'empereur qu'en 1722.

La Pragmatique Sanction était surtout importante en politique intérieure car elle marquait le début d'une union véritable des " pays héréditaires ".

Durant les dernières années de son règne, l'empereur sut gagner à la Sanction la garantie des puissances étrangères; celle de l'Espagne lui fut accordée par le traité de Vienne en 1725. En 1731, suivit la garantie des royaumes d'Angleterre et de Hanovre.

Entre ces deux dates se situe une humiliante capitulation de Charles VI; celui-ci avait dû consentir, en 1727, à ce que la Compagnie d'Ostende en pleine prospérité mais " qui avait causé des inquiétudes et des ombrages " fût suspendue.

Quand il s'agit d'obtenir la garantie des États d'Allemagne, Charles trouva un précieux auxiliaire en la personne de *Frédéric-Guillaume Ier de Prusse*. Un an après l'Angleterre, le Saint-Empire romain donnait également son accord, à l'exception des électeurs de Bavière et de Saxe qui avaient épousé chacun une des filles de l'empereur Joseph Ier. Restait la France. Il devenait de jour en jour plus évident que l'empereur projetait de marier sa fille Marie-Thérèse au jeune duc *François-Étienne de Lorraine*, petit-fils du duc Charles, le célèbre vainqueur des Turcs. Les négociations avec la cour de France n'en furent pas facilitées. La France convoitait la Lorraine depuis toujours et comprenait très bien que le pays serait fort malaisé à conquérir, dès le moment où son duc pourrait compter sur toute la puissance autrichienne. Le cardinal Fleury, en ce temps-là Premier ministre de France, préféra chercher un rapprochement avec l'Espagne et en automne 1732, les deux puissances signèrent un traité selon lequel elles feraient cause commune, le moment venu, pour obtenir raison, les armes à la main.

L'occasion se présenta plus tôt qu'on n'aurait pu le prévoir. Au début de 1733 mourait Auguste le Fort, roi de Saxe et de Pologne; les Polonais se jetèrent aussitôt dans leurs luttes traditionnelles pour la succession, offrant ainsi à la France un excellent prétexte pour déclarer la guerre. La cour de Versailles présenta comme candidat au trône de Pologne Stanislas Lekzinski, beau-père du roi Louis XV; Stanislas, déjà élu en 1706, était depuis cette date en droit de porter le titre de roi de Pologne. L'empereur Charles résolut de soutenir le fils du feu roi Auguste, l'électeur *Frédéric-Auguste de Saxe* qui, en retour, accordait sa garantie à la Pragmatique Sanction. La Russie, de son côté, appuyait le candidat saxon. Lorsque la Diète polonaise, nonobstant les menaces ouvertes des États voisins, confirma l'élection de Stanislas, les Russes envahirent la Pologne et *Auguste III* monta sur le trône. Ainsi commençait la guerre de la Succession de Pologne. Les Français occupèrent la Lorraine et les Espagnols la Lombardie, Naples et la Sicile.

La paix signée en 1735 à Vienne et sanctionnée trois ans plus tard par un traité définitif, fournit l'exemple classique de la manière peu scrupuleuse dont les grandes puissances ont coutume de traiter les petits États. Des princes changèrent de trône et des peuples changèrent de prince, sans que les uns ni les autres ne fussent consultés. Vienne et Paris traitèrent dans le dos de l'Espagne. Suite à ces transactions, l'Autriche cédait Naples et la Sicile au prince espagnol Carlos à condition toutefois que ces pays ne seraient pas réunis à la couronne espagnole mais formeraient un royaume indépendant. En compensation, Charles obtenait Parme, Plaisance et la plus grande part de la Lombardie. Bartenstein mit François-Étienne en demeure de choisir entre son fief héréditaire et Marie-Thérèse; le jeune duc opta pour la princesse. La Lorraine fut donnée à Stanislas Lekzinski pour être, après sa mort, réunie à la couronne de France. Auguste III fut reconnu roi de Pologne. La France garantit enfin la Pragmatique Sanction " sous réserve de droits tiers ". En fait, cette petite phrase d'apparence inoffensive ôtait toute valeur à la garantie. Mais les sacrifices sur l'autel de la Pragmatique Sanction n'en étaient pas pour autant terminés. Après la mort du prince Eugène, en 1736, Bartenstein sut convaincre l'empereur de passer à l'attaque contre les Turcs. Il espérait ainsi trouver dans le sud-est de l'Europe des compensations pour tout ce que l'empereur avait dû céder après la guerre de la Succession de Pologne. Ce nouveau conflit fut un véritable fiasco pour l'Autriche;

par la paix de 1739, l'Autriche dut rétrocéder toutes les conquêtes du prince Eugène en Serbie, Bosnie et Valachie. Les peuples chrétiens des Balkans qui, pendant cinquante ans, avaient espéré voir la libération venir de Vienne se tournèrent vers la Russie. La faiblesse du colosse autrichien devenait manifeste. L'empereur lui-même déclara que la signature de ce traité de paix avait été le moment le plus pénible de son existence. Et ce coup l'avait brisé. Dès l'année suivante, mourait Charles VI, le dernier descendant mâle direct de la dynastie des Habsbourg.

NAISSANCE D'UNE DYNASTIE

Les belliqueux Hohenzollern

" La maison de Hohenzollern, disait Frédéric II de Prusse, est si ancienne que son origine se perd dans la nuit des temps. "

Le plus ancien représentant certain de cette maison était un comte *Burkard de Zolorin* qui périt en 1061, au cours des luttes intestines qui ensanglantèrent le sud de l'Allemagne durant la minorité de l'empereur Henri IV. A l'origine, les biens de la famille se trouvent en Souabe où les tours du château ancestral des Hohenzollern — dûment restaurées — couronnent toujours une des collines dominant le paysage. Par succession, acquêts et mariages, ils y adjoignirent d'autres terres, parmi lesquelles la Franconie et, au XIIIᵉ siècle, un envoyé du pape pouvait prétendre que les *Hohenzollern* étaient en mesure de résister très longtemps à l'empereur et au reste de l'Empire. Mais les descendants de Burkard se montrèrent bien plus fidèles à l'empereur que nombre d'autres familles nobles. En récompense, l'empereur Henri IV leur donna, vers la fin du XIᵉ siècle, le burgravat de Nuremberg qui n'était pas d'un bien grand rapport mais qui augmentait leur prestige; en 1415, l'empereur Sigismond accordait au burgrave *Frédéric* le margraviat de Brandebourg avec le titre de prince électeur.

Le deuxième fils de Frédéric, *Albert-Achille*, qui lui succéda comme burgrave de Nuremberg et ensuite comme électeur de Brandebourg, s'acquit dans toute l'Europe une grande réputation dans les jeux et arts chevaleresques, mais non dans les jeux de la politique. " La vie tempétueuse d'Albert-Achille, écrit un historien allemand, fut plus riche en entreprises de toutes sortes, en campagnes militaires et en différends diplomatiques qu'en succès politiques. "

Ses successeurs furent gens plus paisibles, qui respectaient l'empereur, laissaient les États en faire à leur guise et préféraient à tout autre chose le calme et le confort de leurs grands domaines. Une " politique matrimoniale " mûrement réfléchie leur permit d'étendre considérablement leurs possessions ; cette méthode leur paraissait plus avantageuse que la conquête militaire. Cet état d'esprit les poussait à négliger l'armement et les finances de leurs États, pourtant indispensables si quelque concours de circonstances les forçait un jour à la guerre. Le souverain et le peuple passèrent au luthéranisme, mais, en 1613, le prince électeur *Jean-Sigismond* adopta le calvinisme, ce qui provoqua entre gouvernant et sujets une tension qui, à la longue, ne devait pas être sans risques.

Le Brandebourg en difficulté

Un beau jour, un envoyé de Jean-Sigismond fit son apparition à Clèves, en Allemagne occidentale. Il venait, au nom de son maître, prendre possession des petits États de Clèves, Mark, Juliers et Berg, dont le dernier souverain, oncle de la princesse électrice de Brandebourg, venait de mourir sans postérité. L'héritage était assez incertain, car l'empereur Rodolphe et le comte palatin Jean-Guillaume de Nuremberg, faisaient valoir leurs droits ; Jean-Sigismond n'avait ni troupes, ni argent pour appuyer les siens. Mais la chance sourit au Brandebourgeois : à ce moment, l'empereur avait les mains suffisamment occupées ailleurs, de sorte que l'héritage put être partagé entre le prince électeur et le comte palatin. Au premier échurent Clèves et Mark. Huit ans plus tard, la princesse électrice héritait de la riche Prusse orientale.

Ces succès faciles persuadèrent Jean-Sigismond et son successeur *Georges-Guillaume*, qu'en attendant une occasion plus favorable, les difficultés politiques pouvaient toujours se régler par le marchandage et la ruse. Mais la guerre de Trente Ans allait bouleverser la conception que Georges-Guillaume se faisait de la politique. Les nouveaux territoires ne lui apportaient que difficultés. Ils excitaient la convoitise de l'étranger : Espagnols, Hollandais, Suédois et Polonais y voyaient d'alléchantes sources de revenus et de précieuses bases d'opération. Cette fois, Georges-Guillaume ne put trouver l'expédient qui lui eût permis

de rester neutre. Wallenstein envahit le Brandebourg sans
entendre ses protestations, et lorsque le roi Gustave-
Adolphe, le propre beau-frère du margrave, fit son apparition en Allemagne, il déclara tout net : " Il faudra que
Sa Grâce prenne parti pour l'un ou pour l'autre. Ici Dieu
combat contre le diable. "

Ce furent des temps bien pénibles pour un prince sans
armes dont le seul désir était de vivre en paix. La femme de
Georges-Guillaume, Élisabeth-Charlotte, sœur de l'infortuné " roi d'un hiver " (l'électeur palatin Frédéric V),
sa belle-mère et la majorité de ses conseillers étaient de
chauds partisans du roi de Suède tandis que son conseiller
le plus proche, le comte catholique Adam de Schwarzenberg,
le mettait en garde contre une rupture avec l'empereur.
Gustave-Adolphe fit ouvertement savoir que, pour couvrir
les frais de sa campagne, il conserverait pour lui les ports po-
méraniens, lesquels, selon un accord déjà ancien, devaient,
à la mort de leurs souverains légitimes, revenir à la maison
de Hohenzollern. Le Suédois portait donc une atteinte
directe aux intérêts de Georges-Guillaume. Ayant amené
ses troupes jusque sous les murs de Berlin et braqué des
canons sur le palais de l'électeur, il lui mit en main un
marché devant faciliter son choix si besoin en était encore :
sa fille Christine de Suède épouserait *Frédéric-Guillaume*,
le fils de l'électeur. La princesse n'avait alors que cinq ans
et le prince onze, mais rien ne s'opposait à ce qu'un accord
fût conclu dès à présent. De l'avis du roi, cet accord
faciliterait grandement la solution du conflit sur la Poméranie.

LE GRAND ÉLECTEUR

Le prince électeur

Au cours de l'été 1631, le jeune prince Frédéric-
Guillaume fut mis pour la première fois en présence du roi
Gustave-Adolphe. Cette rencontre laissa au jeune homme
une impression ineffaçable. Gustave-Adolphe devint son
héros et, bien des années plus tard, il parlait encore à son
historiographe de la grande amitié que le roi de Suède
lui avait témoignée dès sa jeunesse.

Après sa grande victoire de Breitenfeld, l'étoile de
Gustave-Adolphe était à son zénith. Lorsqu'en 1632,
il revint sur la question du mariage et réitéra sa proposition,

elle fut accueillie avec enthousiasme par le " parti suédois "
à la cour de Georges-Guillaume. Même celui-ci se
montra moins enthousiaste et Oxenstierna, qui avait reçu
du roi de Suède la mission de poursuivre les pourparlers,
fit preuve d'une lenteur étonnante, mais, dans les cercles
diplomatiques, le mariage était considéré comme une affaire
conclue.

Lorsque, au cours de l'été 1633, la dépouille de Gustave-
Adolphe fut transférée dans le port de Wolgast sur un
navire de guerre suédois, le jeune Frédéric-Guillaume
était présent. Il passa ensuite l'hiver à Stettin, auprès du
duc Bogislav de Poméranie, pour apprendre à connaître
le pays dont il hériterait un jour. Puis, Stockholm ne donnant pas signe de vie, le jeune prince fut envoyé en Hollande
pour y parfaire son éducation. Dans sa chambre, il fit
accrocher deux portraits : celui de son père et celui du roi
Gustave-Adolphe.

Le séjour de Frédéric-Guillaume en Hollande eut pour
son développement intellectuel la même importance que
le même séjour sur la formation de Pierre le Grand.
Les études théoriques n'avaient que peu d'attraits pour lui.
Frédéric-Guillaume apprenait lentement, avec peine, et l'on
comprend fort bien que les savantes dissertations de
Grotius sur le droit des gens avaient le don de l'endormir.
Le jeune prince s'intéressait avant tout aux choses concrètes,
d'utilité immédiate; sur ce point, cette république de marchands avait bien des choses à lui donner. Il pouvait
voir comment les Hollandais s'entendaient à transformer
les marécages en champs fertiles et avec quelle intelligence
et quelle énergie ils faisaient progresser l'économie de leur
pays.

C'est ainsi que Frédéric-Guillaume conçut l'ambition
fort louable de faire de ses territoires une deuxième
Hollande. Il rêvait de posséder sa propre flotte, tant
marchande que militaire, et d'acquérir des colonies dans
de lointaines parties du monde.

En Hollande, Frédéric-Guillaume avait rencontré la
famille de son oncle Frédéric V, l'éphémère roi de Bohême,
qui y vivait en exil. Ses relations avec ses malheureux
parents lui inspirèrent une profonde méfiance à l'égard
des catholiques et de l'empereur. De même, il avait vu
avec grand déplaisir, après la défaite des Suédois à

Nördlingen, le parti antisuédois dirigé par le catholique Schwarzenberg l'emporter à la cour de Berlin. Le Brandebourg s'alliait aux ennemis de la Suède. Lorsqu'en 1636, Georges-Guillaume donna l'ordre à son fils de rentrer au pays, le prince trouva toutes sortes de prétextes pour retarder son retour — il manquait d'argent, craignait le mal de mer — et parvint à ne rentrer à Berlin que deux ans plus tard.

En décembre 1640, le prince électeur mourut et Frédéric-Guillaume prit sa succession.

Châteaux en Espagne

Au musée Hohenzollern à Berlin, on peut voir un portrait du jeune prince électeur, à l'âge de vingt-deux ans. Beau et mâle, un peu empâté déjà, il porte un élégant habit de cour noir, orné de précieuses dentelles; à son chapeau et à la garde de son épée brillent des diamants. Le fond du tableau représente l'impressionnante façade d'un palais.

A la vue de ce portrait, on est immédiatement frappé par l'énergie et la résolution du personnage. C'est un visage d'aigle aux yeux vigilants, au regard pénétrant et rusé. Frédéric-Guillaume était un homme d'action, sanguin et robuste, avec une forte propension à se faire valoir, bon vivant, avec une prédilection marquée pour les grosses blagues, aimant rire et très communicatif. Il brûlait la chandelle par les deux bouts. " J'admire ce prince électeur qui n'aime rien tant que les longs rapports bien détaillés, écrivait le diplomate impérial Lisola. Il lit, étudie et traite tout en personne, éclaire un document par un autre et ne néglige rien. " Ses conseillers voyaient avec étonnement leur souverain abattre plus de besogne que le plus diligent des secrétaires. Quand il ne travaillait pas, Frédéric-Guillaume se distrayait en chassant et en montant à cheval, jusqu'à se mettre en nage; il se livrait ensuite avec la même frénésie, jusque très tard dans la nuit, à la boisson et au jeu. Cette façon de vivre devait finir par lui jouer de mauvais tours. Par surcroît Frédéric-Guillaume était doué d'une imagination riche et hardie. En tout temps, il débordait de projets. Et il allait bientôt attirer l'attention du monde entier sur sa personne.

Le jeune prince électeur ne voulait pas être, comme son père, un simple vassal du roi de Pologne et de l'empereur.

Il n'avait pas non plus l'intention de laisser de vains scrupules faire obstacle à ses projets; la seule chose qu'il n'eût reniée pour rien au monde était sa religion car, sans être fanatique, il était un très bon calviniste. Il avait le sentiment national fort peu développé, eût volontiers sacrifié les intérêts du Saint-Empire aux siens propres. Le mariage avec Christine de Suède était depuis longtemps l'un de ses premiers objectifs. " Nous attachons, disait-il à ses conseillers, une très grande importance à cette affaire. C'est d'elle que dépend, après l'aide de Dieu, notre grandeur et celle de notre maison. "

Il s'agissait toutefois de se montrer prudent. Les belligérants s'en donnaient à cœur joie à Clèves, dans le Mark et dans le Brandebourg; les mercenaires rassemblés par Georges-Guillaume avaient juré fidélité aussi bien à l'empereur qu'au prince électeur et Frédéric-Guillaume ne pouvait certes pas compter sur eux pour conquérir la couronne de Suède. Les revenus de l'État ne représentaient plus qu'un septième de ce qu'ils étaient avant la guerre. Malgré le luxe ostentatoire qu'on déployait à la cour de Berlin, la misère y était quelquefois si grande dans les premiers temps du règne qu'on fut forcé, plus d'une fois, d'emprunter de l'argent à l'administration municipale afin de pouvoir garnir les beaux plats d'argent. Berlin était une petite ville de province, pleine de taudis branlants, avec des porcheries sous les fenêtres; les cheminées étaient de bois ou d'argile; on voyait partout des tas de fumier et des animaux domestiques errant en liberté. Dans le palais, encore inachevé, la pluie s'infiltrait jusque dans les chambres, et les environs n'étaient toujours que marécages. Tout suait l'abandon, la pauvreté et la tristesse, mais le jeune homme qui régnait sur tout cela en seigneur et maître rêvait de devenir l'un des grands de ce monde.

Albert-Achille, le " renard allemand ", eût été ravi de voir son descendant au début de son règne. Le prince n'avait que paroles aimables pour son adversaire Schwarzenberg, mais le dépouillait allègrement de toutes ses charges, l'une après l'autre, de façon ouverte ou détournée; le vieillard finit par mourir d'une attaque d'apoplexie. Les troupes les moins fidèles furent cédées à l'empereur, les partisans de Schwarzenberg reçurent leur congé, et laissèrent la place aux anciens Götzen et autres partisans de la Suède. Le prince s'étant ainsi donné champ libre, l'heure était venue d'entamer les négociations de paix et de mariage. Un armistice intervint à l'été 1641 ; dans le même temps, Frédéric-Guillaume chargeait ses ambassadeurs à Stockholm d'y suggérer que la question poméranienne trouverait sa meilleure issue dans le mariage jadis projeté par le grand Gustave-Adolphe en personne.

Les années suivantes virent le prince électeur passer sans cesse de l'espoir à la crainte. Lorsque, en 1644, Christine eut atteint sa majorité, Frédéric-Guillaume se rendit en grande hâte à Königsberg pour être à tout instant prêt à s'embarquer vers la Suède ; des lettres partirent pour Stockholm demandant avec insistance une réponse définitive. La réponse brisa définitivement les illusions du jeune prince électeur. Axel Oxenstierna et ses collègues au gouvernement n'avaient fait que tendre l'hameçon à Frédéric, jouer depuis le début une comédie par ailleurs des plus divertissantes. Jamais les Suédois n'avaient souhaité mettre sur leur trône le jeune électeur, bien trop ambitieux pour être sûr. Les gens de Stockholm n'avaient voulu qu'une chose : détourner Frédéric de ses prétentions sur la Poméranie. Et jouer le jeu plus longtemps n'offrait plus aucun intérêt.

Frédéric-Guillaume dut bien admettre, avec les sentiments que l'on devine, qu'il avait pendant cinq années toléré les déprédations des troupes suédoises en Brandebourg non seulement sans le moindre avantage pour lui, mais au grand dam de ses bonnes relations avec l'empereur et le roi de France. Il lui restait pourtant une consolation : il n'était pas dupe jusqu'au bout, rien n'avait pu lui faire abandonner ses droits sur la Poméranie.

Quelques mois plus tard, Frédéric-Guillaume se fiançait avec la princesse hollandaise *Louise-Henriette d'Orange-Nassau*, fille de Frédéric-Henri. La princesse était éprise d'un autre homme et n'inspirait à son fiancé que fort peu d'inclination. Frédéric-Guillaume passa outre : il voulait un mariage servant sa politique et, Christine étant inaccessible, Louise-Henriette était le meilleur parti.

Quelques semaines après les noces du prince, quelques milliers d'hommes recrutés avec la plus grande discrétion, allaient sur son ordre occuper Berg, un des territoires sur le cours inférieur du Rhin, auxquels son père avait jadis renoncé. L'entreprise fut un parfait fiasco. L'empereur et les princes allemands en étaient fous de rage; les Hollandais, pour leur part, refusaient toute assistance. D'un point de vue purement politique, le mariage avec Louise-Henriette s'avérait un mauvais calcul. Frédéric-Guillaume s'était fait la plus détestable réputation. On n'osait plus se fier à lui, tous l'abandonnaient en le laissant déplorer l'injustice du sort, pire, disait-il, que les épreuves de David et de Salomon. Malgré ces revers, l'aide française et sa propre ténacité lui permirent d'exploiter la paix de Westphalie au point d'augmenter ses territoires d'un bon tiers. Les humiliations qu'il avait subies lui avaient au moins appris deux choses : il lui fallait mettre sur pied une puissante armée et gagner, si possible, l'appui d'un grand État.

L'agression contre la Pologne

En septembre 1654, arrivait à Berlin un envoyé suédois, le comte *Schlippenbach*. Sa mission officielle se résumait à peu de choses : annoncer au prince électeur que Charles X Gustave était monté sur le trône de Suède. Mais, après l'audience, l'ambassadeur sollicita un entretien avec Frédéric-Guillaume, en tête à tête. D'après l'une des sources, le Suédois aurait fait entendre que son maître comptait attaquer la Pologne et que le prince électeur obtiendrait une bonne part du butin s'il consentait simplement à mettre ses ports de la Baltique à la disposition du corps expéditionnaire suédois. " De nos jours, aurait dit l'envoyé du roi de Suède avec cynisme, les dieux ne parlent plus par la bouche des voyants et des illuminés, mais lorsqu'une bonne occasion se présente d'attaquer une nation voisine pour agrandir nos États, nous pouvons bien y voir un encouragement du Tout-Puissant. "

Le prince électeur vit là manière fort élégante de justifier une agression; quelques années plus tard, lui-même devait recommander la même méthode dans son testament politique. Aussi ne repoussa-t-il nullement les avances du roi de Suède. Il posa même une condition : l'indépendance complète pour la Prusse orientale. Frédéric et Schlippenbach s'entendirent comme larrons en foire et firent assaut de franchise. Mais il semble qu'ils avaient un peu trop joyeusement fêté l'accession de Charles-Gustave, car, malgré les bonnes nouvelles qu'il rapportait,

Schlippenbach se fit vertement tancer par son souverain pour s'être montré par trop bavard. Quand, pour sa part, Frédéric-Guillaume mit son épouse au courant du projet, il sentit bien qu'il s'aventurait là en terrain dangereux.

La petite princesse électrice paraissait bien frêle et délicate à côté de son puissant époux et son aspect tant soit peu maladif augmentait cette impression de fragilité et de douceur. Comme à l'ordinaire, rien de plus trompeur que les apparences. Louise-Henriette était une princesse particulièrement volontaire et ambitieuse; on peut affirmer sans la moindre exagération qu'elle tenait le prince électeur sous sa domination. Ne raconte-t-on pas qu'un jour, après un sermon de son épouse, Frédéric, dans un accès de rage impuissante, lui jeta son chapeau aux pieds en lui demandant son bonnet de nuit en échange!

Louise-Henriette s'opposa, en termes véhéments, au projet d'agression contre la Pologne. Rien à son avis, n'était plus dangereux que de se mettre à dos la Pologne et l'empereur; aussi dépeignit-elle l'attaque contre le suzerain polonais comme un véritable péché. La plupart des conseillers du prince électeur partagèrent l'opinion de Louise-Henriette. Seul, le très habile von Waldeck montra quelque enthousiasme pour l'alliance suédoise.

Les succès de Charles-Gustave mirent fin aux hésitations de Frédéric-Guillaume. Il obtint la promesse d'une pleine souveraineté sur Posen et les territoires polonais avoisinants, mais non sur la Prusse orientale. C'est à cette époque qu'apparaît pour la première fois l'idée d'un *partage de la Pologne*. On y parle également d'une question qui va jouer plus tard un rôle très important dans l'histoire de l'Europe : la création d'un " corridor polonais " entre la Poméranie et la Prusse orientale. Mais Charles-Gustave refusa sa caution au " corridor " car il tenait à garder pour lui la Prusse occidentale.

A l'été 1656, l'électeur se mit en marche vers le sud, en direction de Varsovie, pour y faire sa jonction avec les troupes alliées. Frédéric-Guillaume avait quelque raison de s'énerver : il était parvenu à mettre sur pied une armée considérable mais la troupe ignorait superbement la discipline et les officiers n'avaient plus la confiance de leur chef.

Après la victoire des Suédois et des Brandebourgeois

sous les murs de Varsovie, le prince électeur paraissait un tout autre homme. Conscient de son inexpérience en la matière, il s'était, durant la bataille, mis sous les ordres de Charles-Gustave, mais s'était acquitté de sa tâche avec honneur. Frédéric avait combattu vaillamment, montré le plus grand mépris de la mort.

Puis, Charles-Gustave voulut tirer le plus large parti de cette victoire, mais Frédéric-Guillaume refusa de le suivre sur ce terrain, préférant consolider ses propres conquêtes. L'essentiel avait été d'amener enfin Charles-Gustave à reconnaître son entière souveraineté sur la Prusse orientale. Après quoi, il quitta immédiatement la Pologne pour aller attaquer le Danemark, mais, au moment de monter en voiture, il dit d'un ton menaçant : " Qui n'est pas avec moi est contre moi ! " Il ne se faisait guère d'illusions sur son nouveau vassal.

Peu de temps, fort peu de temps après, Frédéric-Guillaume prenait place parmi les ennemis de la Suède. La Pologne dut, bon gré, mal gré, reconnaître sa pleine souveraineté sur la Prusse orientale ; bientôt, l'électeur fut également seigneur et maître de la Poméranie suédoise. Au moment de conclure son alliance avec Charles-Gustave, il s'était justifié aux yeux de l'opinion publique en arguant que les Polonais avaient commis le crime de s'allier aux mécréants tartares et qu'il lui restait à payer une dette de reconnaissance envers les Suédois " sauveurs du protestantisme et des libertés allemandes ". A présent, le prince peignait les Suédois comme les premiers ennemis de ces mêmes libertés et la Pologne comme le " bastion des chrétiens ".

A la paix d'Oliva en 1660, Frédéric-Guillaume dut rendre la Poméranie suédoise. Sa souveraineté sur la Prusse orientale restait son seul bénéfice. Le prince électeur était profondément désappointé, mais se consolait à la pensée qu'il avait beaucoup gagné en expérience politique et militaire et que le Brandebourg était maintenant l'État le plus fort d'Allemagne après l'Autriche.

Le prince et ses sujets

En novembre 1670, *Eusèbe von Brandt*, ambassadeur de Frédéric-Guillaume à Varsovie, recevait la visite du colonel *Christian-Louis von Kalckstein*. Rien n'aurait pu lui faire plus de plaisir. Kalckstein était l'un des chefs de la noblesse prussienne en lutte contre son nouveau monarque; il défendait ouvertement l'idée d'une réunion de la Prusse orientale à la Pologne, et les Polonais ne demandaient évidemment pas mieux. Brandt avait mission d'arrêter le colonel et de le faire conduire hors de Pologne; lorsqu'il vit Kalckstein entrer de lui-même dans la gueule du loup, l'ambassadeur ne put en croire ses yeux. Le sort lui faisait vraiment la partie belle!

Brandt fit un signe discret à son serviteur et, au beau milieu de la conversation, les portes s'ouvrirent en coup de vent; un groupe de soldats du prince électeur qu'on avait tenus cachés à l'ambassade en attendant une occasion favorable, se jetèrent dans la pièce. En un tournemain, Kalckstein se trouva ligoté, bâillonné, porté dans un carrosse. Un soldat s'assit à côté du captif et fouette cocher! Dans les premières ombres du crépuscule, la voiture partit à toute allure vers la Prusse orientale. C'était un véritable rapt, une atteinte flagrante au droit des gens; l'atmosphère dans la capitale polonaise devint si houleuse que Brandt préféra prendre la fuite. Pour se laver de tout soupçon, l'électeur fit comparaître son ambassadeur devant un tribunal. Simple farce! Brandt fut bientôt gracié. Quant à Kalckstein il finit sur l'échafaud. Le prince avait voulu faire un exemple.

Toute dramatique qu'elle eût été, l'affaire Kalckstein ne fut qu'un simple épisode dans le long et dur combat de Frédéric-Guillaume contre les représentations populaires dans le Brandebourg et en Prusse, à Clèves et en d'autres régions placées sous son autorité. Et ce combat n'est lui-même qu'une péripétie dans la course au pouvoir que les princes et les États se livrent tout au long du xviie siècle.

Frédéric-Guillaume disait volontiers que " les alliances sont fort utiles, mais les ressources personnelles le sont plus encore. Ce sont des choses sur lesquelles on peut compter; par contre, un prince sans argent et sans peuple n'est respecté de personne. " Le prince électeur se savait entouré de voisins qui, à la première occasion, le dépouilleraient joyeusement de ses territoires nouvellement acquis; aussi, après le traité d'Oliva, maintint-il sur pied de guerre une bonne partie de sa nouvelle armée.

Le grand problème était d'entretenir ces troupes. Tout comme les autres princes allemands, Frédéric-Guillaume n'était, en fait, qu'un grand propriétaire terrien, vivant surtout de ses domaines personnels. Il lui fallait donc — et il avait bien l'intention d'y parvenir — amener les États à lui accorder un droit d'accise, c'est-à-dire une taxe de consommation sur certaines marchandises vendues dans les villes. Ces taxes donneraient au prince des revenus réguliers; en outre, une partie de la charge fiscale passerait des paysans à la noblesse et aux riches marchands. Frédéric ferait ainsi d'une pierre deux coups : il financerait son armée et mettrait fin au pouvoir politique des États. Ensuite, et ensuite seulement, il lui serait possible de réunir comme en un faisceau les forces de ses territoires éparpillés et de créer la puissante administration centralisée que le prince électeur estimait indispensable.

Dès que la noblesse et la bourgeoisie comprirent les véritables intentions de leur souverain, ce fut une levée de boucliers. L'exemption d'impôt était par trop agréable pour que ces gens voulussent y renoncer. De plus, ils pensaient, non sans raison, qu'une armée permanente entre les mains d'un prince si porté à l'absolutisme constituait le plus grand danger pour leur puissance et leurs privilèges. Les hobereaux, pleins d'orgueil et souvent indociles, considéraient Frédéric-Guillaume comme l'un de leurs égaux, sans plus, et voyaient l'État idéal dans cette Pologne où les nobles se choisissaient eux-mêmes un roi et n'hésitaient pas à le combattre le cas échéant. Accepter la levée d'un impôt fixe serait rendre leur meilleure arme pour extorquer les faveurs du prince et, dans le même temps, reculer à jamais la réalisation de cette république des nobles dont ils faisaient un rêve.

Parmi la bourgeoisie, les avis étaient partagés. Ne s'opposèrent réellement, et de façon résolue, à la réforme fiscale que les riches patriciens de Königsberg, jaloux des droits et privilèges très larges accordés aux bourgeois de la ville polono-allemande de Dantzig. Ce furent eux qui prirent la tête de l'opposition en Prusse orientale. De même, les pasteurs luthériens prêchaient la résistance au projet que caressait le prince électeur d'étendre son pouvoir. Leur haine des calvinistes se tourna contre Frédéric-Guillaume et ses principaux fonctionnaires.

L'opposition grandit. Il y eut des émeutes et des tentatives de soulèvement. Le prince électeur justifiait

ses exigences fiscales en attirant l'attention de ses sujets
sur les périls menaçant du côté de la Suède et de la Pologne
et en faisant appel à leurs sentiments patriotiques. Sans
le moindre succès pourtant; les sujets croyaient fort peu
au péril suédois et se montraient totalement dépourvus de
sentiments patriotiques. Quels intérêts communs auraient
pu lier la Prusse orientale, Berlin et Clèves? Les intérêts
de la Prusse coïncidaient avec ceux de la Pologne, tandis
que Clèves avait évidemment tout à gagner dans une
collaboration avec les Provinces-Unies et les pays rhénans.

Frédéric-Guillaume n'allait négliger aucun moyen pour
briser les résistances. Selon les cas et les nécessités du
moment, il négocia, fit des promesses ou recourut à la
menace. Indifférent aux privilèges et droits acquis, il
n'hésita jamais devant l'emploi de la force brutale. Et il
finit par l'emporter. A sa mort, le droit d'accise était en
vigueur dans toutes les villes et les bases jetées pour un
impôt général sur le revenu; chacun de ses sujets aurait
à payer un impôt personnel. Dans le Brandebourg, les
nobles avaient obtenu de remplacer le droit d'accise par
une contribution fixe, après que le souverain eût livré les
paysans à la discrétion des hobereaux. Dans cette contrée, le
servage allait se perpétuer jusqu'en 1806. Frédéric-Guillaume
n'éprouvait aucune sympathie, ni pour les paysans, ni
pour les nobles. Le renforcement de l'État primait toute
autre considération; dans ce domaine, le prince électeur
n'aurait pu mieux réussir.

Les impôts pesaient lourdement sur les épaules de sujets
pour la plupart déjà ruinés par la guerre. A cela,
Frédéric-Guillaume ne voulait, ni ne pouvait rien changer;
tout autour de ses États restaient des territoires qu'il
désirait s'approprier et pour y parvenir, il lui fallait des
hommes et de l'argent.

Le prince électeur s'efforça toute sa vie d'augmenter la
capacité fiscale de ses sujets. Pour développer l'agriculture,
il fit venir des experts suisses et hollandais, ouvrit la porte
à l'immigration juive pour stimuler l'activité commerciale.
Après la révocation de l'édit de Nantes (1685), on vit
affluer en Prusse des milliers de huguenots français,
qui se mirent à créer de nouvelles industries; toutefois,
ces entreprises ne devaient prendre quelque importance
qu'après la mort de Frédéric-Guillaume.

Le prince électeur s'appliqua surtout à développer le

commerce et la navigation. Entre l'Oder et la Sprée, il fit creuser un canal qui devint une excellente voie de communication entre Hambourg et la riche Silésie, et contribua beaucoup à la croissance de Berlin. Depuis son séjour en Hollande, Frédéric-Guillaume rêvait d'offrir à son pays la suprématie maritime dans la Baltique. Le Brandebourg devait surclasser Suédois et Hollandais, devenir lui-même une nouvelle Hollande. De là ses énergiques tentatives pour conquérir des colonies et se créer une puissante flotte de guerre.

Après 1680, Frédéric-Guillaume parvint, avec l'aide d'un certain *Benjamin Raule*, armateur hollandais établi au Brandebourg, à mettre la main sur une petite colonie dans le golfe de Guinée. Mais il n'en tira qu'un mince profit. Le premier navire envoyé en Afrique rapporta un peu d'or dont on battit monnaie; une fois l'opération terminée, on s'aperçut qu'elle avait coûté le double de ce que valait l'or! Les indigènes et les Hollandais rendirent la vie insupportable aux quelques colons allemands et en 1721, les Hollandais s'emparèrent de la petite colonie africaine de Frédéric-Guillaume.

De même, la flotte créée par Benjamin Raule ne connut pas une bien longue existence. Son plus bel " exploit " fut la prise — en temps de paix! — d'un navire de guerre espagnol dans le port d'Ostende. Frédéric-Guillaume justifia l'entreprise en prétendant que les Espagnols lui devaient encore des subsides!

Malgré ses efforts, Frédéric-Guillaume se débattait toujours dans les ennuis de trésorerie. Il entendait fort peu en économie politique et ses moyens étaient de loin insuffisants pour l'entretien d'une puissante armée, d'une cour fastueuse et la construction de résidences princières. Seuls les subsides accordés par l'Espagne, les Provinces-Unies et la France lui permettaient de garder la tête hors de l'eau.

La majeure partie de ses revenus passait dans les guerres et l'entretien de l'armée, dont les effectifs se montèrent tout un temps à 40 000 hommes. L'armée de Frédéric-Guillaume avait vraiment de quoi impressionner.

Ce politique peu scrupuleux fit cependant beaucoup pour le développement des sciences, bien que ses moyens ne lui permissent pas de doter la recherche scientifique aussi richement qu'il l'eût souhaité. Pour son époque, ce prince était éminemment libéral et tolérant. A cet égard, rien ne le dépeint mieux que le projet d'une " université internationale " que lui avait présenté le très doué et très imaginatif baron suédois *Bengt Skytte*, vers les années 1660. L'intention était de créer, à Berlin, une université où les grands savants du monde viendraient enseigner en toute liberté. Les chaires reviendraient à parts égales aux catholiques, protestants, juifs et musulmans. Mais l'heure n'était pas venue pour une réalisation de cette ampleur et le projet n'eut aucune incidence pratique. Un fait pourtant vint témoigner du bel éclectisme de Frédéric-Guillaume : il nomma un professeur de chinois à l'université de Berlin. En outre, il encouragea la sinologie de diverses manières, notamment par l'acquisition de manuscrits chinois.

Les dernières années du Grand Électeur

Lorsque Louis XIV se mit à réaliser ses vastes projets, effarouchant tous les Européens comme oiseaux en volière, Frédéric-Guillaume vit avec plaisir l'heure des grandes explications. A son accoutumée, il ne fut pas avare d'exclamations patriotiques. " J'aimerais mieux, disait-il en 1661, me mettre sous la protection des Turcs que de servir les Français ! " Mais, en 1667, après les succès de Louis XIV dans les Pays-Bas méridionaux, le prince changea très adroitement son fusil d'épaule. Les visées du Roi-Soleil sur l'Allemagne l'inquiétaient fort, mais quand il eut compris l'impossibilité de toute puissante coalition contre l'importun, il préféra se ranger à ses côtés. Il n'était alors plus question de préférer les Turcs aux Français mais de s'attacher au plus offrant. Frédéric-Guillaume croyait à la chute prochaine de l'empire d'Autriche et comptait bien exploiter la chose au mieux de ses intérêts. Il fit donc rédiger un mémoire secret donnant les bases juridiques de ses prétentions sur la Silésie et chargea ses généraux de préparer un plan d'offensive.

Nous avons exposé ailleurs comment, allié de l'empereur dans la guerre de Hollande, il avait en toute hâte signé une paix séparée avec Louis XIV. Cette désertion ne fit évidemment rien pour rétablir un prestige déjà sérieusement compromis; mais, cette fois il eut la pudeur de montrer quelque honte. L'ambassadeur de France à Berlin prenait un malin plaisir à raconter partout qu'il avait vu le prince électeur rougir à plusieurs reprises après la signature de la paix. Cependant, quelques mois plus tard, Frédéric-Guillaume était une nouvelle fois en guerre contre Louis XIV.

En janvier 1676, l'électeur apprit que les troupes suédoises du maréchal Charles-Gustave Wrangel avaient envahi le Brandebourg. Frédéric-Guillaume s'en frotta les mains : " Voilà qui peut leur coûter la Poméranie! " Car il n'avait pas le moindre respect pour l'armée suédoise. Il n'en montrait que plus d'estime pour les Danois, les Hollandais et les Autrichiens et comprenait fort bien qu'une victoire éclatante sur la Suède était indispensable s'il voulait obtenir de l'aide contre ces trois pays particulièrement dangereux.

En juin de cette même année, Frédéric-Guillaume remporta la célèbre victoire de Fehrbellin. Pour les experts en stratégie, ce succès était tout à fait inattendu et même franchement surprenant. L'armée brandebourgeoise venait de remporter toute seule sa première grande victoire sur un ennemi renommé (il y avait eu la victoire de Varsovie, mais la gloire en était partagée avec les Suédois). Aussi, la joie des Berlinois ne connut-elle point de bornes lorsque les trophées — quatorze drapeaux, deux étendards et six canons — firent leur entrée dans la ville, aux sons d'une musique triomphale. Le grand jour fut célébré en prose et en vers; dans un poème paru à Strasbourg et adapté d'un célèbre hommage à Gustave-Adolphe, Frédéric-Guillaume fut appelé pour la première fois le Grand Électeur.

Frédéric-Guillaume n'avait jamais été aussi heureux de toute sa vie. Il croyait tenir déjà la Poméranie entre ses mains. Dès ce moment, il n'eut plus une pensée pour la guerre contre Louis XIV, estimant que l'empereur et les Hollandais n'avaient qu'à se tirer d'affaire sans lui. Frédéric-Guillaume mobilisa toutes ses forces contre les Suédois et toutes les villes poméraniennes lui tombèrent l'une après l'autre dans l'escarcelle.

Au beau milieu de l'ivresse que lui procuraient ses victoires, l'électeur apprit que les Hollandais avaient entamé des pourparlers pour la conclusion d'une paix séparée. Frédéric en fut stupéfait, puis fou de rage. Sur sa propre demande on avait inséré dans le traité d'alliance une clause stipulant que chacune des parties contractantes était libre de se retirer de la lutte quand bon lui semblerait,

mais il n'avait pas songé à ce moment que d'autres que lui
pourraient un jour faire usage de ce droit. Frédéric-
Guillaume concentra toute son énergie et toutes les
ressources de son esprit pour se tirer d'affaire. Lorsqu'une
armée de secours suédoise, venue de Livonie, vint menacer
Königsberg, il fit placer son infanterie et son artillerie sur
des traîneaux, partit à toute allure vers la Pologne, à
travers neiges et glaces : les Suédois firent volte-face.
Mais une nouvelle plus désagréable encore attendait le
prince électeur : l'empereur venait de signer lui aussi une
paix séparée. Frédéric-Guillaume voyait la Poméranie
lui échapper. Dans sa détresse, il usa de tous les moyens,
écrivit des lettres suppliantes à Louis XIV, caressa même
l'idée d'acheter Madame de Montespan, mais tout cela
fut vain. De ses conquêtes, il ne lui resta que quelques
bribes.

Frédéric-Guillaume en conclut que l'amitié française
était maintenant la seule issue. Il se donna le plus grand
mal pour parvenir à signer une alliance avec le Roi-Soleil,
allant jusqu'à offrir d'envoyer un de ses fils en otage à
Versailles et de voter pour Louis XIV à la Diète qui
désignerait le prochain empereur. Il s'humilia au point
d'indisposer les plus francophiles de ses ministres. Mais
perdre la face est parfois payant : Frédéric-Guillaume
obtint un subside français et finança de cette façon un
réarmement hâtif, fiévreux même. Louis XIV l'encourageait
dans cette entreprise; mais dès que Frédéric-Guillaume
parlait de lancer telle ou telle campagne, le Roi-Soleil
noyait aussitôt le poisson, se refusait catégoriquement à
la moindre promesse.

A la longue, Frédéric-Guillaume en eut assez de cette
alliance qui ne lui apportait que mépris et humiliations.
Il se sentait à présent de plus en plus isolé. Son fils, le
prince héritier, et la plupart de ses ministres avaient
embrassé la cause de l'empereur.

En février 1685, le catholique Jacques II monta sur le
trône d'Angleterre. Frédéric en eut de sombres
pressentiments. " Ceci, dit-il, représente le coup le plus
rude pour la cause évangélique depuis le début de la
Réforme. " La même année, Louis XIV révoquait l'édit
de Nantes et, dans un manifeste, exigeait pour lui tout
l'héritage espagnol. Lorsque le prince électeur apprit

que Louis XIV avait l'intention de poser la candidature de son fils à la couronne impériale, il jugea le moment venu de passer dans le camp anti-français et anti-catholique. Pendant ses dernières années Frédéric-Guillaume racheta plusieurs de ses péchés politiques en se faisant le champion de la liberté de conscience et de la tolérance. Sa première réaction à la révocation de l'édit de Nantes fut d'accueillir à bras ouverts les huguenots français. Après quoi, il il chercha un rapprochement avec l'empereur.

" Je ne veux plus rien avoir de commun avec les Suédois aussi longtemps que je vivrai ", avait-il dit quelques années plus tôt. Maintenant, il signait l'alliance suédoise et sacrifiait la Poméranie, autant dire la prunelle de ses yeux, sur l'autel de l'Union évangélique.

Après la mort de Louise-Henriette, Frédéric-Guillaume s'était remarié avec *Dorothée de Holstein-Glücksburg*, qui allait survivre dans l'histoire comme le type même de la marâtre. Dorothée profitait des maladies de son époux pour imposer son influence. Deux ans avant sa mort, le prince électeur fit son testament définitif : chacun des cinq fils de Dorothée se voyait offrir un duché avec, toutefois, des pouvoirs limités.

A la mort de Frédéric-Guillaume, en 1688, le nouveau prince électeur, *Frédéric III*, s'empressa de déclarer cette clause nulle et non avenue. Il sauvait ainsi toute l'œuvre politique de son père.

L'ACQUISITION DE LA ROYAUTÉ EN PRUSSE

Le 18 janvier 1701, le prince électeur Frédéric III de Brandebourg put se coiffer d'une couronne royale toute neuve. Dès lors, il n'était plus prince électeur de Brandebourg, mais le roi *Frédéric Ier* de Prusse.

Ce fut le jour le plus glorieux de sa vie. Encore au berceau, il lui avait été prédit qu'il porterait un jour la couronne royale mais, dans les premiers temps, cette prédiction avait paru bien incertaine. Petit, boiteux et bancal, Frédéric avait la poitrine creuse; son aspect était donc rien moins qu'impressionnant. Il n'en était que plus ambitieux. Non pas à la façon de son père qui ne rêvait que batailles et conquêtes; l'ambition de Frédéric Ier consistait à se faire admettre comme roi dans le cercle des rois et des empereurs, puis à éblouir le monde par les splendeurs de sa cour. Ses ministres avaient refusé, presque avec mépris, de lui prêter main forte; selon eux, il était " absolument exclu " que la Prusse parvînt à obtenir le statut de royaume. Sans se troubler pour autant, Frédéric avait poursuivi ses pourparlers et lorsque, pendant la guerre de la Succession d'Espagne, l'empereur Léopold eut besoin d'aide pour combattre Louis XIV, la fortune lui avait enfin souri. En promettant à l'empereur de mettre huit mille soldats à sa disposition si le besoin s'en faisait sentir, le prince électeur avait pu obtenir en novembre 1700 la reconnaissance tant désirée. Lorsque Frédéric s'était retrouvé sur le trône du sacre, dans la cathédrale de Königsberg, sous l'hermine royale, le sceptre et la couronne tout scintillants d'or, de diamants, brillants et rubis, il eût pu affirmer qu'il ne devait toute cette gloire qu'à lui seul....

Frédéric n'était pas des plus intelligents et ses lettres témoignent d'une étonnante indigence intellectuelle. Son épouse, par contre, la princesse *Sophie-Charlotte de Hanovre* à qui il était très attaché, est vantée par tous les contemporains pour sa beauté, son intelligence et son esprit. Elle avait de longues et savantes conversations avec Leibniz, méritait amplement son surnom de " reine philosophe ". Elle fit beaucoup pour encourager les sciences et les arts; si l'Europe nomme alors Berlin " l'Athènes sur la Sprée ", la capitale prussienne le doit plus à la reine qu'à son époux. Sophie-Charlotte légua une bonne partie de ses dons à ses enfants; son petit-fils allait un jour en donner la preuve éclatante. Elle n'éprouvait aucun amour pour son époux, mais accomplissait strictement ses obligations conjugales, avec une sorte d'humour noir qui s'exprime par moment dans sa correspondance.

Contrairement à son père et au petit-fils qui devait un jour lui succéder, Frédéric Ier nourrissait la plus grande vénération pour l'empereur qu'il considérait comme son suzerain. C'est une des raisons, sinon la seule, pour lesquelles il lui prêta son aide. Bien que, à son époque, Berlin fût presque entièrement francisée, il haïssait la France parce qu'intimement persuadé que la France souhaitait uniquement la destruction du protestantisme et la domination totale sur l'Europe.

La guerre coûta beaucoup à la Prusse, en hommes

et en argent. Et qu'en retira-t-elle? Peu de choses : la Haute Gueldre sur le Rhin et la principauté de Neuchâtel en Suisse outre la reconnaissance par l'Europe du titre royal offert à Frédéric Ier.

FRÉDÉRIC-GUILLAUME Ier

Un enfant difficile

Lorsque le ballet royal donnait une représentation de gala, la cour applaudissait à tout rompre un petit garçon blond aux yeux bleus qui jouait d'ordinaire le rôle de Cupidon, ou d'autres tout aussi touchants. Cet enfant n'était autre que le prince héritier, *Frédéric-Guillaume*. "Il a le teint délicat de sa mère, c'est un enfant particulièrement joli et gracieux, disait du petit prince alors âgé de six ans (1694) l'ambassadeur de France. Il est plein de vie, toujours très occupé. Il n'y a en lui presque rien d'allemand. Il lui arrive de dire les choses les plus divertissantes du monde. "

Sophie-Charlotte était immodérément fière de son bambin et l'entourait de mille gâteries. Son éducation seule vaudrait bien un chapitre. Peu de souverains ont, comme Frédéric-Guillaume Ier, imprimé leur marque sur leurs sujets; les Prussiens indolents et individualistes devinrent, sous ce règne, si soumis et si fidèles à leurs devoirs que la " discipline prussienne " est aujourd'hui synonyme d'obéissance aveugle. Entre autres facteurs, la jeunesse de Frédéric-Guillaume explique cette étonnante métamorphose de tout un peuple.

Dans sa prime enfance, on avait laissé Frédéric-Guillaume grandir en toute liberté. C'était en soi assez malheureux, car le petit ange du ballet royal montrait certains traits de caractère rendant souhaitable une éducation très stricte. Il avait, au fond, très bon cœur, avec un grand besoin de tendresse, mais se montrait quelquefois fort entêté et violent. Quand il n'obtenait pas satisfaction, le petit Frédéric-Guillaume perdait tout contrôle et se conduisait en vrai sauvage. A six ans, on lui donna un gouverneur et des maîtres masculins; Sophie-Charlotte était persuadée que tout irait mieux dès ce moment. Le programme d'éducation établi à l'intention du jeune prince était des plus modernes pour l'époque. La formation du caractère passait avant l'instruction proprement dite. Le prince apprendrait à craindre Dieu, selon le vœu de son père le roi Frédéric, car c'était là le seul moyen pour un futur monarque, non soumis aux lois et châtiments ordinaires des hommes, d'acquérir une discipline personnelle et le plein contrôle de soi. Pour atteindre ce but, le pédagogue auquel fut confié le petit Frédéric-Guillaume lui peignit les châtiments éternels en traits si farouches que le prince garda pour la vie une crainte presque panique du Jugement Dernier. Par ailleurs, la religion de Frédéric-Guillaume ne tendait pas à la stricte orthodoxie. Il apprit à considérer les oppositions entre les doctrines calviniste et luthérienne comme de simples batailles de mots et se montra fort tolérant à l'égard des croyances d'autrui. Il faut en attribuer le mérite à ses éducateurs, qui parvinrent aussi à lui inculquer l'horreur des plaisirs frivoles et immoraux. L'héritier du trône était physiquement très robuste pour son âge, mais s'irritait beaucoup de se voir entrepris par les dames de la cour en quête d'une petite aventure avec l'héritier du trône. Peut-être faut-il chercher là l'origine de son dédain pour le beau sexe. Il allait devenir un époux d'une exemplaire fidélité. Le programme d'éducation prescrivait également d'éloigner le prince de l'opéra, de la comédie et des autres divertissements " stériles ". En quoi les gouverneurs recueillirent plein succès.

On n'eut, par ailleurs, guère de peine à lui enseigner l'économie. Sous le titre " Compte de mes ducats ", il inscrivait dans un petit carnet ses revenus, cadeaux et dépenses. Sophie-Charlotte, qui jetait les écus par portes et fenêtres, y voyait un très mauvais signe car elle considérait l'avarice comme un péché mortel.

La formation intellectuelle du jeune prince donnait moins de satisfactions à ses maîtres. Dès son âge le plus tendre, il avait fait montre d'un esprit d'observation des plus pénétrants et d'un jugement très sain; il se montrait souvent spirituel et prompt à la repartie, avait une excellente mémoire pour tout ce qui l'intéressait, mais aucun intérêt pour les choses sans valeur immédiatement pratique ou dont il n'apercevait pas l'utilité. Il ne savait que cinq ou six mots de latin et la conjugaison du verbe le plus simple était nettement au-dessus de ses forces. La seule phrase latine qu'il était parvenu à apprendre par cœur en disait long sur son caractère : " La crainte du Seigneur est le commencement de la sagesse. " Malgré le mépris agressif qu'il affichait pour la noble langue des Romains, Frédéric apprit encore quelques phrases par la suite; il s'en servait tant et plus, tout en les estropiant de bon cœur. Sa façon d'écrire les mots allemands les rendait souvent inintelligibles. Ses rédactions françaises étaient sensiblement meilleures, chose très compréhensible si l'on veut bien se rappeler que tout son entourage, depuis le roi jusqu'à ses maîtres, n'usait pas d'une autre langue.

Sophie-Charlotte avait rêvé que son fils deviendrait un autre Roi-Soleil, protégerait les sciences et les arts, et stupéfierait le monde par sa vaste culture. Frédéric-Guillaume prit exactement le contre-pied des espoirs maternels. Plus tard, il fit grief à sa mère et à ses maîtres des lacunes de son éducation. Ils s'étaient, disait-il, montrés trop faibles à son égard et auraient dû s'y prendre plus tôt pour dompter son entêtement. " Ma mère, disait-il encore, était une femme intelligente, mais une mauvaise chrétienne. " Quant à lui, il était bien résolu à ne pas tomber dans le même travers quand il s'agirait d'éduquer son propre fils.

Sa vie durant, Frédéric-Guillaume n'a jamais tenu compte que de sa propre opinion et de sa propre volonté. Peut-être la faiblesse de son entourage pendant sa jeunesse explique-t-elle cet égocentrisme, en partie tout au moins.

Un despote

Le roi Frédéric mourut en 1713, profondément regretté de sa cour et de la population berlinoise. Celle-ci lui devait bien cet hommage. Sous son règne, Berlin, à peine un gros bourg à la mort du Grand Électeur, était devenu une grande ville ornée de palais splendides.

Frédéric Ier avait reçu le surnom de " roi du théâtre "; il cédait à présent la place à un homme tout à fait prosaïque et terre à terre. De visage rose et poupin, d'une corpulence précoce, *Frédéric-Guillaume Ier* donnait, à première vue, l'impression d'être un enfant grandi trop vite; mais cette impression ne durait guère. Car son regard ne répondait pas à cet aspect débonnaire : le regard froid et dur vous fouillait un homme jusqu'à l'âme; quant à l'humeur royale, maints courtisans n'apprirent que trop vite à en redouter les caprices. Rencontrer le roi pendant sa promenade matinale, c'était jouer son destin sur un coup de dés; tout dépendait de l'humeur du moment. Passant à Potsdam tout près d'un jeu de quilles, il eut un jour quelques paroles d'approbation et vanta l'excellent exercice physique que constituait ce jeu. Dès que l'opinion royale fut connue à la ronde, le terrain fut pris d'assaut, mais lorsque Frédéric-Guillaume passa le lendemain au même endroit, les " athlètes " sentirent, à leur grande surprise, la canne du roi s'abattre sur leur échine de " fainéants ", comme il voulut bien le leur dire. Les résultats de cette humeur fantasque ne se firent pas attendre : dès que la silhouette familière pointait à l'horizon, les rues se vidaient comme par enchantement. Et lorsque le roi se rendit compte que ses sujets tentaient de se dérober à sa vue, il entra dans une violente colère : " Pourquoi donc, demanda-t-il à un homme qui s'enfuyait et qu'il parvint à saisir par le bras, prends-tu ainsi tes jambes à ton cou? " " Parce que j'ai peur! " fut la réponse. " Il ne faut pas me craindre dit alors le roi, il faut m'aimer! ", et la terrible canne entra en action.

Si les Prussiens souhaitaient un roi moins impulsif, ils n'en admiraient pas moins sa grande simplicité et son esprit d'économie. Frédéric-Guillaume portait généralement une tunique d'uniforme bleue à galons d'argent et parements rouges, un gilet jaune, une culotte de même couleur et des bas blancs. On était loin du brocart d'or et des boutons de diamant si chers à Frédéric Ier. Mais les Prussiens n'étaient pas au bout de leurs surprises. A sa table à écrire, le roi passait des manches de lustrine pour ne pas user les coudes de son uniforme. Le luxe de la cour fut réduit avec la plus grande énergie. De nombreux objets d'or et d'argent rassemblés par le feu roi passèrent à la fonte. Les statues antiques furent vendues; les fondeurs de bronze durent oublier la coule des objets d'art et produire des canons. Frédéric Ier avait voulu faire de son palais un second Versailles, Frédéric-Guillaume Ier en fit un centre administratif. Les appartements du roi se limitaient à cinq pièces qu'il fit aménager à son goût. Le temps des Gobelins était bien révolu. Les meubles luxueux firent place au mobilier le plus simple. Les salons du roi défunt où l'on trouvait des meubles, des lustres et même des pare-feux en or et en argent furent fermés. La plupart des résidences royales de moindre importance furent transformées en hôpitaux et en bureaux, d'autres louées, d'autres encore furent tout simplement abandonnées à leur sort et tombèrent en ruines. Les parcs devinrent des terrains d'exercice.

On est pourtant surpris d'apprendre que ce roi si économe, presque avare, se glorifiait de posséder une argenterie bien plus fastueuse que la prodigue cour de Dresde. Frédéric-Guillaume achetait lui-même un grand nombre de pièces splendides non seulement parce qu'il estimait que c'était là un bon placement, mais aussi pour éblouir ses hôtes lorsqu'ils devaient être éblouis.

Alors que dans le reste de l'Europe la vie de cour se caractérisait par le charme enjoué du rococo, le Berlin de Frédéric-Guillaume était d'une raideur toute puritaine et fort ennuyeux. Les fêtes pompeuses organisées par le " roi du théâtre " n'étaient plus que souvenirs d'un passé lointain. Les diplomates étrangers obtenaient audience sur le terrain d'exercice ou dans un coin de la salle à manger.

Ils n'étaient pas plutôt revenus de leur grande surprise qu'une autre surprise les attendait à la table du roi. Frédéric-Guillaume était énorme mangeur, capable d'engloutir des huîtres par centaine, et de plus, fin gourmet : il se prétendait capable de reconnaître au goût la région de son royaume d'où provenait une perdrix présentée à sa table. Toutefois, son esprit d'économie ne se relâchant jamais, Frédéric-Guillaume préférait s'en tenir généralement à des repas très simples, étudiait avec minutie les menus de la semaine à venir et biffait impitoyablement les mets trop coûteux à son avis. S'il arrivait pourtant qu'on servît un plat recherché, c'était en quantité presque dérisoire : un homard devait suffire pour vingt convives.

La soif du roi était aussi remarquable que son appétit. Avec le roi de Saxe Auguste le Fort, il fonda une société au nom très révélateur : " Les ennemis de la tempérance ". Un général anglais qui avait pu faire sa cour à la reine après avoir vidé en compagnie du roi huit bouteilles de Tokay " sans compter les autres vins " s'acquit par cet exploit la considération toute particulière de Sa Majesté prussienne. Ces beuveries devaient laisser quelques traces. Jeune, Frédéric-Guillaume s'était souvent plaint de ne pouvoir bronzer, bien qu'il s'exposât souvent en plein soleil. Au fil des années, son visage devint " virilement " cramoisi mais le roi souffrit d'hypertension, de goutte et d'hydropysie.

Tabakscollegium

Le roi détestait l'étiquette et fuyait comme la peste les grandes fêtes et les réceptions; il passait le plus clair de ses soirées libres dans son "Tabakscollegium", sur lequel se mirent bientôt à circuler les rumeurs les plus étranges. Le roi y invitait quelques officiers, l'un ou l'autre diplomate et quelques personnages lui paraissant remarquables à l'un ou l'autre titre. L'assemblée était choisie avec soin pour prévenir toute "fuite" d'éventuels secrets d'État. Toute étiquette de cour était bannie de ces réunions et le ton de la conversation y était des plus libres. Dans ce cercle de familiers, Frédéric-Guillaume ne se conduisait guère en roi : il tenait à s'y sentir comme un simple citoyen au milieu de ses amis. Les membres du Tabakscollegium pouvaient même taquiner Frédéric-Guillaume sur ses petites faiblesses.

Ce "collège du tabac" se réunissait souvent dans une cave du palais, meublée d'une longue table et de bancs de bois grossier. Le roi en personne s'asseyait sur un tabouret sans même le confort d'un dossier. Pour pouvoir rire et parler à l'aise, hors la présence des serviteurs, on prenait soin, avant la réunion, de mettre à la place de chaque invité un énorme broc de bière; de grands pots remplis de gros tabac hollandais parsemaient la table. Parfois, Frédéric-Guillaume régalait ses invités d'une salade ou d'un plat de poisson préparés de ses propres mains. Des cartes géographiques et les journaux les plus récents du pays et de l'étranger se trouvaient toujours à portée car, s'il arrivait parfois qu'un problème de religion fût au centre de la discussion, on s'entretenait généralement des questions politiques les plus actuelles. Comme les bons généraux n'étaient pas toujours des plus instruits, le roi avait admis quelques intellectuels dans son cercle; ils faisaient office d'encyclopédie vivante et donnaient en outre un aperçu de ce que contenaient les journaux en y ajoutant leurs propres commentaires. Le plus connu de ces messieurs est l'historien *Jacques-Paul Gundling*.

Gundling avait beaucoup lu, sa mémoire était impressionnante. Le roi attachait visiblement une très grande importance à ses belles qualités car ce n'était pas seulement au Tabakscollegium qu'il faisait appel à ses services; il l'appelait souvent auprès de lui pour discuter les affaires du gouvernement. Le très érudit Gundling avait toutefois deux vilains défauts qui l'exposaient aux plaisanteries des autres compagnons : il buvait sans aucune retenue, montrait une vanité et une présomption rares. A chaque réunion du " collège ", Gundling était ivre. Seul variait son degré d'ébriété; plus d'une fois, on dut le porter jusqu'à l'appartement qu'il occupait au palais. En ces occasions, l'assemblée se déchaînait contre le pauvre historien, ces moqueries confinaient souvent à de véritables sévices moraux et physiques.

Ce qu'on peut dire de mieux pour excuser dans une certaine mesure l'intempérance et le mauvais goût du roi de Prusse, c'est que Frédéric-Guillaume y trouvait une soupape à l'écrasante vigueur de son tempérament. Le roi était un homme simple, primitif même, et très mal élevé. Ce qui ne signifie pas, cependant, qu'il fût insensible à des distractions d'un caractère plus distingué. Dans ses moments de loisir, il s'adonnait à la peinture et nourrissait une passion sincère pour la musique de Haendel.

Frédéric-Guillaume tolérait, encourageait même, des disciplines comme la théologie, la médecine, les sciences économiques et politiques, mais toute autre science sans utilité directe lui était comme une épine dans l'œil.

L'Allemagne et l'étranger voyaient en Frédéric-Guillaume un personnage à la fois ridicule et inquiétant; on se moquait de sa cour comme d'un vestige des temps barbares au siècle de la galanterie. Son épouse, *Sophie-Dorothée de Hanovre*, incapable d'apprécier les traits positifs de son caractère, faisait vaillamment chorus avec ceux qui tournaient le roi en ridicule. Ce ménage manquait totalement d'harmonie. " Olympe " — tel était le surnom donné à Sophie-Dorothée pour son maintien majestueux — aimait le faste et le cérémonial. Dans sa résidence de Mon Bijou, reçue de son beau-père et aménagée selon ses propres goûts, elle s'était créé un cadre du plus gracieux rococo, avec de belles faïences chinoises, des meubles de laque côtoyant les plus précieux produits de l'orfèvrerie. Sans posséder elle-même une culture bien vaste, la reine détestait la vie spartiate qu'on menait à Berlin et la passion des choses militaires dont était possédé son époux. Elle lui trouvait de mauvaises manières, détestait ses chasses à courre et son Collège du Tabac, son intempérance dans le boire et le manger, et enfin, *last but not least*, son humour de corps de garde. Pour sa part, Frédéric-Guillaume était incapable, une fois en colère, de se dominer, de sorte que la cour connut bientôt leurs divergences de vue. Comme le roi était un époux plus fidèle que tendre, la reine poussait un grand soupir de soulagement à chacun de ses voyages d'inspection.

Ce qui vint troubler le plus la paix de ce ménage, ce fut l'esprit autoritaire de Sophie-Dorothée qui désirait, en outre, exercer une influence sur la politique étrangère du pays. Son frère était George II, roi d'Angleterre et de Hanovre, et elle souhaitait vivement voir se nouer des liens étroits entre l'Angleterre et la Prusse. Mais Frédéric-Guillaume restait le fidèle allié de l'empereur. Lorsqu'il eut vent des intrigues que la reine nouait à son insu, il entra dans une rage folle, parla de divorce, refusa de voir Sophie pendant plusieurs semaines. Malgré son caractère impulsif, le roi finit par demander publiquement pardon à son épouse, mais la reine était de ces femmes qui ne pardonnent ni n'oublient la moindre offense.

Frédéric-Guillaume allait toujours son chemin sans hésiter ; il avait des objectifs bien précis et ne les perdait jamais de vue. Il n'avait retenu que peu de choses de ses études, mais une phrase lue dans une biographie de Cyrus, roi des Perses, lui était restée en mémoire : " Les plus sûrs moyens d'assurer le bonheur d'un peuple, d'un pays, d'un royaume sont : une armée d'élite et une bonne économie. " En 1716, le roi déclarait : " Je vais droit mon chemin, je consolide ma souveraineté et donne à ma couronne la solidité du bronze. Laissons dire les gens ; l'essentiel est d'atteindre notre but. "

Le roi-sergent

" Vivent le roi et les vaillants soldats. " Telle était l'inscription surmontant la porte principale de Potsdam, petite ville de garnison.

Pour Frédéric-Guillaume, c'était là le paradis sur terre. Pour qu'un civil fût admis à l'intérieur du quartier, il fallait un cas d'exception. Même un ministre ne pouvait s'y présenter que pour une affaire très importante. Deux salles du palais étaient décorées de nombreux portraits de généraux et d'officiers supérieurs ; dans la chambre à coucher du roi figuraient les bustes de tous les commandants de compagnie à la garde du corps et, dans la galerie, les portraits en pied de tous les soldats de la garde, complètement équipés; chacun de ces portraits portait l'indication du nom, de l'origine et de la ... taille du modèle.

George II, roi d'Angleterre et de Hanovre, beau-frère de Frédéric-Guillaume, l'appelait en riant " mon frère le caporal " et toute l'Europe allait l'appeler bientôt le roi-sergent. Les aristocrates se disaient vexés de voir le roi de Prusse commander lui-même la manœuvre. Frédéric-Guillaume n'en avait cure : il se considérait avant tout comme un militaire et n'était jamais plus heureux qu'avec ses hommes.

Quelques mois après l'avènement de Frédéric-Guillaume, la paix d'Utrecht était signée et toutes les puissances ayant participé à la guerre de la Succession d'Espagne se mettaient à désarmer. A la surprise générale, Frédéric-Guillaume fit tout le contraire et renforça les effectifs de son armée.

Selon la coutume de l'époque, le Grand Électeur avait

La boisson était un des grands arguments des sergents recruteurs. La scène d'enrôlement ci-dessus est extraite de l'ouvrage de H. F. Flemming " De Vollkommene Teutsche Soldat ", paru en 1726.

constitué son armée de mercenaires; son successeur n'y avait rien changé. La guerre contre Louis XIV avait malheureusement exigé un lourd tribut et Frédéric Iᵉʳ s'était vu contraint de faire appel à la conscription pour étoffer ses cadres. Les régiments avaient à s'occuper eux-mêmes du recrutement, qui se traduisait en fait par des incorporations de force. Comme aucune région précise n'était assignée aux recruteurs pour effectuer leur belle besogne, c'était en tous lieux à qui raflerait le plus grand nombre de soldats. Pour la population civile, ces procédés devinrent un vrai cauchemar car tout homme valide était ainsi menacé de perdre sa liberté. Il n'était pas rare de voir les militaires arrêter une diligence sur la route, s'emparer du postillon et des passagers, puis incorporer tout le monde malgré pleurs et menaces.

La misère et le désordre ne firent que croître lorsque les chefs de régiment eurent reçu de Frédéric-Guillaume Iᵉʳ l'ordre de se procurer aussi des effectifs de réserve. Les sergents recruteurs allaient jusqu'à pénétrer dans les maisons, inspectaient les jeunes hommes présents et, quand ils les jugeaient bons pour le service, leur remettaient une fiche d'incorporation portant la dénomination du régiment qu'ils avaient à rejoindre le moment venu. Il va de soi que les jeunes gens n'étaient tenus au service militaire que lorsqu'ils étaient sains et en âge de servir, mais, dans beaucoup de cas, des bambins de sept ans furent inscrits " pour la réserve ", à la grande indignation de leurs pauvres parents. Ces excès de zèle n'étaient pas dus à la seule concurrence parmi les recruteurs; les commandants d'unité étaient sûrs de tomber en disgrâce auprès du roi quand leurs rôles ne portaient pas suffisamment de recrues et de réservistes. Devant cet état de choses, les autorités civiles se trouvaient parfaitement impuissantes. A toutes les protestations, les recruteurs se contentaient de répondre : " Si je n'inscris pas ce garçon, un autre l'inscrira. "

Le roi dut bientôt admettre que la crainte des recruteurs dépeuplait petit à petit les régions-frontières. Alors qu'en Prusse, l'agriculture et les métiers tombaient en décadence par manque de main-d'œuvre, on voyait les villes des pays voisins s'enrichir de jeunes et vigoureux Prussiens qui acceptaient de faire n'importe quel travail pour le gîte et la nourriture. En 1733, Frédéric-Guillaume trouva comme solution d'attribuer à chaque régiment un district de recrutement déterminé. Ce qui mit fin à la concurrence effrénée entre recruteurs et au sentiment d'insécurité de la population. Les jeunes gens savaient à présent qu'ils devraient, dans leur grande majorité, faire tôt ou tard deux ans de service militaire et seraient ensuite astreints chaque printemps à une période de rappel. Le service obligatoire n'était pas encore généralisé car certaines catégories sociales, dont les artisans et les paysans aisés, en étaient exempts, mais la réforme constituait déjà un pas de plus dans cette direction. Ce système s'est maintenu jusqu'au XIXe siècle.

Toutefois, les engagements volontaires et les incorporations de force ne suffirent pas à constituer des effectifs suffisants et l'on se mit à recruter des hommes dans les pays étrangers. Les méthodes utilisées provoquèrent un scandale dans toute l'Europe. On attirait les victimes dans des auberges de bas étage où, la boisson et les filles les ayant mis de joyeuse humeur, des jeunes gens se laissaient facilement entraîner à signer un engagement, d'autant plus qu'on leur versait un certain nombre d'écus à titre de prime. Parfois aussi, ils étaient attirés à l'intérieur des frontières prussiennes où de solides gaillards se jetaient sur eux pour les conduire à l'unité qui les attendait avec tant d'impatience.

Frédéric-Guillaume avait une prédilection toute particulière pour les soldats de très grande taille. Ses ambassadeurs à l'étranger avaient mission de lui découvrir des géants. " Il n'est pas, disaient les ambassadeurs étrangers à Berlin, de meilleur moyen de s'attirer les bonnes grâces du roi que de lui envoyer une brochette d'hommes d'environ six pieds " (1,80-1,90 m). Aussi, la garde de Frédéric-Guillaume fourmillait-elle d'étrangers, surtout des Russes et des Hongrois. Voyager en Prusse devint fort dangereux pour les étrangers de grande taille. Un moine venu dans le pays collecter des aumônes pour le rachat des chrétiens prisonniers chez les Turcs, l'apprit à ses dépens. Le premier recruteur à jeter les yeux sur lui s'empara de sa personne et l'incorpora sur le champ dans la garde du corps.

En conséquence, cette unité d'élite devint une sorte d'attraction pour touristes. On n'y trouvait qu'une douzaine d'hommes ne mesurant pas moins de 1,80 m; la taille du plus grand, un Norvégien, atteignait 2,65 m! Les opinions sur cette garde royale étaient du reste fort partagées : " Ces géants, affirmait un voyageur de l'époque, sont en général fort laids; ils ont les jambes torses ou quelque autre défaut corporel, et l'on peut dire que la garde est plus surprenante que belle à voir. " Mais aux yeux de Frédéric-Guillaume, ce régiment était le plus beau du monde. Au pied de son lit de mort, le roi fit encore défiler deux cents de ces hommes. Il lui suffisait de les voir pour souffrir moins!

Soldats et officiers

Car Frédéric-Guillaume aimait de tout son cœur ses " bons gars bleus ". Il s'occupait personnellement de leur bien-être matériel et moral. Leurs uniformes devaient être jolis et bien ajustés, le roi n'y eût point supporté le moindre faux pli. A cette époque, il existait fort peu de casernes et

Les méthodes disciplinaires au temps de Frédéric-Guillaume Ier :
à l'arrière-plan sur un échafaud, un soldat suspendu par les mains
reçoit le fouet, au premier plan, un soldat condamné aux " baguettes ".
(Gravure sur cuivre de Daniel Chodowiecki).

les militaires devaient trouver à se nourrir et à se loger sur leur solde, mais le roi veillait à ce qu'ils trouvassent de bons logements et apprissent à ménager leur pécule. Frédéric-Guillaume voyait volontiers ses soldats prendre femme; aux meilleurs d'entre eux, le roi, pourtant de nature si économe, donnait d'importantes sommes d'argent ou leur procurait des revenus supplémentaires. Il n'était pas rare qu'à sa démobilisation, un grenadier trouvât un poste stable dans les douanes ou la police; il obtenait même parfois une pension ou une maisonnette. La position sociale des soldats était donc fortement améliorée; ce qui encourageait les Prussiens à s'élever au-dessus de leur condition première. Les fils de paysans constataient au service qu'il existait un pouvoir plus étendu que celui du propriétaire terrien et qu'on retirait plus de considération à porter la tunique bleue du roi qu'à trimer dans les champs. Mieux encore, le roi lui-même portait l'uniforme et les princes du sang allaient à l'exercice comme le dernier des ruraux. Aussi paradoxal que cela paraisse, c'est par le service militaire que le paysan prussien commença à sortir de la servitude.

La " discipline prussienne " est une création de Frédéric-Guillaume et de son principal conseiller militaire, le prince *d'Anhalt-Dessau*. Le roi pensait que le maniement du fusil était " ce qu'il y a de plus beau dans l'exercice "; on répétait donc à l'infini les mouvements les plus compliqués. Le plus grand événement militaire de l'année était la parade de mai à Berlin. Les régiments défilaient devant le roi et, tout en tirant des salves, exécutaient conversions et autres mouvements; officiers et gradés veillaient dans l'angoisse à maintenir le plus parfait alignement et à commander dans le plus rigoureux synchronisme. C'était en somme une combinaison de parade et de manœuvre sur le terrain.

Pour atteindre cette perfection, il était indispensable de répéter longuement le futur " spectacle ", mais aussi d'observer une discipline très stricte; nulle part au monde, la discipline ne fut aussi sévère que dans l'armée de Frédéric-Guillaume Ier. Le roi était d'avis que seule la crainte des punitions pouvait amener ses hommes à fournir le maximum d'efforts. Les châtiments corporels étaient d'application courante, aux fins d'amener ces paysans rustauds à manier correctement leurs armes et à exécuter correctement les mouvements les plus compliqués. Lors d'une visite en Hanovre, le roi fut très surpris de voir un ordre parfait régner parmi les troupes de son voisin et beau-frère bien qu'il y fût défendu de frapper les soldats. Mais Frédéric-Guillaume se garda bien d'introduire cette réforme en Prusse.

Frédéric-Guillaume n'éleva pas seulement la position sociale des soldats mais aussi celle des officiers. Ils avaient préséance sur les dignitaires de la cour et les fonctionnaires civils, et ils étaient considérés comme les membres les plus estimables de la communauté nationale. Le roi lui-même était presque toujours en uniforme et il exigeait que ses officiers portassent l'habit bleu, même en dehors des heures de service. La prescription était des plus utiles, car on avait vu au temps de Frédéric Ier des officiers se ruiner pour suivre la mode de Paris.

Il est un fait qui va marquer profondément l'évolution future de la Prusse : les officiers de ce temps se recrutaient surtout parmi la noblesse. Non que Frédéric-Guillaume fût un ami des nobles, bien au contraire! Les hobereaux prussiens avaient opposé une vive résistance à l'extension des pouvoirs du Grand Électeur et donnaient parfois beaucoup de fil à retordre au petit-fils de ce dernier. Aux yeux de Frédéric-Guillaume, un noble n'avait pas plus de valeur qu'un autre homme. Il n'attachait d'importance qu'aux capacités et au sens du devoir; et, précisément, le devoir des privilégiés était de servir l'État.

Maintenant, les jeunes seigneurs n'étaient plus libres de s'acagnarder sur leurs terres ou de prendre du service chez qui bon leur semblait. Ils devaient prêter serment de fidélité au roi et faire vœu de le servir leur vie entière.

Cette innovation n'alla pas sans cris et grincements de dents parmi les principaux intéressés, mais Frédéric-Guillaume obtint finalement ce qu'il voulait et les familles nobles prirent l'habitude de considérer le métier des armes comme chose allant de soi. A l'opposé de ses prédécesseurs, Frédéric-Guillaume nomma lui-même les officiers — jadis, cette prérogative appartenait aux chefs de corps — et eut à cœur de faire personnellement connaissance avec chacun d'eux. Entre le roi et les officiers prussiens s'établit ainsi un lien de fidélité, nullement personnelle ni limitée au seul souverain régnant, mais de fidélité au concept abstrait de " roi de Prusse ". Les nobles prussiens qui avaient eu jadis à peu près les mêmes idéaux que les nobles polonais, apprirent, sous la férule sévère de Frédéric-Guillaume, à révérer l'ordre, la ponctualité, la discipline et le désintéressement; le roi pouvait avoir une confiance aveugle en ses officiers.

A la mort de Frédéric Ier, l'armée prussienne comptait 30 000 hommes. Son fils tripla ce chiffre. L'armée absorbait à elle seule la majeure partie des revenus de l'État. La caisse de recrutement se vidait toujours trop vite et des moyens parfois fort contestables étaient utilisés pour la remplir. Il suffisait de promettre une somme importante à cette caisse pour obtenir une sinécure; ceux qui, coupables de quelque délit, pouvaient joindre à leur supplique des espèces suffisantes, se voyaient absous de leurs péchés.

En fin de compte, réunir des fonds pour l'entretien de l'armée devint la principale occupation du roi. La colonisation, l'économie, la politique fiscale furent mises au service de cet objectif. Des imbéciles pouvaient être estimés assez bons pour remplir des fonctions de juge, mais les gens de talent étaient, eux, dirigés vers l'administration financière du pays.

Le fonctionnaire prussien

Frédéric-Guillaume avait tenu à régner par lui-même, non parce qu'il trouvait la chose agréable, mais parce qu'il considérait que tel était son devoir. " Dieu, dit-il un jour avec une indignation sincère, a placé les monarques sur le trône, non pas pour qu'ils y mènent une vie insouciante, mais afin qu'ils y œuvrent au bien de leur pays et de leurs sujets. Par malheur, la plupart des souverains abandonnent les tâches de l'État entre les mains de leurs ministres pour s'occuper de leurs maîtresses et de leurs bas appétits. " Belles sentences et bien appliquées! Frédéric-Guillaume était un bourreau de travail. Il voulait être au courant du moindre détail, décider par lui-même, faire dépendre êtres et choses de sa propre volonté et les modeler à son idée. Sa journée commençait à cinq heures du matin et se déroulait selon un programme minutieusement établi.

Suivant en cela l'exemple de ses prédécesseurs, Frédéric-Guillaume considérait le pays et le peuple comme sa propriété personnelle, un bien qu'il ne croyait nul autre capable d'administrer comme lui. Le roi ne doutait pas un instant de sa propre infaillibilité et s'estimait à cent coudées au-dessus des simples mortels. Se sentant responsable devant Dieu de tout ce qui se passait dans le royaume, de ce qui s'y faisait et de ce qu'on négligeait d'y faire; il intervint plus d'une fois dans la vie personnelle de ses sujets. Nouvel Haroun al-Rachid, il se mêlait à la population, demandait aux gens des nouvelles de leur santé, arbitrait les querelles de ménage, admonestait les paresseux, examinait les suppliques. Comme Luther, Frédéric-Guillaume croyait l'homme né mauvais; il se montrait, par conséquent, d'une méfiance presque maladive à l'égard de la plupart des gens. Le roi voulait couler l'humanité entière dans le même moule idéal. Les rapports avec ses fonctionnaires n'avaient donc rien d'une collaboration. Dans le meilleur des cas, le roi hurlait au récalcitrant d'obéir sans vouloir raisonner. Frédéric-Guillaume soupçonnait tout le monde de corruption ou d'incurie.

Rien n'échappait à son œil d'aigle. Bientôt les fonctionnaires se répandirent en lamentations : le roi de Prusse était, à cet égard, pire encore que le tsar Pierre ou Charles XII. Un jour, un maître des postes ne voulut point quitter son lit pour donner des chevaux frais au postillon d'une diligence; Frédéric-Guillaume prit le coupable en flagrant délit, le rossa d'importance, puis s'excusa auprès des voyageurs pour l'inqualifiable conduite d'un fonctionnaire royal. Le roi ne se montrait pas moins strict à l'égard de la magistrature : " Dans ce pays, écrivit-il au ministre compétent, la justice est exercée de façon lamentable et si je n'y mets la main, j'aurai moi-même à me justifier. " Comme bien, on pense les mauvais juges furent saisis d'une crainte salutaire. Aux yeux du roi, les avocats étaient d'incorrigibles intriguants; ils entretenaient la zizanie parmi le peuple, faisaient traîner inutilement les procès et ne parvenaient que trop souvent à faire remettre les sentences à plus tard, dans le seul but de tirer profit des malheurs d'autrui.

Il fut désormais impossible pour les fonctionnaires de s'enrichir aux dépens du roi. La corruption et l'incurie firent place au travail sévère et régulier. Frédéric-Guillaume a créé non seulement l'officier, mais aussi le fonctionnaire prussien.

La politique étrangère de Frédéric-Guillaume fut par contre assez incolore. Le " roi-sergent " était en fait un monarque fort pacifique qui ne tenait pas à risquer inutilement sa belle armée. " N'entreprends jamais, disait-il à son fils aîné, une guerre injuste. Ce n'est que dans une guerre défensive dont l'utilité lui apparaît clairement que le soldat peut donner le meilleur de lui-même. En outre, la guerre peut mener l'armée hors des frontières du royaume, chose dont ne peuvent que souffrir les rentrées fiscales de l'État et son commerce intérieur. " Tout pacifique qu'il eût été, Frédéric-Guillaume n'en réussit pas moins là où le Grand Électeur avait échoué : la majeure partie de la Poméranie, avec Stettin, devint possession prussienne.

MARIE-THÉRÈSE D'AUTRICHE

Une jeunesse heureuse

Marie-Thérèse naquit le 13 mai 1717. Sa mère, Elisabeth-Christine, de la maison des Guelfes, passait dans sa jeunesse pour " la plus belle princesse du monde ". Sa fille allait tenir d'elle aussi bien sa beauté que son tempérament. Marie-Thérèse était une blonde superbe : mains et bras splendides, cou délicat, petit visage frais et rond, grands yeux bleus pétillants, la plus jolie bouche du monde. Son maintien était imposant et gracieux à la fois, elle gagnait tous les cœurs par sa gentillesse, sa bonne humeur et son grand naturel. La popularité qu'elle s'acquit comme souveraine fut d'autant plus étonnante que peu de gens l'avaient connue avant son accession au trône. " Aussi longtemps que vécut l'empereur, dit-elle par la suite, personne ne se souciait de moi ou ne me rendait la moindre visite. "

A l'âge de dix-neuf ans, Marie-Thérèse avait épousé le duc *François-Étienne de Lorraine*. Ce mariage fut des plus heureux. Le duc comptait neuf ans de plus que son épouse et passait partout pour fort bel homme. François-Étienne parlait bien, avait beaucoup d'esprit; toujours de belle humeur, il s'entendait à merveille avec son épouse, elle-même toute de jeunesse et de vivacité. Marie-Thérèse était également très éprise. " Malgré son âme forte, prétendait l'ambassadeur anglais Robinson, elle nourrit un tendre amour pour le duc de Lorraine. La nuit elle le voit en rêve, et le jour, elle n'entretient sa dame d'honneur que de lui, de sorte qu'il n'est pas vraisemblable qu'elle oublie jamais l'homme qu'elle croit né pour elle. Et jamais elle ne pardonnera à ceux qui la mettront en péril de le perdre. "

Les très dignes camériers autrichiens, par contre, s'indignaient de voir le duc aussi peu " respectable "; le duc choquait la cour par sa tenue négligée et le souverain mépris qu'il vouait à l'étiquette. Mais ce peu de soin de son apparence extérieure n'était pas fait pour déplaire à l'impératrice qui, pour sa part, s'en souciait peut-être moins encore. Elle adorait les longues courses à cheval dans le vent et la pluie, partait d'un grand éclat de rire quand les précieuses petites dames de la cour poussaient des cris d'effroi pendant une partie de canotage.

Il n'en faut pas conclure que Marie-Thérèse était une amazone ou un garçon manqué; c'était au contraire une vraie femme. Elle manquait de logique, ne comprenait rien à l'objectivité cynique de la grande politique. D'une sensibilité très vive, l'impératrice aimait et haïssait avec la même passion, laissait souvent ses sympathies et antipathies personnelles lui dicter sa conduite. Ce fut une excellente mère pour ses cinq fils et ses onze filles. Malgré toutes les charges de sa vie publique, elle trouva toujours quelques heures par jour pour ses enfants. Et l'amour qu'elle portait à son époux ne fit qu'augmenter avec l'âge.

Le grand maître de la cour, le comte Khevenhüller-Metsch écrivait en 1743 dans son journal : " On ne peut que regretter que Sa Majesté ménage si peu sa santé et qu'elle ne veuille à cet égard tenir compte d'aucun conseil. " Le fidèle courtisan ne s'inquiétait pas en vain, Marie-Thérèse était d'une folle imprudence surtout avant chacune de ses nombreuses maternités. En outre, du moins pendant les premières années de son règne, l'impératrice se donnait aux mondanités sans la moindre modération.

Marie-Thérèse apporta une bouffée d'air frais dans la rigide Hofburg, le palais impérial de Vienne. Le jeune couple impérial ne négligeait rien pour en assouplir le cérémonial figé. Le jeu, les soupers, les représentations théâtrales se succédaient à un rythme rapide. Le Prince Carnaval lui-même fit sa joyeuse entrée à la Hofburg. Dans les débuts, seule la haute noblesse eut accès à la fête, mais avec le temps, la " demi-noblesse ", comme disait le très aristocratique comte Khevenhüller, y fut également admise. Pour le grand maître de la cour, même les comtes et les barons, ne pouvant se prévaloir d'une très haute lignée, étaient " gens de petite condition ". Bien qu'admis au carnaval, ces derniers se voyaient donc interdire le port du masque ou du travesti : quel esclandre en vérité, si une dame de haute noblesse avait accepté l'invitation d'un inconnu et dansé avec quelqu'un de condition inférieure !

Marie-Thérèse avait hérité l'intérêt et le talent des Habsbourg pour la musique. Elle songea même un instant à chanter dans un opéra. Le comte Willem Bentinck, ambassadeur de Hollande, considéré à l'époque comme un grand connaisseur, l'entendit, en 1750, chanter dans un cercle d'intimes : " La beauté de sa voix et la qualité de son interprétation me furent une agréable surprise, mieux encore, un tel ravissement que je ne pus m'empêcher de dire combien l'impératrice me faisait penser à ces princesses de légende, au berceau de qui une bonne fée a apporté tous les dons. " Marie-Thérèse aurait, paraît-il, répondu en riant : " Mais dans ce cas, il est toujours une méchante fée qui vient tout gâter ! "

Cependant, le bal, le théâtre et le jeu n'étaient pas les seules distractions de la jeune impératrice. Elle aimait également à se promener, à monter à cheval ; il se passait rarement de jour où l'on ne vît Marie-Thérèse à l'école d'équitation espagnole créée par son père.

La beauté, la grâce et le charme irrésistible de Marie-Thérèse allaient de pair avec des dons très réels de souveraine. Tout comme son grand-père Léopold Ier, elle avait beaucoup de mémoire et une très grande faculté d'assimilation ; en outre, elle montrait des qualités absentes chez Léopold comme chez Charles VI : l'énergie et la ténacité. Très perspicace, Marie-Thérèse voyait immédiatement ce qui était réalisable et ce qui ne l'était pas ; lorsqu'elle considérait une réforme comme inévitable, elle n'hésitait pas une minute à prendre les mesures nécessaires. L'impératrice possédait aussi deux autres talents fort utiles en politique : la souplesse et l'art de feindre. Pourtant, lorsqu'elle monta sur le trône, elle était médiocrement préparée à cette tâche écrasante. Charles VI s'était efforcé de consolider le pouvoir de celle qui allait lui succéder, mais n'avait jamais fourni le moindre effort pour initier sa fille aux rouages de l'appareil habsbourgeois. La princesse héritière n'avait jamais eu l'occasion d'assister à la moindre séance du Conseil, probablement parce que Charles VI avait toujours espéré la naissance d'un héritier mâle. Qu'Élisa-beth-Christine n'eût pu lui donner que des filles jeta une légère ombre sur les rapports entre les deux époux. L'empereur reculait à l'idée de faire donner à sa fille l'éducation convenant à une princesse héritière car il y voyait l'aveu d'un échec personnel.

Par conséquent Marie-Thérèse et sa sœur cadette, Anne-Marie, reçurent l'éducation normale des jeunes princesses : religion, histoire, géographie, mathématiques, poésie, musique, chant et danse. Les manuels d'étude des jeunes archiduchesses nous montrent dans quel sens allait cet enseignement de l'histoire : il faut y voir les propres opinions de Charles dans la défense des droits de l'empire vis-à-vis de l'Église et le principe selon lequel les ministres ne doivent jamais recevoir trop d'autorité. Marie-Thérèse s'est entièrement approprié ces deux conceptions. Le dernier chapitre de son livre d'histoire traitait du règne de son père, Charles VI : les dons éminents et les grandes vertus de l'empereur y était célébrés en termes dithyrambiques. Marie-Thérèse était de cet avis et devait, jusqu'à son dernier jour, offrir à son père l'auréole de la perfection.

La future souveraine n'apprit de l'art de gouverner que des généralités placées sur un arrière-plan historique. Elle ne savait rien de plus que les autres jeunes filles de l'époque sur les sciences politiques et économiques, l'administration et les finances. Son mariage ne lui fut guère d'un grand secours à cet égard. François-Étienne fut promu généralissime au cours de la malheureuse guerre de 1737-1739 contre les Turcs et nommé membre du Conseil avec pouvoir de négocier en l'absence de l'empereur; quant à la princesse héritière, elle dut se contenter d'être épouse et mère. Marie-Thérèse déclarait elle-même en 1751 avoir évité soigneusement, par respect pour son père dont elle s'était fait une véritable idole, tout ce qui pouvait laisser entrevoir chez elle le désir de gouverner.

La jeune souveraine

Fidèle à ses ancêtres, Marie-Thérèse était intimement persuadée que Dieu avait donné aux Habsbourg la prédo-minance sur toutes les autres maisons souveraines et que la dignité impériale était leur privilège exclusif. Bien qu'une femme ne fût pas autorisée à porter la couronne impériale, elle se considérait par droit de naissance comme le seul souverain légitime, estimait du reste que l'élection de son époux François, par la Diète, n'était qu'une question de temps : la couronne impériale resterait donc dans la famille.

La première initiative de Marie-Thérèse fut d'associer François à l'exercice du pouvoir. Dans le document qui enregistre cette décision, on trouve déjà ce qui allait être le " leitmotiv " de la vie de l'impératrice : le gouvernement des " territoires héréditaires " était son domaine à elle; mais dans la vie familiale, c'était lui qui prenait les décisions.

Les contemporains et la postérité ont reproché à François-Étienne son indifférence envers ses devoirs politiques. Il faudrait plutôt se demander si cette indifférence ne résultait pas de la force des choses autant que d'une certaine sagesse de l'intéressé. Marie-Thérèse avait nettement délimité les attributions de chacun des époux et ne souffrait aucune immixion dans les affaires du gouvernement. Sans doute François a-t-il jugé que l'attitude la plus raisonnable était de ne donner son avis que quand on le lui demandait.

Les querelles étaient inévitables et, en ces occasions, François savait rétablir la paix domestique par de judicieuses concessions. Mais il ne faut pas l'imaginer sous la coupe de son épouse. Il défendait son domaine avec autant d'énergie que Marie-Thérèse le sien. Dans les affaires familiales, sa parole avait force de loi et lorsque Marie-Thérèse avait quelque objection à ce sujet, elle ne les lui faisait que le cœur battant. A tout prendre, François-Étienne était vraiment le prince consort idéal.

François-Étienne était un excellent homme d'affaires. Il arrondit sa considérable fortune personnelle en investissant dans des entreprises hollandaises et anglaises, dans les fournitures militaires, dans l'industrie, dans les prêts que le secteur privé accordait à un État toujours plus ou moins en déficit, etc. Il finit par avoir la réputation d'un des souverains les plus riches d'Europe. Il organisa de façon exemplaire le gouvernement du grand-duché de Toscane qu'il avait reçu en compensation pour son duché de Lorraine. François connaissait à fond les points faibles des finances autrichiennes; Marie-Thérèse, qui

avait aussi peu le sens de l'argent que ses prédécesseurs
Léopold Ier et Charles VI, finit par lui abandonner entièrement l'administration des finances publiques.

FRÉDÉRIC LE GRAND ET MARIE-THÉRÈSE

La jeunesse du Kronprinz

" Si seulement je savais ce qui se passe dans cette
petite tête ! " dit un jour le roi de Prusse Frédéric-
Guillaume Ier en montrant le jeune garçon de douze ans
qui allait devenir le grand Frédéric II : " Je sais qu'il ne
partage pas les opinions de son père. Certaines personnes
lui apprennent à penser autrement et l'encouragent à tout
critiquer. Ces gens-là sont des coquins ! "

Malgré son abord tyrannique, Frédéric-Guillaume
aimait beaucoup ses enfants — il n'en avait pas moins de
quatorze — et désirait être pour eux le meilleur des amis.
Souvent, le roi abandonnait ses graves occupations pour
prendre part à leurs jeux. Le roi voulait vivre avec sa famille
une idylle bourgeoise, régner en bon père de famille sur
des enfants bien éduqués, sur une épouse soumise. Il avait
défendu aux précepteurs du jeune Frédéric toute initiative
pouvant donner au prince la terreur de ses parents : " Si
toutefois il se conduisait mal, il faudrait le menacer d'aller
le dire à la reine, mais faites en sorte qu'il n'éprouve
jamais de la crainte à mon égard. "

Frédéric-Guillaume veut alors que ses enfants l'aiment,
mais aussi qu'ils lui ressemblent en tout. Il avait créé
presque de toutes pièces un État solide de militaires et de
bureaucrates, craignait de voir périr sa grande œuvre
si son successeur n'avait pas, comme lui, une volonté de fer,
une grande piété, des mœurs irréprochables, du zèle et de
l'économie. Le programme d'éducation élaboré pour le
futur Frédéric II accordait une place toute spéciale à la
formation du caractère : " Il faut avant tout, disait le roi,
lui insuffler l'horreur de la paresse, qui est bien le plus
grave de tous les péchés, car il mène à la prodigalité et à la
déchéance de l'homme. " De plus, les précepteurs cherchaient à faire du jeune Frédéric un bon officier, aimant
la vie des camps et mettant l'honneur militaire par-dessus
toutes choses. Dès ses quatre ans, le petit prince dut s'initier
aux finesses de l'exercice à la prussienne et quelques
années plus tard, le roi lui confia le commandement d'une

compagnie de cadets. Un temps considérable fut consacré, dans son éducation, à l'escrime et à l'équitation.

Les matières théoriques n'en eurent que moins d'importance dans ce programme d'études. Le dédain de Frédéric-Guillaume pour la culture allait jusqu'à défendre à son son fils de lire des livres "inutiles". Le latin et l'histoire ancienne furent biffés de l'horaire des cours; en fait de connaissances historiques, Frédéric n'avait pas à remonter plus haut que le siècle précédent. Le prince apprendrait la géographie et la cartographie en rapport avec les faits historiques; on lui enseignerait en outre le droit des gens, l'économie politique et la stratégie. L'étude des langues se bornerait à une connaissance verbale correcte du français et de l'allemand. Un point, c'est tout.

Cette éducation plus qu'incomplète s'accordait bien au caractère "primitif" de Frédéric-Guillaume. Quant au jeune prirce, ce programme l'ennuyait à mourir, le laissait toujours sur sa faim, sans qu'il sût au juste à quelles nourritures il souhaitait goûter.

Les seuls bons moments de son existence étaient les visites qu'il rendait à sa mère, au château Mon Bijou. Sophie-Dorothée n'épargnait rien pour attiser encore ce mécontentement et lui apprendre, ainsi qu'à sa sœur Wilhelmine, à voir leur père dans l'optique maternelle. En écoutant Sophie railler leur inculte "tyran", Frédéric se sentait fier de sa propre supériorité intellectuelle. Ceci ne signifiait nullement que le prince fût un rêveur inoffensif. Bien au contraire. Frédéric avait l'esprit très vif, très perspicace, aiguisé pour l'action, découvrant au premier coup d'œil les faiblesses de ses contemporains. Parfois, il pouvait montrer un égoïsme étonnant.

Wilhelmine qui supportait mal de voir son frère tourner comme un lion en cage sans rien faire d'intéressant, lui mit un jour un livre entre les mains. C'était, par hasard, un roman plein de chevaliers et de pirates, d'amours et d'aventures. Cette lecture ouvrit au jeune prince les portes d'un monde nouveau. Mais la censure paternelle défendait les romans français et Frédéric ne s'aventurait à lire que la nuit : " J'étais couché entre mon gouverneur et mon valet de chambre. Une fois certain qu'ils étaient tous deux endormis, je franchissais le lit du valet et me glissais dans une chambre voisine où j'avais caché une lampe dans le poêle; je commençais à lire. Une nuit, mon gouverneur fut réveillé par une quinte de toux. Ne m'entendant pas respirer dans le lit voisin, il tâtonna dans l'ombre, ne me trouva point, appela aussitôt. Je rentrai précipitamment dans la chambre à coucher, disant qu'un besoin urgent m'avait tiré du lit. Après cette aventure, je cachai le livre et n'osai plus jamais reprendre mes escapades nocturnes. "

Mais Wilhelmine avait dissimulé des livres dans tous les coins et souvent, Frédéric en empochait un pour le lire en cachette à la première occasion. A cette époque, il lisait surtout des romans. Mais, au fil des années, il rassembla une véritable bibliothèque qui, en 1730, lorsque son père en entendit parler pour la première fois, comptait déjà plus de trois mille volumes parmi lesquels des ouvrages historiques, philosophiques et de théologie. Comme le jeune Frédéric résidait généralement à Potsdam et que sa bibliothèque avait trouvé refuge dans une maison particulière à Berlin, il ne pouvait se plonger que très rarement dans la lecture.

Petit détail typique, il signe une lettre de sa jeunesse : " Frédéric le philosophe ". Une indifférence religieuse (sans doute le fruit de ses études personnelles) commence à s'y faire jour. Frédéric cesse de croire en un Dieu personnel. S'il ne devient jamais réellement athée, il est dès lors un libre penseur. Dans un poème écrit plus tard et rappelant ses jeunes années, Frédéric parle du plaisir dont les " chants de sirène nous entourent de mille silhouettes ". A lire les poètes, il voulut être poète lui-même. Il composa des vers français, veillant des nuits entières à la recherche de bonnes rimes. La musique lui fut aussi un excellent moyen d'exprimer ses états d'âme; Frédéric devint un des premiers flûtistes de l'époque et se lança même dans de petites compositions. Mais il allait bientôt faire la connaissance de " sirènes " moins innocentes. Quand il eut seize ans, son père eut l'imprudence de l'emmener en visite chez le roi Auguste de Saxe dont la cour de Dresde était alors l'une des plus brillantes et des plus légères d'Allemagne. Le père et le fils y furent entraînés dans un tourbillon de fêtes, de bals et de mascarades. Frédéric qui depuis longtemps rêvait de semblable existence, se jeta dans les plaisirs avec un tel enthousiasme que Frédéric-Guillaume, soudain inquiet, ne manqua pas de s'exclamer : " Frédéric, tu mènes ici une vie bien trop facile ! "

En présence de son père, Frédéric se montrait taciturne et maussade. Il ne refusait jamais d'exécuter un ordre et accomplissait ponctuellement ses tâches militaires, mais ne se cachait pas pour dire que c'était bien contre son gré. Il tenait en sainte horreur le Tabakscollegium où, dans un nuage de fumée, son père ne cessait de ressasser les lointains souvenirs militaires de sa jeunesse et les plus grasses plaisanteries. Quand il pouvait enfin reprendre sa liberté, Frédéric se délivrait dans des pièces satiriques et ces remarques irrespectueuses parvenaient évidemment aux oreilles du roi.

Frédéric-Guillaume jugeait son fils trop frivole pour être mieux qu'un parfait bon à rien. Le roi s'inquiétait fort pour l'avenir de son État en voyant la vieille noblesse de cour regrouper toute l'opposition autour du prince héritier. Mais le roi allait apprendre quelque chose de bien plus déplaisant encore : son fils menait des négociations secrètes avec certains diplomates étrangers; de plus, il existait un " parti du Kronprinz " complotant pour mettre Frédéric sur le trône après avoir tué le roi.

Frédéric-Guillaume, déjà fort irrité par le caractère de son fils, entra dans une rage folle contre les conspirateurs. L'amour que ce fils ne lui rendait pas se transforma en haine. Dès ce moment, le roi ne cessa de fulminer contre l'orgueil du prince, ses manières cyniques, sa prodigalité et ses airs efféminés. Pour maintenir son autorité, Frédéric-Guillaume recourut aux mesures extrêmes, à la persécution pure et simple. Le prince dut souvent s'asseoir au bas bout de la table et, bien qu'il fût officier et chef de régiment, il lui arrivait de recevoir des taloches, comme un gamin. Le roi s'ingéniait à tourmenter et humilier le jeune Frédéric de toutes les façons possibles. Un jour que le prince venait de pénétrer dans la chambre de son père, Frédéric-Guillaume se jeta sur son fils, le bâton levé, le saisit à la gorge, le jeta par terre et l'obligea à lui baiser les pieds pour demander pardon !

La catastrophe n'allait pas manquer de se produire.

Crise et capitulation

Au printemps 1730, la cour de Prusse rendit visite au roi de Saxe. Au cours de ce voyage, le roi ne cessa de traiter son fils de la manière la plus rude et la plus humiliante. Voulait-il donc l'acculer au suicide? On pourrait le croire au vu de l'épisode suivant. Un jour qu'il s'était montré odieux à force de brutalités, Frédéric-Guillaume dit à son fils : " Si mon père m'avait traité de la sorte, je me serais ôté la vie, mais toi, cela t'est bien égal. Tu acceptes toujours tout. Tu accepterais n'importe quoi. "

Le 31 mai, Frédéric dit à son jeune ami, le lieutenant von Katte, qu'il comptait profiter d'un voyage avec son père en Allemagne occidentale pour s'enfuir chez son oncle le roi d'Angleterre. Il trouverait là-bas tout ce dont il rêvait : l'argent, les plaisirs, la liberté. Le projet échoua car Frédéric-Guillaume, qui depuis longtemps soupçonnait une fugue, faisait étroitement surveiller son fils. La précipitation et l'imprudence du prince avaient mis beaucoup trop de monde au courant; bientôt, toute l'Europe sut que Frédéric avait l'intention de fuir. Incapable de garder plus longtemps le secret, un page alla se jeter aux pieds du roi et lui révéla toute l'affaire.

La colère de Frédéric-Guillaume fut terrible. Le prince, enfermé à la forteresse de Küstrin, dut avec ses complices répondre de ses actes devant un tribunal militaire formé spécialement à cet effet. Von Katte fut condamné à la détention perpétuelle; les autres s'en tirèrent à moindres frais. En ce qui concernait le prince, les juges le remirent entre les mains du roi. En tant que sujets, ils avaient préféré ne pas prononcer de jugement contre le fils de leur souverain.

Frédéric-Guillaume fit condamner von Katte à mort. Il voulait faire un exemple et obliger ainsi son fils à se soumettre. Le roi régla lui-même, et dans les moindres détails, l'horrible scène qui allait clôturer cette tragédie. Le prince dut assister à l'exécution de son ami. Devant l'échafaud, il implora le pardon de von Katte... et tomba inanimé entre les bras de ses gardiens au moment où le glaive du bourreau s'abattait sur le malheureux.

Frédéric-Guillaume avait voulu intimider son fils et y avait pleinement réussi. Dès ce moment, le jeune Frédéric cessa toute tentative pour " vivre sa vie ". Il se soumit à cette volonté plus forte que la sienne et promit d'obéir en tout à son père et souverain. Cela ne signifiait nullement que sa pensée intime eût pris un autre cours.

Toujours à Küstrin, Frédéric travailla très dur pendant quelques mois au département de la Guerre et au bureau des Domaines. Car il y devait apprendre " ce qu'il en coûte à un paysan de gagner un écu ". Il lui fallait établir des rapports, assister à des débats sur l'affermage, les impôts et autres questions économiques. Ces choses, parfois mortellement ennuyeuses, se révélaient souvent intéressantes et fort utiles. La mélancolie de Frédéric s'effaçait à mesure. Le pâle jeune homme un peu fat fit place à un homme robuste et sûr de lui qui aspirait à reprendre cette vie d'officier qu'il avait jadis détestée.

En 1732, Frédéric-Guillaume fit savoir à son fils par un message apporté par un officier au galop qu'il allait le marier à *Elisabeth-Christine de Brunswick* " qui n'est ni belle ni laide mais qui craint Dieu, est bien modeste et bien élevée ".

Les yeux secs mais le désespoir au cœur, Frédéric médita toute la nuit. Puis il nota : " Le roi ayant résolu de me marier, il ne me reste qu'à m'incliner. Mais, pour le reste, je compte bien laisser mon épouse à son sort et vivre comme bon me semble. "

Toutefois, cette union présentait un avantage pour le prince héritier : il reçut enfin son domicile personnel.

Les beaux jours de Rheinsberg

En octobre 1737, Frédéric écrivait une phrase fort révélatrice : " S'il me fallait aujourd'hui faire ma propre épitaphe, j'y mettrais : Celui qui repose ici n'a vécu qu'une seule année. " Il venait de séjourner un an avec Élisabeth-Christine au château de Rheinsberg. Le jeune couple y coulait des jours heureux, dans une longue suite de mascarades, de parties de chasse et de visites aux châteaux voisins. On s'y adonnait aussi aux joies du théâtre — en représentant des tragédies de Racine et de Voltaire — et plus d'une fois, Frédéric parut lui-même sur scène.

Mais Frédéric passait ses heures les plus riches dans la solitude d'une tour où il s'était fait aménager un cabinet de travail. " J'essaie, confiait-il à l'un de ses anciens maîtres, de rattraper le temps si légèrement gaspillé dans mes jeunes années. " Le prince avait enfin compris que " pour réussir dans ce monde, il faut être capable de séparer l'utile de l'agréable, le solide du frivole. "

Frédéric avait pleinement conscience des faiblesses de son éducation et mettait le plus beau zèle à en combler les lacunes. " De six heures du matin à une heure de l'après-midi, il se livre à la lecture, étudie la philosophie et autres belles choses, écrivait à sa mère une Élisabeth-Christine profondément impressionnée. Nous déjeunons ensuite entre deux heures et demie et trois heures et prenons le café jusqu'à quatre heures; il reprend alors ses travaux jusqu'à sept heures, heure à laquelle commence notre séance de musique. Celle-ci se prolonge jusqu'à neuf heures, après quoi il se met à écrire et nous soupons généralement à dix heures ou dix heures et demie. " Il arrivait parfois que Frédéric se plongeât dans l'étude pendant vingt-quatre heures d'affilée; il tenta même de supprimer entièrement le sommeil, mais, après quatre jours, il dut renoncer à son héroïque tentative.

Il étudiait avec la plus grande énergie, mais aussi d'une façon remarquablement méthodique. Comme Napoléon, il lisait la plume à la main, notait tout ce qui l'intéressait ainsi que les réflexions inspirées par sa lecture. " Lire, c'est penser " disait-il souvent. En outre, il exerçait systématiquement sa mémoire.

Le premier maître de Frédéric avait été un Français; la culture qu'il se donna était entièrement française. Il prétendit même n'avoir jamais lu un livre allemand. C'était, évidemment, exagérer quelque peu, mais le fait reste que Frédéric, aux yeux du monde le plus prussien des rois de Prusse, aura, sa vie durant, pensé, parlé et écrit en français. Il n'avait guère confiance dans l'allemand comme langue littéraire, cette langue n'ayant pas la clarté, la concision et l'élégance qu'exigeait son esprit tout de rigueur et de logique. Jusqu'à sa mort, Frédéric lut et relut sans cesse les œuvres de Corneille, Bossuet, Molière, La Fontaine, Boileau, Racine et autres maîtres du classicisme français.

Comme son époux, Élisabeth-Christine vécut ses plus beaux jours à Rheinsberg. Frédéric était pour elle plein d'attentions; en voyage, il lui écrivait toujours des lettres spirituelles et affectueuses. Il lui arrivait même de témoigner à sa femme une véritable tendresse.

Exercices de poésie et de philosophie

Frédéric étudiait dans un but bien précis. Au moment où il s'établit à Rheinsberg, il avait à jamais perdu la foi. Certes, il se comportait en parfait protestant; sinon, il lui eût été impossible d'entretenir des rapports tant soit peu supportables avec son très pieux père.

Mais Frédéric éprouvait l'impérieux besoin de croire en quelque chose. C'est pourquoi il étudiait si passionnément les grands philosophes. Ceux-ci ne laissaient pas de l'embarrasser par leurs divergences et leurs âpres controverses ; mais il trouva pourtant chez eux nombre d'idées convaincantes. C'est ainsi qu'il s'intéressait beaucoup aux arguments de Descartes sur l'existence de Dieu et à la démonstration de l'immortalité de l'âme par le philosophe allemand Christian von Wolf.

Un autre contemporain suscitait aussi la profonde admiration de Frédéric : Voltaire. Au cours de l'été 1736, le jeune prince entrait en rapport avec l'écrivain français et lui mandait à peu près ceci : " La bonté et l'assistance que vous offrez à tous ceux qui se consacrent aux arts et aux sciences me font penser que vous voudrez bien me compter au nombre de ceux que vous estimez dignes de votre enseignement. "

Voltaire fut très flatté de la respectueuse admiration que lui témoignait le futur souverain de Prusse et il lui répondit sur-le-champ. Dans la correspondance qui s'ensuivit, Voltaire fait figure de maître et le prince, de disciple. Frédéric exprimait ses méditations philosophiques en prose et en vers.

Surtout en vers, ce qui était purement une question de mode. La poésie était alors de bien meilleur ton que la prose.

Histoire et politique

Le jeune prince de Prusse était fermement persuadé qu'une étude approfondie de l'évolution politique permettait de prédire le cours des événements. Cette idée lui venait avant tout de ses opinions pessimistes sur l'homme et le monde. Frédéric était loin de partager la foi optimiste des Lumières dans l'infinie perfectibilité de la morale. Tout comme son père, il tenait l'homme pour foncièrement mauvais ; ses efforts auraient toujours le même fond d'égoïsme et ses actions amèneraient toujours les mêmes conséquences. Il n'en allait pas autrement des États ; leur politique serait toujours inspirée par la soif de conquêtes et la volonté de puissance.

Frédéric mit donc la plus grande application à rassembler toutes les données imaginables sur l'histoire des différents États, leur structure politique, économique et militaire. Il s'efforça ensuite de classer tous ces matériaux disparates pour y voir clairement les similitudes logiques, les grandes lignes communes. Il considérait donc l'histoire comme une collection d'exemples pratiquement utilisables.

Au tournant des années 1737-1738, il écrivit un petit livre très intéressant donnant un aperçu de ses idées politiques; il s'intitule : *Considérations sur l'état actuel du système politique européen.* Cet écrit poursuivait sans nul doute un but politique bien précis, mais les historiens ne sont pas encore parvenus à le découvrir avec certitude. Frédéric y apparaît sous les traits d'un Anglais patriote, car l'intention du prince était de faire éditer l'ouvrage à Londres.

Avec une ironie fine mais cinglante, Frédéric dénonce dans ces *Considérations* la politique souple mais peu scrupuleuse de la France, en particulier celle du vieux cardinal Fleury, qui voulait, disait-on, imposer la suprématie française à toute l'Europe. Le petit livre contient nombre de remarques fort justes, frappantes même, et montre parfaitement que le jeune prince ne gardait plus aucune illusion sur la politique des grandes puissances. Mais il expose aussi toute la faiblesse des conceptions historiques de son auteur. La France qu'il dépeint n'est pas la France de Fleury, mais celle de Louis XIV. Frédéric néglige tout à fait l'influence du hasard ou des sympathies et antipathies personnelles sur le cours des événements. Il voit plus ou moins la politique comme un gigantesque jeu d'échecs. Les *Considérations* ne devaient jamais paraître en librairie.

En 1739, Frédéric écrivit un autre livre intitulé : *L'Anti-Machiavel*, ouvrage intéressant en ce qu'il nous donne la doctrine politique du despotisme éclairé. L'œuvre est d'autant plus attachante qu'on y voit l'un des souverains les plus machiavéliques de l'histoire universelle essayer, peu avant le début de sa propre carrière politique, de réfuter les théories de Machiavel. L'Italien prétend que le Prince peut tout se permettre à condition d'agir pour le bien de son pays; affirme en outre qu'il n'est pas tenu à sa parole si cela peut lui causer un dommage et si les circonstances qui l'ont contraint à donner cette parole n'existent plus. Frédéric s'élève vivement contre ces assertions. Il nie qu'il existe pour les États une autre loi morale que pour les particuliers et met la guerre de conquêtes sur le même plan que le vol, arguant que la seule différence entre un soldat héroïque et un bandit de grand chemin est que celui-là reçoit en récompense une couronne de lauriers et celui-ci une corde de chanvre.

Le nouveau Monarque

La fin du règne vit une réconciliation entre le père et le fils. Le vieux roi fit quelques visites à Rheinsberg et en revint satisfait. La goutte et l'hydropisie — ces maux héréditaires des Hohenzollern — le tourmentaient cruellement; en 1734 déjà, on avait bien cru le perdre. En mai 1740, Frédéric-Guillaume envisageait l'abdication et une retraite paisible dans son château de Wüsterhausen. Il n'avait, disait-il, plus besoin de vivre encore puisque son fils montrait maintenant toutes les qualités d'un bon souverain. A sa grande satisfaction, la personnalité du Kronprinz avait changé du tout au tout. "Je suis content de lui, disait le roi. Il m'a promis de maintenir la puissance de notre armée et je sais qu'il tiendra parole. Il aime l'armée, je le sais. Il a la tête bien faite et tout ira parfaitement."

En 1740, Frédéric de son côté pouvait écrire de son père : "Il est mort avec le courage d'un philosophe et la résignation d'un chrétien." Plus les années passeront et plus la mémoire de Frédéric-Guillaume deviendra chère à son fils et successeur. Il allait, inconsciemment, marcher sur ses traces.

Tout Berlin poussa un grand soupir de soulagement quand le despote eut rendu son âme à Dieu. Du nouveau roi, on savait qu'il faisait des vers, jouait de la flûte, aimait le faste et la splendeur. Cela mis à part, *Frédéric II* représentait pour son peuple un grand point d'interrogation.

Les Prussiens s'étonnèrent de le voir d'apparence si jeune pour ses vingt-huit ans. Au premier abord, il n'avait rien de majestueux. Les privilégiés reçus en audience rencontrèrent un petit monsieur corpulent, aux vilaines jambes épaisses et aux hanches larges. Le roi marchait à petits pas rapides; l'attitude exprimait plutôt la nonchalance, la tête pendant légèrement sur l'épaule gauche. Frédéric était cependant loin d'être laid, pouvait même attirer : profil grec, bouche bien formée, sensible et noble, grands yeux d'un bleu foncé. Le visage souvent sévère et grave, la colère le rendait au moins aussi effrayant que son père, mais il savait se rendre charmant lorsqu'il désirait gagner quelqu'un à ses vues.

A sa première rencontre, avec un étranger surtout, Frédéric

se mettait en frais. A cette occasion, il paraissait même modeste et timide. Cependant, un observateur perspicace comprenait bien vite que ce n'était là qu'une façade derrière laquelle le roi cachait son profond mépris des hommes et sa confiance illimitée en lui-même. Frédéric-Guillaume s'était plaint que son fils ne regardât jamais son interlocuteur droit dans les yeux ; chacun pouvait maintenant constater que le feu roi avait eu raison. Frédéric II avait trop souffert dans sa jeunesse pour ne pas savoir dissimuler à merveille. Une fois adulte et couronné, il tint tout le monde à distance.

LA GUERRE DE LA SUCCESSION D'AUTRICHE

Les rivaux de Marie-Thérèse

Dès que Versailles apprit la mort de l'empereur Charles, le représentant de l'électeur bavarois *Charles-Albert* se vit entouré d'un essaim de chambellans et d'officiers. Tous ces gens, inconnus hier encore, faisaient assaut d'amabilités, répétant à l'ambassadeur qu'ils feraient l'impossible pour que son maître obtînt la couronne impériale. Dans les cafés et les salons de Paris, les discussions politiques allaient bon train et l'on s'accordait à porter très haut les chances de l'électeur de Bavière.

Charles-Albert n'était pas moins optimiste. Il affirmait même que c'était lui, et non Marie-Thérèse, l'héritier direct des territoires héréditaires des Habsbourg. De fait, il descendait en droite ligne d'une fille de l'empereur Ferdinand Ier ; Charles-Albert conservait à Munich une copie du testament de cet empereur, dans lequel il était dit clairement qu'à l'extinction de la lignée mâle, les territoires habsbourgeois reviendraient aux descendants de sa fille !

Charles-Albert envoya immédiatement un ambassadeur spécial à Vienne pour y faire valoir ses droits. L'envoyé de l'électeur fut reçu avec la plus grande courtoisie par les ministres de Marie-Thérèse, lesquels réprimaient difficilement un sourire ironique. Ils s'empressèrent de montrer au Bavarois le testament original de l'empereur Ferdinand. L'ambassadeur eut peine à en croire ses yeux : il y était stipulé que les droits de Charles-Albert ne prendraient cours qu'une fois la maison de Habsbourg définitivement éteinte. De quelque côté qu'il tournât le document, l'ambassadeur ne put y découvrir la plus légère trace de falsification. Le testament était bel et bien authentique!

Les ministres autrichiens ne prenaient pas plus au sérieux l'électeur de Saxe, *Auguste III*, lui aussi prétendant au trône de Marie-Thérèse. Certes, la Saxe était riche en matières premières et en entreprises industrielles, mais le plus clair des revenus de l'État y tombait dans les poches du comte Brühl, un favori de l'électeur, qui tenait son prince entièrement sous sa coupe. L'armée saxonne était fort peu importante et son moral des plus mauvais car les officiers réclamaient depuis longtemps leur solde. *Elisabeth Farnèse*, reine d'Espagne et autre rivale, paraissait tout aussi peu redoutable dans ses efforts pour nantir ses fils des duchés italiens.

Le seul danger qui menaçait réellement, c'était la France. Mais le conseiller de Marie-Thérèse, Bartenstein, gardait toute confiance en la garantie donnée par les Français à la Pragmatique Sanction de Charles VI. Le cardinal Fleury ne voulait pas la guerre, c'était bien connu. Durant les dernières années de l'empereur Charles, un observateur étranger avait malicieusement comparé le Conseil des ministres viennois à une île enchantée où l'on négligeait entièrement les faits au profit de douces illusions. Vienne croyait à la " sainteté des traités ".

Très dur sera le réveil.

Frédéric II prend l'offensive

Frédéric II de Prusse considérait la mort de l'empereur Charles comme une occasion exceptionnelle pour les Français d'étendre leur puissance; il savait combien deux guerres malheureuses avaient affaibli l'Autriche, dans quel état lamentable se trouvaient ses finances et son armée. Frédéric était persuadé que la France ne manquerait pas une telle ocasion.

Le roi de Prusse avait la meilleure armée du monde et il brûlait de la mettre à l'épreuve. " Ma jeunesse, mon ambition, et même ma curiosité et une sorte d'instinct secret, tout se liguait pour m'arracher à la paisible existence que je menais alors. Je souhaitais voir mon nom dans les gazettes et ensuite dans l'Histoire. " Aveu bien dénué d'artifices. Frédéric avait plusieurs possibilités d'intervenir, mais il eût préféré à tout autre manœuvre une campagne-éclair en Silésie, puis des négociations avec le pays en main. Il écrivait à son ministre des Affaires étrangères, le comte *von Podewile* : " Quand on a l'avantage, ne faut-il pas en profiter? Mes troupes sont prêtes à l'action. Si je ne les emploie pas, je sous-estime l'instrument que j'ai en main. Si je les emploie, on dira que j'ai tiré le meilleur parti de ma supériorité sur le voisin. " Ce raisonnement est marqué au coin de la volonté de puissance. A cet instant, le machiavélisme l'emporte sur la philosophie. Frédéric adoptait ainsi le style politique de l'époque, mais perpétuait dans le même temps la tradition prussienne du XVIIe siècle.

Podewile jugea opportun de négocier alors même que les préparatifs militaires de Frédéric battaient leur plein. Il sut persuader le roi de faire une proposition à Marie-Thérèse.

Le 14 décembre 1740, on apprit à Vienne que l'armée prussienne marchait sur la Silésie. Deux jours plus tard, cette armée avait franchi la frontière; le 20 décembre, l'ambassadeur prussien remettait une note de son souverain et déclarait à François-Étienne : " J'apporte dans une main le salut de la maison d'Autriche et, dans l'autre, la couronne d'Empereur pour Votre Altesse Royale. Les trésors de mon seigneur et maître se trouvent à la disposition de la reine. En échange de cette offre, il demande toute la Silésie et ne se contentera pas de moins. "

Il ne faut pas défier la lionne!

Tout d'abord, personne ne se soucia de ce que pouvait penser ou éprouver la jeune Marie-Thérèse. Les envoyés de Frédéric traitaient avec François-Étienne, avec un homme, comme il se doit! Le grand duc semblait assez favorable à la proposition du roi de Prusse. Lui-même avait dû sacrifier son duché de Lorraine sur l'autel de la paix et pour cette raison, il ne trouvait peut-être pas si déraisonnable de donner une partie de la Silésie pour la couronne impériale et l'aide prussienne à la maison de Habsbourg. Mais Bartenstein fit opposition, pensant que la France, l'Angleterre et la Russie resteraient neutres ou même viendraient au secours de l'Autriche en cas de refus. Le seul ennemi serait donc ce petit roi de Prusse!

Marie-Thérèse se conduisit comme une véritable lionne. Ce qui frappe en ces moments où la moindre maladresse pourrait provoquer l'effondrement, c'est l'audace de ses initiatives et la volonté d'incarner vigoureusement le pouvoir. Elle refusa même d'examiner les arguments juridiques que l'ambassadeur prussien avançait en faveur d'une réunion de la Silésie à la Prusse. "Jamais, au grand jamais, la reine ne cédera un pouce de ses territoires héréditaires, même si ce refus devait signifier sa chute." Tel était le message qu'elle chargea son époux de transmettre à l'envoyé de Frédéric. "Nous aimerions mieux voir les Turcs devant Vienne ou céder les Pays-Bas à la France ou donner n'importe quel territoire à la Bavière ou à la Saxe que de céder la Silésie!"

Marie-Thérèse releva donc le gant et commença une guerre qui ne devait cesser qu'au jour de sa mort. Dans cette lutte, la guerre de la Succession d'Autriche, de 1740 à 1748, une femme va lutter seule contre l'univers entier.

La campagne qui allait opposer maintenant la Prusse et l'Autriche est appelée la première guerre de Silésie. Ce ne fut qu'un épisode dans la guerre de la Succession d'Autriche, mais peut-être le plus important. Au début des opérations, les succès de Frédéric dépassèrent toute attente. Ses troupes occupèrent la Silésie sans rencontrer de résistance notable; l'arrivée des Prussiens fut même acclamée par les protestants locaux.

Marie-Thérèse ne comprenait que trop bien tous les handicaps de l'Autriche : manque de troupes, de matériel de guerre, d'approvisionnement et de fonds. Elle eut tout loisir de constater l'indifférence et l'avarice des Autrichiens. Pour les gagner à sa cause et leur insuffler quelque enthousiasme, elle usa de tout son charme personnel, fit des prodiges de souplesse et d'imagination. En décembre 1740, elle reçut personnellement les États de Basse-Autriche. Le premier délégué admis en sa présence lui accorda le vote de certaines demandes que les États étaient décidés à ne pas admettre. Puis l'homme rejoignit ses collègues dans l'antichambre, les mit au courant de l'accord et répondit à leurs reproches : "Allez-y vous-mêmes et tâchez seulement de lui refuser quelque chose!" L'énergie de Marie-Thérèse eut raison de toutes les lenteurs et de toutes les pusillanimités. Au printemps 1741, elle était parvenue à mettre sur pied une armée impressionnante.

Au mois de mars, les Viennois applaudissaient à la

naissance d'un héritier du trône. Les souverains avaient maintenant l'affection de leur peuple.

Mollwitz

Au début d'avril 1741, Frédéric apprenait que l'armée autrichienne, sous le commandement du général *Neipperg*, avait franchi le massif de Bohême et pénétré en Silésie, dans le but manifeste de couper les contacts de Frédéric avec la Prusse.

Cette stratégie était bien dans le style de l'époque. La prudence est l'une des premières caractéristiques de l'art militaire à la première moitié du XVIIIe siècle. Un général hésitait à risquer son armée, coûteuse et difficilement remplaçable, dans de grandes batailles toujours incertaines. Les campagnes se déroulaient donc comme une partie d'échecs : on tentait de forcer l'ennemi à la retraite en le "manœuvrant", par des attaques sur ses lignes de communication et ses dépôts d'approvisionnements. C'était une tactique des plus harassantes; à ce jeu, les guerres n'en finissaient plus. Neipperg voulait chasser Frédéric de Silésie et, en même temps, défaire l'un après l'autre les contingents alors très dispersés du roi de Prusse.

Frédéric fit aussitôt mouvement vers le nord pour conjurer la menace : le matin du 10 avril, il apprit que l'adversaire, ignorant la proximité des Prussiens, venait de s'établir dans deux villages voisins. Un de ces villages, Mollwitz, allait donner son nom à une grande bataille. Frédéric tenait là une occasion splendide; il pouvait infliger une lourde défaite à l'ennemi épuisé par huit jours de marche dans la boue et assez imprudent pour avoir laissé son artillerie à l'arrière.

La cavalerie autrichienne, placée à l'aile gauche, avait reçu l'ordre strict d'attendre l'infanterie. Mais lorsque les boulets prussiens se mirent à creuser des sillons dans leurs rangs, cavaliers et montures manquèrent de sang-froid; oubliant les ordres et la discipline, les escadrons autrichiens se jetèrent au grand galop sur l'aile droite de la cavalerie prussienne. Les Prussiens furent bousculés, piétinés, mis en déroute. Frédéric lui-même fut entraîné dans la fuite sauvage de sa cavalerie et ne se sauva qu'à grand peine. Le feldmarschall *Schwerin* jugea la situation si critique qu'il supplia son souverain d'abandonner le champ de bataille. Sur la route de Breslau, Frédéric fit halte. Il était au comble du désespoir. " Seigneur!, s'écria-t-il, c'en est trop! Ne me châtie pas si durement! "

Schwerin prit alors la tête de l'armée, parvint à calmer le début de panique et prit l'offensive avec l'aile droite de l'infanterie. Les fantassins autrichiens, peu aguerris, s'effrayèrent au spectacle des terribles grenadiers qui déferlaient vers eux; et quand l'aile gauche de l'infanterie prussienne poussa l'assaut contre leurs lignes, ils firent demi-tour et battirent en retraite. Les Prussiens transformaient en victoire un revers initial, grâce uniquement à la discipline de leur infanterie.

On imagine aisément l'humeur du roi Frédéric quand, à deux heures du matin, il sut qu'il venait de tourner le dos à sa première victoire! " Mollwitz, écrivit-il par la suite, m'aura servi d'école. J'ai réfléchi aux fautes commises ce jour-là et j'en ai tiré le meilleur parti pour l'avenir. "

Dès ce moment, Frédéric se plongea dans l'étude de la stratégie, avec la même ardeur et la même " Gründlich-keit " qu'il mettait naguère à lire Plaute et Platon dans sa tour de Rheinsberg. " Je n'aime pas la vie de soldat, écrivait-il à un de ses amis, et pourtant, je la partage volontiers; c'est bien là une preuve des contradictions inhérentes à la nature humaine. "

Pour la Silésie

En France, le parti belliciste, avec Belle-Isle à sa tête, avait pris l'avantage. Le cardinal Fleury avait dû s'incliner. Frédéric II avait reçu de Paris des propositions d'alliance. Il avait différé sa réponse aussi longtemps que possible. Car il savait quel tort l'alliance française avait causé au prestige de la Bavière et craignait de voir une coalition de tous les États allemands se dresser contre lui. Mais il finit par accepter l'offre des Français. Toutefois, les nouveaux alliés vivaient dans la méfiance réciproque. Frédéric considérait Fleury comme un nouveau Machiavel; le cardinal faisait de son nouvel " ami " un portrait peu flatteur : " La bonne foi et l'honnêteté ne sont pas ses traits les plus frappants. En tout, et jusque dans ses caresses, il est profondément faux; l'Europe entière le déteste. "

Mais la victoire de Mollwitz fit bouger les indécis. La Bavière et l'Espagne entrèrent dans la compétition pour ne pas manquer leur part des dépouilles autrichiennes. Comme on craignait que la Russie ne prêtât main-forte à Marie-

Thérèse, on fit tout pour encourager les Suédois à lancer une guerre d'agression contre leur voisin détesté.

Vienne n'apprit l'alliance franco-prussienne qu'au cours de l'été. " Pâles comme la mort, les ministres autrichiens s'effondrèrent sur leurs sièges ", disait l'ambassadeur d'Angleterre. Les revers succédaient aux défaites. A l'automne, une armée franco-bavaroise attaquait par l'ouest. La Haute Autriche et la Bohême furent conquises et Charles-Albert proclamé roi à Prague. Frédéric II qui s'était tenu tranquille pendant quelques mois, envahit alors la Moravie; on apprit en outre le débarquement des Espagnols en Italie. Auguste de Saxe jetait lui aussi des regards de convoitise sur les territoires héréditaires des Habsbourg. On ne daignait laisser à Marie-Thérèse que la seule Hongrie tout en sachant de façon pertinente combien cette province était peu sûre! Entre-temps, les tractations pour la couronne impériale se poursuivaient, et, vers la fin de l'année, le choix semblait définitivement fixé sur Charles-Albert de Bavière.

Seul un miracle pouvait encore sauver la maison de Habsbourg.

Mais rien ne pouvait abattre le courage ni ébranler la confiance de Marie-Thérèse. Elle résolut d'attaquer la Bavière pour répondre à la prise de la Bohême. Si l'on pouvait s'emparer de Munich, Charles-Albert serait bien forcé d'évacuer Prague. Toutes les forces furent donc concentrées vers ce but. La reine déployait l'énergie du désespoir, puisant des troupes de tous côtés, en Hongrie, en Croatie, en Italie. L'Europe vit avec grande surprise les Hongrois participer loyalement à la guerre. Un succès que Marie-Thérèse devait uniquement à sa grande souplesse politique et à son charme personnel.

Les belliqueux Hongrois avaient un faible pour la beauté féminine et Marie-Thérèse n'avait négligé aucune occasion d'éveiller leur enthousiasme. Elle était apparue à Presbourg dans le costume national des Hongroises, robe blanche brodée d'or et de fleurs bleues; les drapeaux hongrois y avaient flotté au-dessus de sa tête. Le peuple avait acclamé cette reine qui, jolie et très gracieuse en selle, brandissait résolument son épée aux quatre points cardinaux pour promettre d'apporter de nouvelles terres à la couronne de Saint-Étienne.

Marie-Thérèse joua enfin son dernier atout. En habits de

deuil, la couronne de Saint-Étienne posée sur ses cheveux blonds, elle fit, le 11 septembre, un appel émouvant aux États de Hongrie : " L'angoisse qui nous étreint nous oblige à délibérer avec nos fidèles sur les moyens d'écarter les périls qui menacent nos pays héréditaires aussi bien que la Hongrie. Ce qui est en jeu c'est notre couronne, notre personne et celle de nos enfants. Abandonnés de tous, nous cherchons un refuge dans la vaillance et la fidélité légendaire des Hongrois. Aussi supplions-Nous leurs États de se préoccuper sans plus attendre de l'extrême danger sous lequel nous semblons à la veille de succomber... " Le discours n'avait rien de remarquable en soi. Mais Marie-Thérèse fit une profonde sensation sur l'assistance. Pendant son allusion à ses enfants, elle ne put maîtriser son chagrin et dut se cacher le visage dans un mouchoir. La plupart des assistants en eurent les larmes aux yeux et, lorsque la reine eut fini de parler, tous jurèrent de verser leur sang pour Marie-Thérèse : " Vitam nostram et sanguinem concevamus. Moriamur pro rege nostro Maria Theresia ".

Cet épisode, un des tableaux les plus romantiques de l'Histoire, fit sur les contemporains une impression ineffaçable; il n'y avait guère, les Hongrois menaient encore une lutte sanglante contre la maison de Habsbourg.

Le jour de l'an 1742, une armée autrichienne sous le commandement de *Khevenhüller*, élève du grand prince Eugène, envahissait la Bavière; Munich capitulait le 14 février. Deux jours plus tard, l'électeur de Bavière était solennellement couronné empereur sous le nom de *Charles VII*. Son grand rêve s'était fait réalité, mais durant les années qu'il lui restait à vivre, Charles VII devait être un empereur sans empire, dépendant de l'aide française et dépourvu de pouvoir réel.

Frédéric II avait raté une campagne en Moravie à la fin de l'automne et commençait à trouver la situation fort préoccupante. " Il nous faut, dit-il, agir de façon énergique; quelques coups de tonnerre ne seraient pas de trop! " La Prusse vint donc affronter l'Autriche, le 18 mai 1742, près de Chotusitz. Ce fut un nouveau succès pour Frédéric. Marie-Thérèse ne pouvait plus que céder : sous la pression de l'Angleterre, elle signa donc la paix de Breslau qui abandonnait la Silésie à la Prusse. Ailleurs, la fortune lui était favorable. La Saxe se retirait de la guerre, Prague

était reconquise et les Espagnols battus en Italie. Les
Français avaient sur les bras, simultanément, les armées
hollandaise, anglo-hanovrienne et autrichienne. La Suède
fut forcée de signer la paix avec la Russie. A la fin de l'année
1743, les temps étaient mûrs pour une alliance entre
l'Autriche, les royaumes d'Angleterre-Hanovre, la
Sardaigne et la Saxe.

Frédéric s'en inquiéta derechef car il comprenait fort bien
que Marie-Thérèse profiterait de la première occasion
pour tenter de reconquérir la Silésie. Au cours de l'été 1744,
il signait une nouvelle alliance avec la France et inaugurait
la deuxième guerre de Silésie par l'invasion de la Bohême.
Mais la chance ne lui sourit plus cette fois, car le pays
n'offrait pas d'approvisionnements convenables pour ses
troupes. De plus, l'armée du duc Charles de Lorraine
s'était précipitée du Rhin en Bohême du Nord et menaçait
les communications prussiennes. Frédéric fut donc acculé
à la retraite, une retraite ignominieuse en Silésie. Toute la
campagne n'avait duré que quelques mois d'automne,
mais avait suffi pour anéantir la réputation militaire du roi
de Prusse et miner le moral de son armée.

Dès le début de l'année 1745, les mauvaises nouvelles
se succédèrent. Belle-Isle, l'infatigable et très avisé porte-
parole du parti belliciste en France, fut capturé au cours
d'un voyage en Hanovre et transféré à Windsor. Ceci
donna toute liberté à ceux qui plaidaient pour une campagne
dans les Pays-Bas méridionaux. Frédéric payait maintenant
son manque de diplomatie à l'égard de Louis XV. Le roi de
France abandonna la Prusse à son sort, de même d'ailleurs
que le nouvel empereur Charles, et envoya en Belgique
une puissante armée française, sous les ordres de *Maurice
de Saxe*, fils d'Auguste le Fort et d'Aurora Königsmark.
L'Angleterre et les Provinces-Unies promirent des subsides
à l'Autriche et à la Saxe; en Russie, une fraction de la cour
mit tout en œuvre pour que l'impératrice Élisabeth se
rangeât aux côtés des ennemis de Frédéric II. En janvier
mourut l'empereur Charles VII, ci-devant électeur de
Bavière et Marie-Thérèse rendit la Bavière à son fils; tant
elle était sûre à présent de pouvoir reconquérir la Silésie!

Toutes ces épreuves et ces déceptions ouvrirent les yeux
de Frédéric sur ses propres erreurs. Il montra désormais
moins de présomption, écouta les avis des autres, fit en sorte
de contenir son impatience et son impétuosité naturelles.

Ne voyant de salut que dans une nouvelle victoire, le roi de Prusse était cependant prêt à jouer son va-tout : " J'ai franchi le Rubicon et il ne me reste à présent que deux possibilités.: ou je garde ma position ou la Prusse entière s'engloutit avec moi. " Dans la situation où il se trouvait alors, il prit pour exemple de courage et de ténacité... Marie-Thérèse. Frédéric parvint à rassembler une nouvelle armée; la victoire du maréchal de Saxe à Fontenoy en mai 1745 lui parut indiquer que la fortune changeait de camp : pour attirer les Autrichiens en Silésie, il laissa libres les défilés menant à la Bohême. Puis, piaffant d'impatience, il s'installa pour attendre l'ennemi, cherchant à la longue-vue le nuage de poussière d'une armée en marche.

Le 2 juin, près de Hohenfriedberg, Frédéric put attaquer l'armée autrichienne par surprise. Les Autrichiens avaient repéré, au loin, les bivouacs de l'adversaire; ils étaient à mille lieues de soupçonner que les tentes étaient vides. Pendant ce temps, les Prussiens progressaient sans bruit à la faveur de l'obscurité, l'infanterie à l'écart du chemin pour ne pas signaler son approche. Vers minuit, l'aile droite prussienne se jeta sur les Saxons, en fit un véritable massacre, puis attaqua le flanc des Autrichiens tandis que l'aile gauche se lançait dans une attaque frontale.

Après ce coup d'éclat, Frédéric comptait bien obtenir la paix, mais son espoir fut vain. Marie-Thérèse ne voulut point abandonner la lutte. Tout au contraire, elle renforça son armée de Bohême, passa des louanges aux menaces pour rallier ses alliés hésitants. En fait, la victoire de Hohenfriedberg n'eut aucune influence, ni sur la situation stratégique en général ni sur les négociations préliminaires à l'élection d'un nouvel empereur, ouvertes au mois d'août à Francfort-sur-le-Main.

Depuis l'élection de Charles-Albert en 1742, la situation avait évolué à l'avantage de Marie-Thérèse. Alors, Francfort était encerclée par des troupes françaises; aujourd'hui, des troupes autrichiennes campaient sous les murs de la ville. Le 13 septembre, dans la sacristie de l'église Saint-Barthélemy, François-Étienne fut enfin élu empereur. Francfort reçut la nouvelle dans l'allégresse. Les hommes jetaient en l'air chapeaux et perruques, les femmes bonnets et mouchoirs. Le choix du nouvel empereur ralliait toutes les sympathies, car, aux yeux des Allemands, l'Autriche défendait la nation germanique contre l'ennemi venu de France.

La situation de Frédéric n'avait rien de fort enviable et s'aggravait des nombreuses désertions de ses soldats. Plusieurs demandes d'armistice restèrent lettre morte. Seule l'Angleterre lui prêta une oreille favorable et conclut avec lui une paix préliminaire. L'Angleterre se trouvait elle-même dans une situation difficile et désirait mettre fin à la guerre en Allemagne. En effet, Maurice de Saxe poursuivait sa marche triomphale à travers la Belgique et le prétendant Charles-Édouard Stuart avait débarqué en Écosse pour reconquérir la couronne de ses pères. George II devait, pour l'instant, subordonner ses intérêts personnels en Hanovre aux intérêts supérieurs de l'empire britannique.

Le jour même où son époux recevait la dignité impériale, Marie-Thérèse apprit que ses troupes venaient de subir une nouvelle défaite face à l'ennemi détesté. Pourtant, le début de cette bataille n'avait rien présagé de bon pour les armes prussiennes. Frédéric avait négligé de se couvrir et affaibli son armée par des détachements inconsidérés; de sorte que Charles de Lorraine aurait pu le mettre dans une position très fâcheuse. Tout comme à Mollwitz, c'est à la discipline exemplaire de ses troupes que Frédéric dut de voir une défaite tourner en victoire. Frédéric admit plus tard que, dans le combat de Soor, il aurait largement mérité de mordre la poussière; seules, l'expérience de ses généraux et la bravoure de ses hommes lui avaient sauvé la mise.

Plusieurs fois déjà, Frédéric avait fait comprendre à l'Europe qu'il ne laisserait pas la Saxe en paix aussi longtemps qu'elle poursuivrait son assistance militaire à Marie-Thérèse. Au début de novembre, l'ambassadeur de Suède, *Rudenschöld*, apprit au roi que les Saxons voulaient couper ses communications avec le Brandebourg et l'attaquer dans le dos tandis qu'une armée autrichienne envahirait le Sud de la Silésie. Par d'autres sources, Frédéric apprit encore que l'impératrice Élisabeth de Russie, qui s'était mise à le considérer comme le trouble-fête de l'Europe, viendrait au secours des Saxons s'il s'avisait de franchir la frontière de Saxe. Dans cette situation, Frédéric n'hésita pas un instant. Dès qu'il eut appris l'entrée de troupes autrichiennes en Saxe, il y pénétra lui aussi ; les alliés furent contraints à la retraite et, à Kesseldorf, le vieux général prussien *Léopold d'Anhalt-Dessau* remporta sa dernière et sa plus grande victoire en délogeant les Saxons d'une position bien fortifiée. Dresde capitula, les troupes prussiennes entrèrent dans la ville et Frédéric suivit en triomphateur, dans un carrosse tiré par huit chevaux. La ville, pleine de blessés et de réfugiés, était plongée dans une confusion indescriptible.

Cette fois, Marie-Thérèse perdit courage. Elle ne voyait partout que catastrophes. En Belgique et en Italie, les Autrichiens s'étaient également fait battre. Le 25 décembre 1745 elle se résigna à signer la paix de Dresde. Frédéric conservait la Silésie. Trois jours plus tard, il faisait sa rentrée à Berlin. La milice civile organisa une parade, les musiques guerrières retentirent de tous côtés ; les Berlinois, débordants d'allégresse, saluèrent pour la première fois leur monarque du nom de Frédéric le Grand.

Frédéric résolut d'en rester là. Le traité de Dresde avait ramené la paix en Allemagne, le maréchal de Saxe remportait de nouveaux succès sur les Anglo-Autrichiens. L'Europe était lasse de cette guerre. L'Angleterre et la France jugèrent l'une et l'autre que l'Autriche devait payer la paix par la cession de quelques duchés italiens au prince espagnol. Marie-Thérèse conçut une profonde amertume devant le cynisme de son allié anglais. Mais il lui fallait bien se résigner à l'inévitable et, par le traité d'Aix-la-Chapelle (1748), elle dut céder la Lombardie à l'ouest du Tessin, Parme et Plaisance.

Dès le début des hostilités, les adversaires de Marie-Thérèse n'avaient eu d'autre objectif que le partage des territoires héréditaires de l'Autriche. Leur action se soldait par un échec. Marie-Thérèse gardait la plus grande partie de son héritage et avait, en somme, toutes raisons d'être satisfaite. Peut-être eût-il été plus raisonnable d'accepter la proposition initiale de Frédéric II, faisant ainsi l'économie d'une guerre coûteuse. Mais, dans ce cas, l'histoire n'eût pas offert à Marie-Thérèse d'Autriche l'auréole dont elle ceint le front de ses héros.

LA MÈRE DE LA PATRIE

La guerre de la Succession d'Autriche avait ouvert les yeux de Marie-Thérèse sur les faiblesses humaines. Les épreuves avaient rendu sa piété plus profonde et plus riche. Plus tard, Marie-Thérèse devait affirmer que, tout au long de la guerre, Dieu lui avait prêté main-forte par des miracles successifs.

Pour la très catholique Marie-Thérèse, l'État n'était nullement une invention des hommes, comme le prétendaient les philosophes de ce " Siècle des Lumières ", mais bien une création divine. Dieu avait établi les empires sur la terre afin de réaliser Sa volonté ici-bas. Le souverain était à Son service et Lui devait des comptes sur le gouvernement des peuples qui lui avaient été confiés. En conséquence, Dieu donnait au Prince les dons particuliers indispensables à l'accomplissement de sa tâche. Ces conceptions bien ancrées dans l'esprit de l'impératrice, c'en fut fait de l'estime qu'elle montrait jadis pour l'expérience et le jugement de ses ministres. Désormais, Marie-Thérèse voulut tout voir et tout entendre, prendre elle-même toutes les décisions.

La reine, autrefois si heureuse de vivre, avait fait place à une impératrice sévère qui exigeait beaucoup des autres mais davantage encore d'elle-même. Elle était très belle encore et toujours capable de gagner quiconque à ses vues; avide d'affection, Marie-Thérèse avait coutume de dire qu'il vaut mieux être trop sensible que pas assez. Mais, à présent tout à fait sûre d'elle-même et de son pouvoir, elle n'essayait plus de parvenir à ses fins par des larmes et des subterfuges. A présent, elle savait donner des ordres.

Après la signature de la paix, Marie-Thérèse consacra tous ses efforts à la création d'une armée permanente, capable de protéger le pays contre les Turcs et les Prussiens et, peut-être un jour de reconquérir sa chère Silésie. Mais pour cela, il lui fallait beaucoup d'argent et ce problème financier était des plus difficiles. Heureusement, Marie-Thérèse trouva un excellent conseiller en la personne du comte *Frédéric-Guillaume von Haugwitz*. Il proposa entre autres de confier à l'État lui-même l'administration des impôts et la répartition des ressources fiscales entre les différentes classes de la société. Si cette mesure était appliquée avec l'énergie nécessaire, l'impératrice pourrait entretenir une armée suffisamment importante, amortir la dette publique et faire face aux autres dépenses de l'État.

L'empereur François soutint la proposition de toute son autorité. Marie-Thérèse comprenait fort bien que Haugwitz était " l'homme envoyé par Dieu pour assurer le maintien de l'Empire ". Le comte obtint les pleins pouvoirs pour appliquer son système en Bohême et en Autriche, fit introduire les réformes fiscales dans l'une et l'autre région. Cette époque vit donc se réaliser le vieux rêve des Habsbourg : un État centralisé, fonctionnariste et résolument absolutiste. Les avantages du nouveau programme devinrent de plus en plus évidents. Même les plus grands adversaires de Haugwitz durent admettre que les paysans, depuis toujours soumis aux plus lourdes charges, avaient moins à souffrir de l'exploitation par la noblesse et des exactions par l'autorité militaire.

Marie-Thérèse voulut personnellement mettre la main à toutes les décisions et à toutes les mesures. Dès lors, elle s'écarta de plus en plus des mondanités viennoises. Ce changement de conduite était déjà sensible auparavant, mais l'impératrice avait changé à plus d'un égard. En 1754, elle écrit que ses anciens amis s'étonnent de lui voir prendre un tel embonpoint. Elle était devenue une imposante matrone au double menton, au visage haut en couleur. " Mais on n'oublie pas qui elle est, disait un diplomate suédois. Dès qu'elle devient grave, elle prend une majesté qui impressionne profondément. " Et maintenant qu'elle ne pouvait plus se livrer à toutes sortes de plaisirs, Marie-Thérèse jugea que les autres pouvaient fort bien s'en passer également. Pendant quelques années, au grand dépit de l'empereur, les bals masqués furent interdits en temps de carnaval.

Marie-Thérèse se mit à régenter sévèrement les mœurs. La forme la plus curieuse de ce nouveau zèle fut l'institution de la " commission des mœurs " qui se mit à faire de véritables razzias parmi les femmes de mauvaise vie. Seules les maisons des ministres et des diplomates étrangers étaient à l'abri de ce nouveau genre d'inquisition. Le fonctionnaire surpris avec une femme de mœurs légères perdait son emploi, était banni de la capitale, et la femme enfermée dans un couvent. Ce système provoqua, bien sûr, quelques scènes tragi-comiques et, tant en Autriche que dans les pays étrangers, on en fit des gorges chaudes. Le nonce du pape à Vienne dit publiquement qu'il doutait fort de voir l'impératrice trouver des ballerines italiennes disposées à venir à Vienne pour y prendre le voile. Marie-Thérèse recommanda au feldmarschall von Königsegg de bien tenir ses officiers à l'œil; le militaire reconnu familier des maisons mal famées ne devait plus obtenir le moindre avancement. Le vieux guerrier répondit que si cette interdiction avait existé dans sa jeunesse, il n'aurait jamais dépassé le grade d'enseigne.

Il n'est pas impossible que ce zèle vertueux ait été en quelque sorte imposé à l'impératrice par la jalousie. François de Lorraine, resté jeune et ardent, avait un faible prononcé pour les charmes féminins. Toutefois, la petite histoire ne lui impute aucune infidélité; mais il faut attribuer cette constance au manque d'occasions. La jalousie de l'impératrice mise à part, la vie conjugale des souverains ne connut jamais le moindre nuage. La mort subite de son époux en 1765 fut un coup terrible pour Marie-Thérèse. On eût dit que son existence avait, du jour au lendemain, perdu tout attrait. Son énergie et son intérêt pour ses devoirs d'État décrurent fortement. Le fils aîné de François-Étienne devint à son tour le chef du Saint-Empire romain de la nation germanique. C'était un grand admirateur de Frédéric II et un adepte passionné des " philosophes ", à tous égards donc la vivante antithèse de sa mère. Les dernières années de l'impératrice furent assombries par des différends idéologiques avec ce fils rebelle.

Marie-Thérèse mourut le 29 novembre 1780. Sentant venir la fin, elle tenta de faire encore quelques pas dans sa chambre, mais s'effondra au pied de son lit. En guise d'oraison funèbre, Frédéric II dit qu'elle était " l'honneur de son trône et de son sexe : J'ai, ajoutait-il, guerroyé contre elle, mais sans jamais lui porter la moindre haine. "

LE GOUVERNEMENT DE FRÉDÉRIC II

Le vassal de Voltaire

Depuis son accession au trône de Prusse, Frédéric II avait surtout vécu pour le travail. Il regrettait qu'un jour n'eût que vingt-quatre heures; car il voulait étudier lui-même les innombrables questions de gouvernement, déterminer en tout son attitude et prendre toutes les décisions nécessaires : " J'œuvre des deux mains, déclarait-il avec fierté, de l'une pour l'armée et de l'autre pour le peuple et pour les arts. "

Au moment même où il adressait sa première proclamation à ses fonctionnaires, Frédéric invitait dans une lettre tous les grands savants d'Europe à venir s'installer à Berlin. Comme son aïeul le Grand Électeur, il rêvait de réunir tous les génies européens dans son Académie. Le seul à venir fut le Français *Maupertuis* qui, par ses mesures du méridien, effectuées dans le Nord de la Suède, avait pu établir avec certitude l'aplatissement du globe terrestre aux deux pôles; cette découverte l'avait rendu célèbre dans le monde entier. Maupertuis insuffla une vie nouvelle à l'Académie des sciences; les arts connurent, eux aussi, une renaissance en Prusse.

Au palais de Berlin, les splendides salles des fêtes se rouvrirent à la foule des courtisans galonnés, des pages et des laquais. Frédéric nomma un grand nombre de hauts dignitaires de la cour. Tout portait à croire que Berlin allait devenir non seulement une " deuxième Athènes ", mais aussi un " deuxième Versailles ".

Le roi proclamait que son plus cher désir était de rendre tous ses sujets heureux et contents. Quelques années auparavant, Frédéric-Guillaume avait fait défense aux paysans de brasser, selon l'usage ancien, de la bière à l'époque des semailles et de la moisson. Ce décret fut abrogé dans l'allégresse générale. Les bourgeois purent remettre sur pied leurs sociétés de tir à l'arc que Frédéric-Guillaume avaient interdites parce qu'elles lui paraissaient inutiles. Ces " gestes " ne coûtaient rien à Frédéric et le rendaient populaire auprès de tous.

Les médailles commémoratives frappées à l'occasion du couronnement portaient l'inscription : " Pour le droit et la vérité "; on sut bientôt que le nouveau souverain avait mis à l'étude une réforme du droit. De sa propre initiative et sans demander l'avis des spécialistes, il commença par interdire la torture, sauf dans les cas de lèse-majesté et de massacre, et ordonna que dorénavant les infanticides fussent décapités et non plus jetés à l'eau, cousus dans un sac.

Frédéric avait créé des écoles où les soldats de confession catholique pouvaient envoyer leurs enfants. Les pasteurs protestants ne manquèrent pas d'attaquer les nouveaux établissements : Frédéric répondit par une déclaration très ferme : " Tous les cultes doivent être tolérés et l'on doit veiller à ce qu'ils se respectent mutuellement car, dans ce pays, chacun a le droit de travailler comme il l'entend à son salut éternel. "

La législation militaire subit également de nombreuses réformes bienfaisantes. Les détestables pratiques des anciens recruteurs furent formellement interdites. Les grenadiers géants firent leur dernière grande parade aux obsèques de Frédéric-Guillaume, après quoi Frédéric II n'en maintint plus qu'un seul bataillon en souvenir du roi défunt.

Toutes ces innovations donnèrent à croire que le nouveau roi était un parfait révolutionnaire, résolu à bouleverser l'ancienne société et à n'en laisser subsister que ce qu'il était impossible d'abolir. Quand Frédéric monta sur le trône, on murmurait à Paris que Voltaire deviendrait le Premier ministre du roi de Prusse. Cela était parfaitement inutile, car son " vassal " régnait déjà à Berlin.

L'autocrate

Mais le disciple de Voltaire se montra bientôt sous un autre jour. A la surprise générale, un des ministres, qui avait mérité le surnom de " prêcheur d'économies ", ne reçut pas le moins du monde son congé. Bien au contraire, il connut auprès du nouveau souverain une faveur accrue. Les fonctionnaires purent bientôt constater que le jeune roi veillait encore plus sévèrement que son père à ce que ses serviteurs accomplissent tout leur devoir. Les grands seigneurs de la cour durent payer eux-mêmes leurs dîners de gala. Frédéric entendait que maréchaux de la cour et maîtres de cérémonies fissent tout ce qui était en leur pouvoir pour donner le plus grand lustre au règne, mais sans qu'il en coûtât un seul thaler à Sa Majesté! Les hauts emplois n'étaient pas autre chose que des titres honorifiques accordés aux plus riches parmi les nobles, capables de se construire des palais à Berlin et de se montrer " représentatifs ". Quand Voltaire eut l'occasion de jeter un regard sur la cour de Prusse, il conclut avec son ironie habituelle que le roi avait un grand-chancelier qui n'ouvrait jamais la bouche, un grand-veneur qui ne se fût pas permis de tirer une caille, un grand-maître des cérémonies qui n'osait pas faire le moindre arrangement, un grand-échanson qui ne savait pas s'il y avait du vin au cellier, un grand-maître des écuries qui n'avait pas le droit de faire seller un cheval et un grand-maître de la chambre qui n'avait jamais tendu sa chemise au roi. Par ailleurs, le sarcastique Voltaire était au moins aussi avare que Frédéric. Très riche, il aurait bien pu payer de sa poche les frais de son voyage à Rheinsberg, mais il en exigea le remboursement. De fort mauvais gré, Frédéric lui paya 1300 écus pour six jours. Et le roi écrivit à l'un de ses amis : " Jamais bouffon de cour n'aura reçu si beau salaire! "

La haute société qui avait mis tant d'espoir dans le nouveau roi s'indignait de son avarice et de son mépris pour le cérémonial. Un jour, quelques dames lui demandèrent qui d'entre elles devait recevoir la préséance; Frédéric répondit aimablement : " la plus bête. " Il traitait les jeunes fats de la noblesse comme de vulgaires vagabonds, trouvait ses vieux généraux par trop incultes. Et comme il ne se gênait pas pour le dire, la cour serrait les dents et rabâchait sa rancune.

Frédéric se jugeait le seul concerné par les problèmes politiques. Les courtisans comprirent bientôt l'inanité de toute objection ou de toute proposition non requise par Sa Majesté. Frédéric était persuadé de tout voir bien mieux que les autres. Il lui arrivait de jeter à la tête d'un de ses ministres : " Mais, mon cher, vous n'y entendez goutte. Occupez-vous plutôt de vos propres affaires! "

Frédéric avait la véhémence et l'impulsivité des Hohenzollern. La contradiction le mettait en rage; il devenait alors terrifiant. Il était parfaitement conscient de cette faiblesse congénitale, tout comme son père l'avait été pour son propre compte. C'est pourquoi, afin de ne pas prendre de décisions précipitées sous l'empire de la colère, il évitait en certains cas la présence de ses collaborateurs. Il leur était permis d'exprimer par lettre ce qu'ils avaient à dire; en marge le roi notait ses décisions d'une écriture nerveuse. De toute façon, que ce fût verbalement ou par écrit, le roi exigeait des réponses claires et concises. Ses remarques manuscrites se limitaient souvent à un seul mot, mais bien révélateur de l'opinion royale, entre autres amabilités : " maître-coquin ", " girouette ", " idiot ", etc.

Sans-Souci

Immédiatement à la sortie de Potsdam, il y avait une colline chauve, aux pentes abruptes, où Frédéric venait souvent avec ses amis jouir du coup d'œil sur les champs, les bois et les rivières. C'est là qu'il fit bâtir par Knobelsdorff une gracieuse résidence d'été à laquelle il donna le nom de Sans-Souci et qu'il décora de la façon la plus raffinée.

L'hiver, il habitait le palais de Potsdam, transformé selon

ses propres goûts pour en faire comme un monument
commémoratif de sa conquête de la Silésie. Murs et sols y
étaient recouverts de marbre silésien; la salle des fêtes
s'ornait de tableaux retraçant les hauts faits du Grand
Électeur.

Les sciences et les arts

Frédéric avait enfin le temps d'écrire. Poèmes, essais,
traités se succédèrent dès lors sur un rythme rapide traitant
d'une grande variété de sujets : historiques, philosophiques,
politiques, économiques, stratégiques et littéraires. Le roi
écrivait surtout pour son propre plaisir ou celui de ses amis;
il fit bien imprimer quelques-uns de ses ouvrages, mais il
faut toujours les considérer comme écrits pour une audience
très limitée.

Ses meilleures œuvres sont historiques : *L'Histoire de
mon Temps*, et l'*Histoire de la maison de Brandebourg*
furent hautement louées par les contemporains. Sainte-
Beuve dit : " Frédéric est l'un des meilleurs historiens
que nous possédions. Je dis " nous ", car il écrivait et pensait
en français. " Un autre lettré, l'Allemand Wilhelm Dilthey,
considérait Frédéric le Grand comme le plus grand philosophe du Siècle des Lumières, à côté de Voltaire, Diderot et
Lessing.

En fait, Frédéric rédigea ses considérations sur l'histoire
contemporaine à son usage exclusif. Alors que dans la vie
il cachait suffisamment bien ses projets et ses opinions
pour être appelé le souverain le plus méfiant et le plus
impénétrable de son époque, il savait, dans ses écrits,
parler à cœur ouvert de sa politique et de sa stratégie,
en reconnaître les erreurs sans la moindre complaisance.
Car Frédéric II avait cette caractéristique d'être toujours
parfaitement sincère vis-à-vis de lui-même. Il éprouvait
le besoin d'analyser ses pensées pour asseoir ses actes
futurs sur une base solide. De même, lorsqu'il lui fallait
prendre des décisions importantes, il ne manquait pas de
peser longuement le pour et le contre, puis notait soigneusement ses réflexions. "Je suis, reconnaissait-il ironique-
ment, un dilettante en toutes choses." Il excusait sa
passion pour la poésie en disant qu'elle ne faisait de tort
à personne. Il se montrait, en somme, trop modeste car,
du moins en ce qui concerne la musique et la composition
musicale, il dépassait de loin le dilettantisme de son temps.

Frédéric et le beau sexe

Frédéric n'avait jamais vraiment aimé sa femme. Tout un temps, les deux époux avaient vécu en parfaite harmonie, mais la guerre les avait complètement éloignés l'un de l'autre. Élisabeth-Christine gardait toutes les dignités royales, vivait toujours dans la pompe qui s'accordait à son rang et Frédéric le prenait très mal si, d'aventure, quelqu'un osait lui manquer de respect. Mais, personnellement, il ne se donnait pas la moindre peine pour cacher sa parfaite indifférence à l'égard de sa femme. Potsdam et Sans-Souci lui étaient terrain défendu et, même quand le roi était malade, il lui était interdit de s'y rendre. A Berlin, les époux ne se rencontraient qu'à l'époque du carnaval et au cours des réceptions et des dîners les plus importants.

Le ménage resta sans enfants; ce fut peut-être la raison de son échec. On ne saura jamais auquel des deux en imputer la faute. Les mauvaises langues prétendaient que Frédéric était homosexuel, mais la recherche historique n'en a pu apporter la moindre preuve. Certes Frédéric s'intéressait fort peu au beau sexe, les dames de la cour l'ennuyaient mortellement; dans un de ses poèmes les plus acerbes, il leur souhaite d'avoir des amants sourds pour que les pauvres souffrent moins du vide de leurs bavardages. Néanmoins, durant tout un temps, les commérages de la cour ne tarirent pas aux dépens de la danseuse italienne Barbara Campanini, plus connue sous le nom de La Barberina. C'était une opulente beauté brune, célèbre et par son art et par ses innombrables aventures amoureuses. L'entrée de La Barberina à l'opéra de Berlin est un exemple typique des méthodes du " vieux Fritz ". Malgré les plus belles promesses, la danseuse refusait de signer le contrat; le roi tout bonnement la fit enlever et conduire à Berlin sous bonne escorte.

Quelques expressions galantes pour La Barberina dans la correspondance royale, les cachets énormes de l'étoile à l'opéra de Berlin, telles sont les " preuves " d'une éventuelle liaison entre le monarque et la danseuse. A strictement parler, tout cela ne signifie rien. Les lettres de Frédéric ne constituent pas toujours une lecture pour jeunes filles et les cachets élevés s'expliquent tout naturellement : l'Italienne était la plus célèbre danseuse de l'époque.

Frédéric n'avait-il pas toujours souhaité voir à sa cour les plus grandes célébrités de son temps? Or ni Voltaire ni La Barberina ne se déplaçaient pour rien.

La spirituelle margrave de Bayreuth, sœur de Frédéric, avait quelque raison de comparer Sans-Souci à un couvent; ceux qui avaient l'insigne honneur d'y être admis donnaient à la salle à manger le nom de " réfectoire ".

La Table ronde

Dans le parc de Sans-Souci, il y avait un petit temple dédié à l'Amitié. A son indifférence pour le beau sexe, Frédéric joignait une très chaude amitié pour ses vieux amis du temps de Rheinsberg. Il fut profondément affligé — et ne songea point à cacher sa peine — quand la guerre les lui prit les uns après les autres.

Ses nouveaux amis lui étaient beaucoup moins proches. Parmi ceux-ci, citons l'Italien Algarotti, le Français d'Argens, quelques Écossais et enfin le très mondain baron Pöllnitz dont la postérité connaît surtout les récits fort intéressants sur les galanteries de mise à la cour d'Auguste le Fort.

C'était là le noyau de la célèbre " Table ronde ", qui tenait d'ailleurs ses réunions dans la salle à manger ovale. Frédéric II s'y montrait sous ses dehors les plus charmants. Tous les habitués de la " Table ronde " avaient la plus profonde admiration pour son très grand talent de causeur. " Le roi, disait un Français qui avait eu l'honneur de dîner à sa table, est presque le seul dans ce royaume avec qui l'on puisse mener une véritable conversation. " Aux dires d'un de ses auditeurs, Frédéric possédait la rare faculté d' " ennoblir " tous les sujets abordés en sa présence. Qu'il fût question d'art, de littérature, d'histoire, de mode, de philosophie, de politique ou tout simplement de l'art de vivre, jamais Frédéric ne prononçait une parole superficielle ou dénuée d'intérêt, toujours il charmait ses amis par ses paradoxes, sa façon personnelle de juger les choses, son érudition et son esprit.

Le clergé ne manquait pas de considérer la " Table ronde " comme un des foyers de l'athéisme sévissant à l'époque et Frédéric, dont personne n'ignorait les attaches avec la franc-maçonnerie, était traité plus ou moins ouvertement de blasphémateur et d'antéchrist. C'était parfaitement faux. Frédéric croyait en un Dieu invisible, créateur de toutes choses, mais rejetait l'idée que Dieu pût encore intervenir dans le cours des événements de ce monde. Selon lui, tout dans la nature et dans l'existence humaine se mouvait selon des lois établies une fois pour toutes par le Très-Haut. Il approuvait fort la morale chrétienne, était très heureux de voir ses frères bons calvinistes. Frédéric n'était nullement d'accord avec les philosophes français qui, dans leur lutte acharnée contre l'intolérance religieuse, prônaient de sévères mesures contre l'Église; il réprouvait leurs attaques contre les processions, les images, etc. Il ne voulut jamais faire bâtir à Potsdam un temple à la Raison : " Les religions, disait-il, ne s'improvisent pas. "

Puis, Voltaire vint à Potsdam et comprit que l'influence qu'il pouvait avoir sur son "vassal" avait fortement diminué.

Frédéric le Grand et Voltaire

Une fois Frédéric sur le trône de Prusse, Voltaire se rendit compte que son disciple était un personnage bien plus important et bien plus dangereux qu'il ne se l'était d'abord imaginé. Ceci se remarquait au ton plus roide et plus cynique de ses lettres. Le roi avait perdu de sa considération pour le caractère de l'écrivain, mais n'en cessait pas pour autant d'admirer son génie; il insistait beaucoup pour le faire venir à Berlin.

En 1743, Voltaire céda enfin aux instances du roi de Prusse, mais sa visite tourna en catastrophe. Avant son départ, Voltaire avait promis au gouvernement français de percer à jour les projets du Prussien. Quand Frédéric eut appris la chose, il voulut empêcher le Français de quitter ses États. Mais Voltaire parvint à s'échapper et, par la suite, ne manqua aucune occasion de dire pis que pendre de son hôte, ce qui le fit tomber plus bas encore dans l'estime de Frédéric : " Il faudrait, dit alors le roi de Prusse, le chasser du Parnasse à coups de bâton. Il est bien dommage qu'un aussi grand génie soit affligé d'un aussi détestable caractère! "

Pourtant, Voltaire s'avéra indispensable à Frédéric, tant comme critique littéraire que comme conseiller politique. Le roi reprit contact avec le philosophe et lui fit un pont d'or. En 1750, Voltaire se laissait arracher une nouvelle visite.

Voltaire avait proposé à Frédéric de travailler avec lui deux heures par jour pendant quelques mois, pour l'initier aux finesses de la poésie française. Frédéric accueillit la suggestion avec le plus grand enthousiasme et dès son arrivée à Sans-Souci, Voltaire entreprit sa tâche délicate : " Le roi a plus d'imagination, mais j'ai, pour ma part, plus de métier. "

L'ouvrage pour lequel Frédéric avait besoin de ces avis était un recueil de poésies et de morceaux en prose qui allait être imprimé au palais de Berlin à l'intention d'un cercle d'intimes sous le titre : *Œuvre du philosophe de Sans-Souci*. Les épreuves portant les remarques et les corrections de Voltaire nous ont été conservées; les notes sont assez personnelles et vivantes pour nous faire imaginer Voltaire au travail, ses grimaces éloquentes et ses commentaires sarcastiques. Mais, comme il ne connaissait que trop l'amour-propre chatouilleux des littérateurs, il adoucissait ses critiques par des traits d'esprit et ne manquait pas de donner libre cours à ses louanges, chaque fois que la chose lui paraissait faisable. En général, Frédéric tenait compte des remarques faites par son maître à écrire. Voltaire commença par être aux anges. Il n'était pas peu fier d'être traité en égal par le " plus grand capitaine d'Europe ", et, au cours de soupers intimes, le monarque et le philosophe rivalisaient d'esprit. Pourtant, Voltaire sentait fort bien le peu d'estime que le roi lui portait en réalité. Pour comble de malheur, une remarque très désobligeante lui vint aux oreilles : le roi aurait dit qu'il allait garder Voltaire un an encore, puis le rejeter comme un citron pressé jusqu'à la dernière goutte. Voltaire dut avoir l'impression que le sol s'ouvrait sous ses pieds. La présence de son ennemi Maupertuis à la cour de Prusse n'était pas faite pour calmer ses inquiétudes.

Voltaire donna libre cours à sa mauvaise humeur en se plaignant de l'étiquette prussienne qui consistait, selon lui, à divertir le roi par des propos malveillants à l'égard de ses semblables. Voltaire avait-il oui ou non de véritables motifs d'inquiétude? On ne saurait le dire. Une chose pourtant est certaine : dès le moment où le philosophe se querella avec Maupertuis et se livra en outre à des spéculations financières illicites, Frédéric le renvoya aussitôt. Cette fois, Voltaire se vengea en publiant anony-

mement une chronique scandaleuse sur la cour de Frédéric.
Le roi eut le dernier mot en faisant une belle phrase :
" Quand on joue avec des singes, il faut s'attendre aux
morsures. "

Le départ de Voltaire fut la fin des joyeux soupers.
Tout devint très calme à Sans-Souci. " Je vis avec mes
livres et fréquente les hommes du temps d'Auguste ",
écrivait mélancoliquement le roi. Son mode de vie n'avait
jamais été très raisonnable; il en payait maintenant les
conséquences. La goutte, que Frédéric considérait comme
un héritage de son père, lui était un martyre. Le caractère
du roi devint de plus en plus irritable. Il lui suffisait d'apparaître à la cour pour transformer la joyeuse compagnie
en une collection de statues. Partout il répandait la crainte,
jetait un froid sur son passage.

Ses frères avaient pour lui le plus profond respect.
Mais — le sort a parfois de ces ironies — Frédéric leur
écrivait presque mot pour mot ce que son père lui avait
écrit jadis : le roi admonestait l'aîné de ses frères, le prince
héritier, parce qu'il était incapable de faire la différence
entre l'utile et le frivole; au plus jeune, il reprochait son
manque d'amour fraternel et d'attentions à son égard.

LA GUERRE DE SEPT ANS

Kaunitz

Vers les années 1750, le ministre prussien *von Ammon*
et l'ambassadeur d'Autriche, le comte *Wenceslas von
Kaunitz-Rietberg*, se trouvaient tous deux à Paris. Comme
Podewille à Vienne, von Ammon avait sans doute reçu
mission d'amuser son maître en lui décrivant les
personnages les plus remarquables de la société
diplomatique ou parisienne. Von Ammon nous a laissé
un portrait fort ironique de l'ambassadeur autrichien :
" A la première rencontre, Kaunitz donne l'impression
de compter parmi les gens les plus superficiels qui soient
car il s'occupe uniquement de sa santé et de son apparence
extérieure. " Autre trait caractéristique de Kaunitz : son
intérêt exagéré pour les femmes. Il tombait sans
cesse amoureux; quand sa raideur et son formalisme
ne parvenaient pas à impressionner les dames, il allait se
faire consoler par les comédiennes et les danseuses.
Pour reprendre une phrase de Marie-Thérèse, Kaunitz

était la preuve vivante que " le génie peut aller de pair, dans le même homme, avec les traits les plus risibles et même avec la sottise ".

Mais l'impératrice attachait plus d'importance aux talents de son ministre qu'à ses ridicules. En 1750, elle lui donnait le poste de Versailles; trois ans plus tard, elle le nommait chancelier de la cour et de l'État, c'est-à-dire ministre des Affaires étrangères. Les qualités de Kaunitz n'étaient pas moins respectées dans le camp de l'adversaire : Frédéric en faisait grand cas. Les diplomates autrichiens passaient en général pour diffus et brouillons. Chaque rapport de Kaunitz était un modèle de clarté et de sens politique.

En mars 1749, Marie-Thérèse fit débattre les problèmes de politique extérieure en conseil des ministres. Fallait-il s'en tenir aux alliances avec l'Angleterre et les Provinces-Unies? Cinq ministres, ainsi que l'empereur François, répondirent affirmativement. Le dernier recommanda même l'amélioration des rapports avec la Prusse " afin que le roi Frédéric cesse de nous considérer comme une hydre qu'il se doit d'attacher de tous les côtés à la fois ".

A cette opinion s'opposait diamétralement le nouveau système préconisé par Kaunitz, benjamin du Conseil, qui développa ses idées dans un mémoire comptant plus de cent pages. L'ennemi le plus redoutable de l'Autriche n'était plus la France, mais la Prusse. Si l'Autriche tenait à son hégémonie traditionnelle sur l'Europe Centrale, il importait de contenir au plus vite l'expansionnisme prussien. Ce rival était trop dangereux pour ne pas être écrasé.

Kaunitz voyait l'objectif essentiel dans la reconquête de la Silésie. Mais pour cette entreprise, il ne fallait pas trop compter sur l'allié anglais, car l'Autriche n'avait rien à lui offrir en contrepartie, alors qu'il serait possible d'allécher la France par l'offre éventuelle de territoires en Belgique ou en Italie. De plus, la France pourrait gagner les petits États allemands à la cause commune.

Kaunitz prônait là des idées révolutionnaires mais qui trouvèrent audience et gagnèrent d'autres ministres. Leur auteur partit pour Versailles dès l'année suivante. Le succès se fit d'abord attendre. Kaunitz finit par se demander si l'alliance française était réalisable et par laisser entendre à Vienne qu'il serait peut-être plus facile d'obtenir une réconciliation entre la Prusse d'une part, l'Autriche et

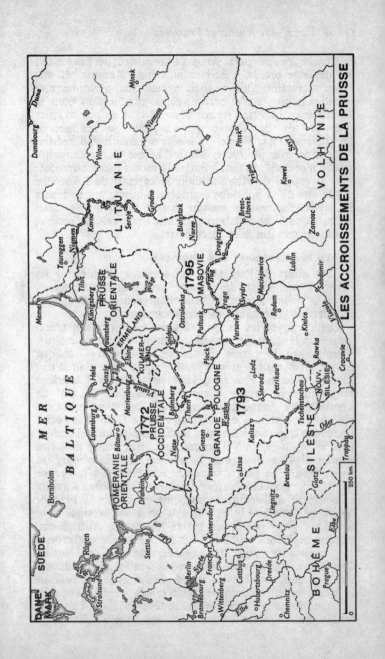

LES ACCROISSEMENTS DE LA PRUSSE

la Russie d'autre part. Mais l'impératrice ne l'entendait pas de cette oreille. " Ecrivez au comte Kaunitz, dit-elle à son secrétaire, qu'il connaît mieux que personne mes intentions; que je n'ai certes aucune prédilection pour la France mais que rien ne me pèserait tant qu'une alliance avec le roi de Prusse par laquelle je renoncerais définitivement à la Silésie. " Kaunitz se garda bien d'insister.

A la longue pourtant, Marie-Thérèse dut reconnaître qu'elle n'obtiendrait rien à Paris, du moins provisoirement : d'où le rappel de Kaunitz dans la capitale de l'Autriche et à la tête de sa politique étrangère. Kaunitz mit le départ du vieux Bartenstein comme condition préalable, sous prétexte que toute collaboration entre eux serait impossible. Et Bartenstein dut faire place nette.

Le renversement des alliances

Au cours de l'été 1755, on apprit à Vienne que les Français massaient des troupes en Flandre française. Dans le même temps, le bruit courut que la Prusse et l'Angleterre cherchaient un rapprochement.

Kaunitz jugea les temps mûrs pour frapper son grand coup. Le 19 août, le conseil des ministres fut convoqué. Kaunitz prit la parole devant ses collègues et, chaque auditeur retenant son souffle, il exposa son plan d'une alliance avec la France devant permettre à l'Autriche de prendre sa revanche sur la Prusse. Le journal de Khevenhüller donne à penser que les assistants n'étaient pas très favorables à ce point de vue. Le Conseil se réunit à nouveau quelques jours plus tard. Kaunitz entra d'emblée dans le vif du sujet : " Il est certain que la Prusse doit être écrasée si l'on veut que la maison de Habsbourg se maintienne. " La guerre opposant l'Angleterre à la France offrait une occasion particulièrement favorable. Kaunitz ne comptait nullement sur une aide directe de la France; l'essentiel était que la France mît fin à son alliance avec la Prusse pour laisser les mains libres aux Autrichiens. Par contre, il était tout à fait sûr que l'Autriche obtiendrait une assistance militaire considérable de la Russie. Corrompre cinq ou six des personnages les plus influents à la cour de Russie n'avait rien de très difficile : il suffisait de leur promettre quelques confortables subsides annuels, quelques domaines dans les territoires conquis et l'on était certain qu'au printemps suivant, une armée russe forte d'au moins 80 000 hommes envahirait la Prusse aux côtés des Autrichiens. La Suède recevrait la Basse Poméranie et Stettin, la Saxe Magdebourg, l'électeur palatin ou le duc de Zweibrücken seraient fort heureux d'avoir Clèves et la Mark. Halberstadt reviendrait au roi de Hanovre et le Holstein au prince héritier de Russie. Marie-Thérèse retrouverait évidemment sa chère Silésie, la chose allait de soi! Ainsi, la Prusse serait réduite à ce qu'elle était avant la guerre de Trente Ans et si affaiblie que plus aucune revanche ne serait à craindre de ce côté. Mais comment convaincre la France d'abandonner son allié prussien? Kaunitz proposait de céder une partie de la Belgique à don Philippe, le gendre de Louis XV, contre rétrocession à Marie-Thérèse de ses trois duchés italiens : Parme, Plaisance et Guastalla; d'aider le prince de Conti à obtenir la couronne de Pologne, enfin, d'ouvrir à la France les ports d'Ostende et de Nieuport.

Ce plan fut approuvé. Le jour même, l'impératrice mettait sa signature au bas de nouvelles directives pour son ambassadeur à Paris, le comte *Stahremberg*. Les négociations avec la France commençaient.

Mais la diplomatie anglaise n'était pas restée inactive. Lorsque la tension entre la France et l'Angleterre se fut encore accrue, George II et son ministre, le comte de *Newcastle*, commencèrent à craindre une attaque française sur le Hanovre. Comment empêcher cela? Londres résolut de former contre la France une coalition assez puissante pour la mettre échec et mat. Des ouvertures furent faites aussi bien à l'Autriche qu'à la Russie et à la Prusse. Les conditions de Marie-Thérèse s'avérèrent inacceptables. Mais la Russie, toujours sensible aux gros subsides anglais, s'engagea au mois de septembre 1755 à fournir son assistance au roi George, notamment par l'apport de 55 000 hommes en cas d'offensive contre le Hanovre. Simultanément, des pourparlers s'engageaient avec Frédéric II. En janvier 1756, fut signé à Westminster un traité par lequel l'Angleterre et la Prusse se promettaient aide mutuelle pour empêcher toute invasion étrangère sur le sol allemand.

"Dans les rapports diplomatiques avec les Français, il faut au plus haut point tenir compte de leur amour-propre. " Cette phrase est de Frédéric II et date de 1752. Déclaration que le Prussien s'empressa d'oublier au moment de signer son accord avec l'Angleterre. Si Frédéric avait informé à temps le roi Louis XV de ses intentions, la France eut probablement renoncé à l'agression contre le Hanovre. Mais il attendit pour le faire qu'un envoyé français vînt en Prusse reconduire l'alliance qui arrivait à son terme en 1756. Cette désinvolture fut très amèrement ressentie à Versailles.

Le parti antiprussien triomphait à la cour de France. Des négociations s'ouvrirent avec l'Autriche, sanctionnées le 1er mai 1756 par le traité de Versailles. Les nouveaux alliés se promettaient mutuellement une aide militaire de 24 000 hommes au cas où l'une des deux puissances serait attaquée par un ennemi autre que l'Angleterre. C'était toujours un point acquis, se disait-on à Vienne. Il s'agissait à présent de transformer cette alliance défensive en alliance offensive. Pour mieux tenter Louis XV, Kaunitz laissa entendre que la Belgique pourrait bien être cédée directement à la France.

Frédéric avait fait une erreur en négligeant l'amour-propre des Français. Il en commit une autre vis-à-vis de l'impératrice Élisabeth de Russie dont il ne comprenait pas le désir d'indépendance et l'hostilité à son égard. Quand Élisabeth apprit la signature du traité de Westminster entre l'Angleterre et la Prusse, elle résolut, en accord avec ses ministres, de proposer à l'Autriche une offensive commune contre la Prusse. Mais avant même que les Russes eussent pu s'en ouvrir à l'ambassadeur autrichien, celui-ci paraissait à la cour pour y annoncer les négociations entre la France et l'Autriche. En cas d'accord avec la France, la Russie serait-elle disposée à lancer 60 000 à 70 000 hommes sur la Prusse attaquée déjà par 80 000 Autrichiens? " Les grands esprits se rencontrent ", jamais proverbe ne fut mieux illustré dans l'histoire. Comme de juste, l'ambassadeur autrichien partit avec une réponse favorable. Élisabeth se déclarait prête à soutenir l'Autriche. Elle demandait pour sa part la Courlande et la Samogitie, une compensation devant être donnée à la Pologne en Prusse orientale.

Vienne se montrait fort heureuse de cette réponse, mais n'en jugeait pas moins indispensable de tempérer quelque peu l'enthousiasme des Russes. Des considérations stratégiques et la nécessité de convertir encore l'alliance défensive avec les Français en alliance offensive poussaient les Autrichiens à différer l'agression jusqu'au printemps 1757. L'impératrice de Russie accepta ce délai; mais en rongeant son frein.

Frédéric II reçut, en cette année 1756, une nouvelle bien alarmante : la Russie concentrait des troupes aux frontières. Plus tard dans l'année, il acquit la certitude que la Russie et l'Autriche se disposaient à l'attaquer. A la fin du mois de juillet, le roi de Prusse tirait ses conclusions : " Il ne s'agit plus désormais que de prendre les devants. " L'ambassadeur d'Angleterre lui objecta que les Autrichiens mobilisaient simplement pour lui tendre un piège : si la Prusse attaquait la première, la France ne pourrait faire autrement que d'aider l'Autriche (en vertu de leur traité défensif).

Frédéric se mit dans une rage folle, hurla, le doigt tendu vers le portrait de Marie-Thérèse : " Cette dame veut la guerre! Eh bien, elle l'aura! " Les Anglais n'étaient pas les seuls à prévenir le roi contre une initiative inconsidérée : Podewille et d'autres en firent autant. La France fit savoir qu'elle n'assisterait pas les bras croisés à une agression contre l'Autriche. L'ambassadeur de Prusse à Vienne obtint de Frédéric, à force d'arguments, la permission de demander tout net à Marie-Thérèse si elle comptait oui ou non envahir la Prusse. Marie-Thérèse répondit par une déclaration écrite : " Le caractère inquiétant de la situation politique m'a fait croire nécessaire certaines mesures en vue de ma propre défense et celle de mes alliés et ne voulant d'ailleurs porter préjudice à qui que ce soit. " La lecture terminée, l'impératrice donna d'un simple signe de tête son congé à l'ambassadeur prussien. Frédéric ne savait rien de plus qu'avant la démarche, c'est bien ce qu'on espérait à Vienne. Une nouvelle tentative n'eut pas plus de succès, fut même plus décevante encore. Marie-Thérèse nia l'existence d'un traité offensif entre elle-même et l'impératrice de Russie. C'était une vérité de pure forme : le traité ne portait pas encore la signature des deux parties; mais les faits parlaient d'eux-mêmes. Autrichiens et Russes étaient d'accord pour déclencher une offensive au printemps 1757. La Prusse était même plus sérieusement menacée que Frédéric ne pouvait l'imaginer. Il croyait n'avoir pour adversaire que les deux impératrices, convaincu

que la France resterait neutre. Cependant, le 20 août,
Stahremberg fit savoir qu'il avait enfin mené Versailles là
où il le voulait. Louis XV était prêt à joindre ses troupes
aux armées de Marie-Thérèse. Dans ces conditions,
Frédéric choisit de passer lui-même à l'attaque. A l'aube
du 28 août 1756, la garnison de Potsdam attendait, l'arme
au pied, sur son " Paradegrund ". Le roi se mit en selle,
prit la tête de son armée et partit envahir la Saxe et la
Bohême sans aucune déclaration de guerre préalable.

Les historiens ont beaucoup discuté l'action de Frédéric II
à ce moment. Une chose est certaine : l'égoïsme de Frédéric
et sa politique de puissance — déjà très nette au cours de
ses guerres antérieures — ont créé une tradition en
Allemagne. L'époque impériale et le nazisme allaient y voir
le plus bel exemple d'une politique allemande ou prussienne.

Les Saxons capitulent

Lorsque Frédéric II avait décidé de gagner ses adversaires de vitesse, son armée était loin d'être prête. Les
commandants de forteresse, totalement pris au dépourvu,
manquaient de balles et de poudre, de boulets, de grenades
et de cartouches. De nombreuses fortifications ne devaient
être achevées qu'au cours des années suivantes; et après
la dernière récolte, des plus mauvaises, il y avait fort peu
de fourrage et de blé dans les imposants magasins que
Marie-Thérèse enviait tant à son ennemi.

Mais à la guerre comme à la guerre! Les commandants
durent se débrouiller avec les moyens du bord. Les troupes
prussiennes firent marche vers la frontière par trois
itinéraires différents pour contrer l'ennemi et couvrir les
défenses. A l'est, le feldmarschall von Lehwaldt se dirigeait
vers la frontière polonaise avec 30 000 hommes prêts
à recevoir le choc d'une attaque russe; le vainqueur de
Mollwitz, le feldmarschall von Schwerin, marchait vers
le sud-est avec 27 000 hommes pour protéger la Silésie;
le gros de l'armée, fort de 67 000 hommes, était en route
vers le sud, sous le commandement personnel du roi.
Le premier objectif de Frédéric était de mettre les Saxons
hors de combat afin qu'il ne leur fût pas possible de lui
tomber sur le dos, comme en 1755, s'il lui arrivait à un
certain moment de ne pas " se sentir bien en selle ".

L'armée prussienne franchit la frontière et les régiments

saxons refluèrent de toutes parts vers leur puissant camp retranché de Pirna. Les frères de Frédéric trouvèrent cette place aussi inexpugnable " que le ciel lui-même ". Alors les semaines succédèrent aux semaines, le roi de Prusse attendant une capitulation qui ne voulait pas venir. Car Auguste de Saxe se refusait absolument à livrer son armée et à laisser plus de quelques places fortes aux mains de l'envahisseur. En plein siège de ce fameux camp retranché, Frédéric se vit contraint de plier bagages avec le gros de ses troupes pour se diriger en toute hâte vers le sud. Les Autrichiens étaient en marche!

Les deux armées furent en contact le 1er octobre 1756, près de la petite ville de Lobositz, sur l'Elbe. D'emblée, la bataille prit une tournure des plus défavorables aux Prussiens. Dans la matinée, leur aile marchante avait déjà brûlé toutes ses cartouches et sa situation paraissait intenable. A ce moment, coup de théâtre! Les Prussiens s'élancèrent à la baïonnette et mirent les Autrichiens en fuite. Lobositz était conquise.

En apprenant l'invasion de la Saxe, Kaunitz ne se tint plus de joie. " C'est le deuxième service que nous rend le roi de Prusse! " Car Frédéric ne tirait pas grand avantage de cette nouvelle campagne. Plutôt que d'effrayer Marie-Thérèse, il se mettait à dos de nouveaux ennemis. La Diète germanique connut des séances houleuses; de cinglantes protestations s'élevèrent contre l'atteinte que le roi de Prusse portait au droit des gens et, en janvier 1757, les États catholiques et une partie des États protestants surent faire en sorte que l'assemblée du Saint Empire romain déclarât officiellement la guerre à cet ennemi de la paix.

L'indignation de l'impératrice Élisabeth était à son comble. Son chancelier, le comte *Bestouchev*, déclara que rien ne pourrait désormais l'empêcher de prendre fait et cause pour Marie-Thérèse. D'autres ennemis de la Prusse, Suède en tête, vinrent offrir leurs services, convaincus qu'il ne faudrait plus très longtemps avant de partager " la peau de l'ours ". En mai 1757, Frédéric se trouvait seul face à une gigantesque coalition. Si l'on se basait sur le nombre d'habitants, l'alliance (Russie, Autriche, France, Suède et autres comparses) était vingt fois plus forte que la Prusse! Humainement parlant, l'issue de la lutte n'était pas difficile à prévoir.

En avril de cette même année, les Prussiens avaient attaqué la Bohême de tous les côtés à la fois, afin d'écraser le gros de l'armée autrichienne et de forcer ainsi la décision. Frédéric parvint à prendre les Autrichiens " en tenaille " près de Prague; et le 6 mai, il passait à l'attaque. Avant la bataille, le roi avait donné à ses officiers les ordres les plus sévères : défense était faite aux troupes de tirer : elles devaient marcher au port d'arme jusqu'à 150 pas de l'ennemi; alors, et alors seulement, assaut à la baïonnette. Cet ordre exigeait une discipline spartiate chez le troupier voyant ses camarades couchés comme épis par le feu de l'artillerie autrichienne. Le feldmarschall von Schwerin tomba, le drapeau à la main, dans un effort héroïque pour rallier les hésitants et les fuyards. Mais les Prussiens finirent par percer les rangs ennemis et, en une course folle, les Autrichiens allèrent s'engloutir dans les murs de Prague. Ce fut la bataille la plus sanglante des temps modernes. Le vainqueur avait perdu 18 000 hommes, le vaincu 13 000.

Frédéric dit, avec quelque raison, qu'une telle victoire valait une défaite si Prague ne tombait pas bientôt.

Victoire autrichienne à Kolin

L'Europe réagit d'abord à la bataille de Prague comme l'avait escompté Frédéric II. A Vienne, d'amères critiques s'élevèrent contre Kaunitz, premier tenant de la politique agressive; les États d'Allemagne méridionale donnaient l'impression de vouloir tirer leur épingle du jeu. Alliés de Frédéric, les doux Hanovriens eux-mêmes parlaient de faire la guerre!

Pourtant, Frédéric se trouvait dans une situation moins favorable qu'il n'y paraissait à première vue. Prague était bien pourvue d'approvisionnements et tout à fait capable de soutenir un très long siège; une armée française marchait sur Hanovre et l'armée autrichienne du feldmarschall *Léopold von Daun* avançait à marches forcées vers Prague, pour dégager la ville... Le roi résolut immédiatement d'écarter cette menace et partit à la rencontre de von Daun. Le contact fut établi près de la ville de Kolin. Les Prussiens étaient 34 000, les Autrichiens 54 000. Ceux-ci avaient devant eux une plaine large de trois kilomètres, jusqu'à la grand-route Kolin-Prague, au bord de laquelle s'élevait à cette époque une petite auberge à l'enseigne du Soleil d'Or.

C'est là que Frédéric tint conseil de guerre avec ses généraux, le 18 juillet au matin. Leur montrant les positions autrichiennes d'une fenêtre de l'étage, il insista sur le danger d'une attaque frontale à travers la plaine.

Par une série d'attaques furieuses, la cavalerie autrichienne et saxonne refoula les Prussiens épuisés. Dans la confusion générale, le roi rassembla quarante hommes appartenant à la garde de corps du " vieux Dessau " et fonça vers l'avant, dans le faible espoir que ses troupes débandées suivraient son exemple. Les compagnons du roi tombèrent les uns après les autres. Bientôt, Frédéric n'avait plus à ses côtés que ses seuls aides-de-camp. Il ne s'en aperçut qu'au moment où l'un d'eux lui cria : " Votre Majesté a-t-elle l'intention d'emporter à elle seule la batterie d'en face? " Alors, Frédéric s'arrêta, jeta un dernier coup de lorgnette sur les positions ennemies et retourna au pas lent de son cheval vers l'aile droite de son armée pour lui donner l'ordre de retraite.

Pour l'armée autrichienne, la victoire de Kolin fut un triomphe, dont l'effet moral allait encore se faire sentir après la guerre de Sept Ans. Pour la Prusse, cette défaite eut des suites néfastes. L'opposition menée par le prince Henri, frère du roi, en eut le vent en poupe. La Prusse murmurait que le roi n'avait pas mené l'armée à la bataille, mais à l'abattoir.

D'un point de vue purement militaire, Kolin n'eut pas d'aussi lourdes conséquences. Il fallut toutefois lever le siège de Prague et retirer l'armée vaincue.

Victoire prussienne à Rossbach

Les mois suivants furent bien sombres. Frédéric marchait à présent vers l'ouest, contre l'armée française du prince de Soubise et l'armée du Saint Empire sous les ordres du duc *Joseph-Frédéric de Saxe-Hildburghausen*. Cependant l'ennemi lui échappait constamment et les mois passaient sans rien apporter que les pires nouvelles des autres fronts au nord-ouest, au nord et à l'est. En Prusse orientale, une armée prussienne se fit battre par les Russes à Grossjägersdorff; les Suédois franchirent la frontière poméranienne; des troupes de maraudeurs autrichiens rançonnaient Berlin. La situation toutefois allait bientôt changer du tout au tout.

A l'ouest de la Saale, à quelques dizaines de kilomètres

du champ de bataille de Lützen, s'étend une vaste plaine nue, avec quelques légères ondulations et quelques villages disséminés, parmi lesquels Rossbach qui devait entrer dans l'histoire universelle. C'est là que se produisit, le 5 novembre 1757, le choc de 21 600 Prussiens d'une part, 11 000 Autrichiens et 32 000 Français d'autre part. Cette bataille terrible, furieuse, se termina par la fuite éperdue des alliés. " Nous devons notre salut à la tombée de la nuit, écrivait le duc de Saxe-Hildburghausen à l'empereur François, car sans elle aucun de nous n'aurait échappé au massacre. " Les vainqueurs étaient trop fourbus pour

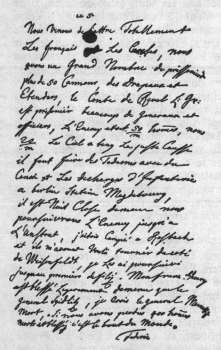

Au lendemain de Rossbach en 1757, Frédéric II annonçait à sa sœur, la margrave de Bayreuth, qu'il venait de battre les Français et leurs auxiliaires Autrichiens, faisant nombre de prisonniers, enlevant plus de 50 canons, des drapeaux et des étendards et concluant : " Si nous avons perdu 700 hommes morts et blessés, c'est le bout du monde. "

songer à poursuivre leurs ennemis. La nuit étant glaciale, ils brisèrent les fusils abandonnés par les Franco-Autrichiens et se firent du feu avec les crosses. Les Prussiens avaient 156 morts et 376 blessés; les pertes alliées se comptaient par milliers d'hommes.

Après Rossbach, Frédéric partit à marches forcées vers l'est pour couvrir la Silésie. Il rencontra les Autrichiens près de Leuthen, à environ vingt kilomètres à l'ouest de Breslau.

La bataille de Leuthen

Le 5 décembre de cette même année vit donc la bataille de Leuthen. Avant le choc, le roi réunit ses officiers. Plus tard, il ne se trouva personne pour répéter mot à mot ce que Frédéric avait pu dire à cette occasion, mais tous les assistants furent profondément émus lorsqu'il leur dépeignit la gravité de l'heure. Le roi aurait dit : " L'ennemi est très fort ; il faut que nous le battions ici ou que nous restions tous sur le terrain. "

S'étant livré à une reconnaissance, Frédéric résolut de lancer son attaque contre l'aile gauche des Autrichiens. La décision tomba lorsque la cavalerie prussienne se fut jetée comme un raz-de-marée sur la cavalerie autrichienne qui, prise de panique, tenta de faire demi-tour, mais fut encerclée et détruite pour la plus grande part. Ce fut le signal d'un sauve-qui-peut général des Autrichiens, infanterie comprise, les fantassins jetant leurs fusils pour mieux détaler. Frédéric continua la poursuite avec les cuirassiers de Seydlitz et quelques bataillons de grenadiers. A sept heures du soir, le roi parvint à un château où il trouva, à sa grande surprise, quelques officiers autrichiens. Sans perdre un instant sa présence d'esprit, Frédéric les salua en ces termes : " Bonsoir, messieurs, vous ne m'attendiez pas, sans doute ? Pourrais-je, moi aussi, avoir une chambre ? " Les Autrichiens, non moins étonnés que le roi, ne purent mieux faire que de le conduire à la meilleure chambre et de disparaître aussitôt.

Les Prussiens avaient fait 22 000 prisonniers et des 35 000 Autrichiens qui purent rentrer en Bohême, la moitié était malade. Quelques semaines plus tard, la garnison autrichienne de Breslau — soit 18 000 hommes — déposait les armes. Au Nouvel An 1758, l'ennemi avait évacué toute la Silésie, à l'exception de la ville de Schweynitz.

La victoire toutefois n'avait pas été acquise sans peine. Du côté prussien, on comptait plus de 1 150 morts et 5 000 blessés. Par la suite, Frédéric devait raconter souvent, et toujours avec le même plaisir, qu'après Leuthen, ses soldats disaient accepter de combattre les Français une fois par mois, mais les Autrichiens pas plus d'un jour par an!

Après Rossbach et Leuthen, l'enthousiasme des Anglais pour le " roi protestant " ne connut plus de bornes. A lui seul, Frédéric de Prusse avait vaincu deux grandes puissances catholiques! Rarement l'Angleterre s'était trouvée dans une situation plus critique qu'avant la bataille de Rossbach. Maintenant, tout était changé! L'anniversaire de Frédéric II, en janvier 1758, fut célébré par les Londoniens avec plus d'enthousiasme qu'ils n'en avaient jamais mis à fêter leurs propres souverains.

Frédéric obtenait à présent une aide plus substantielle de l'Angleterre. Depuis que l'armée anglaise — " cet étonnant ramassis de faméliques " — avait reçu pour général le duc *Ferdinand de Brunswick*, beau-frère de Frédéric et l'un des plus grands capitaines du temps, elle avait repris force, courage et discipline. Le royaume de Hanovre était libéré, les Français repoussés par-delà le Rhin. Devant ces beaux succès, Pitt et le cabinet britannique promirent à Frédéric, en avril 1758, d'envoyer des troupes anglaises dans le Hanovre et de payer au roi de Prusse une contribution annuelle de 670 000 livres.

Désormais, Frédéric n'était plus menacé à l'ouest, sur ses arrières. Les Français fixés par l'armée du duc de Brunswick, le roi de Prusse pouvait désormais concentrer ses forces contre les deux impératrices et leurs alliés, la Suède et le Saint Empire.

Sous le poids du nombre

Après les éclatantes victoires qu'il venait de remporter, Frédéric crut pouvoir compter sur des sentiments plus pacifiques de la part de Marie-Thérèse. Il se trompait lourdement. Lorsqu'en mai 1758, les Prussiens s'avançant sur Olmutz menacèrent Vienne elle-même, l'impératrice refusa résolument de quitter sa capitale. Elle se dit prête à se défendre jusqu'à la dernière extrémité et, si nécessaire, à disputer chaque ville, chaque pouce de terrain. Le danger fut rapidement écarté, mais la résolution de Marie-Thérèse en ces pénibles circonstances montre bien qu'elle était restée la même qu'en 1740.

Au cours de l'année 1758, on se battit sur plusieurs fronts à la fois. En juin, le général autrichien von Daun chassa

Frédéric de Bohême et en août, Frédéric battit les Russes
à Zorndorf. En octobre, Frédéric fut attaqué par Daun
près de Hochkirch. Le roi y commit l'erreur de sous-estimer
l'agressivité des Autrichiens ; il se contenta d'une position
assez faible, ce qui lui fit perdre un grand nombre d'hommes
et de canons ; il parvint toutefois à sauver la plus grande
partie de son armée. Marie-Thérèse mit une sourdine
à sa joie : " Je crains, dit-elle, que le roi de Prusse veuille
à tout prix prendre sa revanche. L'exemple de Leuthen
me fait frémir ! "

Mais le temps travaillait pour l'Autriche. A la fin de
l'année, Frédéric tenait toujours la Saxe et la Silésie ;
toutefois, sa situation, tant financière que stratégique, s'était
fortement détériorée et, à Londres, Pitt dut bien admettre
qu'il serait dorénavant fort difficile d'amener les Anglais
à soutenir encore cet allié décevant.

En 1759, Frédéric résolut de se cantonner provisoirement
dans la défensive. Il avait perdu ses meilleurs généraux,
son infanterie n'était plus ce qu'elle avait été, les Autrichiens
avaient le génie d'établir des fortifications inexpugnables.
Ce printemps-là vit Frédéric très nerveux, vivant dans
une atmosphère tendue à l'extrême, car Daun ne se montrait
nullement disposé à prendre l'initiative ; et tandis que le
roi l'attendait en vain, le duc de Brunswick subit une
rude défaite devant les Français. Enfin, lorsque l'un de
ses meilleurs sous-ordres se fut fait battre dans une
rencontre avec les Russes, Frédéric jugea le moment
venu de passer lui-même à l'offensive.

Le 12 août, près du petit village de Kunersdorf, à l'est
de Francfort sur l'Oder, il attaquait avec 48 000 hommes
les 50 000 Russes du vieux général *Saltykov* et les 30 000
Autrichiens de *Laudon*. Son habituelle attaque de flanc
lui valut un succès initial. L'aile gauche des Russes fut
culbutée et, après quelques heures de combat, la moitié
de la puissante armée russe se trouvait aux mains de
Frédéric. Le terrain cependant était étroit et accidenté.
Les Russes ne cessaient de recevoir des renforts de l'aile
non attaquée ; ils s'accrochèrent aux pentes et se battirent
avec un courage indomptable. En outre, le feu de l'artillerie
russe était des plus meurtriers et lorsque la cavalerie ennemie
passa enfin à l'assaut, l'armée prussienne fut entièrement
mise en pièces.

Pour Frédéric, c'était une catastrophe : " De mes 48 000

hommes, écrivit-il à son ministre von Finckenstein, il m'en reste à peine 3 000. A l'heure qu'il est, ils sont tous en fuite et je ne suis plus maître de mes propres soldats. A Berlin, on fera bien de mettre la ville en état de défense. C'est un coup terrible et les suites seront encore plus graves que le fait en lui-même. Je n'ai plus ni argent ni matériel. Pour ne pas vous mentir, il me semble que tout est bel et bien perdu. Je ne survivrai pas à la chute de ma patrie. Adieu à jamais! " Il apparaît donc, et de façon très nette, que Frédéric songeait alors au suicide.

Mais cette dépression fut de courte durée. Frédéric fit preuve d'une volonté surhumaine pour se remettre sur pied et ce fut le " miracle de la maison de Brandebourg ". Les Russes avaient subi des pertes aussi sévères que les Prussiens et Saltykov se sentait peu de goût pour un nouveau combat : " Encore une victoire de ce genre, Majesté, écrivit-il à l'impératrice Élisabeth, et je serai, faute de courriers, forcé de prendre moi-même le bâton pour venir vous apporter la bonne nouvelle à Pétersbourg! " Aussi laissa-t-il à Daun et à ses Autrichiens le soin de porter le coup de grâce à l'ennemi commun. Cette occasion marque le début d'une correspondance peu amène entre les deux généraux; les choses allèrent assez loin pour détériorer aussi les bonnes relations entre les deux impératrices. Ces dissensions chez l'adversaire offrirent à Frédéric le répit indispensable. Le roi put rallier les fuyards et, ceci fait, savourer une très heureuse surprise : en fait, la moitié de son armée était saine et sauve. Ceci dépassait tous les espoirs et Frédéric comprit qu'il pourrait suivre Saltykov à distance respectable. Au début de l'hiver, les Prussiens occupaient encore la plus grande partie de la Saxe. Mais Daun établit ses quartiers d'hiver à Dresde. C'était là fort mauvais signe.

Cette année-là, l'Angleterre avait marché de triomphe en triomphe. Le duc de Brunswick s'était taillé une éclatante revanche à la bataille de Minden; d'Amérique du Nord, des Indes et des océans, les bulletins de victoire affluaient à la cour de Saint James. Les Anglais connurent la même bonne fortune en 1760; à la mort de George II en octobre de cette année, l'Angleterre tenait l'Inde et le Canada, la flotte française était chassée de toutes les mers.

Cependant, la situation devenait de plus en plus critique pour la Prusse. En 1760, Berlin fut mise à sac par les Russes.

Il est vrai que cette année, Frédéric remporta deux victoires, l'une à Liegnitz, l'autre à Torgau, mais 1761 fut l'année des catastrophes; à l'hiver, les Russes se trouvaient en Poméranie et les Autrichiens en Silésie. Pitt ayant quitté le pouvoir, Frédéric perdit le soutien de l'Angleterre. Londres ne pouvait admettre que le roi de Prusse refusât d'acheter la paix en cédant du territoire à ses ennemis.

En 1758 déjà, Marie-Thérèse s'était fort irritée de la lassitude de Versailles et de son manque d'ardeur belliqueuse. Le nouveau ministre français des Affaires étrangères considérait l'Angleterre comme l'ennemi numéro un et ne voulait pas entendre parler d'une action contre la Prusse. Versailles commençait à rechigner devant les éternelles revendications autrichiennes sur la Silésie, comprenait mal que Marie-Thérèse s'obstinât tant à la ruine complète de la Prusse. De plus, l'alliance exigeait de très gros sacrifices financiers. Au cours des négociations préliminaires à la paix, l'ambassadeur anglais à Paris dit en riant que Marie-Thérèse était une femme grande, belle et ensorceleuse, mais que ses faveurs revenaient un peu cher : elle avait coûté quarante millions à l'Angleterre. Choiseul lui répondit sur le même ton que la France avait fait la même expérience.

Le plus grand obstacle à la paix que désirait enfin conclure la France venait de l'impératrice de Russie. Élisabeth était mortellement malade, lasse de vivre, détruite dans son corps et dans son esprit par une existence déréglée; mais la moindre allusion à la paix la jetait dans des crises de rage. Car Élisabeth haïssait suffisamment la Prusse pour croire indispensable sa destruction définitive.

Plus l'aide russe faisait pencher la balance en faveur de Marie-Thérèse et plus on s'inquiétait à Versailles. La cour de France voyait avec certains soucis la Russie étendre sa puissance et acquérir toujours plus de confiance en soi. Les Russes s'étaient installés en Prusse orientale comme s'ils avaient eu l'intention de n'en plus jamais partir. Des États alliés de la France, tels la Pologne, la Suède et le Danemark avaient quelque raison de s'alarmer de ce voisinage. Que ces quatre nations pussent un jour être menacées par la puissance russe ne laissait pas d'inquiéter Marie-Thérèse elle-même : " L'équilibre politique en Europe du Nord risque d'en être entièrement compromis, disait-

elle dès 1759, et la Russie deviendrait alors plus puissante
que nous, ses voisins, ne le souhaiterions ! " Mais le soutien
d'Élisabeth lui était trop précieux pour risquer le moindre
heurt. Marie-Thérèse accepta donc, sans aucun enthousiasme, que la paix future donnât la Prusse orientale
à la Russie, à condition toutefois que la Silésie lui revînt en
propre. Mais Louis XV ne voulait à aucun prix voir la
Prusse orientale tomber aux mains de la Pologne ou de la
Russie : la Pologne en deviendrait par trop indépendante
et la Russie par trop redoutable. Aujourd'hui, il est assez
piquant de lire dans les directives secrètes de Louis XV
datant de 1760, que l'ambassadeur français à Saint-
Pétersbourg devait faire obstacle au renforcement de la
Russie en sabotant dans la mesure du possible les victoires
de l'armée russe. Par contre, Louis XV ne voyait pas
d'inconvénient à ce que la Russie obtînt des compensations
au détriment de la Pologne, quelque part du côté de
l'Ukraine, au diable vauvert !

Les adversaires de Frédéric avaient donc des intérêts
inconciliables et leurs dissensions paralysaient la conduite
de la guerre contre l'ennemi commun. De plus, leurs
finances étaient si fragiles que Choiseul, Kaunitz et le
chancelier russe Vorontzov s'accordaient à vouloir conclure la paix au plus tôt. Ce qui, naturellement, ne servait
en rien Frédéric aussi longtemps que Marie-Thérèse et
Élisabeth imposaient leur propre politique belliciste. Le
temps travaillait pour les impératrices et c'est d'un œil
anxieux que le roi voyait s'épuiser ses réserves. Frédéric
se raccrochait à un dernier espoir, mais dans le naufrage
de ses ambitions cette planche de salut était à peine mieux
qu'un fétu de paille : il s'agissait tout simplement d'amener
le sultan et le khan tartare de Crimée à ouvrir " un second
front " contre les deux impératrices !

C'est alors que, dans l'après-midi du 5 janvier 1762, la
porte des appartements privés de l'impératrice Élisabeth fut
ouverte à larges battants et que la voix chevrotante du
vieux prince Troubetskoï annonça solennellement : " Sa
Majesté Impériale Élisabeth Petrovna s'est endormie
dans le Seigneur. Dieu protège notre Haut et Puissant
Seigneur l'Empereur Pierre III ! "

Ainsi s'accomplissait le second et le plus grand miracle en
faveur des Brandebourgeois. La mort d'Élisabeth sauvait
Frédéric II de la ruine.

Le nouvel empereur de Russie était en effet l'un des plus ardents admirateurs du roi de Prusse. A peine installé sur le trône, *Pierre III* envoyait des courriers aux troupes russes en campagne pour leur donner l'ordre de suspendre les hostilités. Puis, par une proclamation solennelle, le tsar faisait abandon des conquêtes russes en Prusse orientale; avant même que l'envoyé prussien ne fût arrivé à Saint-Pétersbourg, Pierre demandait à Frédéric, par l'entremise de l'ambassadeur d'Angleterre, de lui octroyer l'ordre prussien de l'Aigle noir. En mai-juin, il signait la paix avec Frédéric en même temps qu'une alliance militaire, et fournissait à la Prusse 20 000 hommes de troupes fraîches.

En mai, la Suède acceptait également la paix qui se soldait pour elle sans perte ni gain. Frédéric n'avait donc plus rien à craindre ni au nord, ni à l'est, et pouvait par conséquent jeter toutes ses forces contre Marie-Thérèse. L'impératrice avait maintenant perdu tout espoir de reconquérir la Silésie. Bien que Pierre III fût détrôné et assassiné peu de temps après, ce qui devait priver Frédéric de l'aide russe, la fortune ne l'abandonna point dans sa lutte contre l'Autriche; lorsque la cour de Saxe offrit ses bons offices pour la conclusion de la paix, Frédéric et Marie-Thérèse étaient prêts à négocier.

Vers la fin de l'année, les parlementaires prussiens et autrichiens se rencontraient dans un château saxon, Hubertsburg, précédemment mis à sac; le 15 février 1763, la paix était signée, cinq jours exactement après la signature du traité de Paris. Elle rétablissait le *statu quo ante bellum* : chaque partie gardait ses possessions d'avant la guerre. Ceci sanctionnait définitivement les prétentions de la Prusse au rang de grande puissance; aux yeux du monde, Frédéric était désormais " le grand homme du siècle ". Un jour, le roi avait écrit au beau milieu d'une campagne : "J'aspire à retrouver Sans-Souci comme les Juifs Jérusalem!" Il y rentra en effet, mais dur, froid et sombre comme un jour d'hiver.

LE " DESPOTE ECLAIRE "

Le premier serviteur de l'État

Frédéric-Guillaume avait toujours considéré son pouvoir royal comme une mission reçue de Dieu; tout au long de son règne, il avait eu à l'esprit le jour où il lui faudrait rendre compte de ses actions devant le Tout-Puissant. Frédéric, lui, n'avait même pas voulu se faire couronner : " Ce n'est là, avait-il dit, rien d'autre que superstition. " A ses yeux, la puissance royale n'avait qu'une origine terrestre. Le premier monarque avait reçu le pouvoir des mains du peuple qui avait besoin d'un juge intègre et d'un chef capable. Le souverain devait donc mériter la confiance que son peuple avait mise en lui, travailler inlassablement au bien-être de ses sujets ou plutôt, de l'*Etat*. Il ne fallait jamais compter sur la reconnaissance d'autrui. Frédéric fit beaucoup pour inculquer ce principe à son successeur ; quoi que pût faire le souverain, il était toujours exposé à la critique. Frédéric se considérait lui-même comme *le premier serviteur de l'Etat*. Défendre les intérêts de l'État lui semblait la seule ligne de conduite valable, une politique à laquelle tout et tous devaient se soumettre. Les désirs et les intérêts particuliers venaient en second lieu. Cette doctrine n'avait en soi rien de bien nouveau, mais dans la Prusse de Frédéric II, la férule du pouvoir se faisait particulièrement sentir, de sorte que cette main-mise de l'État sur toutes choses sautait davantage aux yeux que dans n'importe quel autre pays. Cette situation n'explique peut-être pas les soupçons continuels de Frédéric à l'égard de ses voisins. Pour prévenir d'éventuelles attaques, le roi travaillait sans cesse, comme son père avant lui, à renforcer son armée et à remplir les caisses de l'État. C'est pourquoi, la Prusse, toujours sur pied de guerre, ressemblait fort à Sparte, en dépit de toutes les institutions culturelles.

L'organisation sociale de la Prusse

Le monarque vivait très haut au-dessus des hommes sur lesquels il devait régner. Le roi ne considérait aucun de ses sujets comme moins insignifiant que l'autre et pourtant il ne manquait pas de tracer des frontières bien nettes entre les différentes classes de la société. Car, confier à chaque classe sa mission propre lui paraissait le système le plus profitable pour l'État. Les nobles devaient faire fructifier leurs domaines, pourvoir l'État en officiers et en hauts fonctionnaires ; à la bourgeoisie étaient dévolus le commerce, l'industrie et les sciences ; quant aux paysans, leur rôle consistait à cultiver la terre et à fournir des soldats.

Le Roi-Sergent avait mis la noblesse à la portion congrue; son fils mérita le surnom de " roi des nobles ". Frédéric était aristocrate jusqu'au bout des ongles, considérait la noblesse comme un patriarche sa nombreuse famille. Il connaissait l'histoire de chaque maison noble, jusqu'au dernier de ses membres, lisait toujours personnellement les lettres émanant de gentilshommes (les lettres des bourgeois étaient laissées aux mains des secrétaires qui lui en présentaient un résumé). Le roi veillait à ne pas affaiblir la position économique de la noblesse par des cessions de terres à la couronne ou à la bourgeoisie. Un gentilhomme de grand mérite pouvait même espérer recevoir des cadeaux en argent.

Si Frédéric donnait aux officiers issus de la noblesse toutes sortes de privilèges, il attendait en revanche qu'ils fissent honneur à leurs fonctions. Par exemple, il leur était strictement interdit de fréquenter leurs inférieurs en-dehors des heures de service. Frédéric s'informait minutieusement de la vie privée et des mérites personnels de ses officiers. Quand l'un d'eux s'était montré lâche, livré au pillage ou à d'autres délits, ou s'il avait simplement appartenu à une unité moins brillante que les autres, il était certain d'encourir la disgrâce royale, non seulement pour lui-même mais pour ses enfants et ses petits-enfants. Car Frédéric avait la mémoire longue. De même, le nombre des quartiers de noblesse et la gloire des ancêtres ne suffisaient pas pour monter en grade dans son armée. Non plus d'ailleurs que les longs états de service; le roi préférait la compétence à l'ancienneté. N'a-t-il pas écrit en marge d'une demande d'avancement : " J'ai bon nombre de vieux mulets; ce n'est pas une raison pour les nommer grands-maîtres des écuries! "

Comme le Roi-Sergent, Frédéric II n'avait que mépris pour les fonctionnaires civils. Il les soupçonnait sans cesse de fraudes et d'escroqueries, considérait comme d'infâmes profiteurs toutes personnes chargées des fournitures à l'armée. Évidemment, Frédéric n'avait pas la possibilité de contrôler personnellement chaque rouage de l'État. La plupart des lettres étaient écrites sur ses indications par les secrétaires de cabinet, mais comme il lui arrivait assez souvent de donner des coups de sonde avant le départ du courrier, ces hommes se gardaient bien de toute initiative malencontreuse. Le roi semblait avoir les yeux partout à la fois; il sévissait aussitôt, et de manière impitoyable, à la moindre négligence et à la moindre paresse. Fonctionnaires et officiers étaient donc maintenus dans un état de terreur perpétuelle. En conséquence, la lourde machine de l'administration prussienne fonctionnait avec une précision surprenante pour l'époque.

Comme seuls les gentilshommes étaient admis aux grands emplois et autres privilèges, bon nombre de bourgeois importants demandaient à être annoblis. Dans la plupart des cas, le roi rejetait leurs requêtes. Frédéric le Grand déniait toute valeur à un système de classes sociales fluides : " Il faut, écrivait-il, qu'un cordonnier reste à son établi, qu'un marchand fasse du commerce sans devenir un propriétaire terrien. " Il encourageait toutefois la bourgeoisie en lui faisant accorder des prêts ou d'autres formes d'assistance. C'était parfaitement raisonnable, mais en général, les hommes ne vivent pas de raison pure. En refusant toute satisfaction à la vanité sociale des bourgeois, Frédéric contribuait fortement à leur assombrir l'existence, tout au moins dans de nombreux cas.

On s'est souvent demandé si Frédéric avait ou non quelque sympathie pour les paysans. Le fait reste qu'il s'est donné un certain mal pour améliorer leur condition. La position des classes rurales ne fut d'ailleurs pas identique aux différentes périodes de la monarchie. En général, les paysans étaient attachés à la glèbe, soit sur les terres de la couronne, soit sur celles de quelque seigneur. Ils étaient tenus de payer au propriétaire une contribution foncière annuelle et d'accomplir chaque semaine un certain nombre de corvées. Leurs enfants devaient travailler un certain nombre d'années sans rémunération dans les limites de la terre seigneuriale, qu'ils ne pouvaient quitter à leur guise; il leur était interdit de se marier sans autorisation. Frédéric taxa souvent ces pratiques de barbares, tonna contre " cet insupportable système de corvées, cette servitude à l'égyptienne " et fit tout ce qui était en son pouvoir pour transformer le servage en métayage héréditaire. Mais tous ses ordres et toutes ses menaces eurent peu d'effet contre la puissante opposition des hobereaux soutenus par leurs amis fonctionnaires. Pour une fois, le monarque dut se déclarer battu. Il obtint cependant que les serfs ne puissent être vendus ni offerts et gardassent la libre disposition de leurs biens. Frédéric eut enfin plus de succès dans sa campagne pour empêcher la main-mise totale de la noblesse sur les terres des paysans.

Le philosophe couronné

" Il ne faut jamais apporter de changements dans un système politique avant que l'expérience n'ait appris ce qui convient à l'État et ce qui ne lui convient pas; il ne faut jamais avoir d'idées préconçues pour ou contre un état de choses existant, mais tout observer de ses propres yeux, se faire une opinion propre et n'introduire que les changements et les perfectionnements exigés par la raison. " Tels sont à peu près les termes d'une note marginale de Frédéric dans l'ouvrage de Montesquieu : *De la Grandeur et de la Décadence des Romains*.

Ces quelques mots expriment fort bien le conservatisme pondéré de Frédéric II. Le roi n'avait rien d'un doctrinaire, il se montrait fort sceptique à l'égard des réformes trop hâtives. Dans sa politique tant extérieure qu'intérieure, il s'inspirait de la réalité présente, à laquelle il n'apportait de correctifs que dans la mesure où il l'estimait possible. Si l'on se base sur les théories de Rousseau, Frédéric était un réactionnaire du plus bel orient. Il régnait en despote, en autocrate, maintenait les structures féodales, empêchait le mélange des classes sociales, imposait sa volonté personnelle à la vie économique de son pays.

Et pourtant le Siècle des Lumières voyait en Frédéric II le premier " despote éclairé " et l'honorait en conséquence : " Les philosophes et les écrivains de toutes les nations, les Français en particulier, vous considèrent depuis longtemps comme un chef et un exemple ", lui écrivait d'Alembert en 1770. Grimm le plaçait au-dessus de César et comparait à l'empereur Julien calomnié par le christianisme, Frédéric II calomnié par les imbéciles. Diderot l'appelait " la merveille du XVIIIe siècle " et Mirabeau le comparait à Charlemagne.

L'admiration de ces philosophes n'avait rien d'étonnant. Pour eux, un État fort aux mains d'un monarque absolu était la première condition d'une réforme sociale. La masse était à leurs yeux trop peu évoluée et trop remplie de préjugés pour être capable de veiller à son propre destin. Évidemment, les philosophes comprenaient fort bien qu'à certains égards, Frédéric était extrêmement réactionnaire. Mais ils le lui pardonnaient volontiers; le roi de Prusse n'était-il pas un des leurs? Ils se sentaient flattés de voir un des souverains les plus puissants d'Europe être comme eux philosophe et écrivain; c'est pourquoi ils le portaient aux nues. Pour un autocrate, il peut être fort utile de se trouver en bonne intelligence avec ceux qui font l'opinion publique; le cas de Frédéric en est un bon exemple. Pour la liberté d'opinion — du reste fort limitée — que le roi de Prusse accordait à son peuple, les philosophes lui portaient la plus grande estime. Jusque dans le domaine juridique, Frédéric répondait aux espoirs de ses admirateurs.

Toute sa vie Frédéric resta fidèle à l'idée que le prince est le défenseur naturel du droit, idée qu'il avait déjà exprimée dans son *Anti-Machiavel*. Il se rendait parfaitement compte des lacunes entachant l'administration de la justice mais se déclarait incompétent en ce domaine. Dans la lutte qui opposa conservateurs et réformistes dans les premières années de son règne, le roi tarda longtemps à prendre parti pour *Samuel von Cocceji*, ardent champion des idéaux physiocrates. Cocceji tenait les anciennes formes juridiques pour de véritables camisoles de force et voulait voir réformer de fond en comble le pouvoir judiciaire. Il ne reculait nullement devant les mesures les plus drastiques.

En janvier 1747, Cocceji entreprit sur l'ordre du roi un voyage d'inspection en Poméranie. Dans leur crainte de ce nouveau " missus dominicus ", les juges avaient fiévreusement précipité l'instruction des vieux procès, mais plus de 800 restaient en souffrance. Cocceji en effet était accompagné de toute une équipe de juristes triés sur le volet. En chaque lieu, il s'asseyait au fauteuil du juge et traitait personnellement les affaires pendantes. Ce qui lui permettait d'appliquer un " système " de son cru. Son apparition fit quelques ravages parmi les gens de robe. On eût dit que l'inspecteur royal venait nettoyer les écuries d'Augias. Nombre de juges reçurent leur congé sans autre forme de procès.

En même temps, les causes mêmes du mal étaient attaquées. L'enseignement du droit fut amélioré; des conditions plus sévères furent mises à la nomination des juges et avocats. Ainsi naquit un corps de magistrats capables, suffisamment indépendants bien que fonctionnaires d'État; ces juges prirent la place de l'ancien pouvoir judiciaire, tout à fait indépendant du pouvoir de l'État, mais d'autant plus soumis aux influences locales.

Cocceji s'employa surtout à écourter les procès et à simplifier toute la procédure. Ce fut dans la réorganisation des cours d'appel que ses réformes recueillirent les meilleurs résultats; elles eurent moins d'effet sur les tribunaux ordinaires. Depuis les temps les plus anciens, la justice avait été, sur les terres royales, aux mains des tenanciers, sans aucune formation juridique; dans les domaines de la noblesse, le propriétaire faisait fonction de juge. Un système où " le gourdin tenait lieu de code ". Sous Frédéric II, il fut décidé que la justice serait dorénavant rendue par des hommes de loi, mais le pouvoir des tenanciers et des hobereaux n'en fut point diminué dans une très large mesure.

Bien que Frédéric, défenseur suprême du droit, examinât de très près toutes les sentences soumises à son approbation, il se gardait généralement d'intervenir en personne : " J'ai décidé, écrivait-il dans son Testament politique de 1752, de ne jamais déranger la marche des procès. Au tribunal, il appartient au Code de se faire entendre et au souverain de se taire. " En 1772 il écrivait encore : " Ni Nous-même ni Notre ministère d'État ne prenons de décisions ayant force de sentences juridiques. "

Chaque sujet pouvait cependant faire un appel direct à la justice royale. Dans un cas par contre, si Frédéric avait le moindre soupçon sur l'impartialité d'un jugement, il ne s'embarrassait guère de formalités. L'affaire Arnold en est un bon exemple. Cet Arnold, meunier de son état, fit appel à Frédéric pour un procès l'opposant à un propriétaire noble. Arnold accusait le gentilhomme d'avoir pris toute l'eau de son moulin pour remettre en état son étang à carpes. Et le moulin devait être vendu aux enchères. Les tribunaux compétents avaient donné raison au seigneur. Frédéric entra dans une sainte colère. Le gentilhomme en question tomba aussitôt en disgrâce, toute une série de juges furent démis de leur fonction et certains même emprisonnés. Il s'avéra plus tard que les juges s'étaient prononcés en toute justice (ils devaient d'ailleurs être réhabilités après la mort de Frédéric); mais le roi ne voulut jamais reconnaître que, dans sa colère, il s'était lourdement trompé, quelle que fût la noblesse de ses mobiles. La décision royale fit la plus grande sensation en Europe. Les " petites gens " triomphaient. Pour les juges prussiens, c'était un avertissement très net : le " roi de la noblesse "

était adversaire irréconciliable de la justice de classe.
Dans sa conception du crime et du châtiment, Frédéric
se montra beaucoup plus humain que la plupart de ses
contemporains. Il interdit formellement d'appliquer la
torture aux prévenus, fit diminuer les peines traditionnelles
pour vol. Il trouvait parfaitement inhumain de condamner
un voleur à mort; à son avis, une telle punition ne pouvait
être qu'imposée par les riches et il louait très haut le droit
pénal prussien qui, contrairement au droit français, ne
punissait un voleur que de la peine de prison.

En 1784, la promulgation de la loi établissant un droit
uniforme pour l'ensemble du royaume revêtit une très
grande importance; la jurisprudence fut, dans ses grandes
lignes, définitivement établie par les successeurs de Frédéric,
et, sur les points essentiels, se trouve encore d'application
de nos jours.

L'industrie

Frédéric avait commencé à s'intéresser aux problèmes
économiques pendant son séjour à Küstrin. Après son
avènement, il se plongea dans l'étude des spécialistes en la
matière. En fait, mises à part la stratégie et l'organisation
de son armée, rien ne devait jamais l'intéresser plus que les
problèmes de l'économie. Un de ses premiers actes politiques fut de créer un département du Commerce et de
l'Industrie dont il prit personnellement la direction en
1749.

Frédéric s'était fixé comme objectif d'offrir à son pays
une industrie florissante. Tel un grand industriel moderne,
il étudiait la concurrence étrangère, calculait les frais de
production, établissait les prix. Avant ses voyages annuels
d'inspection, il faisait adresser de longs questionnaires
aux fonctionnaires locaux; ceux-ci devaient répondre de
façon précise et détaillée aux questions posées anticipa-
tivement par le souverain quand il apparaîtrait dans sa
berline couverte de poussière et leur accorderait un bref
entretien, tandis que le cocher s'employait à refroidir les
essieux de la voiture.

Pierre Gaxotte, le biographe français de Frédéric II,
raconte en ces termes une inspection du " despote éclairé "
dans ses domaines : " Un jour, il visitait en voiture un
défrichement près de Fehrbellin. Le bailli du district
marchait à la portière, prêt à satisfaire sa curiosité :

— Sire, voici deux nouveaux fossés que nous tenons des bontés de Votre Majesté et qui tiennent notre trouée sèche.

— Ah! Ah! J'en suis bien aise. Qui êtes-vous?

— Le bailli de Fehrbellin.

— Comment vous appelez-vous?

— Fromme.

— Ah! Ah! Vous êtes le fils du conseiller provincial Fromme?

— Sire, avec votre permission, mon père a été conseiller-bailli du bailliage de Loeme.

— Conseiller-bailli, cela n'est pas vrai. Votre père a été conseiller provincial. Je l'ai fort bien connu. Dites-moi, le dessèchement de cette trouée que j'ai fait faire vous a-t-il été utile?

— Oh! oui, Sire.

— Avez-vous plus de bestiaux que votre prédécesseur?

— Oui, Sire, j'ai dans cette cense, quarante vaches et, en tout, soixante-dix de plus.

— C'est fort bien. Vous n'avez pas la maladie épizootique dans votre canton?

— Non, Sire.

— Y a-t-elle été?

— Oui, Sire.

— Faites manger à vos bestiaux beaucoup de sel gemme, vous ne l'aurez plus.

— C'est ce que je fais. Mais le sel commun est presque aussi bon.

— N'en croyez rien. Il ne faut pas piler le sel gemme, mais le mettre à la portée du bétail pour qu'il le lèche.

— Je n'y manquerai pas.

— N'y a-t-il pas d'autres améliorations à faire ici?

— Oh! oui, Sire. Voici le lac Kremmensee; si on le desséchait, Votre Majesté aurait 1 800 arpents de prairies, sur lesquels on pourrait établir des colons. Cela pourrait procurer un débouché par eau au canton, ce qui ferait beaucoup de bien à Fehrbellin et à Ruppin. On pourrait mener plusieurs choses par eau du Mecklembourg à Berlin...

L'enquête continue. Qualité du terrain, de la récolte, des bois, nom des seigneurs, état de leur fortune, hypothèques, débouchés des produits, essais de nouvelles cultures, tout y passe. Finalement, après avoir réuni les baillis et les inspecteurs des bâtiments, le roi ordonne le défrichement d'une nouvelle lande. "

L'industrie textile prussienne datait déjà du Grand Électeur, mais l'État n'y prit un intérêt actif que sous Frédéric II. En comparaison, les autres branches de l'industrie marquaient un certain retard. Le roi dépêcha ses manufacturiers en Hollande pour y étudier la fabrication du papier, fit installer chapelleries, tanneries, sucreries, chantiers de tailleurs de pierre, industries du cuivre et du fer. L'organisation des mines silésiennes, dont l'importance allait devenir si grande, date également de ce règne. Dans toutes les régions, Frédéric cherchait le moyen de mettre de nouvelles terres en culture et d'augmenter la production agricole. Sur le Bas-Oder et sur d'autres cours d'eau, il fit procéder à d'importants assèchements de terrain ; en Poméranie, il fit défricher d'immenses étendues de forêts ; les colons affluaient de toutes parts, aussi bien de l'Allemagne méridionale et occidentale que de Saxe et d'Autriche. Dans la période qui sépare les guerres silésiennes de la guerre de Sept Ans, plus de quatre mille familles étrangères prirent possession des villages nouvellement créés.

C'était un puissant État que Frédéric allait léguer à son neveu Frédéric-Guillaume II. Depuis son accession au trône en 1740, la population avait doublé, la superficie du pays était une fois et demie plus étendue. Les revenus de l'État avaient plus que doublé. L'armée qui, depuis l'avènement de Frédéric avait quintuplé ses effectifs, avait alors 200 000 hommes et la réputation d'être invincible.

Mais la médaille avait son revers et n'allait pas tarder à le faire voir.

" Der alte Fritz "

Après la guerre de Sept Ans, le monde entier donnait au roi de Prusse le nom de " Frédéric le Grand ". Des étrangers faisaient de longs voyages pour la seule satisfaction de l'apercevoir un court instant. Les biographies de contemporains montrent bien comment Frédéric pouvait inspirer l'admiration et le respect mêlé de crainte. Lorsqu'il était attendu à Berlin, des foules curieuses se pressaient le long des rues, les habitants s'écrasaient le nez aux vitres des maisons. Aussitôt qu'un martèlement de sabots annonçait son arrivée, un silence respectueux descendait sur la ville et toutes les têtes de se découvrir! Le roi faisait son apparition sur son grand cheval blanc, dans un groupe de généraux et d'aides de camp, saluant à la ronde le chapeau à la main. Devant lui couraient des gamins débordants d'allégresse, jetant leurs bonnets en l'air ou essuyant la poussière des bottes royales. Un ambassadeur de France affirme que ce corps chétif abritait une âme dépassant de loin n'importe quelle autre. L'intelligence, la force et la volonté rayonnaient de sa personne. On savait que ce vieil homme tenait en main le bonheur ou le malheur d'un peuple entier et que toute sa vie avait été consacrée à ce peuple. A la mort de Frédéric, un paysan suisse s'écria : " Et qui va gouverner le monde maintenant? " Ainsi pensaient les gens simples.

Cependant Frédéric II était plus populaire — au sens réel du terme — en dehors de ses frontières qu'en Prusse même. Un grand nombre d'Allemands, dont les princes qui l'avaient combattu au cours de la guerre de Sept Ans, l'admiraient beaucoup, tandis que son propre royaume comptait une opposition puissante, encore que clandestine. Frédéric avait pour lui le petit peuple; les soldats le vénéraient à l'égal d'une idole et étaient prêts à verser leur sang pour lui, à tout moment et jusqu'à la dernière goutte; les petites gens considéraient le roi comme un bouclier contre l'injustice et l'oppression. C'était dans des sphères plus élevées que se recrutaient les opposants. Beaucoup de nobles haïssaient Frédéric, et non sans cause : le roi les empêchait d'exercer la profession de leur choix et les vouait obligatoirement au métier des armes, qui n'est pas fait pour plaire à tout le monde. Une fois incorporés, les jeunes seigneurs étaient soumis aux mêmes châtiments et à la même discipline rigoureuse que les militaires roturiers. Les fonctionnaires se rebellaient contre les accusations royales, souvent injustes, et contre le système de la régie. Les riches bourgeois trouvaient par trop aristocrate ce " roi de la noblesse " qui refusait de satisfaire leurs ambitions sociales et se permettait au surplus de diriger toute la vie économique du pays. Les théoriciens de la nouvelle école critiquaient sa politique des impôts et des monopoles. Les prêtres s'indignaient de ses bons mots sur la religion et certains officiers allaient jusqu'à critiquer discrètement sa façon de faire la guerre.

Les opposants se rassemblaient autour du prince Henri et de l'héritier du trône Frédéric-Guillaume; ils exhalaient leur haine dans des pamphlets vendus ouvertement à Berlin. Frédéric en prenait connaissance et s'en tenait là; il estimait que réagir n'aurait fait qu'encourager les détracteurs.

Frédéric ne croyait pas à la vie éternelle. Aussi s'accrochait-il à l'existence terrestre. Quand ses médecins avouaient leur impuissance, il ne renonçait pas pour autant et tentait de se guérir lui-même. En 1786, il pensait avoir encore quelques années à vivre. Tant de choses restaient à faire! Quelques mois avant sa mort, Frédéric II relisait ses nombreuses notes et préparait encore la rédaction d'un nouvel ouvrage historique.

En plus de la goutte, il était atteint d'hydropisie; une jambe et le bas du corps enflés, il lui fallut passer ses dernières semaines dans un fauteuil. La position couchée lui était intolérable. Il mourut dans ce fauteuil, au matin du 17 août 1786.

Mirabeau, qui admirait beaucoup la personnalité du roi dont il critiquait cependant certains principes politiques, se trouvait à Berlin ce jour-là. Il vit l'impression de soulagement, de délivrance même que la nouvelle faisait sur les gens de l'opposition : " Tout paraît sombre en ce moment, mais rien ne porte la marque du deuil, nota-t-il. Il n'est pas un visage où l'on ne lise le soulagement et l'espoir; on n'entend pas prononcer la moindre parole de sympathie où d'estime. Voilà donc la récompense de tant de batailles gagnées, de tant d'honneurs, d'un règne qui a duré près de cinquante ans et tout jalonné de services rendus à la nation. Tous ces gens en souhaitaient la fin et maintenant qu'elle est venue, ils s'en félicitent! "

L'EMPEREUR JOSEPH II

" La population de Vienne accueille la mort de Marie-Thérèse avec la plus grande indifférence ", notait en 1780, quelques semaines après l'événement, un haut fonctionnaire autrichien. L'Europe s'attendait à de grands changements en Autriche parce qu'aucun chef d'État n'ignorait les conflits qui avaient opposé le nouvel empereur à sa mère. Celle-ci, à la mort inopinée de l'empereur François Ier, avait été sur le point d'abdiquer et de se retirer dans un couvent. Il avait fallu toute l'éloquence persuasive du chancelier Kaunitz pour la détourner de cette intention. Mais *Joseph II* fut proclamé " corégnant ", avec mission de diriger les affaires financières et militaires de la monarchie.

Le roi des Romains avait alors vingt-quatre ans. L'allure hautaine, les yeux bleu clair, froids et presque vitreux, les lèvres minces révélaient la dureté de son cœur. Il avait passionnément aimé sa première épouse, l'énigmatique Isabelle de Parme qui ne lui avait pourtant jamais rendu qu'une indulgence dédaigneuse. Depuis que cette femme au visage de poupée avait été emportée par une mort qu'elle n'avait cessé d'appeler, la rage du travail s'était emparée de Joseph. Son second mariage, avec Josépha de Bavière, le dégoûtait : la vue seule de cette princesse qui lui était infiniment attachée, le rebutait. Il se réjouissait de tous les instants qu'il pouvait passer dans la solitude. Ce complexe de frustration s'ajoutant à un immense orgueil priva définitivement l'héritier de l'Empire de toute joie et le rendit incapable de goûter le moindre plaisir.

Très tôt, le conflit éclata entre le " corégnant " et Kaunitz. Homme d'État passionné de haute politique, le chancelier n'avait rien d'un conservateur attardé, mais il entendait concilier les exigences du pouvoir suprême et les intérêts des privilèges anciens. Il connaissait la force des traditions et estimait dangereux de s'attaquer à toutes à la fois.

Joseph, au contraire, admirateur du gouvernement de Frédéric II de Prusse, voulait faire triompher la raison d'État totalement et d'un seul coup.

Le heurt de ces méthodes réformatrices se compliquait du heurt de deux orgueils également grands. Obéissant à son solide bon sens et à son mépris du cynisme de Frédéric II, Marie-Thérèse prit, de toute son âme, le parti de Kaunitz. L'impératrice savait que l'impatience et la brusquerie de son fils cachaient sa timidité et son caractère malheureux. Mais elle ne s'en inquiéta pas moins. " Ce ton, lui écrivait-elle, dont l'humanité et la tendresse ont été bannies, peut causer la perte de la monarchie et notre perte à tous. "

Partagé entre le remords d'offenser si souvent sa mère et le désir de lui ravir le sceptre, Joseph se crispait sur ses positions, multipliait les disputes. Les dernières années du règne de Marie-Thérèse ne furent qu'une longue lutte stérile entre la conception militariste de son fils et la conception civile de Kaunitz. " Avec la meilleure volonté du monde, nous ne nous entendons pas ", avouait amèrement l'impératrice. Cette mésentente dura dix-sept années.

Mais quand il eut conduit la dépouille de sa mère à la crypte des Capucins, Joseph, plus seul que jamais, soupirait : " Personne ne m'appelait plus mon père ni mon mari, et maintenant personne ne me dira plus mon fils. "

Plus austère que jamais, le nouvel empereur commença par dépouiller la cour de Vienne de son élégance féminine. Il réduisit les dépenses de la table et des écuries impériales, congédia une grande partie du personnel et envoya dans leurs couvents respectifs ses sœurs restées vieilles filles! Plus de baisemains ni de génuflexions, mais des manteaux rapiécés aux coudes, des genoux couverts de guêtres en toile blanche!

Un révolutionnaire sur le trône

Une fois maître de ses possessions, Joseph II s'empressa de mettre en pratique les principes abstraits qu'il avait puisés chez les théoriciens allemands du droit naturel : Wolf, Riger, Martini. Son ambition était de réaliser le type de l'État parfait, créé par un seul homme pour " le bien du plus grand nombre ". Persuadé " qu'il faut faire les grandes choses tout d'un coup ", il ne rusa pas avec l'adversaire à la façon de Marie-Thérèse; il alla droit au but, prêt à " détruire tout ce qui est contraire à mes doctrines philosophiques, sans tenir compte des traditions "...

Durant les dix années que dura son règne — 1780-1790 — Joseph II ne promulgua pas moins de 17 000 lois et décrets dans les domaines les plus variés. Ce fut un véritable déluge qui détruisit pierre par pierre l'ancienne société. L'empereur était infatigable, travaillait seize heures par jour et " gouvernait l'empire d'une chaise de poste ".

Intelligent mais manquant absolument d'esprit politique, sincère et dévoué à son métier de souverain avec lequel il se confondait intégralement, le jeune empereur voulait tout faire lui-même.

" Il imagine tout, écrivait le prince de Starhemberg au comte de Mercy-Argenteau, il voit tout, dirige, exécute et gouverne tout par lui-même. Les divers départements ne sont que des corps organisés auxquels il donne l'impulsion qui les met en mouvement, mais ils ne peuvent rien par eux-mêmes et ne sont pas même assurés d'un jour à l'autre de leur propre existence et encore moins du maintien de leur ressort... Il est aisé d'inférer de là combien ce prince doit être occupé, et combien il doit avoir de patience et de courage pour reprendre chaque jour le fil du travail pénible et fastidieux qu'il a fait la veille, et pour se tenir au courant d'une besogne immense qui ne lui laisse pour ainsi dire pas le temps de respirer. "

Pas le temps, non plus, de sourire ou de songer aux sentiments. Lors de son voyage en Belgique, Joseph II fut invité à une fête à Luxembourg. L'ascète couronné refusa en disant : " Je ne suis pas venu ici pour manger, boire ou danser, mais pour exécuter des affaires sérieuses! "

A Gand, on lui montra fièrement l'Agneau Mystique de van Eyck, mais il ne vit que la nudité d'Adam et d'Eve. Il ordonna d'enlever " ces indécences "... Voilà qui changeait les Belges de la légendaire bonhomie de leur gouverneur Charles de Lorraine!

Joseph II pensait atteindre ses objectifs par l'uniformisation, le nivellement, ce que la langue allemande exprime à merveille par le mot *Gleichschaltung*. Dans l'État de ses rêves, il n'y avait pas de place pour l'individualité. Qu'on fût gentilhomme ou bourgeois, Belge ou Tchèque, catholique ou protestant, Juif ou Grec, aucune importance, il n'y aurait là que des sujets qui, tous, devaient travailler au bien commun. Les particuliers et les groupes rebelles à la Gleichschaltung supportaient immanquablement les conséquences de leur attitude. S'ils invoquaient leurs droits et privilèges traditionnels, ils s'entendaient répondre que ces droits étaient dorénavant sans valeur. Sous Joseph II, les lois hongroises et belges ne furent plus que des pièces de musée sans aucune signification pratique. Les décrets impériaux les remplacèrent entièrement. La couronne sacrée de Saint-Étienne et les " regalia " d'autres régions disparurent dans les coffres de Vienne. C'était proclamer une fois de plus, si besoin en était, la fin de toute autonomie locale.

Naturellement, les assemblées des États n'allaient pas se laisser ravir sans protester leur dernière parcelle d'influence. L'opposition de la noblesse, qui occupait une place prédominante au sein de ces États, offrit à Joseph II l'occasion de fulminer contre les folles prétentions de ces " nobliaux ". Les fonctions afférentes aux assemblées des États passèrent de plus en plus à des fonctionnaires impériaux de qui leur maître exigeait des prestations surhumaines. Joseph II se considérait comme le premier serviteur de l'État et attendait de ses subordonnés le même effacement devant la tâche à remplir; les fonctionnaires devaient se tuer à la besogne pour des rétributions absolument dérisoires. Jamais l'empereur ne tint le moindre compte des faiblesses et des imperfections humaines. Quand il s'agissait de l'*État*, Joseph II ignorait toute miséricorde. Sous sa discipline de fer, la machine administrative se mit vraiment à marcher un peu plus vite, encore qu'avec bien des pleurs et des grincements de dents. L'agréable atmosphère qui jusque-là avait régné dans les départements ministériels fit place à l'agitation, au sentiment d'insécurité, à l'amertume. On sentait partout la présence des espions impériaux, à tout instant on pouvait craindre de " le " voir apparaître en personne! Il ne fait pas de doute que le niveau général des fonctionnaires fut amélioré du fait que les capacités et les mérites l'emportaient dorénavant dans les nominations. Cependant, le mal était trop profondément enraciné pour qu'il pût y être porté remède en l'espace de dix ans.

On ne peut pas dire que Joseph II nourrissait une haine particulière à l'égard de la noblesse; car il n'épargnait pas plus d'autres groupes sociaux qu'il tenait également pour parasitaires. En fait, les paysans étaient la seule classe qui trouvât réellement grâce aux yeux de l'empereur.

On peut dire même que le règne fut une aube nouvelle pour les paysans liés à la glèbe. L'empereur estimait que le souverain avait pour premier devoir de protéger ces " êtres sans défense, pauvres par ignorance, craintifs par pauvreté et maltraités parce que craintifs ". Joseph acceptait d'autant plus volontiers cette noble charge que les physiocrates lui avaient appris à voir en ces paysans l'élément le plus utile de la nation. Il rêvait de transformer les serfs en métayers héréditaires, plus heureux et mieux en mesure de faire face à l'impôt. La liberté, selon lui, était le patrimoine naturel de tous les hommes. Il donna aux serfs le droit de se déplacer à leur guise et d'exercer la profession de leur choix. Il aida également les agriculteurs en répandant chez eux des brochures sur les meilleures méthodes de culture et la façon de traiter le bétail; il stimula leur amour-propre en créant une médaille attribuée au meilleur horticulteur. Le soin du détail est typique de Joseph II. C'est à juste titre que Frédéric II le mit en garde contre une dispersion de ses forces.

Joseph était bon catholique et pratiquant très scrupuleux ; ce qui ne l'empêchait pas de marquer clairement au clergé qu'il avait à se soumettre à l'autorité de l'État. Toujours avide de théories justificatives, il avait cherché la confirmation de ses opinions dans le *De Statu Ecclesiae* de Febronius. Celui-ci, de son vrai nom Nicolas de Hontheim, évêque suffragant de Trèves, s'affirmait ouvertement disciple du professeur van Espen ; il donnait à l'État la mission de défendre l'Église contre les abus du pouvoir de Rome, de veiller à l'instruction du clergé et d'affirmer ses prérogatives sur toutes matières communes au domaine spirituel et au domaine temporel.

Aux idées de Febronius favorables au despotisme princier, Joseph II mêlait évidemment les lumières du siècle des philosophes et, en particulier, la tolérance de tous les cultes compatibles avec l'ordre public.

L'Édit de Tolérance

" Convaincu des effets pernicieux de toutes les violences exercées sur les consciences ", l'empereur promulgua un *Édit de Tolérance* qui se justifiait amplement en Autriche où abondaient les confessions religieuses, mais qui enfonçait une porte ouverte depuis longtemps dans les Pays-Bas où le catholicisme s'était incorporé à la nation et où les rares protestants jouissaient d'une tolérance de fait.

Les effets de l'Édit de Tolérance étant pratiquement nuls, peu de gens s'en émurent. Il n'en fut pas de même lorsque le 17 mars 1783, parut un édit supprimant " les couvents de l'un et l'autre sexe où l'on ne mène qu'une vie purement contemplative et parfaitement inutile à la religion, à l'État et au prochain ". La tolérance dégénérait en une forme nouvelle d'intolérance, brimant la liberté des hommes de choisir leur mode de vie. Le prétexte invoqué par l'empereur s'inspirait, cela va de soi, de Febronius : " L'obligation où nous sommes de seconder et procurer tout ce qui peut intéresser le plus essentiellement le bien de la religion et celui de l'État, nous ayant déterminé à faire tourner d'une manière bien plus directe à l'avantage de la religion et du prochain les biens qui y ont été destinés par la piété des fondateurs, nous avons jugé qu'entre les moyens qui pourraient conduire à ce but salutaire, il n'y en avait point de plus convenables que celui d'employer une partie des revenus des biens du clergé régulier à un usage plus utile et plus intéressant que ne l'est celui qu'on en a fait jusqu'à présent.

" A ces causes, nous avons, de notre certaine science, pleine puissance et autorité souveraine, résolu d'éteindre et de supprimer dans tous nos royaumes et terres de notre obéissance, différents couvents et monastères de l'un et de l'autre sexe et d'en destiner les revenus à l'augmentation du nombre de prêtres chargés de la cure d'âmes, et à d'autres établissements pieux, également avantageux à la religion et l'humanité et dignes de nos soins comme de notre attention souveraine... "

A coups pressés, avec la régularité d'un bureau parfaitement organisé, le cabinet de Vienne expédia une série d'ordonnances religieuses, allant de la sécularisation du mariage à la simplification du costume des chanoinesses. Méritant le sobriquet que lui décocha un jour Frédéric II de Prusse : " Mon frère, le sacristain ", Joseph II se mit à bousculer les limites des paroisses, à censurer les sermons, à abolir les pèlerinages " en troupes ", à réglementer les processions dont il exclut la musique, les statues et les bannières corporatives, à proscrire l'exposition des reliques et l'usage de chandeliers en métal, à exiger l'ensevelissement des morts dans des sacs et non plus dans des cercueils !

La révolution brabançonne

Les tentatives de réforme de Joseph II tournèrent à la catastrophe. L'empereur attachait trop d'importance à la pure raison, négligeait grossièrement l'imagination et la sensibilité. Une fois sûr d'être dans le vrai, Joseph ne s'arrêtait devant rien. Jamais il ne prit la peine de préparer le terrain à ses réformes en disposant l'opinion publique en sa faveur. Il montrait d'ailleurs la même maladresse quand il s'agissait de " diviser pour régner ". Ses réformes heurtaient à la fois toutes les classes de la société. Ses initiatives dans le domaine ecclésiastique irritèrent ces mêmes paysans qui par ailleurs lui devaient tant de choses.

La " révolution brabançonne " éclata en Belgique alors que Joseph II faisait visite à l'impératrice Catherine en Russie méridionale.

En quelques années, l'empereur avait réussi à mécontenter

toutes les couches de la population des Pays-Bas. Le clergé catholique était outré par l'Édit de Tolérance, la suppression des ordres contemplatifs et le remplacement des séminaires épiscopaux par un séminaire général. La noblesse et la bourgeoisie avaient été heurtés de front par la suppression de tous les tribunaux provinciaux, seigneuriaux, urbains et ecclésiastiques, et leur remplacement par un système judiciaire rationnel. Chacun des soixante-quatre chefs-lieux de district reçut un tribunal de première instance; deux conseils royaux d'appel siégeraient à Bruxelles et à Luxembourg; un conseil souverain de justice, centre unique du pouvoir judiciaire, traiterait les cas de révision " lorsque les sentences rendues par les deux premières instances ne seraient pas conformes ". C'était déjà, à quelques détails près, l'organisation judiciaire de la Belgique contemporaine. Mais en 1786, les esprits n'étaient pas mûrs pour accepter une refonte brusque et complète des institutions nationales. Ils n'en soupçonnaient nullement le bien-fondé et y virent une manifestation nouvelle de l'autoritarisme envahissant de Joseph II.

Quant à la masse du peuple, déjà indignée par la suppression de corporations, elle ne pouvait admettre la fixation au même jour des kermesses de toutes les paroisses.

L'opposition se généralisa dans le pays, mais au nom de principes très différents. Depuis 1773, les idées nouvelles pénétraient assez largement dans les Pays-Bas, à la faveur des événements internationaux : la révolte ouverte des colons américains contre l'Angleterre, les préludes de la Révolution française... Le progressisme n'était pourtant le fait que d'un groupe restreint d'intellectuels, sous la direction de *Jean-François Vonck*, avocat au Conseil de Brabant. Ce petit homme d'aspect maladif puisait ses idées chez les philosophes latins et français; dans ses discours et traités, il citait Horace, Ovide, Cicéron, Erasme, Montesquieu... Que voulait-il? Abattre le despotisme de Joseph II, bien sûr, mais avec l'espoir de remplacer les institutions de l'Ancien Régime par une société nouvelle basée sur l'égalité des citoyens, leur liberté et leur représentation au pouvoir.

Beaucoup plus nombreuse et plus influente s'affirmait l'opposition réactionnaire menée par *Henri van der Noot*. Ce robuste avocat bruxellois avait le verbe sonnant et les idées creuses des tribuns. Imbu de régionalisme, il prônait le retour au passé et le pouvoir des États provinciaux où dominaient les privilégiés. Le peuple l'adorait pour son éloquence violente, tandis que le clergé et les métiers appréciaient sa connaissance des privilèges locaux.

Insensible aux nuances du vonckisme comme à celles du van der nootisme, la foule se contentait de " rouspéter " de plus en plus effrontément. Dans les cabarets et les parcs publics, on injuriait ouvertement l'Autriche et l'empereur. Dans les églises, on priait pour les libertés menacées. Chacun exprimait à sa manière ses sentiments de dégoût : les petits garçons en arrachant les déclarations impériales, les bourgeois en portant des cocardes au chapeau et en insultant en rue les personnes connues pour leurs attaches au gouvernement de Vienne. Un brasseur de Bruxelles peignit la porte cochère de sa maison aux couleurs du Brabant : jaune, rouge et noir. Les paysans venant au marché s'attroupèrent et s'écrièrent : " Voilà un vrai patriote ! "

Les autorités autrichiennes se démenaient vainement — arrestations, perquisitions, instructions judiciaires — pour essayer d'enrayer l'agitation qui poussa irrésistiblement Vonck et van der Noot à s'unir, malgré leurs divergences de vues et leur antagonisme de caractère.

Au même moment, le peuple de Paris s'apprêtait à défendre les droits du Tiers État et à s'emparer de la Bastille. Les Belges, exaspérés parlaient " tout haut de suivre l'exemple des Français ".

Tirlemont se rebella, suivie de Mons, Louvain et Tournai. Après s'être rassemblés à la frontière hollandaise, trois mille volontaires armés de vieux fusils de chasse déferlèrent sur la Campine, sous le commandement de *Jean van der Mersch*, un très honorable colonel pensionné de l'armée autrichienne. A Turnhout, les Belges décimèrent bravement deux régiments d'infanterie et de dragons impériaux. Puis une offensive assez désordonnée partit des Flandres, massacrant les arrières gardes autrichiennes. Gand fut libérée, puis Bruges. Les fonctionnaires impériaux étaient en fuite. Enfin Bruxelles se souleva à son tour et le général autrichien *d'Alton*, dut se réfugier en Luxembourg abandonnant la capitale et Namur aux insurgés.

Vers la fin de 1789, les provinces belges étaient délivrées. Mais il restait à les organiser. La chute du pouvoir autrichien était surtout l'œuvre des vonckistes, mais la foule, toujours plus proche des tribuns que des intellectuels, acclama plutôt van der Noot qui se rendit à Sainte-Gudule, en carrosse royal, entouré des hallebardiers de la cour...

Sans aucun effort, van der Noot réussit à évincer Vonck au moment où les États de Brabant, réunis à Bruxelles, convoquèrent les députés des autres États pour le 7 janvier 1790. Après quatre jours de congratulations et de discussions à portes closes, les États généraux promulguèrent l'Acte de Constitution des États-Belgiques Unis. De toute évidence, les rédacteurs de cet acte d'union avaient eu sous les yeux le texte de la constitution américaine; des phrases entières de celle-ci se retrouvent dans le document belge. Mais en dépit des apparences et du principe fédératif commun, les deux constitutions s'opposaient en esprit. Celle des Américains innovait, celle des Belges restaurait le passé et n'accordait de droits qu'aux ordres privilégiés. Quant au pouvoir souverain, il fut réservé à un congrès de députés aux attributions très réduites. A la tête de cette république qui se condamnait elle-même à l'impuissance, van der Noot prit le titre de Premier ministre.

Humilié dans les Pays-Bas, Joseph II avait en même temps perdu l'auréole de sa puissance en participant à la guerre des Russes contre les Turcs. Au cours de celle-ci, les Autrichiens, sans avoir une seule fois livré bataille, perdirent un grand nombre d'hommes et tout leur prestige dans une campagne improvisée par des chefs incapables. En Hongrie également, la révolte faisait rage. Le déclin de la maison d'Autriche semblait imminent.

Durant les dernières années de sa vie, Joseph n'était plus que l'ombre de lui-même, rongé par la malaria et la tuberculose. Ses échecs politiques hâtèrent sa fin. Il mourut le 20 février 1790, à Vienne. " Votre pays m'a tué ", avait-il confié au prince de Ligne, enfant gâté d'une Europe qui finissait.

TEMPÊTE SUR L'EMPIRE BRITANNIQUE

LE ROI ET SES AMIS

George III

George III, petit-fils de George II et depuis 1760 monarque de Grande-Bretagne, était parvenu, un an à peine après son avènement, à se défaire de *William Pitt*, personnage remarquable, mais suspect à ses yeux. George venait alors de dépasser sa vingtième année; il n'avait jamais pu se sentir à l'aise en présence du " great Commoner ". Il ne comprenait rien aux discours enflammés, presque prophétiques, du grand homme d'État, redoutait sa violence et le pathétique qu'il mettait en toutes choses. En outre, le roi ne pouvait admettre les plans de Pitt, qui prévoyaient des opérations militaires de toute grande envergure.

Car George III voulait la paix. Et il l'obtint en 1763 grâce aux efforts du comte *Bute*, l'Ecossais qu'il avait nommé à la succession de Pitt. Bute avait plus que quiconque la confiance du roi.

George III était très jeune quand il monta sur le trône du Royaume-Uni et ce jeune homme obtenait ainsi une position unique au monde. Il prit possession du pouvoir dans une période considérée comme la plus héroïque de l'histoire d'Angleterre depuis le règne de la reine Élisabeth. Les Anglais étaient alors, aux dires d'un contemporain, les dignes héritiers de Rome. En Amérique du Nord, des sujets britanniques jetaient les bases d'un avenir plein de promesses. Au Canada, ils avaient détruit la puissance française. Aux Indes se dessinaient déjà les premiers linéaments du futur grand Empire. D'énormes richesses affluaient en Angleterre. Au Parlement, George III ouvrit son premier discours du trône par ces mots : " Le nom de Grande-Bretagne fait ma plus grande joie! " L'assemblée lui fit une ovation chaleureuse.

Car les Anglais attendaient de grandes choses de leur jeune souverain. Ils le comparaient à ses prédécesseurs et la comparaison était tout à son avantage. George III, ainsi qu'il le proclamait orgueilleusement, était né et avait été élevé en Angleterre. Il était Anglais de corps et d'âme et ne partageait nullement la prédilection de ses devanciers pour le pays de Hanovre, berceau de la dynastie; on le disait même incapable de trouver sur la carte l'emplacement de l'électorat. Il était convaincu de la supériorité de l'Angleterre sur tous les autres pays. Le nouveau roi était donc un vrai patriote.

De fait, George III possédait plus d'une qualité remarquable. Sa vie privée était exemplaire. Au temps de son grand-père et de son arrière-grand-père, les favorites royales avaient joué un grand rôle à la cour, souvent au profond déplaisir du peuple anglais. L'accession de George III mit fin pour toujours au règne des maîtresses royales. George reconnaissait lui-même avoir dû, dans sa jeunesse, faire de grands efforts pour résister aux charmes du beau sexe. Pourtant son mariage avec une petite princesse allemande laide et insignifiante fut une union des plus heureuses. Ils eurent beaucoup d'enfants, élevés avec amour. A table et le verre à la main, le roi se montrait aussi modéré que dans le domaine du cœur, contrairement d'ailleurs à la plupart de ses sujets. La vie de George III n'était pas loin d'être ascétique; jamais il ne se permettait le moindre débordement, de quelque nature que ce fût. Il adorait faire de l'agriculture sur l'une ou l'autre de ses terres; aussi le peuple l'appelait-il *Farmer George*, George le Paysan. Le roi savait reconnaître un champ bien cultivé et y prendre plaisir. Par ailleurs, il passait le plus clair de son temps à sa table de travail.

George III avait la plus haute idée de sa tâche et se prenait lui-même fort au sérieux. Le sort l'ayant placé sur le trône de Grande-Bretagne, il se sentait obligé d'offrir toutes ses forces au bien du pays. Il était au demeurant persuadé que sa conduite répondait en tout aux exigences de sa charge. Convaincu de sa propre excellence, il s'estimait dans la plupart des cas supérieur aux gens avec qui il avait affaire. George III possédait bon nombre de qualités remarquables; un peu plus d'humour lui eût toutefois donné une plus juste idée de sa personne et de celle des autres.

Le roi disait volontiers qu'une main vigoureuse était nécessaire dans l'administration du royaume. Il entendait par-là qu'il lui fallait sauvegarder ses prérogatives royales. Car George III souhaitait gouverner par lui-même.

Son règne fut une époque d'évolution, et d'évolution rapide, coïncidant avec le début de ce qui va s'appeler la " révolution industrielle "; la structure tout entière de la société devait en être bouleversée. De nouvelles forces firent leur apparition, des idées nouvelles s'imposèrent sur la scène du monde. Or le roi n'avait que méfiance pour ces " nouveautés " dont il ne voulait rien savoir. Par nature, George était conservateur, pour ne pas dire réactionnaire. Quand il s'opposait à quelque chose, c'était toujours en protestant de ses bonnes intentions. " Je ne veux, disait-il, que le bien. Aussi, quiconque vient se mettre en travers de mes projets est-il un traître et un fripon. " Une telle sortie fait comprendre que George III devait immanquablement entrer en conflit avec son époque et ses sujets.

Situation économique et sociale

Le jeune roi jetait un regard désapprobateur sur le monde dans lequel il était appelé à régner. Il rencontrait des intérêts et des conceptions qu'il haïssait de tout son être. Les hommes qui, jusqu'alors, avaient dirigé la vie de la nation n'éveillaient chez le roi qu'antipathie et mépris; George s'offensait de leur vie privée, trouvait des plus déplaisantes leur attitude en public. C'étaient des hommes riches et importants, grands propriétaires terriens de l'aristocratie whig qui, au Parlement, ne se souciaient que de s'avantager eux-mêmes en assurant la position de leur parti et pour le reste s'intéressaient exclusivement à leurs plaisirs.

On a parlé fort justement d'une " aristocratie décorative " dans l'Angleterre du XVIIIe siècle. Cette aristocratie formait sans contredit un arrière-plan très décoratif pour la vie sociale de l'époque. Ces dames et seigneurs de haute naissance habitaient de très grandes propriétés à la campagne et de très beaux hôtels à Londres, roulaient en carrosse, portaient des vêtements d'un luxe raffiné et très hauts en couleurs. Trait typique de l'esprit anglais, la haute société ne constituait nullement une caste fermée, comme la noblesse du continent. Ses rangs s'augmentaient sans cesse de bourgeois anoblis pour leurs mérites. Ces apports préservèrent l'aristocratie britannique du retard intellectuel frappant alors la haute noblesse française. Autre facteur très important : les fils puînés des familles nobles n'héritaient rien du domaine paternel et ne portaient bien souvent aucun titre de noblesse; il leur fallait donc, bon gré, mal gré subvenir eux-mêmes à leurs besoins. Dès lors, ces " cadets " travaillaient à la prospérité nationale dans l'armée, le clergé, le barreau ou le commerce.

L'argent prit une importance plus grande que jamais auparavant. Les aristocrates anglais du XVIIIe siècle mettaient autant d'ardeur à gagner de l'argent qu'à le dépenser. Selon les contemporains il fallait à un noble, pour tenir dignement son rang, des rentes se montant à 20 000 livres au moins (près de 300 000 francs français ou 3 millions de francs belges). Les vieilles familles tiraient des revenus princiers de leurs terres ancestrales. Des colonies en développement continuel affluaient sans arrêt de nouvelles richesses. " Les trésors de l'Asie se déversent sur nos têtes, affirmait William Pitt dans une de ses homélies. Elles nous ont apporté non seulement le luxe asiatique, mais aussi, je le crains, des principes de gouvernement asiatiques. »

La vie élégante se concentrait dans les châteaux des grands seigneurs, dans les villes d'eau mondaines comme Bath mais aussi, et de plus en plus, à Londres, dans les hôtels particuliers de St. James Square et Berkeley Square, dans les clubs de Pall Mall et dans les cafés. Ce n'étaient que grands dîners, bals masqués, réunions de jeu où des fortunes se perdaient parfois sur une carte. Le roi, qui ne buvait son vin que coupé d'eau, assistait à ces folies sans déguiser sa désapprobation.

L'Angleterre du XVIIIe siècle, où la révolution industrielle n'avait pas encore pleinement fait sentir ses effets et où n'existait pas encore le triste prolétariat industriel qu'on devait connaître par la suite, était un pays très riche. C'était du moins l'impression des étrangers voyageant par la campagne anglaise, l'idyllique *country*.

En général, les gens se disaient contents de leur sort. Mais ce bien-être était loin de régner partout. Il y avait aussi, et particulièrement dans les grandes villes, énormément de pauvres dont le sort n'avait rien d'enviable. Ces Anglais-là vivaient dans de misérables taudis, rongés par la faim et la misère, toujours menacés par la rigueur des lois. Les moindres délits étaient punis avec la dernière sévérité. Si un pauvre hère affamé volait quelque chose, ne fût-ce qu'un pain, cela pouvait le mener à la potence. Les exécutions publiques étaient à l'ordre du jour et comptaient d'ailleurs parmi les distractions favorites des Londoniens. Dans leur détresse et leur misère, les pauvres n'avaient pour seul refuge que l'assommoir. Et les cabarets ne manquaient certes pas : il y en avait plus de 17 000 dans Londres. On a dit qu'à cette époque, les Anglais devenaient petit à petit un peuple d'ivrognes. En effet, la consommation d'alcool était énorme et les séquelles non moins effarantes. William Hogarth nous en donne une horrible perspective dans sa célèbre estampe : *Gin Lane*.

La misère et l'alcoolisme provoquaient des rixes presque quotidiennes dans les rues des grandes villes, à Londres en particulier. Ces troubles se multiplièrent encore sous le règne de George III, époque où les passions politiques touchèrent à leur point culminant. Qu'un seigneur fût assailli dans son carrosse ou dans sa chaise à porteurs par une populace déchaînée attirait à peine l'attention. L'attaque d'une chaise de poste par des bandits masqués n'étonnait pas davantage. La criminalité augmentait sans cesse, les prisons étaient pleines à craquer.

Cependant, le roi se souciait fort peu de la situation sociale. Certes, il en était fort mécontent mais il ne faisait rien pour y changer quelque chose; George III s'intéressait presque exclusivement aux questions politiques.

La politique

A l'avènement de George III, le pouvoir était entièrement aux mains de l'aristocratie ou plutôt, d'une partie de la haute aristocratie, les grandes familles whigs. Depuis plus de cinquante ans, celles-ci menaient le vaisseau de l'État et occupaient ses plus hautes fonctions. Elles régnaient en fait sur le royaume. George Ier et George II s'étaient résignés à leur suprématie. Les grandes familles whigs dominaient aussi le Parlement. En fait, la Chambre des communes n'était rien d'autre que le porte-parole du parti whig et des sphères dominantes à l'intérieur de ce parti. Cet état de choses trouvait son origine dans le recrutement très peu démocratique de la chambre basse. Selon un système d'élection très ancien, un grand nombre de députés aux Communes représentaient des localités jadis très importantes, mais tombées en décadence ou même presque disparues. Les quelques habitants de ces endroits étaient pratiquement sous la coupe des seigneurs propriétaires du sol. Ceux-ci bien entendu n'avaient aucune peine à dicter leur vote aux électeurs et envoyer ainsi aux Communes leurs fils, leurs parents ou leurs amis. D'autres districts électoraux un peu mieux peuplés, étaient néanmoins si petits qu'un riche particulier pouvait décider des élections en achetant tous les électeurs.

C'était ainsi que les Whigs avaient pu régner sans partage pendant un demi-siècle. Autre facteur à leur avantage : la majorité des Tories ayant soutenu le prétendant Jacques, toute place leur fut refusée sous les deux premiers Hanovre. Mais sous le troisième, les Tories ne s'opposaient plus à la nouvelle dynastie. Ils ne demandaient qu'à reconnaître le nouveau souverain, à leurs yeux excellent Anglais. Les Whigs avaient donc cessé d'être irremplaçables. Tout inexpérimenté que fût George III en 1760, il comprit fort bien ce glissement d'opinion et résolut de le mettre à profit.

George II s'était plaint un jour que ses ministres " fussent les rois dans ce pays ". Son petit-fils n'allait pas tolérer si désagréable situation. Régner ne lui suffisait plus, il voulait gouverner réellement son royaume, libérer la couronne de l'impuissance où l'avait si longtemps tenue le parti whig. George III n'envisageait pas le moins du monde une révolution royaliste, le renversement des principes de 1688. Bien au contraire, il souhaitait revenir à ces idées qui, à son avis, donnaient à la royauté beaucoup plus d'influence que n'en avaient exercé les deux premiers Hanovriens.

Ce fut avec cette arrière-pensée qu'il fit appel au comte Bute et le mit à la tête de son premier ministère en 1762.

Et le roi réussit dans son entreprise. Le jeune néophite déclara la guerre aux vieux renards de la politique et les repoussa pied à pied, les traitant par le mépris, leur ôtant leurs fonctions gouvernementales, forçant les parlementaires à lui manger dans la·main. Pour y parvenir, George III reprit à son compte les méthodes des partis et notamment la corruption massive des députés; il parvint à renforcer considérablement la position de ces hommes, en majorité tories, qu'il souhaitait installer au pouvoir, à ses côtés. Car ces gens se montraient si favorables à ses projets qu'il en avaient gagné le nom " d'amis du roi ". George appliqua cette tactique avec une énergie furieuse et devint, en conséquence, le vrai maître de son royaume.

Cela n'avait pas été facile. Le roi mit longtemps à s'estimer enfin satisfait. Près de dix années furent nécessaires pour consolider sa position. Tout d'abord, le comte Bute s'était révélé décevant : l'Ecossais ne demandait qu'à bien faire mais manquait, hélas! de talents politiques. Bute démissionna en avril 1763. Il avait, disait-on, accepté ce poste pour rendre le roi plus indépendant, il le quittait pour rendre le roi plus populaire.

Vint ensuite *George Grenville*, un beau-frère de William Pitt, que le " great Commoner ", dans un de ses moments de méchanceté, avait surnommé " le bon pasteur ". Tout comme Bute, il avait été choisi par le roi. Grenville passait pour un homme droit et versé dans l'administration et les finances publiques, mais il était d'esprit fort bureaucratique et terriblement imbu de sa personne. A la longue, le roi fut très irrité de cette suffisance; par contre, la politique de Grenville eut toujours son approbation pleine et entière. C'était une politique qui — nous le verrons plus tard notamment dans la question américaine — allait avoir des suites funestes et déchaîner une opposition violente. La position de Grenville finit par devenir intenable. Il démissionna en 1765. L'histoire considère cet aristocrate cultivé mais dépourvu de toute souplesse comme un des pires ministres de George III.

Le roi fit alors une expérience toute nouvelle. Il choisit comme chef du gouvernement un des chefs du parti whig, alors que les Whigs étaient loin d'être ses favoris. Le nouveau Premier, le marquis de *Rockingham*, était un jeune et riche seigneur, l'une des figures les plus connues dans le monde hippique et l'un des plus piètres orateurs dans toutes les annales du Parlement anglais.

Rockingham ne resta pas plus d'un an au pouvoir. A l'été 1766, il fut contraint de donner sa démission, après un sérieux effort pour réparer les dommages de certaines mesures prises par ses devanciers. En outre, il avait introduit dans la vie politique anglaise un homme qui serait bientôt l'un des plus grands penseurs et l'une des figures les plus remarquables de son temps : son secrétaire privé *Edmund Burke.*

William Pitt et Lord North

Nous avons quitté William Pitt au moment où, chassé du pouvoir, il critiquait en termes véhéments les conditions du traité de 1763 avec la France. Nous le retrouvons maintenant à la tête du gouvernement anglais. George III le remit en grâce après la chute de Rockingham. Le roi pensait pouvoir utiliser les idées auxquelles le grand homme d'État consacrait alors son action politique. Car Pitt avait déclaré la guerre à la dictature de parti et le roi n'avait pas fait autre chose.

Pitt devint donc Premier ministre. Mais il allait au-devant d'une amère déception et entrait dans une période tragique de sa vie. Le début de son mandat fut déjà de mauvais augure. Le peuple apprit avec plaisir que son cher Pitt, le grand triomphateur de 1757-1761, revenait au pouvoir. Mais presque aussitôt, les acclamations firent place à d'amères critiques. Car Pitt avait accepté le titre de comte de Chatham et allait donc quitter les Communes pour la Chambre des lords. Pitt avait commis là une lourde erreur bien qu'il eût des raisons sérieuses pour agir de la sorte. Sa santé ne lui permettait pas de rester membre des Communes. Il ne pouvait plus supporter les épuisants débats de l'assemblée. Or pour entrer à la Chambre des lords, la pairie était indispensable. C'était bien ce que le peuple ne parvenait pas à comprendre. Le peuple avait l'impression que William Pitt, le héros national, jadis superbement dédaigneux des distinctions personnelles et des privilèges, avait à son tour succombé aux tentations d'un titre. Les Anglais virent dans son élévation la preuve qu'il ferait désormais cause commune avec les aristocrates et s'était vendu au roi. A la Chambre des communes, Pitt avait connu de véritables triomphes. C'était à cette tribune de la Chambre basse qu'il avait inspiré la réalisation de ces projets grandioses par lesquels l'Angleterre était devenue la première puissance du monde. La Chambre des communes aurait dû rester sa base d'opérations et son forum.

Pour le nouveau comte Chatham, recevoir de telles critiques n'avait certes rien de très plaisant. Mais ce n'étaient encore que broutilles. Pitt allait bientôt subir une véritable catastrophe. Ses collègues du gouvernement et ses subordonnés ne tardèrent pas à se plaindre de son attitude à leur égard. L'orgueil de Pitt, son arrogance et sa froideur étaient connus depuis belle lurette. Mais à présent, il semblait atteint d'une véritable folie des grandeurs. Travailler avec lui devenait presque impossible. Car, et c'était là le vrai motif de sa conduite, le chef du gouvernement était torturé par la maladie. Ce n'était plus la simple goutte dont il avait toujours souffert, mais une sorte de maladie mentale aux bien funestes conséquences. Un mois à peine après avoir accepté le ministère, Chatham fut contraint de se retirer dans la solitude. Il y resta près de deux années. Sa maladie le plongeait dans une profonde mélancolie ; il restait apathique des jours entiers, dans une sorte d'état second. Une fois son équilibre retrouvé, Pitt comprit fort bien que la retraite était la seule issue. Ce gouvernement qu'il avait formé lui-même et souhaitait tant conduire au succès, avait suivi une autre direction que la sienne. Il n'avait pu réaliser les projets de Pitt ni, dans la plupart des cas, respecté l'esprit que Pitt voulait donner à son action politique. A l'automne 1768, le comte de Chatham demandait à être démis de ses fonctions.

Le grand homme vécut dix ans encore. Plus jamais, il ne put exercer la moindre influence. Sa maladie le contraignait à l'inaction. Mais aussi souvent que possible, il se rendait à la Chambre des lords pour y défendre ardemment ses idéaux de toujours, où la liberté anglaise tenait la première place. Jusqu'à sa mort, William Pitt resta le même grand patriote. " Si nous devons succomber, déclarait-il à la Chambre des lords, succombons du moins en hommes ! " Ainsi se termina son tout dernier discours, où il évoquait les difficultés de l'Angleterre face aux insurgés d'Amérique. Lorsque Pitt eut prononcé cette péroraison, lancé son appel au courage, on le vit s'écrouler. D'abord transporté à son hôtel londonien, puis transféré dans un de ses châteaux, Pitt mourut un mois plus tard. Sur son lit de mort, il avait demandé à son fils William de lui lire le passage de l'Iliade où Homère décrit la mort d'Hector.

Ceci se passait en 1778. William Pitt fut enterré à l'abbaye de Westminster. L'expérience d'un gouvernement " natio-

nal " avec Chatham et les représentants de différentes
tendances n'avait pas répondu aux espoirs du roi George.
L'expérience se soldait par de nombreuses déceptions.
Par contre, ces années devaient montrer de façon très nette
que la fortune souriait au roi dans ce jeu qu'il jouait avec
tant de patience. En d'autres termes, il semblait bien
que dorénavant la cour allait diriger les ministres et non
les ministres la cour, comme on en avait l'habitude. Le
centre de gravité commençait à se déplacer du cabinet
au palais royal.

Le fait fit encore moins de doute un an après la démission
de Chatham quand le roi trouva avec Lord *North* un
Premier ministre entièrement à sa dévotion. North avait
à peine quarante ans le jour de sa nomination, montrait
beaucoup d'assurance et, en général une remarquable
égalité d'humeur. A la Chambre des communes, il répondait
aux critiques par un bon mot ou un sourire affable. Lord
North était un homme des plus cultivés; mais qui n'a pas
ses faiblesses? Le ministre, lui, tenait exagérément à son
confort : plus d'une fois, il s'endormit littéralement au
beau milieu d'un long débat parlementaire. On raconte
qu'un jour il s'était assoupi pendant un discours
particulièrement filandreux; l'orateur, élevant la voix,
déclara qu'il allait examiner la situation économique du
pays en 1688. Sur quoi, Lord North réveillé en sursaut
s'écria : " Sir, Vous m'avez réveillé cent ans trop tôt! "

Le comte de Chatham, rarement à court d'une
méchanceté, disait que North s'était acquis une position
" que ne peut atteindre un bon-à-rien ordinaire et à laquelle
seule une incompétence géniale peut conduire ". Au
besoin, North savait être très adroit; à preuve, il sut
tenir la dragée haute au Parlement pendant douze longues
années par ses habiles plaisanteries et le grand art qu'il
mettait à corrompre les députés. North faisait danser le
Parlement comme sifflait le roi. Il justifiait cette soumission
en disant " avoir horreur de déplaire à quelqu'un ".

Lord North devint l'un des principaux " amis du roi ".
Le souverain avait besoin de son ministre. Car, au moment
même où George III allait parvenir à ce pouvoir personnel
si ardemment convoité, de grandes forces se mirent en
mouvement et se tournèrent contre lui. Les obstacles se
dressèrent des deux côtés de l'Océan, aussi bien en Angleterre que dans la lointaine Amérique.

LES LIBERTÉS ANGLAISES EN PÉRIL

John Wilkes

Le 23 avril sortait de presse, à Londres, le numéro 45 du périodique *The North Briton*. Cet hebdomadaire consacrait depuis quelques années une attention fort peu discrète aux initiatives de l'équipe gouvernementale, et plus spécialement à celles du comte Bute; ses articles contre le pouvoir établi donnaient au journal une très grande diffusion. Son quarante-cinquième numéro allait acquérir une véritable célébrité dans les annales du pays. Il contenait une violente critique du discours du trône que le roi venait de prononcer devant le Parlement. Pour la forme, l'article était dirigé contre le Premier ministre George Grenville, mais visait en réalité le roi lui-même.

The North Briton avait pour propriétaire et principal rédacteur John Wilkes, connu pour l'un des hommes les plus spirituels de Londres mais aussi pour le roi des prodigues. Son épouse, fille d'un riche marchand, lui avait apporté une dot fort coquette, mais cet argent n'était déjà plus qu'un souvenir. John Wilkes mettait la même allégresse à boire, jouer des fortunes, exercer partout un beau talent de séducteur et se battre en duel. Intrépide mais sans scrupules, il ne reculait devant rien, surtout pas devant la brutalité.

Le numéro quarante-cinq du *North Briton* fit scandale. Les Londoniens ne parlaient plus que de l'article en question, dans les clubs, les salons, au coin des rues. Sa lecture fit pâlir le roi George.

Dans la nuit du 29 avril, Wilkes reçut la visite de trois représentants de la Couronne : perquisition, saisie de papiers, arrestation du publiciste. Simultanément, de nombreuses autres personnes suspectes de relations avec le journal prenaient, elles aussi, le chemin des prisons. Wilkes protesta non sans raison. Il était membre de la Chambre des communes et, à ce titre, inviolable. Son arrestation portait atteinte aux droits du Parlement. Le procès engagé contre lui se termina donc par l'élargissement pur et simple.

Mais le roi ne se déclarait pas battu. Il soumit au Parlement le cas de Wilkes et de son journal. Fin 1763, le Parlement, entièrement à la dévotion du souverain, proclama le numéro quarante-cinq du *North Briton* libelle factieux, ordonna la confiscation du journal et sa destruction en public sur le bûcher. L'année suivante, Wilkes fut chassé du Parlement et mis hors la loi. A ce moment, il était en fuite vers la France où une courtisane célèbre devait adoucir son sort.

Mais l'affaire était loin d'être finie. Le procès et ses conséquences avaient fait sensation; le peuple sentait vaguement que les grands principes étaient en jeu, que le roi montrait par son attaque contre Wilkes vouloir dépouiller les Anglais de leurs droits et libertés. Du jour au lendemain, John Wilkes devint un héros populaire, le champion de la liberté menacée. Il y eut des rixes, de petites émeutes dans les rues de Londres. De grandes masses s'assemblaient devant le palais royal, attendaient la sortie de George et de ses ministres pour les couvrir d'injures. Lorsque le bourreau voulut brûler le *North Briton*, le public prit le bûcher d'assaut, délivrant la " victime ". Un vent de révolution soufflait sur la capitale.

" Pour Wilkes et la liberté! " C'était en effet bien la liberté qui était en jeu. Le peuple le sentait de façon confuse; quelques hommes politiques éminents comprirent la situation à merveille. William Pitt faisait partie du groupe, avec le marquis de Rockingham et Edmund Burke. Tous trois tenaient pour peu de chose la personne et les écrits de Wilkes, mais jugeaient détestables et combien alarmantes les méthodes dont le gouvernement usait à son égard. L'action gouvernementale enfreignait gravement la liberté de la presse et les prérogatives parlementaires. Une opposition libérale se fit jour contre la politique réactionnaire du roi et de ses ministres. La lutte engagée pour les grands principes, opposa " d'une part un souverain dont tout le système de gouvernement reposait sur la corruption, la tromperie et le deni du contrôle populaire pourtant prévu par la loi et d'autre part un groupe d'hommes bien résolus à épurer l'administration du pays et à la confier à un parlement conscient de ses responsabilités à l'égard du peuple. "

En février 1768, Wilkes refit son apparition à Londres. Les masses l'accueillirent avec des cris d'allégresse. Les rues retentirent à nouveau du cri : " Pour Wilkes et la liberté! " Les gouvernementaux furent exposés derechef à la vindicte populaire. Partout, sur les portes, les murs, les carrosses, des inconnus traçaient les chiffres 4 et 5, le nombre fatidique rappelant le numéro du *North Briton* à la base de toute l'affaire. Wilkes posa sa candidature à la Chambre des communes. Il fut élu mais mis immédiatement en état d'arrestation.

Le drame touchait à son point culminant. Une foule impressionnante se rassembla devant la prison où était enfermé Wilkes et exigea sa libération. Les soldats envoyés pour maintenir l'ordre, ouvrirent le feu. Il y eut six morts et de nombreux blessés. Le roi fit compliment à ses troupes pour leur courage et leur esprit de décision, mais le peuple parlait en grondant du " massacre de St. George's Fields ". Wilkes fut condamné à deux ans de prison et à une forte amende. Peu de temps après, il fut à nouveau chassé du Parlement.

Alors commença une comédie que le peuple allait suivre en retenant son souffle. Wilkes présenta une nouvelle candidature, connut un nouveau triomphe puis une nouvelle expulsion. Et ainsi de suite, à trois reprises. Wilkes déclara qu'il poserait sa candidature aussi souvent qu'on le chasserait du Parlement. Pour le roi, la situation devenait extrêmement sérieuse. Une grande partie du peuple était alors en rébellion ouverte. Sir Joshua Reynolds, le célèbre peintre, fit le portrait de Wilkes, qui fut exposé au Guildhall avec cette inscription : " Au fidèle défenseur des libertés légitimes anglaises ". L'effigie de Wilkes décorait les murs de toutes les tavernes. La position du gouvernement ne s'améliora guère lorsqu'en 1769, un journal londonien se mit à publier une série de lettres mystérieusement signées du nom de Junius. Qui était donc ce Junius? De nos jours encore, on ne pourrait le dire avec certitude. Ce Junius portait au roi George III une haine mortelle. D'un numéro à l'autre, il lui adressait injures et menaces. Il lui rappelait le sort des Stuarts, lui signalait que le peuple était toujours fort capable d'enlever sa couronne à un mauvais souverain. Le roi finit par céder. Wilkes fut libéré et put reprendre place au Parlement. Jusqu'à ce point, l'opposition remportait la bataille. Mais le roi n'en poursuivit pas moins ses efforts pour étendre l'autorité royale, avec l'aide de son Premier ministre Lord North.

Edmund Burke

Dans le club présidé par Samuel Johnson, l'Irlandais Edmund Burke occupait une place de choix. On l'estimait pour l'envergure et la solidité de ses connaissances, l'élégance et la richesse de sa conversation.

L'histoire voit en cet Edmund Burke, ami de Johnson, l'un des plus grands penseurs politiques que l'Angleterre ait jamais produits. Edmund Burke a gardé toute son importance; aujourd'hui encore ses œuvres peuvent être lues avec le plus grand profit. Car ses idées restent bien vivantes. Burke a beaucoup appris à ses successeurs sur ce terrain. Il a joué un rôle de tout premier plan, entre 1760 et 1770, dans cette lutte dont les libertés anglaises étaient l'enjeu. Burke devint le philosophe des libéraux; des Whigs de la tendance Rockingham, l'auteur qui systématisait leurs idéaux et traduisait leurs aspirations dans une prose devenue classique. Burke devint une figure centrale dans l'Angleterre de son temps. Vers la fin de sa vie, le grand politique prit même une importance européenne.

Cet Irlandais était né en 1729. Entre 1750 et 1755, il vint à Londres pour y faire des études de droit. Mais cette discipline l'attirait fort peu et, pour subvenir à ses besoins, il choisit d'écrire des articles politiques dans *The Annual Register*, une revue fondée depuis peu. Le marquis de Rockingham le prit à son service en 1765 et le fit élire à la Chambre des communes. Dès cette époque, Burke se mit, corps, âme et plume, au service des Whigs réformistes. Il devint la cheville ouvrière de leur groupe, son principal facteur de cohésion, l'homme qui les mettait en garde à la moindre négligence, écrivait les grands discours et ranimait les enthousiasmes défaillants. Pour employer une expression moderne, Edmund Burke était résolument " libéral " dans sa façon de penser, mais en même temps conservateur. Par la suite, il allait devenir un des critiques les plus sévères de la Révolution française. Il était partisan de l'ordre ancien en Europe, et en ce qui concerne plus particulièrement l'Angleterre, de l'ordre établi par les événements de 1688-1689 et par toute l'évolution juridique et sociale antérieure à la " glorieuse révolution ". L'une et l'autre avaient amené des lois donnant au peuple anglais certains droits et libertés pour la défense desquels Burke allait lutter toute sa vie. Son arme dans ce combat : des discours très soigneusement préparés et, en règle générale, aussi pathétiques qu'interminables. Ils se caractérisaient quelquefois par une violence inouïe, car Burke était plus maître de la langue anglaise que de son tempérament irlandais. Mais la parole n'était pas le seul véhicule de ses idées. Un de ses ouvrages les plus célèbres, paru en 1770, porte un titre très révélateur : *Réflexions sur les causes de l'actuel mécontentement*. Burke y exige qu'on rende de l'autorité aux partis pour faire contrepoids aux aspirations du souverain vers un pouvoir plus ou moins absolu. L'aristocratie doit déclarer la guerre à la corruption, prendre ses responsabilités à l'égard du peuple et du pays, enfin défendre les libertés anglaises.

Ce programme fut à la base de son action parlementaire à partir de 1765. Burke combattit pour la liberté de presse, se prononça contre l'éviction de Wilkes, éleva d'ardentes protestations contre le " massacre de St. George's Fields ". Il appartenait à ce groupe d'hommes que George III flétrissait du nom de rebelles parce qu'ils ne voulaient pas se soumettre à ses royales volontés.

Burke s'y trouvait du reste en bonne compagnie et avait à ses côtés quelques-uns des hommes les plus éminents de l'époque. Le groupe allait accueillir entre autres, un jeune homme des plus combatifs, nommé *Charles James Fox*.

Charles James Fox

On a dit de Fox qu'il était " le phénomène de son temps ". Dans son enfance, il montrait déjà de telles qualités que son père, politicien haut placé et des plus objectifs, disait suivre son fils avec " une respectueuse admiration ". A vingt ans, Fox était député aux Communes. Peu après, il entrait au gouvernement. A vingt-quatre ans, il avait 140 000 livres de dettes. Son père en paya la plus grande partie, avec quelque difficulté mais aussi une certaine satisfaction. Le jeune Fox avait battu tous les records et plongé tout le monde dans la stupéfaction.

De 1770 à 1780, Fox fut le plus grand prodigue de la société anglaise. Personne ne faisait venir de l'étranger des étoffes aussi précieuses. Personne ne savait boire comme lui, jouer si gros jeu, perdre avec le sourire des sommes aussi fantastiques. Personne non plus ne pouvait obtenir de prêts aussi incroyables. Il empruntait à tout venant, à ses amis et connaissances, aux usuriers, même aux valets de ses divers clubs. Certains prétendent que Fox parvint à se faire prêter de l'argent par le légendaire Casanova qui n'était pourtant pas coutumier du fait, bien au contraire. Les finances du jeune Fox tombèrent finalement dans un désordre inexprimable. Mais le garçon s'en souciait fort peu. Une nuit qu'il avait perdu au jeu des sommes encore plus importantes que d'ordinaire, quelques amis vinrent le trouver chez lui, car ils craignaient qu'il ne songeât au suicide. Ils le trouvèrent dans un fauteuil confortable, en train de lire Homère. " Que faire d'autre, fit-il remarquer, lorsqu'on a perdu son dernier shilling? "

Fox vivait de son charme et de son incroyable vitalité, montrait une soif de vivre proprement insatiable, évoluait d'ailleurs sur divers terrains, dans le monde des lettres comme dans ceux de la politique et des plaisirs. En littérature, il vouait une admiration sans bornes à Shakespeare et Chaucer, à Dante et Virgile, à Homère. Tous ceux qui connaissaient Fox aimaient son bon cœur et son affabilité charmante, admiraient ses dons incomparables. L'historien Macaulay dit avoir rencontré entre 1830 et 1840 plusieurs personnes ayant bien connu Fox; elles ne parlaient de lui qu'avec une profonde émotion. Samuel Johnson qui lui avait ouvert les portes du Club, lui rendait hommage à sa façon : " Le roi est mon maître, mais Fox est mon ami. " Dans la bouche de Johnson, cela voulait dire quelque chose. Gibbon, le grand historien, dit que Fox alliait une force surhumaine à la douceur et à la simplicité d'un enfant. Gibbon ajoute : " Peut-être n'y eut-il jamais un être humain si dépourvu de toute malice, vain orgueil ou fausseté. " Il est certain que de toute sa vie Fox n'a jamais voulu feindre des vertus qu'il ne possédait pas. C'était un homme très probe... et qui se connaissait bien.

Il va de soi qu'un être doué d'un tel dynamisme, premier dandy des clubs et " lion " des salons élégants, ne pouvait passer inaperçu aux Communes. Ce qu'il fit entendre aux " honorables membres " dépasse tout ce qu'on peut imaginer. Fox était doué d'une facilité d'élocution vraiment surprenante. Ses discours au Parlement étaient toujours improvisés. Il se fiait à l'inspiration du moment et ne manquait pas de se gagner l'auditoire par un enthousiasme authentique, une éloquence chaleureuse, une gentillesse qui ne l'était pas moins. Burke, un expert dans ce domaine, voyait en Fox le plus étonnant *debater* que le monde eût jamais connu.

Aidé de Burke (plus théoricien qu'homme d'action et qui laissait par conséquent la première place à son collègue), Fox insuffla une vie nouvelle au parti whig, dont il fit un parti libéral doté d'un programme bien délimité, assis sur la tradition.

Mais le roi gouvernait toujours le pays. Avec Lord North, il était de taille à contrer l'opposition, et tenait le Parlement bien en main. Entre 1770 et 1780, George III fut le maître incontesté de l'Angleterre. C'était là le grand triomphe de sa vie. Il se rendait toutefois bien compte qu'il le payait fort cher et que la popularité des premières années était bien loin. George prit cela très à cœur, ses nerfs avaient eu beaucoup à souffrir auparavant, sa santé fléchissait de plus en plus. En 1765, il fut une première fois contraint au repos et à la retraite. Le bruit courait qu'il souffrait d'une fluxion de poitrine; en fait, le roi n'était plus maître de ses facultés, ressentait les premières atteintes d'une maladie mentale. Le premier accès fut assez bénin. Le roi parut bientôt se rétablir complètement. Ce mieux ne fit que préparer une terrible rechute. En général, George sentait venir la crise; un jour on l'entendit murmurer : " Dieu, si seulement je pouvais mourir! Je deviens fou! " Il souffrait d'atroces migraines. Parfois, il se faisait couper les cheveux, s'imaginant ainsi diminuer l'insupportable poids qui lui pressait la tête. Enfin, les crises devinrent plus violentes et il fallut à plusieurs reprises lui passer la camisole de force.

Entre 1760 et 1770, l'affaire Wilkes avait été, au profond dépit du roi, la grande sensation en Angleterre. George III avait en outre bien d'autres soucis. Les colons d'Amérique étaient entrés en rébellion ouverte. Les Anglais n'étaient pas seuls à prendre la défense de la liberté, une attitude qui, aux yeux du roi, menait directement au désordre pour ne pas dire à l'abîme. Mais au Parlement, l'opposition ne lui laissait pas une heure de répit; elle prenait fait et cause pour les colons d'Amérique. George ne voyait plus autour de lui qu'infâmes " rebelles " : Wilkes, ses partisans, les Whigs progressistes, les Américains! Tous n'étaient qu'une même engeance. Il avait raison, dans un certain sens, car les opposants d'Angleterre et ceux d'Amérique combattaient pour les mêmes conceptions et les mêmes idéaux.

LA LUTTE POUR L'AMÉRIQUE

Les colonies d'Amérique repoussaient donc la mère-patrie. Le premier empire britannique s'effondrait avec fracas pour faire place aux futurs États-Unis. Les événements s'étaient succédé avec la force d'une avalanche; tout avait commencé sans qu'on pût s'y attendre et sans qu'on pût rien faire pour arrêter le cours des choses. Ces événements étaient de portée incalculable. Quelles en étaient donc les causes?

Il est impossible de réunir en une seule formule tous les facteurs ayant contribué à la fatale rupture. Une chose est claire : c'est qu'à cette époque, les colons américains s'étaient " désengagés " vis-à-vis de l'Europe. Un esprit " américain " s'était formé, et une race d'hommes à qui l'on pouvait donner le nom d'Américains. Cet esprit américain devait tôt ou tard se muer en un nationalisme américain dès qu'il deviendrait plus fort que l'influence européenne. Cette évolution ne s'était pas encore produite au milieu du XVIIIe siècle. A ce moment, aucun colon ne songeait à trancher les liens qui l'unissaient à l'Europe. On se sentait toujours en communauté avec l'Angleterre. Des principes et des idéaux anglais formaient la base même de la société en Amérique. Les colons étaient tout acquis aux principes libéraux tels qu'on les connaissait en Angleterre. Mais lorsqu'ils s'aperçurent que l'union avec la métropole mettait en péril leurs propres droits et leur propre liberté, ils n'attendaient que l'occasion pour transformer l'esprit américain en un nationalisme agissant. En Angleterre, George III s'employait de plus belle à faire triompher son système de gouvernement; il se heurtait aux Anglais épris de liberté, une opposition puissante encore que peu efficace pendant longtemps. Lorsque le roi voulut appliquer ce même système de gouvernement personnel aux colonies, il rencontra immédiatement une vive résistance. L'opposition en Angleterre et l'opposition en Amérique, la lutte autour de John Wilkes et la lutte des Américains contre une imposition abusive furent en quelque sorte des aspects d'une même affaire. Pitt, Burke et Fox posaient, en fait, les mêmes exigences que les révoltés d'Amérique. Ils soutenaient la cause des Américains dans la conviction que c'était aussi leur cause. Que la liberté pérît en Amérique et elle périrait aussi en Angleterre.

Aussi bien en Angleterre qu'en Amérique, la liberté finit par triompher. L'Angleterre vit naître un nouveau parti basé sur l'ancienne organisation whig. Mais l'Amérique vit naître un nouvel État, une nouvelle grande puissance.

" Pas d'imposition sans représentation "

On pourrait dire que c'est George Grenville qui ouvrit la partie dont l'Amérique était l'enjeu et que l'Angleterre allait perdre. Ce fidèle serviteur, si bien au fait des finances anglaises, se trouva devant un problème requérant une attention urgente. La guerre de Sept Ans avait coûté très cher. Pitt n'avait pu offrir le Canada à son souverain sans avoir dépensé beaucoup pour la conduite des opérations. Il importait de réduire fortement la dette publique selon que les nouvelles colonies exigeaient encore bien des sacrifices financiers. De nouvelles sources de revenus étaient indispensables dans les plus brefs délais; Grenville tourna les yeux vers l'Amérique.

Dès l'origine, la couronne s'était réservé le droit de lever des taxes sur certaines denrées introduites en Amérique. Mais ces droits d'entrée étaient perçus de façon fort irrégulière. Les colons s'entendaient à saboter la loi et la contrebande fleurissait comme roses en été. Grenville ordonna de renforcer la garde des côtes. Il fit également voter un impôt sur le sucre importé en Amérique. En 1765, il imposa dans les colonies le droit de timbre, courant dans la métropole et dans d'autres pays d'Europe. Selon cette loi, tous les documents d'importation devaient être établis sur des feuilles de papier timbré délivrées par certains fonctionnaires; de même, les journaux, livres et cartes à jouer devaient être munis d'un timbre d'une valeur déterminée. Les ressources ainsi obtenues serviraient à financer l'administration et les troupes nécessaires aux colonies. Le *Stamp Act* emporta l'adhésion de la plupart des Anglais. La loi fut adoptée par le Parlement après un débat assez tiède et sanctionnée peu après par la signature du roi.

En soi, il n'était nullement déraisonnable que la colonie contribuât à l'entretien des troupes indispensables à sa défense. C'était le point de vue de Grenville et de ses collègues. Le Parlement ne pouvait prévoir que cette loi du timbre allait déchaîner par-delà l'Océan une opposition telle qu'on n'en avait jamais connue. Dans les colonies, cette taxe frappait pratiquement toutes les classes de la société. Aussi les Américains se soulevèrent-ils comme un seul homme. Leur devise fut désormais : " Pas d'imposition sans représentation ". Ils voyaient dans le Stamp Act une menace non seulement pour la vie économique de leur pays mais aussi pour leurs libertés politiques.

Dès lors, les choses se précipitèrent sur le continent américain. En 1765, on convoquait à New York un congrès comprenant les délégués de neuf colonies. Le Congrès proclama qu'on ne pouvait imposer à des citoyens anglais, que leur résidence fût en Angleterre ou aux colonies, aucune contribution n'ayant pas été admise par leurs représentants. Comme les colons américains n'étaient pas représentés au Parlement de Londres, celui-ci n'avait pas la moindre compétence pour voter des impôts exigibles sur le sol américain. Ces impôts ne pouvaient être votés que par les représentants de colonies.

" Fils de la Liberté "

Lorsque le cabinet et ses partisans furent informés de la tempête déchaînée en Amérique par les nouveaux droits, ils en furent d'abord surpris, puis indignés. Ni le souverain ni le cabinet britanniques ne se considéraient comme des tyrans. Ils ne désiraient nullement asservir les colons américains. Mais il leur paraissait tout simplement équitable que les colons fournissent leur part des ressources nécessaires à l'Empire. Le pouvoir n'exigeait pas davantage. Toutefois William Pitt et l'opposition parlementaire ne voyaient pas la chose sur le même angle. Pitt fit sur la loi du timbre un des plus remarquables discours de toute sa carrière : " Je suis d'avis, disait-il, que ce royaume n'a pas le droit de taxer les colonies. Les Américains sont les fils de la métropole et non ses bâtards. Le droit de leur imposer des contributions n'appartient ni au pouvoir exécutif ni au pouvoir législatif. Dans la mesure où les contributions ne sont pas volontaires, elles sont votées par la Chambre des communes. Lorsque, au sein de cette Chambre, nous donnons ou accordons quoi que ce soit, nous donnons ou accordons ce qui nous appartient. Mais lorsque nous imposons des contributions aux colonies d'Amérique, quelle est donc la situation? Nous, membres de la Chambre des communes de Votre Majesté en Grande-Bretagne, que donnons-nous ou qu'accordons-nous à Votre Majesté? Nos propres biens? Non pas, nous donnons et accordons à Votre Majesté ce qui appartient au peuple d'Amérique. "

Lorsque ce discours fut prononcé, Grenville n'était déjà plus Premier ministre : il avait été remplacé par Rockingham. Celui-ci vit bien que la loi du timbre avait été une erreur psychologique. Il proposa de l'abroger. Cette

proposition fut adoptée par le Parlement. Le grand discours de Pitt y avait été pour quelque chose. La politique
de George III avait subi une défaite. Toutefois, pour sauver
la face, le gouvernement avait amené le Parlement à se
reconnaître le droit de légiférer pour les colonies
d'Amérique et de leur imposer le cas échéant des contributions financières.

William Pitt s'était prononcé contre la loi du timbre.
Edmund Burke fit de même. Les Américains, disait-il,
combattent pour les libertés auxquelles de nombreux
Anglais ont sacrifié leur vie au cours des siècles précédents.

Les Américains luttant pour vivre libres, ils furent
appelés les " Fils de la Liberté ". L'expression fut employée
pour la première fois à Londres, au cours d'un débat
parlementaire; comme bien on pense, les Américains
l'adoptèrent avec enthousiasme. Dans les différentes
colonies furent créées au cours de ces années des associa-
tions patriotiques qui prirent le nom de " Fils de la Liberté "
et se fixèrent pour objectif la résistance à outrance aux
initiatives du régime anglais. Après le vote du Stamp Act,
les marchandises anglaises furent très efficacement boycot-
tées. Les marchands de Londres, de Liverpool et autres
grands centres commerciaux prirent peur car le commerce
avec l'Amérique constituait une de leurs principales
ressources. Cet aspect purement économique de la question
contribua beaucoup au retrait de la loi par Rockingham.
Le Premier ministre se rappelait sans doute la réponse
de Benjamin Franklin, convoqué devant le Parlement de
Londres pour faire rapport sur la situation outremer.
Comme on lui demandait si les colons n'allaient pas finir
par accepter la loi du timbre, Franklin fut on ne peut plus
catégorique : " Jamais, à moins qu'ils n'y soient contraints
par la force des armes. "

Au congrès de New York, un représentant de la Caroline
du Sud avait déclaré dans l'enthousiasme général : " A
présent, il faut que nous nous sentions tous Américains! "
Cette phrase devint le mot d'ordre des opposants. La
presse publia des articles incendiaires; à Boston et dans
d'autres villes, la populace pilla les maisons des anglo-
philes; les fonctionnaires britanniques furent couverts
d'injures et maltraités. Pitt n'exagérait certes pas en
affirmant que les colonies se trouvaient pour autant dire
en rébellion ouverte. L'abrogation du Stamp Act fit une

impression très favorable. Les colonies se lancèrent dans de grandes festivités et l'on but largement — surtout du vin de madère, la boisson favorite des Américains — à la liberté et à ses protecteurs anglais. Le plus acclamé fut Pitt, mais le roi reçut également sa part d'hommages; New York poussa l'enthousiasme jusqu'à lui élever une statue et l'appeler " le restaurateur de la liberté ". Toutefois, les soupçons et le mécontentement n'avaient pas entièrement disparu des esprits. Un vent de révolte allait bientôt souffler à nouveau sur les colonies.

George III ne fut sans doute que médiocrement flatté quand il apprit que, de l'autre côté de l'Atlantique, on lui donnait le surnom de " restaurateur de la liberté ". Le roi n'avait que méfiance envers le concept de liberté; pour lui, le mot était presque synonyme de révolte; il lui arrivait de faire allusion à " l'émeute contre nature " des Américains. Depuis le début de l'affaire, George avait toujours estimé qu'il était impossible de céder aux exigences des colons. Il pensait devoir s'en tenir, sans dévier d'un pouce, au droit qu'avait la Grande-Bretagne de lever des impôts en Amérique. " Des impôts, il en faut au moins un, disait-il, pour sauvegarder le principe. "

George soutenait de tout son pouvoir les ministres partisans d'une action énergique contre les colons. Au besoin, il fallait envoyer des troupes en Amérique, exactement comme le roi avait envoyé des soldats à St.-George's Fields, pour mater la populace.

Charles Townshend et les droits sur le thé

L'heure était venue pour le courtois *Charles Townshend* de faire son apparition sur la scène politique. En formant son ministère en 1766, William Pitt avait, pour quelque obscure raison, nommé Townshend chancelier de l'Echiquier, c'est-à-dire ministre des Finances.

Townshend en fut le premier surpris et nullement satisfait. Il occupait alors un poste bien moins élevé, bien moins prestigieux, mais bien mieux payé. Aussi hésita-t-il longtemps avant d'accepter ce ministère des mains de Chatham, le nouveau Premier.

Tout le monde était du moins d'accord sur une chose : Townshend était un charmant garçon, spirituel, amusant et toujours jovial; c'était un charmeur qui pouvait tout se permettre. A la Chambre des communes, ce côté amène le faisait généralement estimer. Les talents de Townshend ne faisaient aucun doute; malheureusement, il était assez superficiel et superbement dédaigneux de ses responsabilités. " Townshend a plus de dons que les autres, disait Horace Walpole, mais aussi moins de jugement. " Walpole avait fort probablement raison. Townshend ne s'était donné aucune peine pour se former une opinion sur la situation politique. Il changeait constamment d'avis, dans le dessein présumé de n'être lassant ni à ses propres yeux ni à ceux de ses collègues. Il s'était empressé de voter le Stamp Act, avait mis le même entrain à voter son abrogation. En 1767, il se déclarait depuis toujours partisan de la loi et lorsqu'elle fut abrogée, il dit avoir réfléchi au moyen de procurer une compensation à Sa Majesté. Et il déposa un projet imposant aux colonies les contributions " extérieures " ou indirectes! Les Américains n'avaient-ils pas admis que le parlement de Londres levât chez eux des contributions " extérieures " mais aucunes contributions " intérieures " directes? Des droits d'entrée seraient donc perçus sur des produits comme le thé, le verre et le papier. Townshend déclarait que ces droits rapporteraient annuellement 10 000 livres à la Couronne. La proposition fut considérée comme un excellent compromis. Le roi y souscrivit et le Parlement la vota, sans difficultés notables du côté de l'opposition. Si Chatham n'avait été malade à ce moment et incapable d'assumer sa fonction, ce projet n'eût jamais été déposé sur le bureau des Communes.

Les premiers coups de feu partirent à Boston. Le soir du 3 mars, on entendit sonner le tocsin dans la prospère cité commerçante du Massachusetts. On sut plus tard que c'était une fausse alerte. Mais l'événement supposé avait attiré dans la rue un grand concours de peuple. Parmi cette foule, se trouvait une bande de gamins qui s'amusaient à lancer des boules de neige, comme on aime le faire à cet âge! Les garçons trouvèrent très amusant de prendre pour cible les habits rouges de quelques soldats anglais, en faction dans le port d'arme très strict prescrit par le règlement. Un des soldats finit par perdre patience et appela la garde. L'affaire devenait plus sérieuse. Les gamins furent poussés à l'écart par la foule, les adultes reprenant la querelle à leur compte. Une rixe s'ensuivit, un des habits rouges fut jeté à terre. La troupe tira quelques coups de feu. Quatre Américains gîsaient là, teintant la neige de leur sang.

Le même jour, le 3 mars 1770, où se déroulait le "massacre de Boston", Lord North, devenu Premier ministre, montait à la tribune et proposait d'abroger les droits d'entrée que, trois ans plus tôt, Townshend était parvenu à faire voter. Ne restaient en vigueur que les droits sur le thé. Cette taxe devait rapporter 16 000 livres au Trésor. On a dit que l'Angleterre avait perdu un empire pour la misérable somme de 16 000 livres. Les droits d'entrée que Townshend avait si allègrement fait adopter n'avaient pas été accueillis en Amérique avec la même bonne humeur. L'opposition y avait trouvé une nouvelle vie. Aussi Lord North, devenu Premier ministre, avait-il estimé préférable de les faire abroger. Le Parlement donna son accord. La politique de George III subissait un nouvel échec.

Mais la mesure intervenait trop tard. Tout à fait sûrs d'eux maintenant, les colons s'estimaient fort capables de prendre leurs intérêts en main. Le temps des concessions leur paraissait révolu. Les événements de Boston n'eurent pas de suites immédiates en Amérique et, de l'autre côté de l'Océan, on accueillit la chose avec le plus grand calme. La mort de quelques hommes, au cours d'une émeute, n'avait rien de remarquable dans l'Angleterre de George III. Mais la tension n'avait pas décru, elle ne faisait que s'aggraver; le 16 décembre 1773, une plaisanterie qui voulait être joyeuse et frondeuse mit le feu aux poudres. Vermillonnés et coiffés de plumes multicolores, une vingtaine d'habitants de Boston envahirent par surprise trois navires anglais qui venaient d'entrer dans le port. Ces faux Peaux-Rouges maîtrisèrent les équipages et jetèrent à la mer la cargaison de 343 caisses de thé...

Cet outrage au pavillon de Sa Majesté indigna les Anglais les plus modérés. Par ordre du roi, le port de Boston fut fermé et la ville occupée par les régiments anglais. Tout retour en arrière était impossible. George III ne pouvait céder et les colons n'en avaient pas davantage l'intention. "Il faut maintenant, dit le roi, s'en remettre au sort des armes pour établir si le peuple américain restera sous l'autorité de ce pays ou deviendra indépendant." George recourut donc à la force. Mais Boston refusa de se rendre aux volontés royales. Les autres colonies embrassèrent immédiatement sa cause. " Je n'hésiterai pas une seconde, dit George Washington, à rassembler mille hommes pour aller délivrer Boston et je leur paierai leur solde sur mes propres ressources. " La plupart des autres Américains ne réagissaient pas autrement.

Au Parlement de Londres retentit la voix prophétique d'Edmund Burke : " J'éprouve pour les colonies américaines une sympathie inspirée par la communauté des noms, du sang et des privilèges. Des liens de cette sorte, bien que légers comme l'air, peuvent être aussi solides que le fer. En politique, la vraie sagesse est souvent faite de générosité. L'étroitesse d'esprit ne convient pas à un grand empire. "

Benjamin Franklin qui, de 1764 à 1775, représenta les intérêts américains à la cour de Saint James, comparait l'empire britannique à un vieux chêne perdant sa couronne de feuilles et auquel il ne restait que quelques rameaux desséchés. En 1775, Franklin quitta l'Angleterre pour n'y plus revenir; il en avait les larmes aux yeux. Le grand homme avait fait tout son possible pour éviter un conflit armé. Mais Franklin savait la partie perdue. La guerre allait bientôt se déchaîner. Pour sa part, il était convaincu que l'Amérique en sortirait victorieuse. Mais il pensait que cette guerre allait durer dix ans. A son âge, il n'espérait pas en voir la fin. Au moment où il débarquait sur le sol du Nouveau Monde, il apprit le premier choc entre troupes royales et milices américaines à Lexington en avril 1775. Les hostilités étaient ouvertes.

LES COLONIES SE DÉTACHENT DE L'ANGLETERRE

Thomas Paine et le " bon sens "

L'émigrant *Thomas Paine* était Anglais. C'était un homme calme de nature qui, à la suite d'une querelle avec ses supérieurs, avait perdu son modeste emploi dans un département ministériel de Londres, s'était vu ruiné, avait laissé sa femme au pays pour émigrer en Amérique. Paine avait mis le pied sur le sol américain vers la fin de l'automne 1774, quelques mois avant que le différend qui opposait les colonies à la métropole fît place à la guerre ouverte.

THE HORSE AMERICA, *throwing his Master*

Le cheval America désarçonne son maître dont la cravache s'orne des attributs de la tyrannie : une hache, un poignard, des épées et des sabres. A droite, un jeune Américain porte l'étendard de la liberté (gravure allégorique de 1789).

Thomas Paine devint rédacteur d'un journal récemment fondé à Philadelphie et se tailla très vite une place au soleil. Il n'était pas des plus instruits — sa pauvreté en Angleterre ne lui avait pas permis d'envisager des études approfondies — mais il était très ouvert aux impressions et possédait le don des formules frappantes et vigoureuses pour les conceptions qu'il voulait défendre. C'était un très bon styliste du type populaire, un journaliste né qui, de nos jours, serait probablement un remarquable éditorialiste.

Le mois de janvier 1766 vit paraître le pamphlet intitulé *Common sense* (le bon sens, la saine raison). Ce libelle était anonyme, mais on sut bientôt que Thomas Paine en était l'auteur. Il y lançait un vibrant appel à tous les Américains, dans une langue accessible à tous, avec des arguments que chacun pouvait confirmer par son expérience personnelle. Paine s'abstenait de toute profession de foi philosophique ou politique et se contentait de faits simples, clairs, et par-là même fort éloquents. L'Amérique, disait-il, ne pourrait s'épanouir que lorsqu'il serait interdit à toute puissance européenne de se mêler de ses affaires. L'immixtion étrangère était économiquement ruineuse et, au surplus, avilissante pour le peuple d'Amérique. Jadis, cette dépendance vis-à-vis d'une puissance européenne se justifiait dans les faits. Maintenant, par contre, il y avait des raisons pour qu'elle prît fin. Lexington en avait donné le signal. Thomas Paine concluait sur ces mots : " Il n'est plus temps pour les palabres. La parole est aux armes. Dans notre vie politique, une nouvelle époque commence. Tous les projets et propositions antérieurs au 19 avril (date de la bataille de Lexington) ont à présent la même valeur qu'un calendrier de l'année passée. Le sang de nos morts et la nature elle-même nous crient : " A bas l'Angleterre! "

Même au printemps 1776, c'était là des paroles risquées. Partout en Amérique, on admettait qu'il fallait prendre les armes, mais en général les esprits n'étaient pas encore prêts à l'idée d'une rupture complète avec l'Angleterre ni à celle d'un État indépendant. Certes, on estimait nécessaire de s'opposer par la force à la politique britannique qui, selon les Américains, avait pour seul but de livrer les colonies à l'arbitraire de la métropole, mais on pensait qu'une fois la victoire acquise, on s'entendrait de nouveau avec l'Angleterre, sur une autre base et dans d'autres conditions.

Tel était, du moins, le programme primitif. L'idée d'indépendance prit bientôt sa place. Par son appel révolutionnaire à la " saine raison ", le pamphlet de Thomas Paine, à la fois plein de sensibilité et de froide logique, contribua largement à la rupture avec l'Angleterre et à la victoire finale. *Common sense* se répandit rapidement à travers toutes les colonies; en peu de temps, son tirage monta à un demi-million d'exemplaires.

La Déclaration d'indépendance et ses auteurs

" Nous considérons comme des vérités évidentes par elles-mêmes, que tous les hommes ont été créés égaux; qu'ils ont reçu de leur Créateur certains droits inaliénables, parmi lesquels sont la vie, la liberté et la recherche du bonheur; que c'est pour maintenir ces droits que les gouvernements ont été fondés et qu'ils ne tirent leur légitime pouvoir que du consentement des gouvernés; que chaque fois qu'une forme de gouvernement devient destructive de ces droits, le peuple est en droit de la changer ou de la supprimer, et d'instituer un autre gouvernement, en le basant sur les principes, et en organisant ses pouvoirs selon les formes les plus propres, selon ses vues, à assurer sa sécurité et son bonheur. Certes, la prudence exige que des gouvernements existant depuis longtemps ne soient pas modifiés pour des causes futiles et momentanées. L'expérience de tous les siècles a en effet témoigné que l'humanité est plus portée à endurer des maux tant qu'ils sont supportables, qu'à se faire justice à elle-même en abolissant des formes auxquelles elle est habituée. Mais quand une longue suite d'abus et d'usurpations convergeant invariablement vers la même fin, prouve clairement un dessein de soumettre le peuple à un despotisme absolu, il a le droit et même le devoir de secouer le joug d'un tel gouvernement et de se donner de nouveaux garants de sa sécurité future. Telle a été la patience des colonies et telle est maintenant la nécessité qui les oblige à changer leur ancien système de gouvernement. "

En 1776 — le 4 juillet, devenu depuis la fête nationale des États-Unis d'Amérique — ces paroles furent sanctionnées par un vote du congrès de Philadelphie et consignées dans le document le plus célèbre de l'histoire américaine, la Déclaration d'indépendance. Ce document établissait que dorénavant les colonies d'Amérique formaient un État libre et indépendant. Les liens les unissant à la Grande-Bretagne étaient à jamais rompus. Le roi George III, disait le document, s'était rendu coupable d'une série d'atteintes aux droits des ci-devant colonies; il avait voulu faire de leurs habitants des esclaves. Les forfaits du roi étaient décrits dans tous leurs détails. Placés dans une situation telle, les Américains n'avaient pas eu d'autre recours que de prendre les armes.

Un contemporain dit que la Déclaration d'indépendance avait eu le merveilleux effet d'éveiller les treize États à la vie. Plus tard, l'historien et homme politique anglais George Otto Trevelyan consacrait un chef-d'œuvre à la fois littéraire et scientifique à la révolution d'Amérique et montrait une grande compréhension à l'égard de la cause américaine. Il y dit notamment ceci : " Lorsque l'Amérique s'exprime dans la Déclaration avec cette netteté qui ne trouve sa pareille dans aucun document politique du Vieux Monde, elle s'assure dans la famille des peuples une place n'appartenant qu'à elle seule. "

PACIFIQUE

OCÉAN

C A N A N

Vancouver

Seattle

WASHINGTON

Portland

Columbia

Saskatchewan

Winnipeg

1846
(Territoire anglais annexé)

OREGON

MONTANA

Missouri

Yellowstone

DAKOTA
NORD

1818

IDAHO

Parc
National de
Yellowstone

DAKOTA
SUD

WYOMING

CALI-

Grand
Lac Salé

Salt Lake City

NEVADA

FAR WEST

1848
(cédé par le Mexique)

UTAH

San Francisco

NEBRASKA

1803
(acheté à la France)

Omaha

Kansas

COLORADO

Colorado

KANSAS

Arkansas

FORNIE

Los Angelès

ARIZONA

Santa Fé

NOUVEAU

MEXIQUE

OKLAHOMA

Tucson

1853
(cédé par le Mexique)

El Paso

1845
(Territoire mexicain annexé)

TEXAS

Rio Grande del Norte

San Antonio

M E X I Q U E

Tampico

Les treize colonies en 1776

Territoires cédés par l'Angleterre
au traité de Versailles en 1783

Territoires acquis ou annexés
après l'Indépendance

Limites actuelles des États

0   750 km.

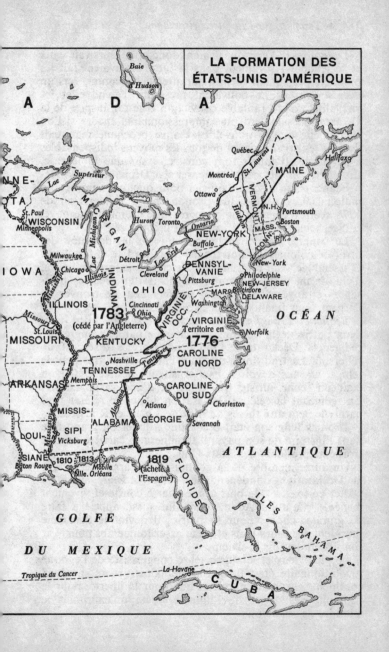

LA FORMATION DES ÉTATS-UNIS D'AMÉRIQUE

1783
(cédé par l'Angleterre)

VIRGINIE OCC.

VIRGINIE
Territoire en
1776

1810 **1813**

1819
(acheté à
l'Espagne)

Les colons d'Amérique avaient donc brûlé leurs vaisseaux et se jetaient résolument dans la lutte. Ils avaient fait les premiers pas sur un chemin parfaitement inconnu, vers un avenir dont ils ne pouvaient pressentir l'étendue et les virtualités. L'inébranlable conviction et le ton inspiré de la Déclaration semblent plus impressionnants encore si l'on se rappelle que le nouvel État ainsi proclamé manquait de tous les organismes et de tous les moyens indispensables à sa survie. Il fallait tout construire sur une table rase. En effet, on ne peut comparer la Déclaration d'indépendance à un discours officiel pour quelque anniversaire national. Les Américains prononcent la Déclaration de 1776 avant même d'avoir pu construire les murs du nouvel édifice, jeter les bases du nouvel État.

Le congrès de Philadelphie réunissait les délégués des diverses colonies devant former plus tard les États-Unis. L'assemblée avait pour mission de créer une force militaire, d'établir un plan de campagne, de traiter avec les puissances étrangères et, en tout premier lieu, de trouver de l'argent pour financer la guerre de libération.

Benjamin Franklin et *Thomas Jefferson* faisaient tous deux partie de la commission chargée par le Congrès de rédiger la Déclaration d'indépendance. Le texte est de Jefferson. La tradition veut qu'il l'ait écrit en très peu de temps, et sans devoir consulter aucune source. Jefferson était un jeune juriste très doué et d'une vaste culture. En rédigeant la célèbre Déclaration, il put se référer tout naturellement aux thèses de Milton, Locke et Rousseau.

Thomas Jefferson était prédestiné à jouer un grand rôle dans l'histoire de son pays; il terminera sa carrière comme troisième président des États-Unis.

Un autre membre de la commission chargée de rédiger la Déclaration d'indépendance, *John Adams*, aimait à porter ce toast : " Je bois à une guerre courte et vivement menée! " Ce John Adams était, lui aussi, appelé à faire de grandes choses pour sa patrie; il devint le deuxième président des États-Unis et vécut assez longtemps pour voir son fils en devenir le sixième.

Le plus vieux et le plus célèbre congressiste de l'époque révolutionnaire était Benjamin Franklin; vénéré sur deux continents, Franklin ne vivait que pour la liberté, pour le triomphe des droits de l'homme, idéal qu'exprimait le moindre de ses actes.

Benjamin Franklin avait alors soixante-dix ans. Il estimait l'heure venue de se sentir vieux. Mais il n'y réussit jamais complètement. En fait, il entrait dans cette période de sa vie où il devait accomplir ses plus beaux exploits. A l'automne 1776, Franklin quittait Philadelphie pour aller représenter le Congrès à Paris.

Le général George Washington

Il y avait encore *George Washington*, le généralissime des troupes américaines. Si l'on demande à un Américain d'aujourd'hui quel est le représentant idéal de son peuple, il citera probablement George Washington. A juste titre. Sans doute, Washington n'était pas un génie politique et n'entrait que de justesse dans la catégorie des grands capitaines. Mais c'était à la fois un gentleman et une grande personnalité, alliant l'élévation de pensée et la noblesse des actes à la modestie et la simplicité. Il avait un but dans la vie et s'y dévouait de toutes ses forces. L'orgueil et l'arrogance lui étaient étrangers : George Washington resta toujours le même jeune cavalier virginien, ouvert, jovial, amoureux de la vie et sensible à tous ses dons. Jamais il ne perdit courage. Sa nature avait pourtant quelque chose de mélancolique, parfois un accès de dépression lui valait quelques heures de doute et même de désespoir. Mais il reprenait rapidement le dessus. Dans ces quelques lignes adressées à son jeune ami, le marquis de La Fayette, il se dépeint lui-même avec beaucoup de justesse : " Dans un combat aussi gigantesque que celui-ci, nous ne pouvons nous attendre à ce que le soleil brille sans cesse sur notre chemin. Je ne doute nullement que tout finira par s'arranger, nous vaincrons les difficultés et connaîtrons le bonheur. Et alors mon cher marquis, vous m'accompagnerez en Virginie et nous rirons de nos déboires et de la sottise des autres. "

Cette nostalgie du pays natal ne cessa de poursuivre George Washington au cours de toutes ses campagnes et ensuite pendant son mandat présidentiel. Le premier personnage des États-Unis préférait à tout autre endroit son domaine de Mount Vernon, non loin de l'actuelle Washington. Les années qui suivirent la révolution furent les plus heureuses de son existence; Washington put alors se retirer à Mount Vernon et mener l'existence qui lui paraissait idéale : celle de gentleman-propriétaire.

Nous n'en sommes pas encore là. George Washington dut vaincre des difficultés inouïes dès le moment où il prit le commandement des insurgés. Au début de la guerre, on pouvait difficilement parler d'une armée américaine. Il fallut rassembler des troupes, les pourvoir d'armes et de vêtements, les exercer, leur procurer une solde. La jeune Amérique connaissait une grave pénurie d'argent et donc d'uniformes. Washington partait en guerre contre les excellents grenadiers du roi George avec une armée de paysans et de bûcherons, une armée du plus curieux effet. Les soldats américains étaient fort courageux et, pour la plupart, des tireurs de tout premier ordre. Par contre leur équipement faisait pitié. Malgré cela, l'armée se mit en marche. Affamés, transis de froid, les hommes n'avaient pas d'uniformes et parfois même pas de souliers. Les Américains subirent plusieurs défaites et leur victoire finale tient presque du miracle.

Les problèmes d'équipement n'étaient pas le seul souci de leur général en chef; Washington dut également se défendre contre les intrigues et la calomnie; ses adversaires mettaient tout en œuvre pour le déposséder de ses hautes fonctions; le Congrès ne semblait que trop enclin à prêter une oreille complaisante aux propos de la cabale. Or Washington n'était nullement doué pour l'intrigue et répugnait à se faire valoir. Il n'en avait d'ailleurs nul besoin. Le petit peuple mettait en lui tous ses espoirs. Cette confiance populaire qui se mua très vite en une respectueuse affection était son bien le plus précieux, son principal soutien et la source où il puisait des forces nouvelles.

George Washington rêvait du jour où les États américains, unis et libres, pourraient sans aucune immixtion des puissances européennes annexer les énormes territoires de l'Ouest, alors toujours fermés à la civilisation. Washington basait sur ce grand rêve toute sa politique, pour autant qu'on pût parler d'une véritable politique. Tous ses regards étaient tournés vers l'Ouest.

LA GUERRE D'INDÉPENDANCE

Avant que la France ne prêtât main-forte aux " insurgents " d'Amérique, personne ne doutait d'une victoire anglaise; on retrouve cette conviction dans diverses sources. L'Angleterre n'aurait même pas à consentir de grands efforts, il lui suffirait d'attendre que le mouvement révolutionnaire s'effondrât de lui-même.

George Washington inaugura sa campagne par le siège de Boston qui, chose curieuse, fut évacuée par les Anglais. C'était là un grand succès pour les Américains. Cependant de lourds revers allaient bientôt suivre. Les Anglais avaient envoyé en Amérique une armée puissante et bien entraînée ainsi qu'une bonne partie de leur flotte. Contre de telles forces, Washington ne put se maintenir. Il dut quitter ses retranchements sur la ligne de l'Hudson et les troupes anglaises marchèrent vers le sud pour enfoncer un coin entre les États du Nord et les États du Sud. La situation devenait critique. Ce fut alors que la fortune changea de camp. Une armée anglaise avait quitté le Canada et progressait vers le sud, sous les ordres du général *Burgoyne*. Elle ne put résister à la nature américaine. Le général Burgoyne s'égara avec ses troupes. Dans ses efforts héroïques pour se frayer un chemin à travers la forêt vierge, il fut contraint d'abandonner ses équipages et son artillerie. Lorsqu'il atteignit enfin Saratoga, ses troupes étaient épuisées. A cet endroit l'attendait une armée américaine. Burgoyne choisit la capitulation. C'était le 17 octobre 1777.

Le monde vit alors un spectacle étonnant : la France, l'État le plus aristocratique et le plus absolutiste d'Europe, faisait cause commune avec les républicains d'Amérique en rébellion contre leur roi. Benjamin Franklin était pour beaucoup dans l'initiative française. Arrivé à Paris en décembre 1776, Franklin y remporta une victoire diplomatique complète, se gagna aussitôt la sympathie des sphères élevées. Sa maison de Passy devint le pèlerinage de tout ce qui avait nom, fortune ou réputation intellectuelle. On se pressait pour voir le grand homme et lui dire quelques mots. Dans leur admiration, les Français voyaient en lui un vrai personnage de Rousseau. Franklin se gagna également l'estime du gouvernement. Le comte de *Vergennes*, ministre des Affaires étrangères, était un homme prudent mais énergique et clairvoyant. Son rêve était de venger le traité de Versailles de 1763 et de rétablir la France dans sa position dominante. Vergennes voyait bien les risques d'une éventuelle rupture avec l'Angleterre. Néanmoins les arguments de Franklin et la victoire de

Saratoga forcèrent sa décision. Le 6 février 1778, la France signait un traité d'alliance avec les révolutionnaires d'Amérique. La France s'engageait à participer activement aux hostilités. Vêtu d'un simple habit de velours brun, Benjamin Franklin fut reçu dans les splendeurs de Versailles. Il se montra digne de la louange des milieux littéraires français : " Au ciel il arracha l'éclair et le sceptre aux tyrans ! "

Dès lors, la tempête se déchaîna sur l'Empire britannique. A cette époque, Benjamin Franklin pouvait écrire en Amérique que les Anglais ne comptaient plus aucun ami de l'autre côté de la Manche. Le Continent tout entier priait pour la défaite de l'Angleterre. Dans la plupart des pays, on souhaitait voir Albion vaincue et humiliée. L'Angleterre était parfaitement seule.

En 1779, l'Espagne se joignit à la France. En 1780, la Russie et les États scandinaves entrèrent également dans " l'Alliance de la neutralité armée ", qui voulait imposer la libre circulation des navires neutres entre les pays belligérants, à la seule condition de ne pas se livrer à la contrebande de guerre. Plus tard, la Prusse et la République des Provinces-Unies vinrent se joindre à ces " neutres " dont l'action était, en fait, dirigée contre l'Angleterre.

Le Royaume-Uni n'allait pas se laisser faire. Londres déclara la guerre à la Hollande, qui fournissait aux insurgés d'Amérique des marchandises de toute première nécessité. De l'autre côté de l'Océan, l'Angleterre passa également à l'offensive. Les troupes anglaises tentèrent une nouvelle fois d'enfoncer un coin entre les États du Nord et les États du Sud tandis que la diplomatie anglaise entamait une action poursuivant le même objectif. Le cabinet de Londres semble avoir envisagé la possibilité de rompre l'Union des treize États en reconnaissant l'indépendance des États du Nord et du Centre à condition que l'Angleterre conservât la Caroline et la Géorgie. Ceci constituait une grave menace pour les futurs États-Unis. Les succès militaires remportés par les habits rouges même après le débarquement d'une armée française, avaient aussi de quoi décourager les insurgés. Mais un événement décisif devait alors se produire. L'armée anglaise du général *Cornwallis*, entrée en Virginie, se trouva soudain encerclée dans Yorktown. Pour les Anglais,

Benjamin Franklin fut reçu en audience par Louis XVI à Versailles le 20 mars 1778. Contrairement à la mode de l'époque, Franklin ne portait pas de perruque, ce qui ne manqua pas d'étonner la cour (gravure sur cuivre de Daniel Chodowiecki).

la situation devenait désespérée. Cornwallis capitula le 19 octobre 1781.

C'était la fin. Les Anglais avaient définitivement perdu la partie. Cornwallis, homme de grande expérience, représentant distingué de la haute aristocratie britannique, homme de guerre très courageux et très compétent, et de surcroît grand patriote, dut bien constater que tout était perdu. A son avis, l'Angleterre n'était pas en mesure d'envoyer une nouvelle armée de l'autre côté de l'Océan.

En février 1782, un membre de la Chambre des communes demanda la parole pour réclamer l'arrêt des hostilités. Le 4 mars de la même année était adoptée une motion selon laquelle tous ceux qui demandaient la poursuite de la guerre seraient considérés comme "ennemis de Sa Majesté et du Royaume". Le 20 mars, Lord North se vit forcé d'offrir sa démission.

La paix fut conclue l'année suivante, en 1783, le traité signé à Paris et à Versailles. L'Empire britannique tombait en morceaux. L'Angleterre reconnaissait l'indépendance des États-Unis et leur cédait l'ensemble des territoires situés entre le Mississipi et les monts Alleghany. L'Espagne reçut la Floride et la France quelques territoires coloniaux de moindre importance. "Nous voilà maintenant amis de l'Angleterre et de toute l'humanité, écrivait Franklin. Et je souhaite que nous ne connaissions plus jamais la guerre, car, à mon avis, il n'y eut jamais de bonne guerre ni de mauvaise paix."

Tel était donc le commentaire du vieil idéaliste. Et l'Amérique partageait entièrement son opinion. Le pays poussa un soupir de soulagement et tourna ses regards vers l'avenir. L'Angleterre ne fit pas autre chose. Pour elle, le traité de Versailles de 1783 était un coup très rude. Mais ce coup fut supporté avec le plus grand courage. La majorité des Anglais s'étaient résignés sans aucun enthousiasme à ce conflit. Ils sentaient obscurément que ce n'était pas une guerre juste, mais une guerre fratricide. "Nous avons été vaincus dans la lutte contre l'Amérique, écrit un historien anglais moderne. Cela n'a rien d'étonnant et personne dans ce pays ne s'en est jamais plaint vraiment."

LES ÉTATS-UNIS D'AMÉRIQUE

Les États américains avaient donc conquis leur indépendance. Il s'agissait à présent de leur donner l'unité et une constitution commune.

Nous approchons de l'année 1789 où la Constitution des États-Unis fut proclamée et les résultats de la lutte pour l'indépendance enfin fixés. Cette année-là vit élire le premier président des États-Unis.

Après la victoire de Yorktown, en 1781, un officier de l'armée américaine avait dans une lettre écrite, à ce qu'il prétendait, au nom de ses camarades, proposé à Washington de s'emparer du pouvoir suprême et au besoin de se proclamer roi. Washington en repoussa l'idée avec une pieuse horreur. Il ne tenait nullement à se poser en dictateur militaire.

George Washington ne voulait pas le pouvoir pour lui-même. Il souhaitait l'union solide de tous les États et la création d'un organe central de gouvernement pour consolider et maintenir la cohésion du pays tout entier et la force de la communauté. Ce vœu était partagé par nombre de personnalités dirigeantes parmi lesquelles Thomas Jefferson, Alexander Hilton et James Madison. Ces deux derniers, nouvelles étoiles au firmament politique, marquèrent de leur sceau la Convention nationale qui se réunit en 1787 à Philadelphie sous la présidence de George Washington pour élaborer la nouvelle constitution.

La Convention accomplit sa tâche en l'espace de quatre mois. Le projet de constitution était prêt. Ce fut le point de départ d'une ultime et vive controverse. De puissants particularismes entraient en jeu; les différents États tenaient à garder leurs privilèges et s'adaptaient difficilement aux exigences de l'intérêt général. Le projet fut finalement adopté par un nombre d'États suffisant pour pouvoir entrer en vigueur. C'est à James Madison qu'on doit l'essentiel de la Constitution. Il était sans aucun doute sous l'influence de théories politiques modernes et entre autres celles de Montesquieu. Toutefois, il s'appuyait en premier lieu sur la tradition politique de l'Angleterre et sur les principes de l'Union d'Utrecht de 1579. Aux termes de la remarquable constitution qui allait désormais entrer en vigueur, le pouvoir exécutif était confié à un président élu pour quatre ans par la nation entière et nanti de pouvoirs très étendus. Le pouvoir législatif et le droit de déclarer la guerre appartiendraient au Congrès, partagé en deux chambres. La première, la Chambre des députés, se composait de membres élus tous les deux ans par le peuple sur la base de la représentation proportionnelle. L'autre chambre, appelée Sénat, se composait de deux représentants par État, quelle que soit sa population, élus pour six ans par les assemblées législatives. Le troisième pouvoir était le pouvoir judiciaire dont le rôle ne se bornait pas à l'exercice de la justice, mais qui devait également veiller à l'intangibilité de la Constitution.

Le 16 avril 1789, George Washington notait dans son journal : " Vers 10 heures, je pris congé de Mount Vernon, de ma vie privée et de mon bonheur familial. L'esprit lourd de pressentiments impossibles à formuler, j'acceptai de faire ce voyage de New York dans l'intention de servir au mieux mon pays puisqu'il m'appelait à sa tête, mais avec le très faible espoir d'être à même de répondre à ce qu'on attendait de moi. "

L'HÉRITIER

Crises gouvernementales en Angleterre

Par une glaciale soirée de mars 1782, Lord North eut la grande satisfaction de remettre au Parlement la démission de son cabinet.

Diverses rumeurs circulaient à Londres. On disait que le roi ne voulait à aucun prix de Lord Rockingham comme Premier ministre. Les initiés chuchotaient que le roi allait abdiquer et que l'Angleterre deviendrait une république. De fait, George III avait fait rédiger un acte d'abdication : " A son grand regret, Sa Majesté constate qu'elle ne peut plus être utile à son pays ce qui l'oblige à un acte douloureux entre tous : quitter pour toujours la patrie. " George III tenait cette proclamation sous clef dans un tiroir de son bureau.

Il n'eut pas besoin d'en faire usage. Le roi parvint à constituer un nouveau ministère. Force lui fut néanmoins d'accepter Lord Rockingham et son détestable programme : " mettre fin dans les plus brefs délais à la guerre d'Amérique et limiter les pouvoirs de la Couronne. " Sous la direction de Rockingham, on trouvait le comte de Shelburne et Charles Fox.

Ministre des Affaires étrangères, *Charles Fox* reçut mission de conclure une paix aussi honorable que possible en reconnaissant l'indépendance des colonies américaines. Fox mit à cette tâche une énergie stupéfiante, à la surprise de ses amis et pour la plus grande fureur de ses adversaires. Le dandy devint un autre homme. On ne le vit plus à son cercle, au grand mécontentement des membres dont bon nombre s'étaient " mis en règle de cotisation " pour pouvoir rencontrer un ministre en exercice.

Pourtant, un beau jour de l'été 1782, Charles Fox réapparut au club. " Le Prince de Galles, notait Horace Walpole, a dîné avec M. Fox. Ils ont bu royalement. Charles s'est ensuite rendu au Brook's Club où il est resté jusqu'à quatre heures. Et comme il était encore très tôt, il décida de finir la soirée au White's Club. " A ce moment-là, Fox avait déjà cessé d'être ministre. Lord Rockingham qui avait pris froid mourut tout à fait inopinément au début de juillet. Il fallait donc constituer un nouveau ministère. Le comte de *Shelburne* se mit en avant et obtint le poste de Premier ministre. Furieux, Fox refusa tout net d'encore faire partie du cabinet, s'imaginant sans doute que Shelburne ne pourrait se passer de lui et viendrait humblement le prier de rentrer dans son équipe. Cet espoir déçu, Fox revint à son club et à ses anciennes distractions, le jeu et les dames. Shelburne dominait la situation. Pour consolider sa position au Parlement, Fox rechercha l'appui de Lord North. Ainsi se noua la fameuse coalition Fox-North où un contemporain voyait " la plus impudente combinaison encore jamais vue, même à notre époque ".

Fox voulait porter un coup décisif à l'autorité du roi. Son principe directeur avait toujours été de défendre les droits et l'influence du Parlement contre les prétentions de la Couronne. Fox prit donc l'offensive contre Shelburne et se trouva des appuis. En février 1783, Shelburne se vit contraint de se retirer. Fox et North furent, bien entendu, les chefs du nouveau gouvernement.

Le roi ne put qu'accepter ce nouveau ministère, mais avec quelle indignation! Dès qu'il en avait été question, George en était resté, pour un instant, muet de fureur. Car s'il détestait quelqu'un au monde c'était bien Charles Fox qui menait une vie dissolue. Cela seul eût suffi à le condamner aux yeux du roi. Au surplus, ce débauché osait vouloir limiter les prérogatives de la Couronne.

C'était pire encore. Mais le plus grave était peut-être qu'il fût très bon ami du prince de Galles, qu'il menait — et de cela le roi était absolument sûr — dans les voies de la perdition, du péché, de l'ivrognerie, de la plus folle prodigalité. George III se promit d'écarter aussitôt que possible Charles Fox et son gouvernement.

L'occasion ne se fit point attendre. En novembre 1783, Fox déposait sur le bureau de la Chambre un projet de réforme en Inde, élaboré avec Burke. Le but principal en était de transférer à une commission gouvernementale l'autorité de la Compagnie des Indes orientales. Londres attendit le débat aux Communes dans un état d'extrême tension politique. La salle était comble lorsque Fox prit la parole. Burke lui succéda à la tribune; il décrivit Fox comme un héros de l'humanité : " Les regards du monde entier sont fixés sur lui. " Les Communes adoptèrent le projet. Mais lorsqu'il fut transmis à la Chambre des lords, le roi résolut d'intervenir contre ce projet qu'il ne voulait à aucun prix voir prendre force de loi. Car un vote affirmatif rendrait particulièrement forte la position du cabinet c'est-à-dire la coalition Fox-North. Celui qui gouvernerait l'Inde pouvait être assuré de nombreux partisans puisque les Indes représentaient à cette époque une grande source de richesses et des possibilités illimitées. Le roi fit entendre qu'il considérerait comme ses ennemis personnels tous les membres de la Chambre des lords votant pour le projet. L'*India Bill* fut repoussé.

Charles Fox était un charmeur; on l'appelait le " maître sorcier ". Mais le peuple avait conçu de la méfiance à son égard. Il s'était allié à North après l'avoir attaqué pendant des années : les Anglais y virent une véritable conspiration. Fox fut décrit comme un politicien sans principes ni scrupules, un vulgaire aventurier. Sous de telles critiques, sa position devint vite intenable. En décembre 1783, le cabinet Fox-North dut donner sa démission.

Les représentants de la nation partirent d'un rire grinçant lorsqu'ils surent à qui le roi avait confié la formation du nouveau gouvernement. Un jeune homme de vingt-quatre ans, membre du Parlement depuis trois ans à peine, devenait Premier ministre de Grande-Bretagne. Mais il était le fils du comte de Chatham et prouverait que bon sang ne peut mentir.

William Pitt le Jeune faisait son entrée dans l'Histoire.

William Pitt le Jeune

"William est mon espoir et ma consolation."; le vieux Chatham avait certes une excellente opinion de son fils. Rien d'étonnant à cela : il avait éduqué le garçon lui-même, lui avait appris à bien lire, bien parler, à goûter la littérature classique. Outre cet amour des bons auteurs, il avait transmis au jeune William le sens de la politique. Le résultat fut surprenant. William était une sorte d'enfant prodige. Il avait à peine sept ans qu'il écrivait déjà un latin aisé, correct, et même élégant.

Vers le même âge William apprit que son père venait d'être élevé à la pairie. Une réflexion à ce propos montre à quel point il pouvait être précoce. Le garçon dit se réjouir beaucoup de ne pas être l'aîné des fils Pitt : il pourrait donc servir son pays à la Chambre des communes. Avec le titre, c'eût été impossible. Un tel langage à sept ans! En fait, William Pitt le Jeune n'eut pas de véritable jeunesse. Il était extraordinairement appliqué et ambitieux. Dès son plus jeune âge, il fut on ne peut plus conscient de ses responsabilités. Sérieux, renfermé, il évoluait parmi des camarades d'université généralement beaucoup plus âgés. William n'avait ni le temps ni l'argent nécessaire aux aventures de l'adolescence; elles ne l'attiraient d'ailleurs pas le moins du monde. Il n'aimait ni l'aventure ni le risque; ceci allait apparaître plus tard dans sa vie privée comme dans sa carrière politique. Les tentations n'avaient pratiquement aucune prise sur son caractère. Il n'a jamais aimé une femme hormis sa mère. Le jeune Pitt donnait l'impression d'être orgueilleux, froid, farouche et parfaitement inaccessible. Le contact avec ses semblables lui était fort malaisé. Pourtant, il était plein d'assurance et de confiance en soi. Comme son père avant lui, il était intimement persuadé que nul autre n'était capable d'assurer le salut du royaume.

En politique, William Pitt le Jeune était un optimiste; à ses yeux, le triomphe final des nobles idéaux paternels ne faisait aucun doute. On ne peut parler de " naïveté " à propos d'un tel homme; n'empêche, il y avait quelque chose du rêveur chez ce ministre qui, à part une courte interruption, a régné vingt-deux ans sur les destinées de la Grande-Bretagne, parmi les crises les plus noires, et a conduit le monde dans sa lutte contre Napoléon. Il s'était montré trop tôt capable d'assumer une lourde tâche ; de sa chambre d'enfant, il était entré sans transition dans la vie active. Jamais il ne fut un homme comme les autres. En somme, il connaissait fort peu de la vie, telle qu'elle est menée et comprise, goûtée et maudite par la majeure partie du genre humain. Pitt le Jeune vivait dans une sphère à part, selon sa propre harmonie, inaccessible et planant au-dessus de toutes choses.

Sa plus grande force était de ne jamais se laisser décourager. En toute circonstance, il savait garder son calme. Ses amis nous apprennent que, dans la période la plus critique de son existence et de l'histoire d'Angleterre, il affrontait les épreuves avec un sang-froid toujours égal, presque gaiement pourrait-on dire ; jamais il ne perdit confiance.

En 1781 — à peine deux ans après que Chatham eût prononcé son dernier grand discours — Pitt était âgé de vingt et un ans. Son *maiden-speech* aux Communes eut un succès éclatant. Les " honorables membres " étaient ravis. Burke ne dissimulait pas son enthousiasme. Lord North (qui n'avait pourtant aucune raison de se montrer aimable envers ce jeune homme qui ne lui cachait pas son mépris) déclara que ce début était le meilleur auquel il eût jamais assisté. Dorénavant, il n'y eut plus le moindre rire sur les bancs de l'Assemblée lorsqu'un député prononçait le nom de Pitt. Au contraire, on écoutait alors avec la plus grande attention. Les vieux parlementaires blanchis sous le harnais sentaient bien que ce jeunot serait un digne adversaire et même leur supérieur. Lorsqu'en janvier 1784, Pitt fit sa première apparition au Parlement en sa qualité de Premier ministre — le plus jeune Premier ministre dans toute l'histoire d'Angleterre — il fit une déclaration solennelle qui nous donne une idée exacte de sa nature et de ses intentions : " La pureté de mon cœur, mes principes et l'intérêt général me dicteront toujours ma conduite. Je ne m'abaisserai jamais à être un outil aux mains d'un conseiller secret. Mais jamais non plus, tant que j'aurai l'honneur d'appartenir à ce gouvernement, je n'assumerai la responsabilité de mesures que je n'aurai pas prises moi-même. " Et en disant ceci, il jetait un regard de mépris sur North qui s'était laissé si longtemps mener par le bon plaisir du roi.

Un duel entre William Pitt et Charles Fox allait dominer la scène politique anglaise pendant de nombreuses années. Les deux hommes différaient beaucoup l'un de l'autre : Pitt était aussi calme, froid, supérieur, imperturbable, correct et raide que Fox était hypersensible et pathétique. Fox dirigeait l'opposition libérale du parti whig, avec Burke à ses côtés. Pitt représentait une tendance conservatrice du même parti; à la longue, les tenants de cette doctrine héritée de Chatham se rapprochèrent des Tories. Les deux antagonistes comptaient parmi les plus brillants orateurs jamais entendus aux Communes. C'est à cette époque que l'éloquence parlementaire connaît ses plus beaux jours dans le pays le plus parlementariste du monde.

William Pitt le Jeune s'était fixé une vaste tâche : rendre à l'Angleterre une place dominante dans le concert des nations. La guerre pour l'indépendance américaine avait porté un coup très rude au prestige britannique. Tout portait à croire que l'Angleterre entrait dans une période de déclin, que ses ressources étaient épuisées. Mais Pitt sut montrer qu'il n'en était rien.

Le nouveau chef du gouvernement lança aussitôt une action très efficace pour édifier un nouvel empire britannique. Les célèbres voyages de *James Cook* en Australie, de 1760 à 1780, indiquèrent la voie à suivre, la façon de remplacer les colonies perdues.

Par ailleurs, Pitt souhaitait la paix afin de pouvoir s'occuper des réformes nécessaires. Peu avant de prendre la direction du pays, il avait déclaré : " Le peuple est en droit d'attendre qu'un plan économique complet, adapté aux circonstances nouvelles, soit immédiatement soumis au Parlement. " C'est à cette époque que Pitt fournit ses meilleures réalisations sur le plan économique. Il restaura les finances du royaume et rendit l'Angleterre plus riche qu'elle ne l'avait jamais été. Sur ce terrain, il fut aidé par des forces nouvelles qui mirent en branle le vaste processus connu sous le nom de " révolution industrielle ". Par son effort inlassable, Pitt mit l'Angleterre en mesure de résister aux épreuves qu'allait traverser le pays dès le moment où éclaterait la Révolution française.

LE GOUVERNEUR GÉNÉRAL

Warren Hastings

En Inde, Clive avait succédé au Français Dupleix. *Warren Hastings* succéda à Clive.

Le 13 février 1788, les Londoniens assistèrent à un

spectacle inhabituel. Dès six heures du matin, une grande foule s'était rassemblée devant Westminster Hall. En un cortège imposant, les pairs ou membres de la Chambre des lords s'avançaient dans leurs grands manteaux rouges. Peu auparavant, les membres de la Chambre des communes étaient arrivés sur les lieux. Sur ces entrefaites, une assistance choisie avait pris place dans la vaste salle historique. Dans une des loges, on pouvait voir la reine et sa suite; dans une autre se tenait le prince de Galles. Les membres du corps diplomatique se pressaient dans les galeries; on y voyait également les personnalités londoniennes les plus marquantes et notamment l'élite des arts et des lettres. Parmi les membres de la Chambre des communes, on apercevait en tout premier lieu Edmund Burke qui, parmi les accusateurs, serait le premier à prendre la parole. Dans une loge spéciale, était assis l'accusé, Warren Hastings, ancien gouverneur général du Bengale.

Les accusations portées contre lui étaient de la dernière gravité : dans l'exercice de ses hautes fonctions, Hastings s'était, disait-on, rendu coupable d'arbitraire, de spoliations à l'égard de la population indigène, d'atteinte aux traités et de prévarication.

Quarante ans environ avant le jour mémorable où Edmund Burke devait tenir un discours vengeur dans la salle de Westminster Hall, un jeune garçon errait dans les bois entourant le petit village de Churchill, Oxfordshire. Hastings raconta par la suite comment s'était déroulée son enfance à Churchill. Souvent, il allait s'asseoir au bord d'une petite rivière pour y rêver au domaine familial que ses parents avaient dû vendre. L'œil perdu dans le ciel d'été, le garçon se jurait bien de racheter un jour la terre de ses ancêtres.

A cette époque, Warren Hastings ne possédait pas un sou, mais un parent lui offrit une bonne éducation à la très distinguée Westminster School, à Londres.

Hastings obtint à vingt-cinq ans son premier poste de quelque importance; en 1758, l'année suivant la conquête du Bengale par Robert Clive, il devint représentant de la Compagnie à la cour du souverain bengalais. En 1761, il fut nommé membre du Conseil de Calcutta et, en 1771, gouverneur du Bengale. En 1773, lorsque le Parlement eut voté une loi sur l'exercice du pouvoir royal dans les Indes, il obtint le titre de gouverneur général, ce qui faisait de lui la plus haute autorité dans ces possessions britanniques. Hastings occupa ce poste jusqu'en 1785, y rendit de très éminents services. En récompense, ses contemporains allaient un jour le traîner dans la boue et l'écraser complètement. Mais la postérité lui rend justice et voit en Warren Hastings " le premier et le plus célèbre des vice-rois, le plus grand des gouverneurs généraux qui aient représenté l'Angleterre aux Indes ".

Hastings avait acquis une excellente formation. On ne pouvait en dire autant de Robert Clive, non plus d'ailleurs que de la plupart des officiers et fonctionnaires chargés d'assurer la domination britannique dans ces contrées d'Asie. A cet égard, Hastings était une remarquable exception. Le brillant élève de Westminster School était devenu, à force de travail, un spécialiste de la culture, des institutions, des doctrines religieuses, de la vie sociale et de l'histoire de l'Hindoustan; et non content d'étudier toutes ces questions, le gouverneur encourageait les autres à faire de même.

Il apprit l'hindoustani et le persan, aborda l'étude du sanscrit et des livres sacrés. Hastings fit installer la première presse d'imprimerie aux Indes; sa première publication fut une grammaire de la langue bengali. Autre de ses créations : la Société asiatique du Bengale, dont le but était de promouvoir l'étude des civilisations orientales, Hastings envoya des expéditions scientifiques vers le Thibet, la mer Rouge et la Cochinchine. Le gouverneur avait pour grand principe que les bâtisseurs de l'Empire devaient connaître l'Inde et ses populations. Plus tard, un poète devait dire que l'Orient et l'Occident ne pourront jamais se rencontrer; dans son enthousiasme, Hastings voulait, lui, unir l'un et l'autre par des sentiments mutuels d'estime et de compréhension.

C'est à Warren Hastings que l'Angleterre dut de ne pas perdre les Indes au moment où les Américains se détachèrent de la mère-patrie. Mais il lui fallut mener une lutte très dure et y mettre en jeu son propre bonheur, sa réputation et sa fortune.

Le vice-roi du Bengale

Lorsqu'en 1771, Warren Hastings était venu occuper son poste de gouverneur, les possessions anglaises des

Indes se composaient de deux villes médiocrement fortifiées, Bombay et Madras, et du Bengale où Clive avait offert le pouvoir à ses compatriotes, tout en laissant un souverain autochtone règner sous leur contrôle. Cependant, la situation au Bengale était confuse et fort peu sûre. Le pays manquant d'une administration organisée, l'anarchie y était presque complète. Les Anglais n'y avaient point d'amis; leurs finances sombraient dans le désordre et leurs fonctionnaires corrompus n'y servaient qu'eux-mêmes.

Lorsqu'en 1785 Hastings quitta le Bengale, il y avait jeté les bases d'une société solide; cet État fort allait au siècle suivant s'étendre à toutes les possessions britanniques aux Indes. Hastings avait fait de l'excellent travail, de première importance : il avait mis de l'ordre dans l'administration, remplacé l'arbitraire par le droit et la justice, offert aux Anglais des amis et des alliés. Car il avait su faire respecter la Grande-Bretagne dans cette partie du monde et convaincre les indigènes que les Britanniques étaient autant des bienfaiteurs que des conquérants. Warren Hastings lutta de toutes ses forces contre le préjugé voulant faire des autochtones une peuplade arriérée que le vainqueur européen pouvait traiter à sa guise. Rien ne l'indignait plus que cette prétendue " inférioté " des Hindous. Car Hastings témoignait à ces populations du respect et de la sympathie, jugeait leur culture, quoique différente, aussi respectable que la civilisation européenne et leurs traditions égales à celle des Occidentaux. Le premier devoir des Britanniques était, pensait-il, de traiter les Hindous avec tact et justice, d'assurer leur bien-être matériel et moral. A ses yeux, l'Inde ne pouvait pas être une simple source de revenus. Elle pouvait donner au monde bien plus que de l'argent et des balles de soie. Pour Hastings, l'Inde était un pays où, durant des millénaires, des hommes avaient vécu, pensé, s'étaient spirituellement développés, avaient fait fleurir de nombreuses civilisations. Elle méritait, par conséquent, qu'on s'y intéressât davantage d'un point de vue plus humain que purement politique et économique.

C'était là une vision toute nouvelle des choses. Clive, lui, considérait tous les Hindous comme un ramassis de voleurs et de mendiants; les représentants de la Compagnie partageaient évidemment cette opinion. Ceux-ci n'avaient pas le moindre respect pour les " natives ", juste bons à se faire exploiter de mille manières et pressurer jusqu'au dernier sou. Entre 1760 et 1770, la situation fut tout simplement scandaleuse. Les fonctionnaires de la Compagnie des Indes soumettaient les princes hindous au chantage et leurs peuples à l'exploitation. Ayant pris le monopole du commerce dans certains districts, ils fixaient eux-mêmes les prix du blé, du sel et autres produits de première nécessité. Dans le plus bel arbitraire, bien entendu. Ils ne changèrent rien à leurs méthodes lorsque, entre 1768 et 1770, une cruelle famine s'abattit sur le Bengale. La pluie n'étant plus tombée depuis longtemps, une terrible sécheresse fit périr les moissons et la faim s'installa dans le pays. La famine tua un tiers — d'autres disent la moitié — de la population. On vit alors des scènes affreuses. " Le Bengale, cet immense jardin luxuriant, n'était plus, pour une grande part, qu'un vaste désert. "

Des rumeurs parvinrent en Angleterre, où la réaction fut aussi vive que justifiée. Le public anglais ne pouvait admettre pareille chose et fut profondément indigné par la conduite des compatriotes établis outre-mer. Tous les coloniaux passèrent pour des aventuriers, des coquins, des hommes sans scrupules, indifférents au bon renom de leur patrie. Le mot de " nabab ", d'abord appliqué à Clive et aux premiers colonisateurs, devint une injure cinglante. Horace Walpole traduisait le sentiment général en écrivant : " Nous nous sommes montrés pires que les Espagnols au Pérou ! "

L'Angleterre comprit qu'elle devait faire quelque chose. Pour la première fois, l'Inde posait un problème politique au Royaume-Uni ; elle n'allait jamais cesser d'être un problème. Jusque-là, la Compagnie des Indes, forte des privilèges accordés par la Couronne, avait administré l'Inde à sa façon. Mais elle n'était visiblement pas à la hauteur de la tâche. La Compagnie n'était pas une organisation politique, mais seulement une société commerciale. Elle était faite pour commercer, non pour fonder un empire. A cela s'ajoutait encore que toutes les aventures aux Indes coûtaient des fortunes à la Compagnie, qui finit par connaître de graves difficultés financières et dut cesser ses paiements en 1772. L'année suivante, Lord North fit voter une loi qui plaçait la Compagnie sous le contrôle du Parlement. La Couronne fit également valoir ses droits. Le nouveau gouvernement de l'Inde (un gouverneur général et un Conseil de quatre membres) ne pouvait être nommé sans son approbation.

La fureur populaire se tourna contre Warren Hastings devenu gouverneur général, lorsqu'on eut vent de ce qui se passait aux Indes. Warren Hastings joua le rôle du bouc émissaire.

Le procès

Hastings rentra au pays en 1785 et put alors réaliser le rêve de son enfance : racheter le domaine familial, pour un prix exagéré d'ailleurs. " J'éprouve pour ces lieux un sentiment que d'autres peuvent à peine comprendre car ils se rattachent dans mon esprit à de très vivants souvenirs d'enfance. " A la signature du contrat, Warren Hastings était un homme parfaitement heureux qui venait d'atteindre un des buts de son existence. Ce bonheur fut de courte durée et le souvenir de cette joie allait être une indispensable consolation. Certes, à son retour Hastings avait reçu beaucoup d'honneurs. Le roi lui avait donné audience et témoigné des égards. Les cercles londoniens les plus exclusifs s'étaient disputé sa personne, les plus grandes dames du royaume ne lui avaient point ménagé les œillades admiratives. Hélas! ce triomphe fut de courte durée et bientôt noyé dans une tempête de protestations. Edmund Burke fit entendre aux Communes qu'il déposerait bientôt une motion de blâme contre " le gentleman qui vient de rentrer des Indes ". Ce fut le signal de toutes les furies.

Edmund Burke se montra le plus acharné à la perte de l'ancien gouverneur général. Les renseignements que lui avait donnés Sir Philip Francis mettaient le grand philosophe au comble de la rage. Ce Francis est considéré aujourd'hui, par certains et avec quelque raison, comme l'auteur des fameuses lettres signées Junius. Sir Philip Francis avait été nommé membre du Conseil devant administrer l'Inde aux termes de la loi de 1773. Pour un homme de l'âge de Francis, c'était un poste des plus importants et, de plus, fort bien rétribué (10 000 livres par an). Dès son premier jour aux Indes, Philip Francis n'avait eu qu'une idée : faire chasser Hastings du gouvernement général. Francis voulait voir son supérieur à terre, le faire " casser " par Londres. Ce souhait ne répondait pas à la seule ambition. D'autres mobiles agissaient peut-être plus puissamment encore.

Francis était un partisan acharné du parti whig et des idées que ce parti n'avait cessé de défendre depuis la révolution de 1688. Les Anglais, pensait-il, avaient pour premier devoir de lutter jusqu'à leurs dernières forces non seulement pour le maintien de leurs idéaux dans leur propre pays mais aussi pour leur diffusion dans le reste du monde. Ses compatriotes avaient failli à cette tâche. Par la façon dont ils traitaient les indigènes, ils avaient gravement transgressé les principes de tout gouvernement civilisé. Philip Francis, l'un des plus fidèles partisans de Chatham, aurait, sous le nom de Junius, impitoyablement stigmatisé la volonté de puissance de George III, parce qu'elle constituait à ses yeux une menace pour les libertés anglaises. Maintenant, il lançait une campagne contre le régime anglo-indien. Cette action se justifiait certainement à plus d'un égard. Mais elle ne laissait pas de montrer certaine ironie tragique. Car Philip Francis menait la plus violente de ses attaques contre l'homme précisément qui avait déjà mis en chantier une réforme très énergique de l'administration indienne, un homme dont les principes n'étaient pas très éloignés des siens.

De 1770 à 1780, Warren Hastings avait traversé une période de grandes difficultés et de lourdes épreuves. Alors qu'il ne souhaitait que la paix et le loisir de se consacrer sans gêne aux indispensables réformes, le cours des événements mondiaux l'avait jeté dans une longue suite de guerres. Le gouverneur dut combattre les puissants maharadjas du Centre et du Nord de l'Inde et le plus redoutable d'entre eux Maïdar Ali, seigneur de Mysore, un aventurier qui se bâtissait un puissant empire dans le Sud. Hastings dut aussi combattre la France, qui excitait les princes locaux contre les Anglais et envoyaient des flottes dans les eaux indiennes. L'Inde devint ainsi l'un des théâtres de la grande rencontre entre Français et Anglais à la suite du soulèvement des colonies d'Amérique. Hastings avait encore d'autres ennemis, et peut-être les plus acharnés : ses propres collaborateurs, les membres du Conseil de l'Inde qui, Philip Francis à leur tête, ne manquaient aucune occasion de s'opposer à ses initiatives, de miner sa position, d'entraver la mise en place de ses réformes.

Une lutte d'une telle envergure va nécessairement de pair avec des actes de violence et des atteintes aux droits d'autrui. Warren Hastings fut forcé de se montrer insensible, d'utiliser des moyens qui pouvaient paraître inutilement brutaux. Ces épreuves firent du gouverneur un grand homme d'État. Elles lui révélèrent en outre que l'homme d'État doit admettre bien des choses qu'il réprouverait comme simple particulier. Hastings voulait asseoir définitivement la domination anglaise aux Indes et cet objectif ne pouvait être atteint par la seule douceur.

À l'époque même où l'Angleterre perdait ses colonies d'Amérique, Warren Hastings lui conquit l'Inde. Et tandis qu'il combattait pour la plus grande gloire de l'Empire, on réunissait contre lui, en Angleterre, les pièces du dossier devant consommer sa perte.

" Je l'accuse au nom de la Chambre des communes dont il a trahi la confiance ; au nom du peuple anglais dont il a souillé l'honneur ancestral ; au nom du peuple indien dont il a profané les droits et dont il a transformé le pays en désert ; au nom de l'humanité ; au nom des deux sexes, au nom de toutes les classes de la société. "

Ces paroles furent prononcées au mois de juillet 1788. Le drame avait atteint son point culminant. Le grand procès venait de s'ouvrir. Burke avait commencé son réquisitoire. Il parla quatre jours durant et le procès prit sept années. Warren Hastings y jouait sa tête.

Plus tard, dans sa vieillesse, Burke dit un jour qu'il accepterait sans trop de déplaisir de voir tomber dans un oubli total tous ses discours et toutes ses œuvres écrites pourvu qu'on se souvînt du puissant combat qu'il avait mené en faveur du peuple indien. Car l'affaire Hastings l'avait probablement passionné plus que n'importe quelle autre entreprise politique. Pourtant, lorsqu'il lança son attaque contre Warren Hastings, lorsque, mû par une sainte colère, il déploya une éloquence telle que des auditeurs s'évanouirent au récit des horribles crimes de l'accusé, Edmund Burke était dans l'erreur la plus totale. Cet honnête homme commettait là un véritable meurtre judiciaire, clouait un innocent au pilori, en faisait l'incarnation du mal et la honte de sa patrie. Ses intentions pourtant étaient pures, il croyait sincèrement défendre les idées libérales, les principes de liberté et d'humanité.

En accusant Warren Hastings, Burke se posait en champion non seulement du peuple indien, mais également de l'humanité tout entière. Tous les hommes avaient le droit de vivre en liberté sous l'égide de la loi. L'instauration d'un système de gouvernement dictatorial était le pire crime qui se pût commettre. " L'homme, s'écria-t-il, est né pour être régi par des lois. Celui qui substitue sa propre volonté à la loi est l'ennemi de Dieu. " Cette phrase seule contient tout l'évangile libertaire d'Edmund Burke.

Quelqu'un a dit que " le procès de Warren Hastings constitue un tournant dans l'histoire de l'Empire britannique. Il se trouve à l'origine de l'évolution qui fait passer progressivement de l'idée impériale au concept de *Commonwealth* ", cette réunion de différents peuples et races en vue d'un bien-être commun. Que sert à un peuple, a dû penser Burke, de conquérir toute la terre si en même temps il sacrifie son âme aux démons de l'injustice et de la tyrannie?

Dès avant l'ouverture du procès Hastings, une nouvelle loi sur l'administration de l'Inde avait été adoptée. William Pitt en avait déposé le projet en 1784 et avait pu le faire adopter. Les privilèges de la Compagnie des Indes n'en furent pas pour autant supprimés, mais le contrôle de la Couronne sur les territoires d'outre-mer fut étendu dans une très large mesure. Cette loi devait rester en vigueur jusqu'en 1858, date à laquelle l'Inde fut directement rattachée à la couronne britannique.

Warren Hastings obtint l'acquittement. La matérialité des faits avancés par l'accusation ne put jamais être démontrée. L'ex-gouverneur gardait sa tête. Mais il perdait tout le reste : sa fortune presque entièrement absorbée par les frais du procès et la paix de son âme. Il passa le reste de sa vie dans la solitude de son domaine campagnard. Son œuvre ne lui valut point la sépulture à l'abbaye de Westminster. Lorsqu'il eut rendu le dernier soupir, il fut discrètement enterré dans le cimetière de son village natal. Sur sa tombe, cette simple inscription : Warren Hastings, décédé le 22 août 1818.

LA RÉVOLUTION FRANÇAISE

LA PRÉFACE

Marie-Antoinette au Petit Trianon

Les années qui précédèrent 1789 sont marquées par une grave crise politique, elle-même motivée par l'impuissance financière de la monarchie française et par son incapacité à se réformer. A chaque tentative de moderniser l'État, l'aristocratie opposait ses privilèges et Marie-Antoinette n'était pas la dernière à se dresser contre la politique de Turgot, qui préconisait la suppression des abus de l'Ancien Régime. La reine savait le ministre résolu à lutter contre les gaspillages de la cour et s'en inquiétait fort, pour elle et pour ses amis. Il suffisait d'un mot au roi pour voir ses désirs réalisés.

Paris et Versailles étaient les deux pôles de la vie politique française à cette époque. Mais il fallut un jour tenir compte d'un troisième endroit qui, à l'origine, n'avait rien à faire avec la politique mais n'en acquit pas moins de façon indirecte une signification profonde. Cet endroit était le Petit Trianon, un château de plaisance tout blanc, que Louis XV avait fait construire non loin de Versailles à l'usage de ses maîtresses; le petit-fils du Bien-Aimé l'avait offert à son épouse. Marie-Antoinette se prit d'affection pour cette résidence.

Le château n'était pas grand : une salle à manger, un salon, une bibliothèque et une chambre à coucher en formaient l'essentiel. Mais ses lignes simples et pures, son style classique le rendaient charmant. "C'est, dit

Pierre de Nolhac, le plus bel exemple du style auquel Louis XVI a donné son nom. " Plus significatifs encore étaient les environs du château, le parc, auquel Marie-Antoinette donnait tous ses soins. La reine abolit le vieil agencement pompeux datant de Louis XIV et conservé par Louis XV. Elle fit tracer un parc " naturel ", répondant au goût de l'époque. Marie-Antoinette surveilla personnellement la réalisation de ce petit paradis où voisinaient un théâtre et un " temple de l'amour ". Enfin, elle fit bâtir le " petit village ", où habitaient de " vrais " paysans, où l'on trouvait un moulin pour moudre le grain du château et une laiterie où la reine travaillait en personne lorsqu'il lui en prenait la fantaisie.

La plus grande maison du village était réservée à Marie-Antoinette. Elle pouvait y passer plusieurs jours pendant ses accès d'exaltation à la Rousseau. De cette maison, la reine pouvait contempler de vertes prairies où paissaient vaches et moutons.

Marie-Antoinette avait créé ce petit monde pour échapper à l'étiquette rigide de Versailles, pour vivre dans une liberté totale et être enfin elle-même. En général, la cour n'avait pas accès au Petit Trianon. Seuls quelques rares amis intimes y étaient accueillis.

Il fallait des circonstances tout à fait spéciales pour que les gens du dehors pussent jeter un regard sur la retraite de la reine. C'était le cas, par exemple, lorsque Marie-Antoinette y donnait une fête. A ces occasions, elle voulait que son petit eden fût aussi paradisiaque que possible. La décoration était alors somptueuse. Le jour où le peuple affamé se pressa aux grilles de Versailles, on chuchotait que la reine avait dépensé 400 000 livres pour une fête au Petit Trianon.

Ces bruits étaient exagérés. De même que les récits fantastiques sur les dérèglements supposés de la reine et de ses amis dans leur refuge champêtre. La vie au Petit Trianon était pourtant une fuite insensée hors de la réalité, un jeu qui s'accordait bien mal aux dangers de l'époque.

Un jour, Marie-Antoinette avait écrit à sa mère : " La France est le plus beau royaume d'Europe. " La petite princesse qui, en 1770, avait, l'angoisse au cœur, fait son entrée parmi les splendeurs de Versailles, ne s'était que trop bien adaptée à son nouveau milieu. Elle avait de l'assurance, du charme, de la beauté, accueillait avec

grand plaisir les compliments dont la comblait Versailles.
Marie-Antoinette avait bon cœur mais ne comprenait pas
le sérieux de la vie. Le roi considérait sa couronne comme
une charge, la reine ne se rendait même pas compte que
la couronne fût lourde à porter. Cette France qu'elle
aimait tant se réduisait à une toute petite partie du pays,
son propre monde, où elle donnait le ton, où son caprice
faisait loi. Ces Français pour qui la reine avait tant de
sympathie ne formaient qu'un petit cercle de jeunes gens
blasés et totalement irresponsables dont la reine avait
fait ses amis. Il ne lui restait aucune affection pour ses
autres sujets car elle ne connaissait pas le peuple et n'avait
aucune envie de le connaître.

Marie-Antoinette devint donc impopulaire. Elle ne
menait pas une vie immorale, comme on l'a prétendu;
c'était vrai pour beaucoup de ses amis mais pas pour la
reine. Il est toutefois certain qu'elle gaspillait l'argent de
l'État comme aucune autre reine de France avant elle, ni
même aucune maîtresse royale. On a dit également que
Marie-Antoinette s'occupait de politique, intriguait contre
certains ministres pour être en mesure de poursuivre sa
joyeuse existence et de soutenir le gouvernement autrichien.
C'est alors que les Français commencent à l'appeler
l'" Autrichienne "; ce nom va se répéter de plus en plus.

Sur ce point, les bruits disaient la vérité : Marie-
Antoinette faisait vraiment de la politique comme le
prouvent les événements ayant mené à la chute de Turgot.
Dans la plus parfaite inconscience la reine se mit aux
côtés de ceux qui se dressaient contre les tentatives du roi
pour réformer la monarchie.

L'État sur le chemin de la banqueroute

Le gouvernement français comprenait fort bien toute
la gravité de la situation et voulait y porter remède; mais
en général ses efforts n'ont mené qu'à l'échec. L'action
gouvernementale n'eut d'heureux résultats que dans une
grande entreprise de politique étrangère.

Lorsque les colonies nord-américaines de l'Angleterre
vinrent à se révolter, le comte de Vergennes crut que, pour la
France, le moment dont Choiseul avait tant rêvé était enfin
venu : c'était l'heure de la revanche. Le ministre des Affaires
étrangères, travailla dans l'esprit de Choiseul. Il frappa
le premier. En 1778, la France prit parti pour les colonies

en guerre avec la Grande-Bretagne. Une vague d'enthousiasme parcourut le royaume ; les colonies nord-américaines semblaient lutter pour les principes que les philosophes français défendaient en théorie depuis des dizaines d'années, les idéaux humanitaires de liberté et de justice. La guerre fut un succès. La France ne s'était pas équipée en vain, ses armes forcèrent la décision. En 1783, la paix de Versailles fut un vrai triomphe qui effaçait les humiliations de vingt années. Toutefois, le triomphe avait coûté cher. Jamais encore, le gouvernement français n'avait connu d'aussi terribles problèmes économiques. La France voyait s'approcher le spectre de la banqueroute.

Avant la fin de la guerre, le gouvernement avait renvoyé un ministre des Finances en qui lui-même et le peuple entier avaient mis de grands espoirs. Le successeur de Turgot, *Jacques Necker*, était un riche banquier ; il avait reçu la direction des Finances en 1776. Cette nomination avait fait grand bruit, pour divers motifs. En premier lieu, Jacques Necker n'était pas Français, mais Suisse. Ensuite, il n'était pas catholique romain, mais calviniste. La France n'avait jamais rien connu de tel. Necker ne pouvait être nommé officiellement ministre des Finances. Il en reçut néanmoins les attributions. Né à Genève, Necker avait vécu de façon très modeste au début de sa carrière. D'abord employé de bureau dans une banque parisienne, il montra très tôt un grand talent de financier. Il reçut donc promotion sur promotion, devint l'associé de la firme et finit par en devenir le seul maître. Dès cette époque, il avait jeté les bases d'une grande fortune.

A la direction des Finances, Necker souhaitait agir prudemment, éviter toute dissension avec les puissants du royaume, n'établir aucun impôt nouveau. Car il avait une autre méthode pour trouver de l'argent. Grâce à ses nombreux contacts dans le monde de la finance internationale, il comptait emprunter des fonds au profit de l'État français. Cette action fut très fructueuse. Mais après le début de la nouvelle guerre contre la Grande-Bretagne en 1778, il fallut plus d'argent encore. La guerre fit du Genevois l'homme indispensable et, du même coup, le rendit populaire. Malheureusement, son système devait se révéler fatal. Les emprunts à l'étranger ne pouvaient offrir aux finances françaises qu'un soulagement provisoire. Le poids de la dette devenait toujours plus sensible.

Naturellement, les emprunts devaient s'accompagner d'autres mesures, Necker était le premier à le comprendre. Il lança donc une campagne d'assainissement, abolit notamment nombre d'emplois subalternes à la cour. En vain. Après quelques années, l'étoile du grand financier se mit à pâlir sérieusement. On lui adressa toutes sortes de critiques. Une certaine nervosité commençait à se faire sentir. Necker prit alors une décision courageuse. Il reçut l'approbation du roi pour publier des commentaires justificatifs sur l'état des finances françaises. Ce document devait montrer le contraste entre la situation en 1776, lorsque Necker avait pris sa charge, et les réalisations effectuées dans l'entretemps. Cet exposé fit sensation. Necker n'avait pas caché sa lumière sous le boisseau. Il se présentait en critique éclairé, sincère et compétent, en administrateur efficace des ressources nationales. Car, bien sûr, le bilan était flatteur pour lui.

Le peuple partit en acclamations. Mais les gens plus au fait de la situation soumirent les chiffres de Necker à de minutieux examens. Il apparut bientôt qu'ils ne correspondaient nullement à la réalité. Necker parlait d'un boni qu'on eût été bien en peine de trouver dans les caisses du royaume. Le déficit croissait d'année en année et la dette publique prenait des proportions énormes. Suivit un débat très animé. Necker fut attaqué de toutes parts. Les parlements comprirent que le ministre n'était pas de leur côté; dès lors ils passèrent dans le camp de ses ennemis. Maurepas résolut d'agir. Et Necker dut céder la place en mai 1781.

Ce vieux renard de Maurepas jouait ainsi son dernier coup. Il mourut quelques années plus tard.

L'Affaire du collier

A cette époque, un écrivain français attirait sur lui l'attention : *Beaumarchais*. Il avait écrit sur le couple royal une satire aussi retentissante que cruelle. Et aussi des comédies qui allaient acquérir la célébrité mondiale : *Le Barbier de Séville* et *Le Mariage de Figaro*. Les deux pièces étaient élégantes, spirituelles et n'épargnaient point l'Ancien Régime : elles attaquaient, et de tout cœur, la société qui avait pu produire des gens comme Louis XV, Madame du Barry et Marie-Antoinette. *Le Mariage de Figaro* fut interdit par la censure. Le roi consentit à s'émouvoir, ce qui lui arrivait rarement, et déclara qu'il n'autoriserait la représentation sous aucun prétexte : " Cette pièce tourne en ridicule tout ce qui doit être honoré dans l'État. " Mais l'interdiction ne fit que rendre l'œuvre plus populaire : on en lisait des extraits dans les salons parisiens. Les aristocrates s'amusaient fort de ces plaisanteries pourtant dirigées contre eux. Beaumarchais devint l'auteur à la mode. Enfin, Louis XVI, toujours aussi faible, céda à mille instances et autorisa une seule représentation publique; avril 1784 vit la première du *Mariage de Figaro*. Les spectateurs accoururent en masse, le peuple couvrit l'auteur d'acclamations. Quelqu'un a dit que cette soirée fut " le premier éclair de la Révolution ".

Marie-Antoinette s'intéressa beaucoup à l'incident. Autant que ses amis de la noblesse, la reine appréciait les comédies de Beaumarchais et il lui vint l'idée de faire jouer *le Barbier de Séville* dans son propre théâtre de Trianon; elle-même devait tenir un des rôles principaux. Cette représentation eut effectivement lieu, en août 1785! Les invités étaient peu nombreux, quelques amis triés sur le volet. Mais l'auteur était du nombre; Beaumarchais put ainsi entendre les acclamations dont les hauts personnages du royaume couvraient une pièce qui était en fait une attaque violente contre eux et le régime qu'ils représentaient.

Ceci se passait quatre ans avant la Révolution. Et quatre jours avant l'arrestation du cardinal *de Rohan*. Un incident qui ne le cédait en rien à la représentation du " Barbier " au Petit Trianon! La cause en était un fabuleux collier, réalisé par un bijoutier parisien et valant environ 1 600 000 livres. Le bijou avait été proposé à la reine qui, bien que fort intéressée, avait repoussé l'offre. Toute prodigue qu'elle fût, Marie-Antoinette comprenait qu'une telle folie était au-dessus de ses moyens.

Mais quelque temps plus tard, la reine reçut une lettre du bijoutier en question. Le personnage lui demandait humblement ce qu'elle comptait faire à propos de ce collier qu'il avait livré à la reine par l'intermédiaire de son amie la comtesse de *La Motte-Valois* et du cardinal de Rohan. Le collier avait été livré à ces personnes et le règlement prévu dans un certain délai. Or, la date du premier paiement était depuis longtemps passée et le bijoutier n'avait pas encore vu le moindre argent. Le pauvre homme sollicitait la reine de faire toute la lumière sur cette question. Il serait, disait-il, complètement ruiné s'il ne recevait au plus tôt la somme convenue.

Marie-Antoinette prit peur. Elle n'avait pas commandé le collier. Elle n'avait aucune amie du nom de La Motte-Valois. Elle connaissait certes le cardinal de Rohan, mais le détestait autant qu'il est possible. Ce prélat, très mondain, profitait d'un emploi à la cour pour mener une vie de débauche. Marie-Antoinette comprit qu'on l'avait impliquée dans une affaire d'escroquerie. Elle courut voir le roi, l'adjurant de prendre des mesures. Un peu plus tard, à la stupéfaction de toute la cour, le cardinal de Rohan, chapelain de la cour et évêque de Strasbourg, était arrêté à Versailles, un jour de fête de 1785, au moment même où le cardinal s'apprêtait à dire la messe. Rohan fut conduit à la Bastille.

L'acte suivant se joua devant le parlement de Paris. Au cours du procès, il devint évident que le cardinal était moins fieffé coquin qu'on ne l'avait cru d'abord, mais stupide et crédule à l'extrême. Il s'était laissé tromper par la comtesse de La Motte-Valois, une aventurière qui appartenait bel et bien à la maison de Valois, mais était tombée parmi la lie de la société. Cette femme, endettée jusqu'au cou, vivait dans une impécuniosité permanente. Elle savait que le cardinal rêvait de devenir ministre du roi et souhaitait donc gagner la faveur de la reine. Elle avait convaincu Rohan qu'il pourrait atteindre son but en achetant discrètement le fameux collier, pour la reine. La comtesse de La Motte qui se faisait passer pour une amie intime de la reine, lui mit sous les yeux le projet d'un contrat d'achat, signé du nom de Marie-Antoinette. Le cardinal la crut, régla l'affaire, emporta le collier à Versailles et le remit à un soi-disant serviteur de la reine. En fait, cet homme servait la comtesse de La Motte. Celle-ci s'empara du bijou pour le vendre et mener joyeuse vie avec le produit de son escroquerie.

La comtesse de La Motte fut condamnée, mais le cardinal de Rohan acquitté par 26 voix contre 23. Le peuple de Paris applaudit à la sentence. On trouvait logique que le cardinal s'en tirât à si bon compte car, aux yeux des Français, l'accusé du procès n'était ni Rohan, ni la comtesse de La Motte, mais " l'Autrichienne ". On chuchotait que la reine n'était pas si innocente qu'elle voulait le faire croire mais qu'elle aurait dû se trouver elle-même devant

le tribunal. Ces accusations n'avaient aucun fondement.
N'empêche, l'affaire eut des suites très sérieuses pour la
reine elle-même et pour la monarchie.

Le sort qui attendait Marie-Antoinette était d'autant plus
tragique qu'elle avait tenté, au cours des dernières années,
sincèrement d'amender sa façon de vivre. La naissance de
son premier enfant, en 1781, l'avait changée du tout au
tout. Elle fut suivie de deux autres naissances. Marie-
Antoinette qui avait toujours désiré des enfants, mit dès
lors tous ses soins et tout son cœur à leur éducation. Du
jour au lendemain, la reine fut consciente de ses responsabilités, tenta de maintenir son goût pour le luxe dans les
limites convenables et d'écarter les amis qui compro-
mettaient sa réputation.

Mais il était trop tard. La popularité de la reine
n'était plus qu'un souvenir. Le chef de la police parisienne
dut l'avertir secrètement qu'il valait mieux ne plus se
montrer dans la capitale. Il ne pouvait plus garantir sa
sécurité.

Il était aussi trop tard pour le ministre *Calonne*, placé à la
tête des Finances en 1783. Calonne était doué et plein
d'optimisme. Mais il dut bientôt admettre qu'on ne pouvait
peindre la situation sous des couleurs assez sombres. La
participation à la guerre américaine avait coûté plus d'un
milliard de livres, la dette publique se montait à quatre
milliards. Dans cette situation, Calonne présenta un projet
d'un nouvel impôt, indépendant de la classe sociale et de la
naissance. Il proposa également de réunir ces personnes
qu'on appelait " notables " (représentants de l'aristocratie
et fonctionnaires désignés par le roi). La dernière réunion
datait de 150 ans. Le roi donna son approbation.

L'Assemblée des notables eut donc lieu en 1787. Calonne
leur expliqua, sans rien celer, ce qu'il en était exactement
des finances du royaume. Les chiffres donnés par le ministre
firent grand bruit. Personne n'avait jamais supposé que la
situation du pays pût être aussi alarmante. De très violents
débats suivirent la déclaration de Calonne. On refusa le
nouvel impôt, on exigea le départ du ministre, qui dut
bien obéir.

Ce fut le meneur de cette Assemblée des notables,
de Brienne, qui succéda à Calonne; sans plus de succès
d'ailleurs. Le mécontentement crût dans tout le pays. On

réclamait maintenant la convocation des États généraux. Et l'opinion publique demandait le retour de Necker, le génie, le magicien. Et de fait, en 1788, Necker retrouva son poste de ministre des Finances.

Le grand règlement de comptes était proche.

L'impuissance financière

Comment mesurer le déficit qui était un mal chronique de la monarchie française depuis Louis XIV et que la participation à la guerre d'Amérique avait aggravé? Non seulement l'Ancien Régime ne connaissait pas l'institution du budget régulier, mais encore l'historien a beaucoup de peine à retrouver la trace de recettes qui étaient réparties entre différentes caisses. Pour connaître la situation générale à la veille de la Révolution, nous ne disposons que d'un document, mais il est singulièrement précieux : le *Compte du Trésor de 1788*. Albert Soboul, analysant cette source d'informations, constate que " les dépenses s'élevaient à plus de 629 millions de livres, à 503 seulement les recettes; le déficit atteignait près de 126 millions, soit 20 % des dépenses. Le Compte prévoyait 136 millions d'emprunts. Sur l'ensemble du budget, les dépenses civiles montaient à 145 millions, soit 23 %. Mais tandis que l'instruction publique et l'assistance comportaient 12 millions, même pas 2 %, la cour et les privilégiés recevaient 36 millions, c'est-à-dire près de 6 % : encore avait-on fait en 1787 d'importantes économies sur le budget de la Maison du roi. Les dépenses militaires (Guerre, Marine, diplomatie) s'élevaient à plus de 165 millions, soit 26 % du budget, dont 46 millions pour la solde de 12 000 officiers qui, à eux seuls, coûtaient plus cher que tous les soldats. La dette constituait le plus gros chapitre du budget : son service absorbait 318 millions, soit plus de 50 %. Dans le budget de 1789, les recettes par anticipation montaient à 325 millions de livres, les expédients représentaient 62 % des recettes. "

Dans la situation de la France, il ne pouvait être question de combler le déficit par une augmentation des impôts. En une cinquantaine d'années, les prix s'étaient élevés de 65 %, mais les salaires de 22 % seulement. Un seul remède s'imposait : l'égalité de tous devant l'impôt. Égalité entre les provinces, dont certaines étaient ménagées par rapport à d'autres. Égalité, surtout, entre les sujets, c'est-à-dire la fin des exemptions fiscales dont jouissaient le clergé et la noblesse.

Pour réaliser cette réforme, malgré les parlements peu enclins à sacrifier leurs intérêts privés, Louis XVI aurait dû recourir au coup d'État. Mais comment aurait-il pu imposer une volonté qu'il ne possédait pas? A Malesherbes qui, en octobre 1788, lui disait : " Sire, on vous arrachera par degrés plusieurs de vos prérogatives. C'est à vous de prendre en votre Conseil un plan décidé sur les concessions que vous devez faire au bien général et sur ce que vous ne devez jamais céder. Votre seule fermeté peut décider de la réussite d'un tel plan. " Louis XVI répondit : " Je le sens comme vous, mais nous voyons les gens même de la Cour, vivant de la Royauté, se tourner vers l'opposition. "

C'était, de la bouche de Louis XVI, l'aveu qu'il n'était plus maître de personne et que son royaume glissait vers l'anarchie.

LE TIERS ÉTAT

Selon Georges Lefebvre, l'époque directement antérieure à la Révolution vit la grande majorité du peuple français souffrir surtout de la faim. Au printemps 1789, le prix du pain était monté à 4 1/2 sols la livre, un niveau encore jamais atteint jusque-là. La disette régnait dans toute la France car la récolte de 1788 avait été la moins bonne qu'on eût jamais connue. Les gens faisaient la queue devant la boulangerie, à peine perdue bien souvent, car il leur était impossible de payer pour une miche le prix qu'on leur en demandait.

Cette misère devait mettre les masses populaires en mouvement au moment même où la bourgeoisie, après un essor réel, était atteinte dans ses revenus par la crise cyclique de 1788. Ainsi apparut clairement la contradiction mortelle entre, d'une part, les structures de l'Ancien Régime et, d'autre part, le mouvement économique et social. Les cadres de la société française demeuraient aristocratiques et le régime de la propriété foncière était encore féodal, tandis que les nouveaux moyens de production et d'échange avaient, d'ores et déjà, édifié la puissance économique de la bourgeoisie. Celle-ci entravée dans son développement par les privilèges de l'aristocratie foncière, n'eut aucune peine à obtenir le soutien des masses populaires dont la faim exacerbait la haine du privilège et de celui qui le détenait.

Au printemps 1789, un jeune avocat écrivait dans un libelle " à la Nation artésienne " : " Tandis que nous continuons à dormir dans une profonde sécurité, ceux qui nous ont asservis jusqu'à ce moment font mouvoir tous les ressorts de l'intrigue pour nous ôter tous les moyens de secouer leur joug honteux. Ils comptent encore aujourd'hui sur cette longue patience dont nous avons fait preuve, sur cette fatale indifférence pour l'intérêt public qui fut l'effet inévitable du régime despotique auquel nous avons été soumis jusqu'à ce moment. Réveillons-nous, il en est temps, de ce profond sommeil, n'allons pas du moins nous trahir nous-mêmes en abandonnant nos intérêts à des hommes suspects. "

Ce jeune avocat s'appelait *Maximilien de Robespierre.*

A Versailles, Louis XVI voyait, d'un œil myope, les documents d'État s'accumuler sur son bureau. C'était un homme posé, modéré, hésitant, fort peu volontaire mais bienveillant, aimable et ambitieux à sa façon. Le roi ne demandait qu'à faire le bonheur du peuple, mais il lui était chaque jour plus difficile de trouver la juste méthode. Toutefois, Louis XVI avait pris, ou dû prendre, une décision : il allait convoquer à Paris les États généraux, la représentation populaire qui ne s'était plus réunie depuis 175 ans. Necker avait fait valoir que les finances de l'État exigeaient cette mesure : pour de simples raisons économiques, il n'était plus possible de gouverner le pays comme il l'avait été jusqu'alors. La banqueroute forçait la Couronne à consulter les États du peuple. La Couronne avait besoin d'argent. Le peuple avait besoin de pain. Ainsi se trouvaient conjugués les deux ressorts de déclenchement d'un mouvement révolutionnaire. A cela venait s'ajouter le besoin d'autonomie politique que les idées radicales de l'Encyclopédie inspiraient aux classes bourgeoises. Lorsque la crise eût ébranlé les masses, les facteurs économiques continuèrent à peser lourdement sur la vie nationale tout le temps que dura la Révolution. Plus que les querelles politiques, les crises économiques imprimèrent leur rythme au mouvement révolutionnaire. Ce furent elles qui donnèrent à la Révolution ce caractère mystérieux où les hommes de l'époque voyaient la preuve d'étranges intrigues.

A Versailles, Louis XVI étudiait les fameux *Cahiers de doléance*, où le peuple avait pu exposer ses griefs, par la voix de ses représentants élus. Ces papiers que la postérité appelle le testament de l'Ancien Régime, offrent un témoignage unique, quoique controversé, sur les sentiments du peuple français aux derniers jours de l'époque monarchique, sur ses rêves et ses espérances. Pendant des dizaines d'années, les philosophes des Lumières et leurs disciples avaient proclamé bien haut que la vie sociale demandait une réforme, que l'ancien appareil de l'État exigeait une refonte complète afin que les hommes pussent vivre plus libres et, partant, plus heureux. L'ardent débat sur ces problèmes avait laissé ses traces dans les doléances du corps électoral français. Il fallait en finir avec les erreurs de l'Ancien Régime, rendre dorénavant impossible toute atteinte aux droits naturels par l'arbitraire des ministres royaux. Les privilèges féodaux devaient être abolis, le statut des paysans vis-à-vis de leurs maîtres réformé de manière à imposer l'égalité de tous devant la loi. La justice devait subir une réorganisation profonde. Les états du peuple devaient recevoir un droit de décision en matière fiscale et la charge des impôts avait à se répartir progressivement sur toutes les classes sociales. Le roi ne manquait pas de parcourir ses documents avec quelque sympathie. La nécessité d'une réforme était loin de lui échapper. Il ne s'opposait nullement à certaines mesures modérées, d'autant moins que les pièces qui lui étaient soumises démontraient suffisamment l'entière confiance que le peuple mettait en son roi, Louis XVI, malgré d'amères critiques contre ses ministres. Les auteurs des Cahiers n'étaient pas le moins du monde des républicains mais de bons sujets du roi qui, en termes pleins d'affection et de respect, appelaient leur souverain à l'aide. Leur idéal était la monarchie constitutionnelle.

L'Assemblée nationale et le serment du Jeu de Paume

En ce beau matin du 4 mai 1789 une foule immense s'était rassemblée à Versailles, pour voir les membres des États généraux se rendre à l'église Saint-Louis recevoir la bénédiction du Tout-Puissant. Le roi, qui accompagnait la procession, fut salué de vibrantes acclamations au même titre que les représentants du Tiers État.

La reine, quelques pas en arrière, ne reçut qu'un silence glacial.

Dès ce jour, le Tiers État prit l'initiative. Les représentants des bourgeois et des paysans, classes non privilégiées, surent faire entendre leur voix, établir leur volonté. Au début, ils se mirent à l'œuvre avec un peu de gêne et d'hésitation, mais ils acquièrent de plus en plus d'audace et leur autorité grandit de jour en jour. Cette attitude répondait aux immenses espoirs que la convocation des États généraux avait éveillés parmi le peuple. Le comportement du Tiers État en ces journées décisives fit naître un enthousiasme, un idéalisme exultant qui allait imprimer sa marque à toute l'époque révolutionnaire.

Cet enthousiasme s'appuyait sur une conviction inébranlable et présente chez tous les hommes de la Révolution : l'œuvre entreprise était aussi nécessaire que bénéfique, ouvrait la porte à un nouvel âge d'or pour l'humanité.

" Qu'est-ce donc que le Tiers État? " se demandait un représentant très érudit et disciple des philosophes, l'abbé *Siéyès*, qui, en dépit de sa dignité ecclésiastique, s'était fait désigner comme député du Tiers. Précisant la question, Siéyès insistait : " Qu'a-t-il été jusqu'à présent dans l'ordre politique? — Rien — Que demande-t-il? — A y devenir quelque chose. " Les membres du Tiers État, disait le savant abbé, sont les fourmis ouvrières, les aristocrates, les faux bourdons dans la ruche de la société. Le Tiers État est le véritable représentant du peuple français; il possède toutes les qualités qu'on doit attendre d'une Assemblée appelée à élaborer les principes d'une Constitution destinée à fixer et limiter les pouvoirs du gouvernement.

Ces paroles éveillaient pour la première fois l'idée d'une Assemblée nationale. La mise en place d'une telle Assemblée devint le premier but du Tiers État dès le moment où les États généraux eurent ouvert leur session.

Dès les premiers débats, la situation ne laissa que peu d'espoirs aux classes privilégiées. Le roi se montrait irrésolu, à la fois trop paternel et trop réservé. On peut en dire autant de Necker, le " magicien " en qui le peuple avait mit sa confiance. L'attitude de la cour ne répondait pas aux prévisions. Le Tiers qui comptait un plus grand nombre de représentants que les deux autres états réunis, exigea la réunion d'une assemblée où le vote nominal prendrait la place du vote par états, comme il était d'usage jusqu'alors. C'était beaucoup plus qu'une simple question de procédure. En réalité, ce point allait s'avérer déterminant pour tout l'avenir de la France et du peuple français. Selon que triompherait l'un ou l'autre point de vue, le Tiers obtiendrait voix prépondérante ou resterait minorité avec une seule voix, contre les deux voix des classes privilégiées.

Le héros du 17 juin " jour de naissance de la Révolution " fut l'érudit Siéyès, l'homme qui rêvait d'un État idéal. Son influence poussa le Tiers à voter ce jour-là une résolution aux termes de laquelle il se constituait en Assemblée du peuple avec droit de décision sur la levée des impôts.

Cette initiative marque le début de la véritable lutte. La première rencontre fut courte, mais décisive quant aux principes. Les futurs premiers rôles de la Révolution débutante s'avancèrent sur le devant de la scène.

Tout d'abord, il y avait la reine, la femme la plus belle mais aussi la plus détestée du pays, la femme que le peuple dans son ensemble considérait comme sa principale ennemie, l'âme de la clique irresponsable, égoïste et réactionnaire de la cour. Marie-Antoinette ne pouvait comprendre les Français ni trouver le moindre motif à leur haine glacée. Aussi n'était-elle que mépris et exécration pour ses impudents qui osaient attaquer sa personne et les bases mêmes de la vieille monarchie. Elle poussa donc Louis à s'opposer aux revendications du peuple français. Il est incontestable que la reine intriguait de son côté et menait une politique personnelle particulièrement néfaste. Cependant, si l'on veut se faire une opinion exacte de son état d'esprit et de ses réactions au cours de ces premières journées décisives, on ne saurait oublier qu'au moment où les États généraux tenaient leur première assemblée, Marie-Antoinette voyait son fils aîné, le dauphin de France, s'affaiblir de jour en jour et succomber finalement à la maladie.

En face, se trouvait le comte de *Mirabeau*, député du Tiers État quoique aristocrate, héros de maints scandales retentissants mais homme de haute culture, débauché mais travailleur infatigable, accablé d'une fort mauvaise réputation mais capable de diriger une assemblée et d'entraîner les masses, écrivain plein d'aisance, causeur exquis, le tribun de la Révolution. Trop de talent à prendre les écus d'autrui et trop peu de résistance aux charmes du beau sexe lui avaient valu trois peines de prison. Mirabeau avait aussi connu l'exil. Mais que ce fût dans un cachot ou en pays étranger, il n'avait cessé de lire et d'écrire. Lorsqu'il rallia le Tiers en 1789, Monsieur de Mirabeau comprenait la situation politique bien mieux que beaucoup d'autres.

De plus, Mirabeau avait un programme : assurer le triomphe de la Révolution tout en maintenant la royauté. Le grand tribun resta royaliste jusqu'à son dernier jour, mais un royaliste " éclairé ". Il fallait limiter l'autorité royale, abattre l'arbitraire et le despotisme, établir un équilibre entre les prérogatives du roi et celles du peuple. Le roi devait être le premier fonctionnaire de la Nation et l'exécuteur de ses volontés.

Louis XVI céda aux instances de la reine : il opposa son veto à la constitution des États en Assemblée nationale et au vote nominal. Expulsés de la salle où les États généraux avaient jusque-là tenu leurs réunions, les membres du Tiers cherchèrent un abri dans la salle du Jeu de Paume, attenant au château. Le 20 juin vit s'y dérouler l'un des premiers grands tableaux de la Révolution; " le serment du Jeu de Paume ". " L'Assemblée nationale, disait la résolution, considérant qu'appelée à fixer la Constitution du royaume, opérer la régénération de l'ordre public et maintenir les vrais principes de la monarchie, rien ne peut empêcher qu'elle continue ses délibérations dans quelque lieu qu'elle soit forcée de s'établir, et qu'enfin partout où ses membres sont réunis, là est l'Assemblée nationale.

" Arrête que tous les membres de cette Assemblée prêteront à l'instant le serment de ne jamais se séparer et de se rassembler partout où les circonstances l'exigeront, jusqu'à ce que la Constitution du royaume soit établie et affermie sur des fondements solides. "

Ainsi les États, réunis pour connaître des mesures proposées en vue de l'assainissement des finances publiques, se muaient en Constituante. Trois jours plus tard, nouvelle grande scène : le roi convoquait à nouveau les États généraux, y faisait connaître sa volonté de voir maintenir la différence entre noblesse, clergé et Tiers État et annulait la résolution prise le 17 juin par le Tiers. Après quoi fut présenté un programme de réformes émanant du roi. Les discussions seraient, dit-on, reprises le lendemain, mais les États auraient à siéger séparément. Louis XVI quitta les lieux. Les membres du Tiers restèrent sur place. Un dignitaire de la cour, le marquis de Brézé, vint ensuite rappeler aux représentants l'ordre royal de se disperser. C'est alors qu'un député lança sa réplique devenue fameuse : " Allez dire à ceux qui vous envoient que nous sommes ici par la volonté nationale et que nous n'en sortirons que par la puissance des baïonnettes ".

Mirabeau faisait ainsi ses débuts de révolutionnaire.

Quelques jours plus tard le roi capitulait; il donnait l'ordre à la noblesse et au clergé de se joindre au Tiers pour se vouer tous ensemble au bien du royaume. C'était le triomphe du Tiers État.

La Révolution s'étendait comme une traînée de poudre. De Paris et de Versailles, elle gagnait la France entière, s'implantait dans les villes, enflammait les campagnes. Le grand exemple, c'était Paris où la Bastille était prise d'assaut, où les citoyens installaient une nouvelle autorité municipale de tendance révolutionnaire formée des électeurs ayant envoyé les représentants parisiens à l'Assemblée nationale. Dans les provinces, le feu était mis aux châteaux et aux couvents. Les paysans se soulevaient contre l'injustice dont ils étaient depuis si longtemps les victimes. Chaque région avait sa Bastille locale, l'un ou l'autre château royal qui symbolisait le despotisme et l'oppression. Sur toute l'étendue du pays, se formaient des gardes civiles à l'exemple de la Garde nationale parisienne placée sous les ordres du marquis de La Fayette.

La faim et la misère poussèrent les paysans à prendre les armes. Ce n'étaient pas les seules raisons de l'anarchie gagnant les campagnes françaises au cours de l'été 1789. On chuchotait que les aristocrates infestaient le pays de brigands, avec mission de massacrer paysans et bourgeois, de saccager leurs maisons. Des régions entières de France furent prises de panique. Parfois, la population d'une localité croyait soudain sa dernière heure venue. Les femmes appréhendaient le viol et le pillage de leurs biens. Elles rassemblaient leurs enfants pour fuir dans la forêt. Les hommes s'armaient, fortifiaient les villages et plaçaient des sentinelles. Celles-ci se lassèrent bien vite de jouer à la petite guerre, puisque, de toute manière, il ne se passait rien. Les " brigands " ne vinrent jamais. Les hallucinations collectives finirent par disparaître. Ainsi se termina ce que l'on appelle aujourd'hui " la grande peur de 1789 ".

Si peu fondé qu'il fût, ce phénomène d'auto-suggestion massive n'en eut pas moins de très profondes conséquences. Ce qui se passa dans les campagnes au cours de l'été 1789 contribua pour une grande part à la libération des paysans. Il est établi que l'agitation en province a précipité les grandes décisions prises dans la nuit du 4 au 5 août pour l'abolition des privilèges. Il fallait à tout prix rétablir l'ordre et la tranquillité. Et la Révolution, son programme et ses principes, s'étendirent à toute la France.

LES TROIS COULEURS

La prise de la Bastille

Sur la rive droite de la Seine, au centre de la ville, s'élevaient quelques-uns des plus célèbres édifices de Paris, le Louvre, le château des Tuileries et son grand parc, le Palais Royal, résidence du duc d'Orléans où le Régent avait offert jadis des fêtes fastueuses. Par la suite, le Palais Royal avait changé de caractère. Le duc en avait loué certaines parties, avec les terrains attenants, à des boutiquiers, des restaurateurs, des cafetiers de sorte que c'était devenu un lieu de rassemblement pour les Parisiens, un centre de plaisirs, un quartier d'affaires et un forum politique.

Dans un des nombreux cafés du Palais Royal, le dimanche 12 juillet, un jeune homme haranguait du haut d'une table un grand concours de foule. Il leur annonçait la grande nouvelle du jour : Necker avait été congédié par le roi, ce qui, disait-il, était un coup porté au visage du peuple et, de plus, un signe de fort mauvais augure; il ne faisait maintenant plus aucun doute que la cour eût dessein de changer de politique, de recourir à la force et d'organiser le massacre des citoyens. Le peuple devait repousser la menace, mettre son unique espoir dans la force des armes...

Cet orateur s'appelait *Camille Desmoulins.*

Et le peuple, ainsi exhorté, allait prendre la Bastille d'assaut. La Bastille avec ses épaisses murailles datant de la fin du XIVe siècle, ses huit tours rondes, ses fossés et ses ponts-levis, était le symbole même de l'Ancien Régime, des privilèges féodaux et du pouvoir absolu. N'était-ce pas à la Bastille que la Couronne avait emprisonné Voltaire. Et, outre le philosophe, les innombrables victimes des lettres de cachet étaient le plus bel exemple de l'arbitraire royal! A présent, une foule furieuse d'artisans, d'ouvriers, de chômeurs, marchait sur la prison d'État, au son des chants révolutionnaires. Car les plus horribles récits, d'ailleurs exagérés, couraient sur les sombres cachots de la Bastille. On n'embastillait plus sous Louis XVI comme sous Louis XIV et Louis XV. La multitude qui s'approchait du colosse de pierre couvrant de son ombre séculaire le faubourg Saint-Antoine n'allait plus y trouver que sept détenus, pour la plupart d'authentiques malfaiteurs. Mais cela, les Parisiens l'ignoraient ou ne s'en souciaient pas. Les paroles vengeresses de Camille Desmoulins résonnaient encore à leurs oreilles. Pour eux l'essentiel était maintenant de mettre la main sur des armes.

On était le 14 juillet 1789, le jour le plus célèbre de l'histoire de France.

La Bastille fut prise. Pour les assiégeants eux-mêmes et pour l'Europe tout entière, cette victoire tenait du miracle. Les Parisiens s'étaient assemblés devant ces hautes murailles pour exiger les armes nécessaires à leur défense contre les intrigues de la cour. On leur donna non seulement les armes qui se trouvaient à la Bastille, mais encore la Bastille elle-même. Le dernier commandant, le marquis *de Launay*, avait d'abord fait ouvrir le feu sur les assaillants. Puis, au terme d'une lutte confuse, le drapeau blanc fut hissé. Le peuple entra en force dans la forteresse.

La Bastille fut ensuite démolie pierre par pierre. Au soir du grand jour, un groupe de sans-culottes hurlants déambulait à travers les rues, exhibant fichée au bout d'une pique la tête de l'infortuné marquis de Launay.

L'historien anglais J. M. Thompson dit que la Bastille ne fut pas prise grâce aux balles et à la poudre, mais grâce à l'enthousiasme des assaillants, à cette irrésistible psychose de libération qui poussait en avant une grande partie du peuple français. Le 14 juillet 1789 c'est le peuple, un peuple inspiré, qui prend en main ses destinées. Dans ses débuts, la Révolution était fortement teintée de sentimentalisme. Cette sorte d'idéalisme brûlant pourrait nous sembler quelque peu naïf; c'est pourtant cet idéalisme révolutionnaire qui va transformer le monde.

Ce même 14 juillet 1789, Louis XVI écrivit, comme chaque soir, le résumé de la journée dans son journal intime. Il se borna, ce jour-là, à noter ce seul mot : " Rien ".

La Fayette et la Garde nationale

Sur la scène de l'histoire de France apparaît une nouvelle figure : le marquis de La Fayette, héros de la guerre d'Amérique et ami de George Washington, un aristocrate qui, depuis sa jeunesse, était possédé d'un ardent enthousiasme pour la cause de la liberté, et du peuple et qui, selon des contemporains, souhaitait occuper la vedette sur deux continents. Le marquis de La Fayette mettait tant d'élégance dans son comportement et tant de sublime dans ses discours qu'il put, sans grand-peine, devenir l'idole des Parisiens.

La Fayette s'était rallié au Tiers État à l'assemblée des États généraux. A Versailles, il occupa bientôt une place de premier rang parmi les champions d'une politique libérale et réformiste. Les désordres du 14 juillet avaient provoqué la création à Paris d'une Garde nationale devant maintenir l'ordre au profit de la bourgeoisie aisée, et pouvant défendre la Nation et l'Assemblée contre une nouvelle manœuvre de la cour. La nomination de La Fayette comme organisateur et commandant du nouveau corps s'imposa pour ainsi dire à tous les esprits. En Amérique, le marquis avait appris à défendre, les armes à la main, la liberté d'un peuple. Au surplus, son programme politique tendait à jeter un pont entre le roi et la nation, à faire promulguer une Constitution permettant à un peuple libre de collaborer pour le bien général avec un roi aux pouvoirs limités. Monsieur de La Fayette devint donc le commandant de la Garde nationale et par là même un personnage des plus importants. Après le 14 juillet, Paris l'emporte sur Versailles, et à Paris c'est La Fayette qui tient provisoirement les rênes.

Le nouveau maire à ses côtés, La Fayette prit la tête de la Garde nationale et se porta au-devant de Louis qui rentrait à Paris le 17 juillet pour se " réconcilier avec son peuple ". Aux dires de l'ambassadeur anglais, le souverain fut ramené " comme un ours en cage " par les députés et la Garde nationale. Après la prise de la Bastille, le roi avait rappelé au pouvoir Necker, le favori du peuple. Maintenant, à l'Hôtel de Ville, Louis XVI se fixait au chapeau la cocarde tricolore de la Garde nationale ; le rouge et le bleu y étaient couleurs de Paris et le blanc couleur des Bourbons. En quelques endroits de la capitale flottaient les trois couleurs devenues l'emblème de la Révolution. Mirabeau eut un mot prophétique : le drapeau tricolore, dit-il, se frayerait en combattant un chemin à travers le monde.

Presque dans le même temps où le peuple s'emparait de la Bastille, Paris connaissait un autre grand événement : l'ouverture du salon traditionnel où les membres de l'Académie des beaux-arts exposaient leurs dernières œuvres. Cette année, le clou de la manifestation fut une toile à sujet antique : " Brutus sacrifiant ses fils qui avaient conspiré contre la République pour rétablir la royauté ". L'auteur de ce tableau s'appelait Louis David.

D'un point de vue purement artistique, *Brutus* était loin d'être un chef-d'œuvre. Mais le tableau allait revêtir une grande importance historique. Il répondait admirablement aux idées de la Révolution naissante, à l'esprit qui avait fait prendre la Bastille. *Brutus* exprimait les aspirations de tout un peuple vers un monde nouveau et meilleur où régneraient l'idéal le plus sublime, l'esprit de sacrifice et le désintéressement, un monde où l'individu serait capable de sacrifier stoïquement ses propres intérêts au bien commun, à la Nation, à la Patrie.

Le tableau qui, au Salon de 1789, glorifiait la fermeté et l'abnégation du vieux Romain acquit pour la Révolution une haute valeur politique, qu'il allait conserver longtemps. L'auteur de ce *Brutus* devait occuper bientôt une place importante dans le mouvement révolutionnaire. Louis David devint une sorte de dictateur des arts et le chroniqueur en images de la Révolution, un ami de Robespierre et d'autres politiciens parmi les plus extrémistes. " Ce que Robespierre aime en moi, dit-il un jour, c'est mon civisme, mon amour de la Révolution. "

Ce civisme stoïcien que David glorifiait dans un si beau pathétique connut son triomphe à Versailles, au cours de la nuit du 4 août, lorsque l'Assemblée nationale offrit les privilèges en holocauste sur l'autel de la Patrie. On y proclama le principe de l'égalité, fondement du monde nouveau en cours d'édification. L'Assemblée se prit d'un enthousiasme brûlant; aristocrates et prélats firent assaut de propositions pour abolir les privilèges. Au petit jour, les résultats de la discussion se résumaient comme suit : toutes les classes de la société, toutes les provinces, tous les citoyens du royaume étaient dorénavant unis dans la fraternité. Dans l'intention sans doute de maintenir un axe traditionnel autour duquel le monde nouveau pourrait s'édifier, l'Assemblée résolut d'accorder au roi le titre de " restaurateur des libertés françaises ". La monarchie serait maintenue, le roi deviendrait le premier magistrat de la Nation, l'exécuteur de la volonté nationale, le porte-enseigne des trois couleurs.

Huit jours plus tard, les motions adoptées la nuit du 4 août en cette " Saint-Barthélemy des privilèges ", prenaient leur forme définitive.

Le régime seigneurial était aboli. Les paysans étaient délivrés de toute obligation à l'égard de leurs anciens maîtres. La servitude et la corvée étaient également supprimées ainsi que les droits féodaux de justice et de chasse de la noblesse. Le corps nobiliaire, provisoirement maintenu, devait être supprimé l'année suivante.

Les classes supérieures ne jouiraient plus d'aucune exonération fiscale. Tous les citoyens seraient dorénavant taxés selon des critères bien définis. Le principe de l'égalité était établi pour l'accès aux fonctions publiques. Enfin, la justice subissait une profonde réforme : tous les citoyens étaient égaux devant la loi.

Les Droits de l'homme et du citoyen

Suit une nouvelle grande scène dans l'histoire de la Révolution : la proclamation des Droits de l'homme et du citoyen. L'épisode se dessine sur l'arrière-plan de la jeune puissance qui vient de faire son entrée sur la scène du monde : les États-Unis d'Amérique, pays de la liberté. Au XVIIIᵉ siècle, les Français rêvant d'une réforme sociale avaient longtemps pris l'Angleterre pour exemple. Mais au moment où salons et cafés parisiens entendent, pour la première fois, prononcer ouvertement le mot de " révolution ", ce sont les États-Unis d'Amérique qui donnent l'image d'une société idéale. La guerre d'indépendance avait rapproché Français et Américains. Dans la jeune République, les Français voyaient incarnés les idéaux de Voltaire, Montesquieu et surtout Rousseau : les citoyens y avaient conquis la liberté par la fraternité et l'idéal d'égalité y était pleinement accompli. L'américanophilie touchait à son point culminant dans l'aristocratique salon du marquis de La Fayette, mais loin de s'y cantonner, pénétrait jusqu'au peuple. Parmi les plus fervents admirateurs des États-Unis, apparut entre 1780 et 1790 un jeune journaliste d'origine petit-bourgeois qui allait jouer plus tard un rôle tragique dans la Révolution : *Jean-Pierre Brissot*.

Ce fidèle disciple de Rousseau voyait en l'Amérique le pays d'une grande renaissance, un pays où le peuple faisait des vertus civiques son plus haut idéal et où chaque citoyen travaillait au bien de tous.

Dès 1784, déambulait au long des rues et des quais de Paris, un Américain grand et bâti en athlète, plein de curiosité pour toutes choses, mais en particulier pour ce qu'offraient les libraires. Son nom allait devenir l'un des plus célèbres de l'histoire américaine : il s'appelait Thomas Jefferson. En 1785, il avait pris la succession de Benjamin Franklin à l'ambassade parisienne de son pays. Jefferson était un riche avocat et un planteur de Virginie où il possédait l'une des plus belles maisons de la jeune république. De grande intelligence et de profonde culture, il passait de surcroît pour inébranlable sur les questions de principe.

Depuis sa jeunesse, Jefferson avait pris pour règle de conduite que s'opposer aux tyrans c'était obéir à Dieu. La Déclaration d'indépendance américaine portait la marque profonde de sa personnalité. Car c'est à Jefferson que l'on doit ces mots inspirés par lesquels la Déclaration décrit les droits inaliénables de l'homme : " La vie, la liberté et la recherche du bonheur ". (Ces mots étant la " contribution immortelle de Thomas Jefferson à l'*American way of life* "). Et Jefferson avait exprimé en termes non moins enthousiastes les droits des citoyens à se gouverner eux-mêmes et à se dresser contre le pouvoir en certaine circonstance.

" L'Europe est un enfer ", écrivait-il après quelques années passées de ce côté de l'Atlantique. L'Europe, selon lui, ne connaissait pas la liberté, l'énorme majorité de ses habitants y vivaient malheureux. Envers la France de l'Ancien Régime, l'Américain n'avait pas de mots assez durs pour exprimer son indignation ! Il exécrait ce système de gouvernement qui, à ses yeux, faisait le malheur du peuple. " Des vingt millions de Français qui peuplent la France, dix-neuf millions vivent, selon moi, dans des conditions bien pires que celles des plus misérables d'entre nous aux États-Unis. "

L'ambassadeur partageait cette opinion avec son ami

La Fayette et le cercle de radicaux que le marquis rassemblait dans son salon; Jefferson fut consulté pour rédiger une Déclaration des droits de l'homme et du citoyen, ce qui s'imposait après la nuit du 4 août. Lorsque cette Déclaration fut publiée, en guise d'introduction à la Constitution, on put y trouver, comme il va sans dire, l'influence des Lumières, mais aussi celle de la Charte anglaise et celle de la Déclaration d'indépendance des États-Unis que Jefferson connaissait mieux que personne.

Cette profession de foi de la Révolution française fut proclamée le 26 août 1789 devant l'Assemblée nationale. Le document rayonnait d'un idéalisme solennel. " Les hommes naissent et demeurent libres et égaux en droits; les distinctions sociales ne peuvent être fondées que sur l'utilité commune. " — " Le but de toute association politique est la conservation des droits naturels et imprescriptibles de l'homme. Ces droits sont : la liberté, la propriété, la sécurité et la résistance à l'oppression. " — " La liberté consiste à pouvoir faire tout ce qui ne nuit pas à autrui. Ainsi, l'exercice des droits naturels de chaque homme n'a de bornes que celles qui assurent aux autres membres de la société la jouissance de ces mêmes droits. Ces bornes ne peuvent être déterminées que par la loi. " — Quant à la sécurité : " Nul homme ne peut être arrêté ni détenu que dans les cas déterminés par la loi. " — Quant à la résistance à l'oppression : " La société a le droit de demander compte à tout agent public de son administration. " La liberté d'opinion et de la presse était proclamée dans cette Déclaration. L'essentiel enfin y était résumé : " Le principe de toute souveraineté réside essentiellement dans la Nation. "

La rupture avec l'Ancien Régime était consommée. Désormais, ce n'étaient plus les Bourbons qui régnaient en France, mais le peuple français lui-même. La France s'était rendue libre et la Nation avait reçu une tâche à remplir. La Déclaration valait, disait-on, " non seulement pour la France mais pour tous les peuples, tous les pays et tous les temps. (L'ONU a basé sur ce texte sa propre Déclaration des droits de l'homme). La Révolution n'était pas destinée aux seuls Français, mais à tous les hommes. Les Français avaient pris leurs propres destinées en main, dans la ferme conviction que leurs enfants allaient vivre plus heureux que les générations précédentes. Mais les idéaux révolutionnaires entendaient offrir ce bonheur en partage aux autres peuples, établir les principes de liberté et d'égalité dans chaque nation et dans les relations internationales. Sur la base de ces principes, la paix devait régner sur le monde jusqu'à la fin des temps!

Les femmes marchent sur Versailles

Mais la paix, l'ordre et le bonheur n'étaient encore qu'un rêve lointain. La France nouvelle sentait bien qu'il lui restait un long chemin à parcourir en combattant. Le premier tronçon de cette longue route allait de Paris à Versailles. Le 5 octobre 1789, se mit en marche vers le palais une multitude de femmes : ouvrières, marchandes, servantes, prostituées, les unes coquettement vêtues, les autres en guenilles, mais toutes armées de barres, de bâtons, de fourches ou de fusils. Sous une pluie battante, un ciel de plomb, elles abattirent les trente kilomètres qui séparent la capitale de Versailles, pour parler au roi, le convaincre de donner du pain aux Parisiens et de sanctionner les décisions de l'Assemblée nationale, car Louis XVI y avait une fois de plus opposé son veto. Il refusait d'entériner les décisions prises par l'Assemblée les 5 et 26 août.

L'ambassadeur d'Angleterre ne vit qu'un " spectacle risible " dans ce cortège maintenant chéri par la postérité comme l'un des épisodes les plus fameux de la Révolution. Louis doit avoir pensé de même en voyant devant lui la délégation que lui envoyaient ces femmes dépenaillées, hurlantes, hystériques. Mais pour risible qu'il fût, le spectacle avait également de quoi faire peur! Pour la première fois, le couple royal se trouvait en présence du peuple en rébellion, ce peuple à qui les décisions de l'Assemblée nationale accordaient le pouvoir suprême.

Un certain nombre d'hommes avaient entre-temps rejoint les femmes, et le matin du 6 octobre, cette foule prit le palais d'assaut après une résistance acharnée des gardes du corps, dont beaucoup périrent dans la mêlée. La reine, poursuivie par le peuple à travers les salles où tout chantait la grandeur de la monarchie, n'échappa que d'extrême justesse à la mort. Le marquis de La Fayette, à la tête de la Garde nationale, sauva la situation. Il conduisit Marie-Antoinette sur un des balcons du château et, à la vue de tous, s'inclina respectueusement pour lui baiser la main. Le peuple applaudit à tout rompre!

Et le roi capitula derechef, ratifiant aussi bien l'abolition des privilèges que la Déclaration des droits de l'homme. Il céda également au vœu du peuple qui exigeait qu'il revînt à Paris. Dans l'après-midi du 6 octobre, un immense cortège se mit en marche. Louis XVI et sa famille avaient pris place dans un grand carrosse doré. La Garde nationale marchait en tête, La Fayette chevauchait à la portière de la reine. Derrière venaient les hommes et les femmes qui avaient pris d'assaut le siège de l'absolutisme bourbonien. La pluie avait cessé; c'était un bel après-midi d'automne. Le peuple victorieux qui, le matin même s'était livré à de sanglants excès, avait repris sa bonne humeur, faisait un joyeux vacarme, riait et chantait, disait ramener à Paris le boulanger, la boulangère et le petit mitron. La famille royale fut logée dans l'aile la plus étroite et la plus obscure des Tuileries.

Le clergé et l'argent

" Il y a toujours de l'argent en France, mais il se tient caché ", dit un personnage des *Dieux ont soif* d'Anatole France.

Louis XVI avait convoqué les États généraux pour porter remède à l'état désastreux des finances françaises. La Révolution était née d'une crise économique. Le peuple s'étant proclamé souverain, il incombait maintenant à l'Assemblée nationale de trouver l'argent indispensable. Pour construire l'État idéal, édicter des lois n'était pas suffisant, il fallait offrir à la nouvelle communauté une base financière solide. Un échec en cette matière serait aussi l'échec définitif de l'État idéal.

A l'automne 1789, Necker se dit incapable d'encore diriger les finances publiques avec les moyens mis à sa disposition. Depuis l'abolition des privilèges, la fiscalité avait été répartie de façon égale entre tous les citoyens. Mais la perception des impôts directs se révélait fort lente; en outre, les contributions indirectes avaient été supprimées. De nouvelles mesures s'imposaient donc.

Au cours de cet automne, l'évêque d'Autun, *Talleyrand*, déposait à l'Assemblée nationale une motion demandant la nationalisation de tous les biens ecclésiastiques. Il fit ce geste avec le plus grand sang-froid, comme s'il s'agissait d'une affaire sans importance. Cependant, cette motion devait avoir des conséquences profondes dans l'histoire de la Révolution.

L'Assemblée vota la motion. Il semblait bien que l'économie nationale dût ainsi recevoir une nouvelle base financière. En effet, l'Église possédait de grandes richesses, estimées à 2 ou 3 milliards de livres. Mais il fallait trouver de l'argent liquide. On décida d'imprimer des assignats, sorte d'obligations d'État ou monnaie fiduciaire, gagée sur les biens d'Église et amortissable par la vente de ces biens. Une première émission d'assignats fut bientôt suivie d'une deuxième, et ainsi de suite. Cet argent-papier inonda bientôt la France et subit une dévaluation rapide. Le peuple le tenait en grande méfiance.

La France révolutionnaire ne devait jamais parvenir à résoudre le problème des finances nationales qui fut bientôt un boulet aux pieds des meilleurs politiques et des plus ardents réformateurs sociaux. Cet éternel casse-tête finit par décourager Necker qui démissionna en 1790 et quitta le pays après des tentatives désespérées pour sauver la situation. Ses successeurs durent renoncer à leur tour : l'économie de la Révolution était et restait sans espoir.

Les biens ecclésiastiques devenus propriétés d'État, la conséquence logique était que l'Église elle-même passât sous le contrôle de la Nation. En 1790, l'Assemblée vota la Constitution civile du clergé. La désignation des évêques serait dorénavant conférée à la Nation et non plus au roi ou au pape. Quelques mois plus tard, une nouvelle disposition obligeait les prêtres à prêter serment au peuple, à la loi et au roi. Les récalcitrants, fort nombreux, furent interdits. Et le pape jeta solennellement sa malédiction sur cette loi qui obligeait les prêtres au serment de fidélité envers la Révolution.

L'Assemblée nationale s'était, en même temps que le roi, transportée de Versailles à Paris ; elle avait pris ses quartiers dans un manège situé au nord des Tuileries, donc tout près de la résidence de Louis XVI et à proximité du Palais Royal, là où se concentrait le mouvement populaire. L'élaboration de la Constitution dura jusqu'en septembre 1791, date à laquelle le texte fut voté et la Constituante dissoute pour faire place à l'Assemblée législative, nouveau nom de la représentation populaire. Toutefois, la Constitution

était prête, dans ses grandes lignes, dès le début de 1790.
Elle s'appuyait sur la Déclaration des droits de l'homme
et du citoyen. La France restait un royaume, mais les
pouvoirs du roi étaient fortement limités : la souveraineté
passait de la Couronne à la Nation. Le roi détiendrait
le seul pouvoir exécutif et serait assisté de ministres ne
pouvant siéger à l'Assemblée législative. Le pouvoir
législatif et le droit de lever les impôts appartiendraient
exclusivement à l'Assemblée du peuple, dont les députés
étaient élus pour deux ans par un mode de suffrage qui
n'avait rien de démocratique. Le roi gardait cependant un
droit de veto pour la durée de deux sessions législatives;
il lui était donc possible de retarder pendant quatre ans
l'application d'une loi.

La France reçut alors sa célèbre division administrative
en départements à l'intérieur desquels était maintenue
une autonomie assez large. Dans les unités administratives
les moins importantes, les municipalités, l'administration

*A la fin de 1789, pour " valoriser " immédiatement les biens ecclésiastiques
confisqués, l'Assemblée nationale, hypothéquant les domaines nationaux,
émit des assignats portant 5 % d'intérêt. En 1790, les assignats cessèrent
de porter intérêt et devinrent un véritable papier-monnaie analogue à
nos actuels billets de banque.*

était exercée par le maire et le conseil municipal, élus au suffrage universel.

Puis, une nouvelle mesure favorisa beaucoup la radicalisation du mouvement révolutionnaire : il fut interdit aux anciens membres de l'Assemblée nationale de siéger à la Législative. Cette exclusive élimina tous ceux qui possédaient une certaine expérience parlementaire et fit disparaître le groupe du centre, partisan d'un royaume bourgeois constitutionnel.

" MAISON A LOUER "

Marat, l'ami du peuple

Pendant les dix-huit mois qui suivirent cette période si riche en événements, le rythme de la révolution se ralentit quelque peu. Ce fut en quelque sorte une transition. L'idéalisme enthousiaste des débuts avait donné au mouvement un caractère presque idyllique. Après ces mois de semi-quiétude, la Révolution allait entrer dans sa phase rationaliste sous le signe d'un réalisme sanglant.

L'heure toutefois n'était pas encore à la guillotine. La Révolution gardait un caractère de dignité, se développait même dans une certaine grandeur. Le 14 juillet 1790, premier anniversaire de la prise de la Bastille, une foule immense, venue des quatre coins de la France (certains avancent le chiffre de 400 000 personnes) s'assembla sur le Champ de Mars. Ce fut une grande fête de la liberté et de la concorde, mise en scène par le peintre David. Au centre du Champ de Mars se dressait un vaste autel dédié à la Patrie. Talleyrand présidait aux cérémonies. Car l'évêque d'Autun avait prononcé le serment d'allégeance à la Nation. Sans la moindre crise spirituelle, bien sûr. La Fayette était présent, lui aussi, avec les détachements de la Garde nationale, venus de tout le pays; le marquis connut là son véritable triomphe. Lorsqu'il vint le premier jurer fidélité à la Nation, à la Loi et au Roi, la foule éclata en applaudissements. Mais on rendit également hommage au roi. L'atmosphère parvint même à un tel degré d'enthousiasme qu'on entendit crier : " Vive la Reine! " La France fut heureuse ce jour-là, naïvement heureuse dans sa certitude d'un nouvel âge d'or. Le soir, on dansa dans toutes les rues et sur toutes les places de Paris.

Le spectacle fut grandiose et parfait. Il n'y manqua

même pas le susurrement du souffleur, en l'occurrence le grand-prêtre officiant devant l'autel de la Patrie. Au moment précis où La Fayette, tout pénétré de la grandeur de l'instant, vint prêter serment, Talleyrand lui murmura : " Gardez-vous de me faire rire ! " Le soir, l'évêque d'Autun ne prit aucune part aux réjouissances populaires. Il termina la soirée dans une salle de jeux où il fit sauter la banque.

Pour nous, le sarcasme de Talleyrand est une faille dans le somptueux rideau que la fête du Champ de Mars tirait sur la scène révolutionnaire. Et par cette faille, nous voyons apparaître d'autres figures qui, tout comme Talleyrand mais pour d'autres raisons, avaient grand-peine à partager l'extase générale. Parmi ces personnages, l'un des plus controversés, *Jean-Paul Marat*, médecin au passé fort mystérieux, publiciste de grand talent, futur ténor de la Révolution. Jean-Paul Marat s'intitulait lui-même : " l'ami du peuple ", quatre mots dont il ne manquait jamais de faire suivre sa signature et qu'il donnait pour titre à son journal, une feuille dont il allait tirer un pouvoir redoutable. Car la plume de Marat valait une armée ! Il savait, mieux que personne, traduire la haine, la méfiance et les passions de la masse. " Je suis, disait-il, la colère du peuple, sa juste colère. " Comme nul autre aussi, il s'entendait à railler la vanité, la naïveté, le manque de sérieux et le caractère versatile de la masse. Marat s'est fait connaître dans l'histoire comme l'une des figures les plus cruelles et les plus effrayantes de la Révolution ; il passait à vrai dire, pour un monstre. En réalité, cet homme devait avoir un sens moral très élevé. Marat était courageux ; s'il jugeait devoir écrire quelque chose, il ne reculait pas devant les conséquences. Jour après jour, l'*Ami du Peuple* observait l'évolution du mouvement révolutionnaire ; jour après jour, il commentait les événements et toujours au point de vue des non-privilégiés, du prolétariat. Car Marat aimait les humbles, à qui ses articles donnaient d'ailleurs une certaine conscience de classe. Il voulait leur assurer du pain et du travail, partager entre eux les biens des riches, les libérer et se sacrifier pour leur cause. Jean-Paul Marat se voyait probablement comme le Messie de l'esprit nouveau.

Desmoulins et Danton

Le docteur Marat avait son domicile et son quartier général dans la " section " des Cordeliers. Ce district parisien devint la Mecque des courants de plus en plus radicaux qui agitaient le peuple. Camille Desmoulins qui, en 1789, avait appelé les Parisiens aux armes, était devenu l'un des principaux représentants de la section des Cordeliers; il se disait pris d'un sentiment presque religieux lorsqu'il entrait dans ce quartier.

Tout comme " l'ami du peuple ", Desmoulins était un excellent journaliste et un impitoyable satiriste; mais, contrairement à Marat, il manquait parfois de confiance, se montrait indécis et fantasque. Il pouvait se laisser aller aux enthousiasmes les plus brûlants puis tomber aussitôt dans le plus sombre des pessimismes; dans le fond de son cœur, Desmoulins doutait de tout et de lui, luttait probablement contre ses scrupules. Peut-être Romain Rolland, dans son drame historique *Danton*, voit-il juste en lui donnant les traits d'un enfant à la fois cruel et charmant. Car Desmoulins possédait un charme réel. Avec sa jeune épouse, la bonne et naïve Lucille, Camille formait le couple le plus attirant de la Révolution jusque dans le dénouement tragique de leur vie.

Cependant, le chef de la section des Cordeliers n'était ni Marat ni Desmoulins, mais le grand Danton.

On a dit de *Georges-Jacques Danton* qu'il avait aimé la France par-dessus tout. Mais cet homme robuste, débordant de vitalité, aimait bien d'autres choses encore; la terre de Champagne qui l'avait vu naître, les belles femmes, les joyeux compagnons, les bons repas, les débats des assemblées, les querelles, la tension des luttes politiques, le danger, les attaques, au besoin la lutte à outrance, la vie sous toutes ses formes telles qu'elles s'offrent dans ces périodes de transition à des hommes doués d'une personnalité puissante; on a presque l'impression qu'il salua comme un grand moment sa montée à l'échafaud. On peut dire que Danton aima davantage qu'il ne haït; ce qu'il exécrait surtout, c'était l'esprit étroit et puritain, le côté négatif des hommes. Le grand tribun aimait à se dire que sa vie privée et publique se déroulait dans une maison de verre, que sa force personnelle lui permettait de prêter le flanc à toutes les attaques et de les repousser. Danton voulait agir ainsi parce qu'il était Danton et que pour Danton ne comptaient pas les lois de la prudence. Physiquement aussi, il était plus grand et plus fort que la plupart des autres hommes. La nature lui avait, selon ses propres dires, donné le corps d'un athlète et les traits rudes de la liberté. Son visage grelé de petite vérole et son nez cassé le rendaient presque aussi laid que Mirabeau.

La carrière politique de Danton avait commencé au début de 1790 avec son entrée à la commune de Paris, l'assemblée des électeurs parisiens aux États généraux, qui s'était proclamée elle-même administration municipale et allait bientôt conquérir une profonde influence, en particulier sur l'Assemblée nationale; cette commune de Paris a joué un rôle crucial dans l'histoire de la Révolution. Aux côtés de son protégé Marat, Danton devint le leader d'un de ces clubs si caractéristiques de l'époque révolutionnaire. Le club des Cordeliers, établi dans un ancien couvent franciscain, était le club du prolétariat, très radical dans ses efforts pour transformer la royauté constitutionnelle en régime démocratique. Là se réunissaient les vrais démocrates qui devaient prendre plus tard, comme un titre d'honneur, le nom de " sans-culottes ".

Danton se montrait également dans un autre club, celui des Jacobins, ainsi nommé parce qu'il se réunissait dans l'ancien couvent de cet ordre. Ce club s'appelait en réalité la " Société des Amis de la Constitution ", désignation qui montre suffisamment quel était son objectif : stabiliser le pouvoir de cet État dont l'Assemblée nationale avait jeté les bases. Primitivement, le groupe était donc assez modéré; La Fayette et Mirabeau en étaient alors les chefs. Mais Camille Desmoulins prenait, lui aussi, une part importante aux réunions de ce club; Danton et lui s'y rencontraient régulièrement et leur présence à tous deux faisait prévoir un virage vers le radicalisme. Les Jacobins acquirent une très grande importance grâce à leur journal et aux organisations-sœurs qu'ils créaient dans le pays tout entier. Leur club allait devenir un des principaux centres d'action de la Révolution française.

L'heure était aux idées radicales, car on sentait fort bien que des forces puissantes commençaient à coordonner le mouvement révolutionnaire. Dès le lendemain de la chute de la Bastille, les aristocrates s'étaient mis à émigrer en masse. Le comte d'Artois, frère cadet de Louis XVI, avait donné l'exemple. Les nobles choisissaient l'exil pour différentes raisons : les uns parce qu'ils sentaient leur vie menacée, les autres parce qu'ils ne voulaient plus vivre dans un pays leur refusant le droit au luxe et aux privilèges. Un certain nombre de gentilshommes partirent dans le dessein bien arrêté de combattre la Révolution depuis l'extérieur. La plupart d'entre eux étaient persuadés que le mouvement révolutionnaire mettrait peu de temps à s'épuiser de lui-même et qu'on pourrait alors rentrer en France pour reprendre la vie douillette de l'Ancien Régime. Le comte d'Artois comptait rester absent quatre-vingt-dix jours au maximum. Mais les mois allaient passer, puis les années ; la Révolution se développant de plus en plus, force sera aux émigrés français — ces " traîtres à la patrie " — de rester dans leurs nouvelles résidences de Belgique et de Rhénanie. Coblence deviendra leur quartier général, le foyer de leurs complots contre la Révolution.

La fuite à Varennes

Une chose ne faisait aucun doute : Louis XVI et surtout Marie-Antoinette jetaient maints regards d'envie sur les régions où les émigrés abritaient leur exil. Le couple royal n'avait à aucun moment perdu l'espoir d'un coup de théâtre venant le tirer de sa position humiliante. Le roi et la reine avaient toujours cru que l'étranger leur porterait, au moment opportun, toute l'assistance nécessaire. Certes, Louis XVI avait fait acte de loyalisme à l'égard de la France nouvelle ; mais, au fond de son cœur, il la détestait ardemment et supportait fort mal sa résidence forcée aux Tuileries. La chasse lui manquait beaucoup. Louis était assez lent à s'indigner mais le serment imposé aux prêtres était parvenu à le mettre hors de lui. Dès lors, le roi se sentit traqué, chercha parmi les hommes en place qui pourrait lui apporter de l'aide.

Il y avait certes le marquis de La Fayette, commandant la Garde nationale, force armée de la Révolution ; mais le roi détestait cet homme, et la reine l'exécrait si possible plus encore. Tous deux considéraient La Fayette comme un renégat et ne pouvaient se résoudre à lui faire confiance. Par ailleurs, le marquis perdait de son crédit ; le sauveur de Versailles se voyait dépassé par les événements. Cet homme sincère dans son amour de la liberté était tout aussi sincère dans son loyalisme à l'égard de la Couronne. Ainsi partagé, il devait forcément suivre une politique d'équilibre. Or, l'heure n'était plus aux compromis.

Autre possibilité : Mirabeau, l'idole du peuple, le grand

homme de l'Assemblée nationale. Mais la reine le considérait comme un " monstre " et lui imputait toutes les horreurs subies par le couple royal lors de la marche des femmes sur Versailles. Néanmoins, Mirabeau semblait animé de bonnes intentions et il serait peut-être possible de les mettre à l'épreuve. En juillet 1790, Mirabeau put réaliser un désir très cher : non seulement le roi, mais aussi la reine, lui accordaient audience. Belle occasion pour le tribun d'employer sa fameuse éloquence! Mirabeau exposa ses vues sur la situation et, au terme de l'entretien, il baisa la main de la reine en disant : " Madame, la monarchie est sauvée! "

Le maintien ou la chute de l'institution monarchique était évidemment la question essentielle, du moins pour ceux qui savaient interpréter les événements. Mirabeau dit vouloir rester ce qu'il n'avait cessé d'être : le défenseur d'un pouvoir monarchique réglé par la loi et le champion d'une liberté à laquelle le pouvoir royal donnerait sa garantie.

Mirabeau entreprit de sauver la monarchie. L'entrevue s'était déroulée dans le plus grand secret. Louis venait de se lier un homme des plus précieux. De son côté, le roi s'engageait à solder toutes les dettes de Mirabeau et à lui verser une pension annuelle de six mille livres jusqu'au moment où l'Assemblée nationale aurait terminé son travail. De plus, Louis XVI lui promit un million de livres pour le moment où, l'œuvre législative accomplie, il se révélerait que Mirabeau avait bien servi le roi. Ceci peut, en fait, être considéré comme un acte de corruption; mais Mirabeau débordait d'enthousiasme et attendait son heure. Dès lors, il entra dans la grande époque de sa vie, une période de travail forcé et de distractions non moins frénétiques, de longues intrigues en faveur de la maison royale et de trésors d'éloquence prodigués au club des Jacobins. Mirabeau jouait alors le double jeu mais pensait montrer par cet exercice de corde raide tout son génie d'homme d'État. Mirabeau se déclarait opposé à toute restauration de la monarchie absolue, contraire à sa conviction intime, mais voulait relever le prestige de la monarchie vis-à-vis de l'Assemblée nationale puis établir une collaboration entre la cour et la nation. Il était partisan d'une politique active et non d'une politique comme celle de La Fayette où il ne voyait, disait-il, qu'une façon pittoresque de ne rien faire!

Seulement Mirabeau mourut en avril 1791. Ses énormes forces n'avaient pas résisté à des dépenses nerveuses plus énormes encore. Une foule immense suivit le corbillard conduisant sa dépouille à l'église Sainte-Geneviève, transformée depuis peu en Panthéon de la Nation française. Sur sa maison fut apposée une plaque de marbre noir où étaient gravés ces mots : " Ici Mirabeau rendit son dernier soupir. Pleurez, hommes libres! Tyrans, baissez les yeux! "

Marie-Antoinette avait exprimé l'espoir qu'elle et son royal époux n'en seraient pas toujours réduits à chercher refuge auprès de Mirabeau. Et voilà que Mirabeau n'était plus. Mais la reine avait un autre ami, qu'elle préférait d'ailleurs beaucoup à l'éloquent tribun du peuple. C'était le comte *Axel de Fersen*, ministre de Suède. Fersen organisa la célèbre fuite à Varennes où on allait voir " l'événement central de la Révolution française, du moins en sa première phase ". Au printemps 1791, Marat avait écrit dans son journal : « Stupides Parisiens! que n'enfermez-vous l'Autrichienne et toute sa famille? Un jour perdu peut devenir fatal pour la nation tout entière et envoyer trois millions de Français au tombeau! »

Varennes est une petite ville non loin de la frontière nord-est. Ce soir du 21 juin 1791, les habitants s'étaient déjà mis au lit quand arriva une grande berline confortable, mais d'aspect assez ordinaire. Peu après, ils entendirent sonner le tocsin. Quelques hommes armés, parmi lesquels le secrétaire de la mairie et l'épicier Sauce, se dirigèrent vers la voiture et demandèrent les passeports des voyageurs. Contrôle à la lueur des lanternes : les pièces étaient au nom d'une certaine baronne de Korff accompagnée de ses deux enfants, d'une gouvernante, d'une dame de compagnie, d'un valet de chambre et de quelques laquais. Les voyageurs reçurent l'ordre de descendre et d'entrer dans la maison de poste. Alors, il fallut bien jeter les masques. La " baronne de Korff " était en réalité la gouvernante des enfants royaux, la " gouvernante " était la reine en personne, le " valet de chambre " était le roi et la " dame de compagnie " sa propre sœur. Le roi consentit à s'expliquer : il se rendait avec sa famille dans une ville proche de la frontière pour y chercher refuge car, à Paris, leur vie à tous était en danger. Dès son arrivée, il avait l'intention de se mettre en rapport avec l'Assemblée nationale. Jamais, au grand jamais, il n'avait projeté de fuir le pays. Cette déclaration n'eut aucun effet. La famille royale fut placée sous bonne garde. Louis faisait les cent pas, l'air profondément préoccupé, Marie-Antoinette s'était effondrée sur une chaise de paille. Le prince et la princesse dormaient du bon sommeil de l'enfance.

Le lendemain matin, dès 7 heures, la compagnie dut reprendre place dans la berline. Sous bonne escorte, la voiture reprit la route de Paris. La " fuite à Varennes " s'achevait par un beau fiasco.

Dans la modeste demeure de Sauce, à l'étage de l'épicerie, le roi s'était expliqué de façon plus ou moins habile. Mais il était loin d'être aussi innocent qu'il voulait le paraître. Il avait passé tout l'hiver 1790-1791 à préparer son entreprise. Tout l'hiver, il s'était tenu en rapport avec les émigrés, allant même jusqu'à correspondre de manière très suivie avec l'empereur d'Autriche. Louis lui avait fait part de ses intentions : se rendre dans une ville frontière, y rallier des troupes fidèles et marcher sur Paris. L'empereur avait promis son aide, mais seulement lorsque le roi aurait quitté Paris pour une retraite sûre.

Louis n'avait pu supporter plus longtemps le séjour aux Tuileries et craignait de ne plus jamais redevenir " un homme libre " s'il n'agissait pas au plus tôt. En ces journées fébriles, le roi s'était senti comme un animal pris au piège, et il avait élaboré son plan dans cet état d'esprit. Axel de Fersen l'avait aidé, trouvé l'argent — car il en fallait beaucoup — et la voiture. La fuite avait été mise au point dans la soirée du 20 juin. Les fugitifs étaient parvenus à se glisser hors des Tuileries et à gagner, par des rues désertes, l'endroit où attendait la berline du salut. Fersen avait pris place sur le siège et conduit la voiture pendant la première partie du trajet. Ensuite, il avait pris congé pour se rendre par ses propres moyens au lieu du rendez-vous. Mais cette rencontre ne devait jamais avoir lieu. L'équipée se termina chez l'épicier Sauce, à Varennes.

Quand, au matin du 21 juin, les Parisiens apprirent la fuite de la famille royale, d'énormes foules descendirent dans la rue pour commenter le nouveau coup de théâtre. L'excitation populaire était à son comble. L'Assemblée nationale fit immédiatement fermer les frontières avec ordre à tous les corps de la Garde nationale de s'emparer du roi en quelque lieu qu'il pût se trouver. Sur la porte principale des Tuileries, on put lire ce jour-là trois mots tracés à la craie : " Maison à louer ".

Robespierre

Quelques jours après le retour de Varennes, la reine écrivait à Fersen : " N'ayez souci de nous. Nous sommes toujours en vie. " Ces paroles ont sans doute quelque chose de théâtral, mais elles font apparaître la situation dans toute son horreur. Le couple royal s'était mis dans une situation des plus périlleuses. En fuyant à Varennes, le roi avait perdu la sympathie et la confiance du peuple parisien. Il s'était de lui-même identifié aux ennemis de la Révolution et de la France; Louis faisait maintenant figure de traître à la Nation.

L'idée républicaine gagna rapidement du terrain dans les clubs et les " sections ". Une fois de plus, Marat avait vu juste. Dans son *Ami du Peuple*, il se livrait à des attaques virulentes contre la monarchie. Il fallait, disait-il, abattre tous les modérés. Camille Desmoulins fit chorus. Le club des Jacobins vit se hisser au premier rôle un homme qui s'était jusque-là maintenu au second rang, attendant son heure; *Maximilien de Robespierre* prit la parole et fit son premier grand discours; il y attaquait non seulement le roi, mais aussi La Fayette et même l'Assemblée nationale. Tous étaient des traîtres travaillant à la chute de la Révolution. Lui, Robespierre, savait certes combien il était dangereux d'exposer ainsi les machinations des traîtres, mais il était prêt à donner sa vie pour la cause révolutionnaire. Et Desmoulins soutint Robespierre comme il soutenait Danton. Toujours aussi sensible au pathétique, Desmoulins se leva d'un bond en criant, les yeux pleins de larmes : " Et nous sommes tous prêts à mourir avec toi! "

Pour la première fois Robespierre s'était manifesté avec brio. Un contemporain a décrit le caractère de celui qu'on allait appeler l'" Incorruptible ". Selon ce témoin, Robespierre basait toute son action sur une fidélité absolue à ses principes. Danton était un homme sans principes, sans dogme ni doctrine. Il improvisait, se laissait mener par l'inspiration du moment. Robespierre lui n'improvisait jamais, pesait tous ses actes et toutes ses paroles avec la plus grande minutie. En fait, il disait rarement quelque chose de neuf, mais il ne changeait jamais d'opinion. Ayant admis une fois pour toutes certaines conceptions et certains principes, il s'y tenait sans en dévier le moins du monde. Jusqu'à ce point, tout le monde est d'accord en ce qui concerne Robespierre. Mais c'est ici que le problème se pose : quels étaient donc ces conceptions et ces principes ? La controverse dure encore et les historiens ne semblent pas près de conclure.

Dans *Les Dieux ont soif*, Anatole France fait dire à l'un de ses personnages : " Robespierre est vertueux ; il deviendra terrible ! " Rien ne pourrait mieux décrire la vie et la carrière politique de l'homme. Car c'est vraiment sa vertu qui le rend terrible lorsqu'il prend le pouvoir en 1793-1794. Si l'on accepte ce jugement — et beaucoup de choses semblent prouver sa justesse — il n'est alors qu'une seule façon de résoudre l'énigme Robespierre. Nous voyons devant nous un jeune avocat, disciple de Rousseau, qui suit son chemin sans regarder à droite ni à gauche, se laissant guider par une froide ardeur, une croyance fanatique dans les vertus humaines et civiques, proclamant que l'individu a pour premier devoir le sacrifice aux intérêts de la Patrie ; le citoyen doit accepter pour la République une sévère discipline, souffrir quand souffrent ses compatriotes, pour étendre finalement cet idéal de liberté et de bonheur à l'humanité tout entière. Nous voyons un homme qui, sans douter un instant de remplir ainsi ce devoir envers l'État, la Patrie, la France et l'Humanité, envoie des milliers de gens au bourreau parce que leur incapacité à suivre le chemin de la libération et à voir la grandeur du nouvel Évangile les rend dangereux et criminels ; un homme dont la conviction presque religieuse fait de la Révolution française le régime de la " sainte et vertueuse guillotine ".

Taciturne, renfermé, toujours correct et plein de sang-froid, Maximilien Robespierre allait son chemin. On connaissait peu de détails de sa vie privée ; on savait seulement que, selon sa doctrine, il vivait une existence vertueuse et digne de servir d'exemple à ses concitoyens. Danton qui avait longtemps travaillé en étroite collaboration avec l'Incorruptible, y voyait la plus sotte manière de vivre. Le chef des Cordeliers haussait son sourcil broussailleux et renvoyait l'" eunuque " à sa vertueuse existence. Mais Robespierre ne se conduisait pas si sottement que voulait bien le faire croire Danton. Robespierre savait que cette réputation de grande vertu lui viendrait un jour fort à point; ce jour se fit longtemps attendre. Dans les premières années de la Révolution, il n'y avait à l'Assemblée nationale autant dire personne qui voulût bien le prendre au sérieux. Mais à partir de l'été 1791, on le voit très souvent à la tribune des Jacobins. C'est " un jeune homme au front fuyant, aux yeux clairs, au nez en lame de couteau, au menton pointu, au visage grelé, au regard froid. Ses cheveux étaient légèrement poudrés; il portait un habit bleu ciel très serré à la taille. Son attitude compassée et sa réserve faisaient dire à certains qu'il avait tout d'un maître à danser. C'est d'une voix claire que Robespierre prononçait ses philippiques contre les ennemis de la Nation... "

LES ENNEMIS DE LA RÉVOLUTION

L'opinion en Angleterre

Un observateur superficiel n'eût noté que peu de réactions en Angleterre. Alors que la France prenait la Bastille, proclamait les Droits de l'homme et jetait les bases d'une société nouvelle, l'Angleterre s'employait à bâtir son industrie, à consolider puis étendre son commerce mondial, fort éprouvé ces derniers temps. Le Parlement vivait dans la routine, sans connaître aucun événement sentationnel.

En mai 1790, William Pitt le Jeune, le Premier ministre, âgé maintenant d'une trentaine d'années, pouvait dire aux Communes, avec une satisfaction visible, que le pays connaissait une plus grande prospérité qu'au cours de l'immédiate avant-guerre. Mais ce même William Pitt, si paisible et satisfait, allait devenir bientôt l'ennemi le plus redoutable et le plus redouté de la Révolution française.

Le public anglais mit du temps à comprendre qu'il se passait en France quelque chose de très remarquable et de très important. Il finit pourtant par " réaliser " la portée de l'événement, sans d'ailleurs s'en étonner beaucoup; depuis toujours, les Britanniques ne jugeaient-ils pas la France capable de toutes les excentricités? Néanmoins l'été 1789 leur ouvrit les yeux : ce qui se passait de l'autre côté de la Manche était bel et bien une révolution qui devait forcément abattre l'Ancien Régime. La première réaction en Angleterre fut plutôt teintée de bienveillance. L'idéal de liberté politique avait soutenu toute l'évolution sociale du peuple anglais. Les Britanniques trouvaient parfaitement compréhensible que les Français se fussent enfin lassés de leur monarchie absolue. Par ailleurs, le mouvement révolutionnaire français était considéré comme une tentative curieuse et assez théâtrale de copier les institutions politiques anglaises.

Cette attitude nonchalante, un tantinet distraite, devait bientôt faire place à un intérêt beaucoup plus profond. Certains Anglais, les Whigs de Charles James Fox, commentaient avec enthousiasme le mouvement d'émancipation politique en France; ils montraient à quel point la Révolution pouvait influer sur le reste du monde. A ce groupe se joignaient les tenants d'une nouvelle école littéraire, désireuse de voir le *common sense* si cher à Samuel Johnson et à sa génération remplacé par un idéal romantique. Ce mouvement littéraire a produit quelques-uns des plus grands poètes anglais. Le jeune William Wordsworth fit un voyage en France, fut profondément impressionné par l'enthousiasme extatique du peuple français, devint un défenseur chaleureux de la Révolution. En 1792, William Blake de son côté exprime dans son fameux hymne à la liberté toute l'allégresse des temps nouveaux.

Cependant, l'Angleterre et la France n'allaient pas marcher côte à côte sur le merveilleux chemin dont rêvaient les poètes. D'autres voix se firent entendre dont l'influence devait l'emporter, et ce fut en Angleterre qu'on écrivit l'*Evangile de la Contre-Révolution.*

Edmund Burke, théoricien de la politique whig, champion des libertés anglaises, ami et défenseur des Américains soulevés contre la Couronne, accusateur de Warren Hastings par idéalisme, suivait avec une attention passionnée les progrès de la Révolution en France. Burke ne partageait nullement l'enthousiasme des poètes anglais et ses griefs primitifs contre la Révolution française s'étaient fortement accrus. Dès 1789, dans une lettre adressée à un ami français, il avait lancé son anathème : " Vous avez fait une révolution, mais vous n'avez pas su réaliser une réforme. Vous avez opprimé la monarchie mais non rétabli la liberté. " Il ajoutait : " Quand on sépare la liberté de la justice, toutes deux sont en danger. "

Au début de 1790, Burke prit la parole aux Communes. Il déclara qu'un grave danger menaçait l'Angleterre.

Le pays courait le risque d'admirer les abus d'une démocratie pillarde et tyrannique.

En novembre 1790, nouvelle attaque, cette fois d'envergure. Les *Reflexions on the Revolution in France*, par Edmund Burke, vinrent, comme une bombe, tirer les Anglais de leur belle sérénité. L'ouvrage connut un succès inouï pour l'époque. En peu de temps, il s'en vendit jusqu'à 30 000 exemplaires.

C'était une véritable déclaration de guerre.

Burke ralliait les conceptions anglaises de la liberté politique pour les comparer aux doctrines que les révolutionnaires voulaient imposer à la France. En Angleterre, disait Burke, la liberté régnait sous l'égide de la loi. Les libertés anglaises n'étaient pas le produit de théories abstraites mais bien d'expériences politiques séculaires; elles ne se basaient point sur des spéculations de l'esprit et de simples illusions, mais bien sur la réalité. Par contre, les révolutionnaires français voulaient appliquer des concepts philosophiques et réaliser l'État idéal par des voies de pure théorie. Cette façon de faire devait inévitablement conduire au déclin de l'État, à l'anarchie, au chaos et enfin à la dictature. L'expérience des Français était un crime car ils possédaient bel et bien une Constitution aussi bonne qu'ils la pouvaient souhaiter. Burke condamnait en bloc tous les dirigeants de la Révolution, de La Fayette à Marat. Il condamnait l'œuvre accomplie par l'Assemblée nationale, qu'il jugeait inique et destructrice et indigne de toute confiance.

L'ouvrage de Burke eut une influence déterminante sur la politique future des Anglais à l'égard de la Révolution. George III dit que c'était là un ouvrage des plus remarquables et que tout gentleman se devait de le lire.

Burke avait pleinement raison en montrant la fragilité des bases sur lesquelles reposait l'œuvre de l'Assemblée nationale. Et les faits eux-mêmes lui donnèrent raison par la suite : la Révolution mena effectivement à la tyrannie d'un parti, au chaos économique et à la dictature. Pourtant, dans les *Reflexions*, "le plus important de tous les pamphlets politiques ", Burke, parce que mal informé des structures sociales en France sous l'Ancien Régime, partait de prémisses fausses. L'Anglais ne pouvait comprendre ce que la Révolution représentait exactement pour le peuple français. Il lui suffisait de condamner les fautes les plus apparentes. Burke voyait fort bien quelles crises devaient se succéder dans le nouveau régime. Mais il ne comprenait pas que l'idéal révolutionnaire était assez puissant pour surmonter ces crises et pour déterminer ensuite l'avenir de l'Europe.

Burke avait fait sa propre déclaration de guerre. Restait à convaincre la Grande-Bretagne de présenter la sienne. Edmund Burke prit l'offensive au Parlement. Il rompit avec son ami Fox, le chef du parti whig, dénonçant l'attitude que celui-ci avait adoptée à l'égard de la Révolution française. Fox avait les larmes aux yeux lorsqu'il se leva pour répondre. Il voulut se justifier; à plusieurs reprises, il évoqua sa longue amitié avec le grand philosophe whig. Mais Burke restait impassible, car il recherchait, en fait, l'éclatement du parti whig.

Le temps passa, la Révolution se poursuivit, devint toujours plus antipathique aux yeux du peuple anglais. Un vent conservateur et réactionnaire commençait à se lever. Une crise menaçait, la guerre était en vue. Même le Premier ministre, William Pitt, dut finalement reconnaître le fait.

Les États-Unis d'Amérique

Thomas Jefferson quitta la France à la fin de l'automne 1789. A son arrivée en Amérique, il apprit que George Washington l'avait nommé ministre des Affaires étrangères.

Les responsabilités pesaient lourdement sur les épaules de Washington, car il s'était entièrement donné à la tâche " difficile mais agréable de rendre un peuple heureux ". Au printemps 1789, il avait accepté son mandat de premier président des États-Unis. Le pays devait maintenant mettre en place son nouvel appareil politique. La tâche était immense et Washington s'en acquitta de façon grandiose. Taciturne, patient et imbu de son devoir, il n'épargnait aucun effort pour que les libertés si durement conquises par le peuple américain lui devinssent une véritable bénédiction.

L'administration se mit à fonctionner. La prospérité du pays s'accrût rapidement. L'entrée des États-Unis dans l'histoire universelle s'opéra de la façon la plus adroite et la plus efficace. Washington était intimement persuadé qu'un grand avenir et un rôle historique très important s'ouvraient à son peuple. Le président avait pour principe que les gens les plus aptes à édifier la Nation étaient ceux qui avaient lutté pour son indépendance et possédaient donc l'esprit et l'expérience nécessaires. Il choisit presque tous ses collaborateurs parmi les hommes ayant joué un rôle actif dans la guerre d'Indépendance. Les premières places revinrent à Thomas Jefferson, son ministre des Affaires étrangères, et Alexander Hamilton, son ministre des Finances.

Alexander Hamilton était un homme de très basse extraction qui, par son mariage, s'était acquis une grande fortune et l'entrée des milieux aristocratiques new yorkais. C'était le principal porte-parole des cercles capitalistes. L'idéal de liberté n'avait aucun sens pour lui; il tenait en piètre estime tous ces " bavardages " sur l'égalité et la démocratie. Hamilton souhaitait que l'Union dotée d'un pouvoir central fort fût dominée par les riches, les industriels et les commerçants les mieux " arrivés ".

A ce programme, soutenu par les États septentrionaux déjà tournés vers le commerce et l'industrie, Thomas Jefferson opposait son idéal de liberté, sa foi dans le peuple, ses principes démocratiques. En donnant à son parti le nom de " républicain ", il entendait que son premier objectif était de combattre les tendances monarchistes, auxquelles Hamilton et ses adeptes ne semblaient pas tout à fait étrangers. Jefferson devint le principal porte-parole des agriculteurs américains, ceux du Sud en particulier. Une population rurale prospère était, selon lui, le meilleur support des institutions républicaines.

Le Président souffrait de cet antagonisme entre ses deux principaux collaborateurs et conseillers. Ses tentatives de médiation n'eurent pas grand succès. Loin de se réconcilier, le ministre des Finances et le ministre des Affaires étrangères parvinrent au bord de la rupture ouverte lorsque le gouvernement et le peuple américains eurent à fixer leur politique devant le plus grand événement de l'époque, la Révolution française.

Le moment était venu où l'opinion américaine allait se partager en deux camps opposés.

En 1790, La Fayette envoyait à son ami George Washington un présent symbolique : la clef de la porte principale de la Bastille. Un contemporain eut à cet égard le commentaire suivant : " Que les principes américains aient ouvert les portes de la Bastille nul n'en peut douter. Aussi cette clé vient-elle ici à juste place. " Une grande partie de la population ne devait pas être d'un autre avis. Nombre d'Américains considéraient les révolutionnaires de Paris comme leurs disciples. L'Amérique, pensaient-ils, avait donné le grand exemple.

Pourtant les États-Unis ne devaient pas entrer dans le camp de la Révolution. Le ministre des Affaires étrangères répétait sans cesse que l'existence de la république américaine dépendait dans une certaine mesure des heureux résultats de l'expérience française. Ses discours ne servirent à rien, non plus que l'appui de ses partisans dans toutes les classes de la société. Les riches conservateurs n'avaient que crainte et mépris à l'égard de la Révolution. Hamilton réclamait un changement de la politique extérieure des États-Unis, l'abandon du premier allié, la France, au profit de l'ancienne ennemie, l'Angleterre.

Tout dépendait maintenant de Washington. Le Président, profondément choqué par les excès de plus en plus sanglants et de plus en plus sauvages de la Révolution, répondit par ce mot d'ordre : " L'Amérique d'abord ! " Les États-Unis n'avaient rien à gagner en s'immisçant dans la politique européenne, et, s'il était un pays d'Europe dont les États-Unis devaient souhaiter l'alliance, ce n'était pas la France mais bien la Grande-Bretagne, maîtresse des mers.

Washington proclama que les États-Unis étaient bien trop éloignés de l'Europe pour s'y intéresser le moins du monde. Le premier président posait ainsi un principe qui, dans l'histoire et la politique étrangère des États-Unis, allait jouer un rôle des plus importants : l'isolationnisme américain.

La Russie après Pierre le Grand

De l'ouest, les révolutionnaires français dirigèrent leurs regards vers le continent européen. A l'extrême est, s'étendait l'immense empire russe, la Sainte Russie, la Russie créée par Pierre le Grand. Aux premiers jours de la Révolution française, ce pays était plus fort que jamais auparavant. Le XVIIIe siècle avait fait de la Russie une grande puissance dont il fallait tenir compte dans les conférences internationales. Vers la fin du siècle, la Russie comptait trente-six millions d'habitants — soit dix millions de plus que la France — et elle était gouvernée par une femme qui se rangeait, entre les souverains, parmi les adversaires les plus résolus de la Révolution française.

A la mort de Pierre le Grand en 1725, l'anarchie et le chaos s'étaient établis dans l'empire, suivis, naturellement, d'une période de déclin. *Catherine 1re*, veuve de Pierre le Grand, était alors montée sur le trône. Malheureusement, la nouvelle impératrice n'était qu'une ivrogne couronnée. Pendant les deux années de son règne (1725-1727), elle n'eut ni la force ni le désir de réaliser la moindre chose. Ensuite, la lutte fit rage autour du trône vacant. Le tout jeune *Pierre II*, fils de l'infortuné tsarévitch Alexis, succéda finalement à son grand-père. Mais il ne régna pas longtemps et, à sa mort en 1730, il n'avait à son actif aucun acte d'homme d'État. Lui succéda une nièce de Pierre le Grand, la très virile impératrice *Anne*.

Anne n'avait, elle non plus, aucun don particulier pour le gouvernement; il n'empêche que le pouvoir impérial se rétablit peu à peu sous son règne.

De 1735 à 1739, la Russie fait la guerre aux Turcs et de 1741 à 1743, aux Suédois; sa puissance s'étend progressivement. L'empire devient un problème international dès le moment où il s'allie aux ennemis de la Prusse dans la guerre de Sept Ans; les troupes russes occupent alors la Prusse orientale et saccagent Berlin. La Russie est devenue si puissante qu'au plus fort de la lutte commune contre Frédéric II, ses alliés, l'Autriche et la France, se consultent sur les moyens d'endiguer son expansion et de rétablir l'équilibre européen.

En Russie régnait à cette époque *Elisabeth*, une des filles de Pierre le Grand, montée sur le trône en 1741. Élisabeth mettait autant de caprice dans le choix de ses innombrables amants que de constance dans sa haine pour Frédéric II. Du reste, son règne fut typiquement russe, entremêlé de coups d'État par la Garde et les favoris. Tout aussi typiques étaient le despotisme et les réformes avortées parce que maladroites, les orgies, l'effroyable misère du peuple opprimé par la caste des nobles, l'humble soumission de l'impératrice aux volontés du haut et bas clergé, ses persécutions barbares contre les sectes religieuses refusant de reconnaître l'autorité morale de la religion orthodoxe d'État.

Pierre le Grand avait fixé comme objectifs à sa politique étrangère le rejet de la Suède vers le nord, l'expansion de l'influence russe en Pologne et le recul des frontières russes dans les Balkans en direction de Constantinople.

Cette politique fut poursuivie avec succès par ses descendants et ses successeurs. Au point que les révolutionnaires français, pourtant environnés d'ennemis, n'avaient pas à se soucier de la Pologne : depuis peu, la Pologne était effacée de la carte.

La disparition de la Pologne comme État indépendant constitue l'une des plus grandes tragédies de l'histoire du XVIIIe siècle, elle était surtout l'œuvre de *Catherine II*, montée sur le trône après un coup d'État dans le vrai style russe. L'impératrice Élisabeth était décédée en 1762, à la grande joie du " vieux Fritz ". Elle était morte de façon parfaitement naturelle, lasse de ses folles amours, du luxe et de la splendeur. Elle eut pour successeur *Pierre III*, fils d'une fille de Pierre le Grand, jeune prince plutôt déséquilibré qui professait une immense admiration pour Frédéric le Grand et accablait ses troupes d'exercices à la prussienne. Pierre tournait en ridicule tout ce qui était typiquement russe, y compris l'Église d'État. Un tsar de ce genre ne devait évidemment pas régner longtemps. Son épouse, la princesse allemande *Catherine von Anhalt-Zerbst* prit brusquement le pouvoir au cours de l'été 1762. Quelques régiments de la Garde la proclamèrent impératrice, puis s'en furent assassiner son époux. Tels furent les débuts de Catherine II.

On a défini la Russie jusqu'en 1917 : un État où le pouvoir absolu se tempérait par le régicide et la bureaucratie par la corruption. Dès qu'elle eut pris le pouvoir, Catherine voulut, à l'exemple de Pierre le Grand, civiliser ses sujets et introduire dans le pays les mœurs occidentales. Elle avait étudié les philosophes des Lumières et leur portait une grande admiration. Catherine parvint à persuader Diderot de se mettre à son service, le combla de présents et de distinctions. En 1767, elle institua une commission chargée de rédiger un nouveau code pénal pour humaniser les lois, adoucir les peines, améliorer les conditions d'existence des classes pauvres, rendre libres les opprimés. Sous l'influence des philosophes, elle fonda des écoles primaires, des universités et des hôpitaux, et introduisit une politique plus libérale. La Russie était grande et forte; Catherine y régnait sans partage. Elle voulait montrer que son peuple était capable d'assimiler ce que l'époque pouvait offrir de mieux et de se mesurer avec toute autre nation.

Ses réformes restèrent pour la plus grande part à l'état de projet, vaines tentatives, débats et résolutions. La réforme législative resta lettre morte, la servitude ne fut pas abolie, les Russes ne devinrent pas plus civilisés. A sa grande déception, Catherine dut admettre qu'il n'était pas possible de rapprocher la Russie de l'Occident. Elle renonça aux réformes. Dans le même temps, elle serrait de façon fort sensible les rênes du pouvoir.

Catherine devint donc telle que l'histoire la connaît, une autocrate pleine d'ambition, capricieuse, cynique, implacable, folle de luxe et presque nymphomane. Elle avait été belle jadis, au temps où l'un de ses admirateurs chantait ses cheveux noirs, sa peau d'une blancheur éclatante, ses grands yeux bleus et son profil grec. Sa beauté disparue, le corps épaissi par l'âge, le visage marqué par les excès, elle donnait encore à sa toilette des soins pathétiques. La postérité se représente communément Catherine II à côté d'un de ses favoris, toujours robustes et beaux comme de jeunes dieux, que l'impératrice couvrait d'argent, d'emplois et de distinctions. Le plus célèbre et le plus sincèrement amoureux de son impériale maîtresse fut le prince *Potemkine*, une véritable figure de despote qui ne craignait pas, à l'occasion, de se révolter contre sa souveraine. La tradition qui le dépeint comme uniquement capable d'entretenir les illusions de Catherine (en élevant, par exemple, les fameux villages " à la Potemkine ") se montre injuste envers lui. Potemkine n'était pas un charlatan. L'homme avait des idées, se montrait même capable de les mettre en application. Les étrangers rencontrant le favori se prenaient d'étonnement devant la vigueur et le pittoresque du personnage. C'était, dit un aristocrate étranger, un chef d'armée qui donnait l'impression d'être paresseux, mais qui travaillait sans cesse, un homme qui passait le plus clair de son temps au lit mais sans jamais dormir, un homme qui d'une main, caressait une maîtresse et de l'autre, traçait le signe de croix, discutait de théologie avec ses généraux et de stratégie avec les évêques et qui savait se montrer tour à tour hautain comme un satrape et humble comme un courtisan de Louis XIV.

Les partages successifs de la Pologne

Digne élève de Pierre le Grand, Catherine avait toujours fixé deux objectifs à sa politique étrangère :

252 • *La Révolution française*

d'une part, la conquête de Constantinople qui devait, à son avis, devenir le centre de l'empire russe orthodoxe; d'autre part, l'annexion de la Pologne ou, du moins, l'occupation de sa plus grande partie. Ces deux objectifs dont la réalisation menaçait de rompre l'équilibre politique en Europe orientale allaient, par la force des choses, se trouver réunis.

Vers 1770, Catherine avait envoyé des troupes russes sur le territoire ottoman. Cette campagne fut couronnée de succès, un peu trop à l'avis de Frédéric II et de Joseph II d'Autriche. Le bruit courut que l'impératrice comptait faire valoir, dans le futur traité de paix, ses prétentions sur deux provinces de la Porte, la Moldavie et la Valachie. L'empereur Joseph étudiait un plan qui lui permît de mettre le holà aux entreprises de Catherine. De son côté, Frédéric II n'était pas sans inquiétude. Une guerre paraissait imminente en Europe. Catherine fit des ouvertures à ses deux rivaux, apparemment à contre-cœur et sous la pression des événements : elle se disait prête à abandonner toute prétention sur cette partie des Balkans si seulement on voulait lui accorder une certaine compensation au détriment de la Pologne. Par la même occasion, la Prusse et l'Autriche pourraient s'assurer la possession de quelques autres territoires polonais.

Frédéric II marqua son accord. La Pologne était à ce moment déchirée par une guerre civile entre le parti progressiste qui désirait une révision constitutionnelle permettant au pays de se renforcer contre ses ennemis de l'extérieur et le parti conservateur qui, sous l'influence russe, désirait s'en tenir à la vieille constitution. Catherine voulait à tout prix empêcher cette réforme de la constitution polonaise qui ne ferait qu'entraver la pénétration russe. La Pologne ne pouvait, dans cette situation, opposer de véritable résistance aux plans des trois grands voisins. En 1772, un accord fut conclu entre les trois souverains : Catherine occuperait la Biélorussie ou Russie Blanche, Joseph la Galicie et Frédéric la Prusse occidentale.

Ce fut le premier partage de la Pologne, une atteinte flagrante et très grave au droit des gens. Personne ne broncha. Aucun état ne fit le moindre geste en faveur de la Pologne. Les contemporains semblent avoir considéré l'initiative des trois grandes puissances comme la suite logique de l'anarchie régnant sur les bords de la Vistule.

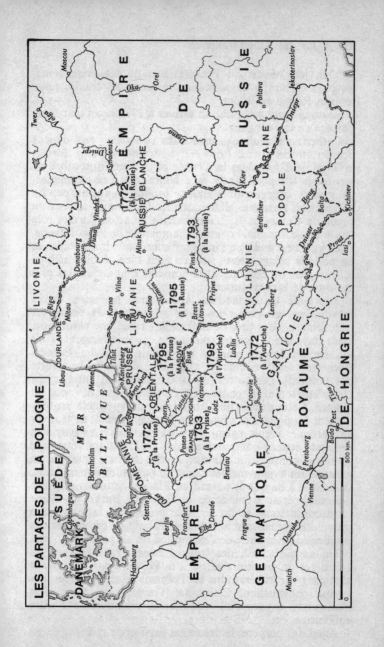

LES PARTAGES DE LA POLOGNE

SUÈDE

DANEMARK

Moscou

Twer

Volga

Oka

Orel

EMPIRE

DE

RUSSIE

Jekaterinoslav

Smolensk

Dniepr

Desna

Poltava

Dniepr

1772
(à la Russie)
RUSSIE BLANCHE

Vitebsk

Dûna

Minsk

Kiev

UKRAINE

PODOLIE

1793
(à la Russie)

Pinsk

Berditchev

VOLHYNIE

Bug

Balta

Kichinev

Moscou

LIVONIE

Riga

Mitau

COURLANDE

Dunabourg

Vilna

LITUANIE

Kovno

Grodno

Niémen

1795
(à la Russie)

Brest-
Litovsk

Pripet

Lemberg

Dniestr

Prout

Iasi

GALICIE

1772
(à l'Autriche)

Libau

Memel

MER

Tilsit

PRUSSE
ORIENTALE

Königsberg

ERMELAND

1795
(à la Prusse)

Thorn

Vistule

MASOVIE

Varsovie

1795
(à l'Autriche)

Lublin

ROYAUME

BALTIQUE

Bornholm

Copenhague

Hambourg

POMÉRANIE

Dantzig

Stettin

Oder

Posen

GRANDE POLOGNE

1793
(à la Prusse)

Lodz

Cracovie

DE HONGRIE

Bude Pest

Tisa

Presbourg

Berlin

Francfort

Breslau

EMPIRE

Dresde

Elbe

Prague

GERMANIQUE

Vienne

Danube

Munich

1772
(à la Prusse)

500 km.

0

" Un jour, avait dit Frédéric lors de ces événements, les pays d'Europe devront bien se serrer les coudes pour tenir la Russie en lisière. "

Sautons vingt ans pour en arriver à 1793 et au deuxième partage de la Pologne.

Catherine n'avait pas arrêté ses conquêtes aux dépens des territoires turcs. En 1792, le traité de Jassy forçait la Turquie à lui céder la Crimée et un certain nombre de territoires au nord de la mer Noire. Sur ces entrefaites, de grands événements s'étaient produits en Europe. La Révolution française allait dominer les ultimes années du règne de Catherine II. L'impératrice joua son dernier rôle sur la scène mondiale comme championne de l'absolutisme. Rien encore n'avait pu l'indigner autant que la Révolution. Sa période réformiste et libérale était bien révolue et bien loin le jour où elle flattait et couvrait d'honneurs les précurseurs de la Révolution.

Toutefois Catherine ne laissait pas la haine de la Révolution lui fermer les yeux aux nécessités politiques immédiates. Tout près de la frontière russe une révolution avait également éclaté, disait-elle, le mouvement était visiblement inspiré par ce qui s'était passé en France. Catherine allait se charger elle-même de mater la révolte des Polonais. Les autres puissances pouvaient entre-temps travailler seules à combattre l'incendie qui dévorait la France. Cette déclaration préludait à un spectacle profondément tragique. La Révolution française venait de trouver son premier émule parmi les autres nations : les patriotes polonais étaient parvenus, en mai 1791, à faire voter une nouvelle constitution devant mettre fin à l'anarchie et garantir un avenir meilleur pour le pays tout entier. Mais, comparée à ce qui se passait en France, cette constitution polonaise était si modérée qu'Edmund Burke lui-même lui accorda toute sa faveur. Elle proclamait la monarchie polonaise dorénavant héréditaire, l'abolition du veto et des privilèges, entre autre de l'exemption fiscale pour les nobles.

Un an plus tard, des troupes russes franchissaient les frontières du territoire laissé à la Pologne par le premier partage pour contraindre les Polonais à rétablir leur ancienne constitution. Catherine II avait pris les mesures nécessaires à ce qu'elle appelait le maintien de l'ordre en Europe.

Ainsi, fut perpétré le deuxième partage de la Pologne, en

1793. Cette fois, c'étaient la Russie et la Prusse qui maniaient le couteau, et tranchaient dans le vif. Les troupes polonaises avaient combattu avec une très grande vaillance, néanmoins le roi *Stanislas II Auguste* avait dû capituler et cette capitulation coûta aux Polonais plus de la moitié de leur territoire. Les terres séparant la Prusse occidentale de la Silésie échurent à la Prusse de Frédéric.

Deux ans plus tard, en 1795, la tragédie se clôtura sur quelques hauts faits parmi les plus remarquables et les plus glorieux de l'histoire polonaise. Le général *Kosciusko*, le héros de l'indépendance, leva l'étendard de la révolte et se lança dans une lutte héroïque contre les trois grandes puissances : la Prusse, la Russie et l'Autriche. Écrasé par le nombre, Kosciusko tomba aux mains des Russes, Stanislas fut détrôné, et les trois puissances se partagèrent ce qui restait de la Pologne.

La Pologne avait cessé d'exister comme État indépendant.

Catherine II mourut en 1796. Pendant ce temps, la Révolution française poursuivait sa marche en avant.

L'Allemagne

A la fin du XVIIIe siècle, peu avant que n'éclatât la Révolution française, un Allemand avait décrit comme suit la psychologie des peuples européens : " Les Allemands sont un grand peuple, grand mais méprisé. Chaque nation se caractérise par l'un ou l'autre trait. Les *Anglais* aiment la *liberté*. Les *Hollandais* ne s'intéressent qu'à leur *commerce*. Les *Français* tiennent à la *gloire* de leur roi. En *Allemagne*, par contre, le trait dominant de la population est l'*obéissance*. "

Cette citation reflète à merveille l'état d'esprit des Allemands à cette époque où ils commençaient à s'interroger sur eux-mêmes.

Il y avait environ vingt-cinq millions d'Allemands. Il existait un Saint-Empire romain germanique; mais l'Allemagne n'existait pas, il n'y avait pas d'entité politique et nationale allemande.

Pendant les derniers lustres du XVIIIe siècle, le sentiment national allemand s'exprime de façon confuse et contradictoire. Tout en gardant le souvenir vague, mais glorieux, du Saint-Empire, les Allemands étaient possédés de ce que nous appellerions aujourd'hui un " complexe d'infériorité ", un sentiment d'impuissance, de déclin, de retard. Mais la fierté allemande existait et se marquait de façon fort sensible. Elle s'appuyait non sur la situation politique mais sur la situation culturelle. Le mouvement de renaissance nationale qui s'était dessiné en Allemagne avait été largement nourri par la Prusse de Frédéric II, mais s'inspirait bien davantage encore des hautes prestations allemandes dans le domaine culturel. Pendant la seconde moitié du XVIIIe siècle et le début du XIXe, la culture allemande acquiert une position prédominante en Europe. Les Allemands connaissent alors leur grande période classique, donnent une production littéraire de valeur impérissable.

L'année 1771, aube de cet âge d'or, annonce un cortège de noms prestigieux. Cette année-là, Johann Wolfgang Goethe commence son célèbre *Faust*, le plus beau poème dramatique de la littérature allemande. En 1779, le poète et critique Gotthold Ephraïm Lessing publie *Nathan le Sage;* il oppose à Racine le théâtre de Shakespeare et de Sophocle. Un critique allemand y voit " l'expression la plus parfaite, la plus noble et la plus pure de toutes les grandes idées des Lumières ". En 1781, le philosophe Emmanuel Kant donne sa *Critique de la Raison pure*, unanimement considérée comme l'œuvre fondamentale de la philosophie moderne. La même année voit représenter par le jeune Friedrich Schiller *Les Brigands*, une pièce brûlante d'idéal révolutionnaire.

A cette liste, il convient d'ajouter les noms de l'essayiste Johann Gottfried Herder et des philosophes Georg Friedrich Wilhelm Hegel et Johann Gottlieb Fichte. Une ville allemande, Weimar, devient un grand centre culturel où règnent Goethe et son fidèle ami Schiller.

En même temps que la littérature et la philosophie, la musique allemande connaît sa période de splendeur. En ces années-là, Wolfgang Amadeus Mozart écrit *Le Mariage de Figaro*, et *La Flûte enchantée;* Franz Joseph Haydn et Ludwig van Beethoven créent leurs immortels chefs-d'œuvre.

Ce fut la grande époque de l'esprit allemand. Les critiques allemands ont coutume d'insister sur le fait que cette renaissance ne fut pas seulement d'ordre culturel, mais aussi d'ordre national, ce qui en fait, dans une certaine mesure, une manifestation politique.

Dans les derniers temps du XVIIIᵉ siècle, l'Allemagne était donc avant tout le pays des poètes et des penseurs. Mais ces poètes et ces penseurs n'avaient pas en main les rênes du gouvernement.

Les premiers parmi les nombreux souverains " des Allemagnes " étaient l'empereur de Vienne et le roi de Berlin. *Léopold II* d'Autriche avait, en 1790, succédé à son frère Joseph II. Deux ans plus tard, sa mort donnait le trône à *François II*. *Frédéric-Guillaume II* avait, en 1786, succédé à son oncle Frédéric II. En 1797, lui succédait *Frédéric-Guillaume III*.

Les oppositions entre la Prusse et l'Autriche avaient longtemps dominé l'histoire des Allemagnes; ce facteur allait garder toute son importance par la suite, même quand, sous la pression d'événements de portée mondiale, la tension entre les deux pays diminua pour faire place à certaines formes de collaboration.

Léopold II était le frère de Marie-Antoinette; la reine de France mettait donc en lui tous ses espoirs; et les révolutionnaires français considéraient le frère de " l'Autrichienne " comme " le tyran ". Pourtant, la première réaction de Vienne à la Révolution française fut d'une prudence extrême, on pourrait dire surprenante. Léopold n'ignorait pas que son pays avait avant tout besoin de paix. N'empêche qu'en août 1791, il rejoignait le roi de Prusse dans la célèbre déclaration commune de Pillnitz que l'on peut interpréter de cette manière : les deux souverains décidaient de se mettre à la tête d'une intervention européenne en France. Un des derniers actes politiques de Léopold II fut son alliance de février 1792 avec la Prusse, qui mettait fin à l'alliance française datant de 1756. Quelques mois plus tard, l'Autriche déclarait la guerre à la France révolutionnaire.

Si la volonté de puissance et l'intérêt personnel doivent être considérés comme les ressorts principaux de la politique prussienne, on peut donner à Frédéric-Guillaume II le titre de roi très prussien. Quand il cherche un rapprochement avec Vienne pour attaquer la France en compagnie de l'Autriche, l'idéal ou même la conviction politique n'ont rien à y voir. Certes, Frédéric-Guillaume était trop résolument absolutiste pour ne pas exécrer la Révolution; mais il ne désirait prendre aucun risque inutile en faveur de la famille royale française. Par cette alliance avec l'Autriche, il espérait pouvoir, sans grand effort, étendre ses États vers l'ouest, au détriment de la France, comme il l'avait fait vers l'est en mettant la main sur les territoires polonais. Frédéric-Guillaume II avait le sens prussien de l'ordre. Jugeant la Pologne et la France dans le même état de décomposition, il les trouvait pareillement mûres pour la conquête.

" ALLONS, ENFANTS DE LA PATRIE "

Au cours du printemps et de l'été 1792, se répandit par toute la France un nouvel hymne révolutionnaire, une ardente déclaration d'amour à la patrie et à la liberté, un chant de guerre et de marche tout à la fois.

Cet hymne fut appelé plus tard *La Marseillaise*, pour avoir été chanté par les volontaires marseillais arrivant à Paris. Les paroles et la musique en avaient été composées, un soir du printemps 1792, à Strasbourg, par un jeune officier du génie appelé Rouget de Lisle. En automne de cette même année, *La Marseillaise* était devenue le chant de guerre officiel de la France révolutionnaire, en conflit ouvert avec l'Autriche depuis le 20 avril 1792.

Ce deuxième acte de la Révolution s'était préparé pendant six mois; il forme comme une suite logique à la fuite à Varennes en juin 1791.

En juillet 1791, l'Assemblée nationale constituante avait décidé que Louis XVI conserverait son trône. En septembre, le roi avait entériné la nouvelle constitution, aussitôt proclamée. Le 1er octobre les nouveaux députés du peuple avaient tenu la première séance de l'Assemblée législative.

Les Girondins entraient alors dans leur grande époque. On appelait ainsi un groupe de députés dont une partie représentait le département de la Gironde, appartenant à l'aile gauche radicale de la Législative. Ces gens s'opposaient au roi comme au gouvernement en place et voulaient la guerre contre tous les ennemis de la Révolution. Les Girondins étaient pour la plupart des hommes jeunes, pleins d'enthousiasme et d'ardeur révolutionnaires. Leur théoricien était *Pierre-Victurnien Vergniaud*, avocat dont l'éloquence, les curiosités esthétiques et le goût du pathos étaient célèbres. Leur prophète était *Brissot*, qui répétait sans cesse en termes toujours plus brûlants, que la Révo-

lution ne devait point se limiter à la France mais faire
entendre son message à l'humanité entière. Toutefois,
le véritable chef de la Gironde, son " âme " était *Madame
Roland*, qui mettait la plus belle éloquence au service de
ses opinions radicales. Belle, intelligente et cultivée,
Madame Roland était, depuis sa jeunesse, une ardente
républicaine pour qui le roi et la reine n'étaient qu'un
couple de méprisables scélérats. Personne ne savait présenter
avec autant de brûlante conviction l'idéal moral du mouvement. Madame Roland était la muse des Girondins,
une égérie fascinant les hommes qu'elle recevait à sa table,
pour leur servir un dîner spartiate comme il convenait
à une hôtesse pénétrée des vertus révolutionnaires. Le
salon de Madame Roland était le centre politique de
l'heure. C'est là que, tout un temps, on débattit de très
importantes questions avant de les porter aux réunions de
l'Assemblée législative. Madame Roland représentait une
puissance dans la vie publique.

En novembre 1791, les Girondins étaient parvenus à faire
admettre que tous les émigrés non rentrés en France
avant la fin de l'année seraient considérés comme traîtres
à la patrie, condamnés à mort et dépouillés de leurs biens.
Les mesures légales édictées contre les prêtres qui refusaient
le serment à la Nation furent encore renforcées à l'instigation de ces mêmes Girondins. Les forces armées mises en
place hors les frontières par les émigrés devaient être
dissoutes sur-le-champ. A ce propos, le roi fut invité à
faire valoir son influence auprès des princes allemands.
Louis XVI éleva des protestations. Mais les Girondins
étaient bien en selle à présent. En mars 1792, un nouveau
gouvernement accueillait plusieurs de leurs chefs, et fit
tout ce qui était en son pouvoir pour faire éclater la guerre.
Il y réussit parfaitement.

Madame Roland avait fait le nécessaire pour faire attribuer
le ministère de l'Intérieur à son mari, un homme très droit
mais sans qualités particulières, beaucoup plus âgé qu'elle
et tout à sa dévotion. Le personnage le plus remarquable
de ce gouvernement était sans contredit le ministre des
Relations extérieures. Le général *Dumouriez* avait la
réputation d'un très vaillant soldat, mais aussi d'un parfait
intrigant. Sa vie avait été des plus aventureuses. Il avait
beaucoup voyagé, fait partie des services secrets de
Louis XV et même tâté de la Bastille. Sans aucun scrupule

et très ambitieux, Dumouriez savait se tirer des situations les plus difficiles.

L'idée d'une guerre contre l'Autriche — vieille ennemie de la France et alliée de la famille royale — gagnait chaque jour du terrain. Pour les Girondins, le peuple et la Révolution sortiraient renforcés du conflit. La guerre mettrait fin à toutes les intrigues des émigrés. Les autres peuples accueilleraient les armées françaises en libératrices. Les forteresses des tyrans s'effondreraient comme châteaux de cartes dès le moment où les idées nouvelles les battraient en brèche. La France se poserait en libératrice des peuples opprimés et renforcerait en même temps sa propre position. Elle se donnerait les " frontières naturelles " des Alpes et du Rhin. L'ancien et le nouveau se côtoyaient dans le programme des Girondins. L'idéal de fraternité et de libération politique s'alliait à merveille aux appétits de conquête qu'avait montrés Louis XIV. Les hommes de la Révolution renversèrent la statue du Roi-Soleil mais reprirent à leur compte ses visées expansionnistes.

C'est dans ces circonstances que naquit *La Marseillaise* et que le peuple de France prit les armes. A quelques brèves interruptions près, cette guerre allait se prolonger pendant vingt années.

Brissot travaillait à la guerre. Madame Roland parlait avec enthousiasme de la guerre. Le général Dumouriez se réjouissait à l'idée de partir en guerre. Le couple royal lui-même mettait son espoir dans cette guerre; mais, comme on s'en doute, pour d'autres raisons que les révolutionnaires : la cour y voyait la possibilité d'un retournement complet de la situation.

Aux armes, citoyens!

Un seul homme, à ce moment de la Révolution, ne souhaitait pas cette guerre où il voyait une erreur fatale dans les circonstances du moment. Cet homme était *Robespierre*. A son avis, le conflit ferait interrompre l'œuvre de réforme et l'effort de guerre se terminerait par une dictature militaire. Avant de s'attaquer aux adversaires étrangers, la Révolution devait de toute urgence abattre définitivement ses ennemis à l'intérieur, car ceux-là étaient capables de tout. Et Robespierre avait raison. Le couple royal intriguait sans cesse avec les ennemis de la France nouvelle. La reine parvint même à faire transmettre le plan de campagne du général Dumouriez au cabinet autrichien. Depuis longtemps consciente de défendre sa vie et celle des siens, Marie-Antoinette ne reculait plus, désormais, devant la haute trahison.

En avril 1792, Louis XVI lut devant l'Assemblée législative d'une voix parfaitement indifférente la déclaration de guerre officielle à l'Autriche. Il y était dit que la France ne se résolvait à courir aux armes que pour défendre sa liberté et son indépendance. Cette guerre ne serait nullement une guerre entre deux peuples, mais bien entre un peuple libre et un souverain ayant porté atteinte à cette liberté. Quelques jours avant le début des hostilités, on essayait à Paris la machine qui allait devenir le principal défenseur du pays sur le front de l'intérieur. La guillotine, qui devait remplacer la potence, s'avéra très sûre et surtout très rapide.

L'appareil inventé par le brave docteur *Guillotin*, pour abréger les souffrances des condamnés à mort, travaillait de façon impeccable et se montrait donc très supérieur à la décollation par la hache ou l'épée (le bourreau qui avait décapité Marie Stuart n'avait-il pas dû s'y reprendre à trois fois?). Sous l'Ancien Régime, la décapitation était réservée aux nobles tandis que les roturiers étaient généralement pendus. Les Français de la Révolution entendirent appliquer, dans ce domaine comme dans les autres, leur principe d'égalité. Dorénavant, la guillotine exécuterait donc, vite et sans douleur, tous les condamnés quel que fût leur rang social.

Les événements du printemps et de l'été 1792 donnèrent raison à Robespierre. La guerre était terriblement dangereuse pour tous ceux qui l'avaient si ardemment prônée : la Législative, les Girondins et le roi.

Les débuts de la France révolutionnaire sur les champs de bataille n'eurent rien de très glorieux. Les armées françaises se mirent en marche contre les Autrichiens et les Prussiens, unis par une alliance défensive depuis février 1792, et qui marchaient aux côtés des Impériaux. Sous les ordres de La Fayette, les Français entrèrent dans les Pays-Bas autrichiens, mais furent mis en déroute au premier choc.

L'attaque des Tuileries et le coup d'État de Danton

La suite ne se fit pas attendre. Tout Paris était en émoi. Le 16 juin, les ministres girondins démissionnèrent pour protester contre le veto du roi qui s'opposait à ce que l'on formât une garnison à Paris avec des contingents de Gardes nationaux venus de diverses régions. Le 20 juin, la foule pénétrait aux Tuileries pour manifester contre le veto royal et le départ du gouvernement girondin. Vers midi, le couple royal vit une multitude se rassembler sous ses fenêtres. Puis les portes tombèrent, un piétinement se fit entendre dans l'escalier. Un fleuve humain se répandit par les salles. Louis XVI resta très calme sous les injures et les menaces, se coiffa du bonnet rouge, porta un toast à la santé du peuple avec la bouteille que lui tendait un soldat. Le 11 juillet, sur proposition de Vergniaud, l'Assemblée proclamait la patrie en danger, donc l'état de siège. Le 25 juillet, le commandant en chef des forces alliées, le duc de *Brunswick*, publiait un manifeste inspiré par la cour de Paris. Il y disait qu'une impitoyable vengeance serait exercée sur tous les Français s'opposant à la progression des armées alliées et plus particulièrement sur ceux qui s'en prendraient à la famille royale; ceux-là seraient exécutés et leurs maisons rasées. Le 10 août 1792, le peuple prit les Tuileries d'assaut. De ce jour, la monarchie cessa d'exister. Ce mouvement fut appelé la deuxième révolution.

Ce 10 août, les radicaux triomphaient des éléments modérés qui avaient tenté de maintenir la royauté. Les classes inférieures l'emportaient sur la bourgeoisie libérale; Danton, Marat et Robespierre sur La Fayette. Robespierre déclara que le 10 août 1792 dépassait en importance le 14 juillet 1789.

Danton s'était rendu à l'Hôtel de Ville pour s'y mettre à la tête du coup d'État. Les députés des différentes sections parisiennes y avaient pris séance à l'effet de déposer l'autorité municipale en place et de proclamer la " nouvelle Commune ". Ces émeutiers, représentants de la population parisienne, allaient réaliser leur programme sous les ordres de Danton. Robespierre travaillait dans la coulisse et il est probable qu'il y a joué un rôle très important. Car Robespierre désirait faire tomber non seulement la monarchie, mais aussi les Girondins. Pour mettre fin à la misère du peuple, avait-il déclaré quelques jours auparavant, il ne suffit pas d'abolir la monarchie. Les pouvoirs législatif et exécutif devaient être renouvelés. Il fallait dissoudre le gouvernement en place et réunir une Convention élue par le peuple tout entier au suffrage universel.

Le roi était provisoirement démis de ses dignités. Trois ans plus tôt, il avait été, avec toute sa famille, contraint de quitter Versailles pour venir se fixer à Paris. Cette fois la famille royale fut transférée au Temple, un édifice datant du Moyen Age, aux murs épais percés de meurtrières, un véritable cachot. Louis XVI, ou plutôt le citoyen Louis Capet, comme allait le nommer sous peu la nouvelle terminologie révolutionnaire, y était prisonnier de la Commune. L'Assemblée législative décida qu'une Convention nationale, élue au suffrage universel, serait réunie pour statuer sur la Constitution. Robespierre voyait triompher son programme.

Le 11 août 1792, Danton fut nommé ministre de la Justice. Le lendemain, les troupes autrichiennes et prussiennes pénétraient en France. Le 30 août, elles mirent le siège devant Verdun; la ville capitula peu de temps après. L'ennemi se trouvait à 200 kilomètres de Paris : la patrie était en danger.

Danton sut conjurer le péril. Les semaines et les mois qui suivirent furent l'apogée de sa carrière.

Paris vivait dans la fièvre et dans l'enthousiasme. Les volontaires affluaient sous les drapeaux; ils étaient immédiatement dirigés vers le front. Au son de *La Marseillaise*, les femmes conduisaient les soldats jusqu'aux portes de la ville, portant leurs fusils décorés de fleurs. Ces hommes qui marchaient ainsi au canon n'étaient pas des mercenaires, mais la Nation en armes témoignant son amour pour la liberté.

Au front, Dumouriez avait pris le commandement. Le marquis de La Fayette, désespéré du virage à gauche effectué par la Révolution, avait abandonné ses troupes et passé la frontière dans l'intention de se rendre en Amérique. Mais il fut surpris par une patrouille autrichienne et fait prisonnier. Il n'allait plus reparaître dans l'histoire de la Révolution.

Dumouriez prit sa place comme chef de l'armée du Nord. Et en septembre 1792, il remportait à Valmy la première victoire de la France révolutionnaire. Il repoussa l'ennemi jusqu'au-delà de la frontière, envahit la Belgique, occupa le territoire et fit une entrée triomphale à Bruxelles où la population, retombée sous l'autorité autrichienne, s'imagina qu'il venait en libérateur. Sur ces entrefaites, d'autres armées françaises s'étaient emparées de plusieurs villes allemandes, notamment Worms et Mayence. La France était au comble de l'allégresse. " Ce n'est pas, s'écria Brissot à la Convention, le moment de nous reposer sur nos lauriers. Nous ne pourrons être tranquilles que lorsque l'Europe, et toute l'Europe, sera en flammes. "

La Révolution était entrée dans la voie des conquêtes. Mais durant la deuxième quinzaine d'août, les prisons s'étaient remplies. Furent d'abord arrêtés tous les individus suspects de s'être opposés à la Commune dans l'attaque des Tuileries, le 10 août. Ensuite, vinrent les familles des émigrés, les prêtres réfractaires. La loi sur les suspects autorisait toute visite domiciliaire et des perquisitions en règle. La Terreur posait sa griffe sur la France.

La Commune, cette " Commune insensée " qui faisait frémir Madame Roland, envoyait ses hommes de main dans toutes les directions. Marat était à leur tête. Il est aujourd'hui certain que Danton, le ministre de la Justice, porte la responsabilité des événements qui allaient suivre, encore qu'il n'en ait pas lui-même pris l'initiative. L'après-midi du 2 septembre, lorsque fut parvenue à Paris la nouvelle du siège de Verdun, et les jours suivants, quelque 1 200 détenus sans défense dont un tiers seulement avait été arrêté pour des motifs politiques, furent massacrés dans les prisons.

L'exécution de Louis XVI

La Convention nationale se réunit le 21 septembre, au lendemain de Valmy. Une atmosphère de solennité planait sur l'assemblée. Son premier acte fut de proclamer la République. Danton, qui venait de démissionner à la Justice afin de pouvoir siéger à la Convention, affirma devant les députés le caractère " un et indivisible " de cette république. Il entendait par là que la République avait besoin d'un pouvoir fortement centralisé, ne tolérerait aucune tendance séparatiste.

A la Convention, les Girondins représentaient l'aile droite. La gauche se composait des Jacobins ou " Montagnards ", ainsi nommés parce que leurs bancs se trouvaient plus haut placés que ceux des autres représentants. Les modérés qui restaient sur la réserve vis-à-vis de l'un ou l'autre groupe avaient pris place au centre, ils furent appelés " la Plaine ", ou de façon plus méprisante encore, " le Marais ".

Dès les débuts, la lutte entre Girondins et Jacobins,

entre le parti de Madame Roland, Brissot et Vergniaud, d'une part, et le parti de Marat, Danton et Robespierre d'autre part, imprima sa marque aux délibérations de l'assemblée. Les Girondins avaient commencé la guerre contre l'étranger, mais laissaient aux Jacobins le soin de sauver le pays. Les Girondins étaient considérés par les Jacobins, plus durs et plus logiques dans leurs actes, comme des tièdes dont l'existence mettait la République en péril. Les Girondins étaient d'origine bourgeoise. Les Jacobins, quelles que fussent leurs origines, représentaient la masse. Leur programme voulait la liberté complète, tant politique que sociale.

Ce fut au plus chaud de la lutte entre Girondins et Jacobins que s'accomplit le destin du roi. En décembre 1792, il fut mené devant la Convention pour y répondre de ses actes. Le président rappela solennellement à l'Assemblée que l'Europe et la postérité avaient les yeux fixés sur elle. " Louis Capet " était accusé de complot contre la liberté et la sécurité de la patrie. Il fut reconnu coupable. Les 16 et 17 janvier, on passa au vote sur la peine à lui appliquer : 361 voix se prononcèrent pour la peine de mort, 72 pour la peine de mort avec sursis, 288 pour la prison ou l'exil. La peine de mort était donc prononcée à une seule voix de majorité. Toutefois, un nouveau tour de scrutin sur le point du sursis donna 380 voix (contre 310) pour la peine de mort pure et simple. Dans leur lutte contre les Jacobins, les Girondins avaient fait une tentative pour soumettre l'ensemble de la question au vote de la nation tout entière, mais sans résultat. Au deuxième scrutin, la plupart de leurs chefs se prononcèrent pour la mort.

Par un matin gris et froid, le 21 janvier 1793, Louis XVI fut conduit à l'échafaud, dressé sur la place de la Révolution, l'actuelle place de la Concorde. Un prêtre, qui l'accompagnait dans la charrette, lui mit en main un livre de prières et tous deux lirent les psaumes. Une forte escorte militaire entourait la voiture et battait le tambour pour couvrir le bruit d'éventuelles manifestations royalistes. Les magasins avaient dû fermer leurs volets. Une foule muette faisait la haie au long des rues. Arrivé au lieu de l'exécution, Louis XVI gravit les degrés de l'échafaud d'un pas ferme. D'une voix claire, il dit à la foule qu'il était innocent de tous les crimes qu'on lui imputait et qu'il pardonnait à tous ceux qui avaient voulu sa mort.

Les roulements de tambour vinrent couvrir sa voix et il fut couché sur la planche de la guillotine. Le couperet tomba. Il y eut un moment de silence total, puis un cri : "Vive la République!", et le peuple fit une farandole autour de la guillotine en chantant *La Marseillaise*.

LA RÉPUBLIQUE

La guerre avec l'Angleterre

Le 19 novembre 1792, la Convention dans une proclamation avait promis une aide fraternelle à tous les peuples qui voudraient se défaire de leurs tyrans.

Le 1er février 1793, la Convention déclarait la guerre à l'Angleterre.

Le 18 mars, le général Dumouriez, qui avait occupé la Belgique, fut sévèrement battu par les Autrichiens, près de Neerwinden. Ses troupes durent évacuer le pays en toute hâte. Sur quoi, le général Dumouriez fit la plus belle pirouette politique qui se pût imaginer. Son intention était de marcher sur Paris, d'y abattre les chefs révolutionnaires et de restaurer la monarchie ou, tout au moins, d'établir une dictature militaire. Ses soldats refusèrent de le suivre et le général Dumouriez passa dans l'autre camp.

Au printemps 1793, les Girondins durent constater que l'ennemi avait de nouveau pris pied sur le territoire français. Dans le même temps, la Vendée se soulevait contre la République. L'Europe formait sa première coalition contre la France révolutionnaire.

Cette guerre que William Pitt craignait tant venait donc d'atteindre la Grande-Bretagne. Jusqu'au dernier moment, le Premier ministre avait tout fait pour écarter le fléau. Mais les Français ne lui laissaient aucun répit. En promettant aide et assistance à tous les peuples épris de liberté, la France avait plus ou moins déclaré la guerre à l'ordre existant ailleurs, à tous les gouvernements en place. La chose était suffisamment grave. De plus, ils avaient occupé la Belgique et menacé la Hollande, ce qui était bien plus grave encore. Pour les Anglais, il était de toute première importance d'empêcher l'installation des Français aux Pays-Bas, ce qui eût signifié la destruction de l'équilibre européen. Pitt sut admettre cette fois que la situation était vraiment grave.

Le peuple anglais l'avait déjà constaté depuis tout un

temps. Son antipathie pour les révolutionnaires français grandissait de jour en jour pour atteindre son paroxysme à l'annonce de l'exécution de Louis XVI. L'Angleterre prit le deuil comme s'il s'était agi d'un souverain britannique. Les théâtres fermèrent leurs portes, une foule de citoyens vint crier aux armes devant le palais royal.

Pitt hésitait toujours. Mais les Français le tirèrent d'embarras en lui adressant une déclaration de guerre en bonne et due forme. Peu de temps après, les troupes anglaises s'embarquèrent pour le Continent. Ce fut le début d'une guerre qui, avec une courte interruption, ne devait pas durer moins de vingt-deux années, de 1793 à 1815. L'Angleterre luttait pour conserver sa position dans le monde, ses richesses et sa puissance. Mais elle luttait également pour ses principes politiques. La Grande-Bretagne ne pouvait admettre d'entendre les Jacobins français dire à l'humanité entière ce qu'elle devait ou ne devait pas croire.

L'Angleterre ne comprit pas tout de suite combien les perspectives étaient sombres. Pitt s'attendait à une guerre de courte durée. Très versé dans les questions financières, il devinait le marasme économique où se débattait la France et n'avait que mépris pour la manière dont les républicains administraient les deniers publics. Pitt était convaincu que le manque d'argent conduirait la France à la débâcle sur le champ de bataille. Aussi prit-il tout son temps pour lancer ses forces dans la guerre. Les maîtres de Paris virent immédiatement en William Pitt le principal ennemi de la Révolution. C'était effectivement ce qu'il allait devenir. Mais il lui fallut un certain délai avant d'entrer pleinement dans son rôle.

Pitt mit la flotte britannique en action, envoya des troupes sur le Continent, forma une coalition avec l'Autriche, la Prusse, les Provinces-Unies, la Russie et l'Espagne.

Les Jacobins au pouvoir

Les Jacobins comprirent la nécessité d'un pouvoir exécutif fort. Ils se mirent à l'œuvre, avec infiniment de méthode et un manque total de pitié. En avril 1793 fut créé le Comité de Salut public, avec mission de surveiller tout l'appareil de l'État et plus spécialement la conduite de la guerre. Dès ses premiers jours, Danton en fut la cheville ouvrière. Il fit du Comité le véritable gouvernement du pays. Dans le même temps, le Tribunal révolutionnaire fut mis en place pour juger tous les suspects d'activité antirépublicaine. Son pouvoir était très étendu, son verdict sans appel. Enfin, le 2 juin 1793, les Jacobins exécutèrent un nouveau coup d'État. Des troupes vinrent encercler les Tuileries où, depuis quelque temps, la Convention tenait ses séances. Vingt-neuf personnalités marquantes du parti girondin, parmi lesquelles Brissot et Vergniaud, furent arrêtées pour haute-trahison.

Les Girondins avaient les plus nobles intentions, mais la chance était contre eux. Dans leur enthousiasme, ils avaient jeté la France dans une guerre dont ils ne pouvaient se dépêtrer, entre autres raisons parce qu'incapables de mettre un peu d'ordre dans les finances publiques. Les Girondins aimaient la Révolution autant que le plus radical des Jacobins, mais se refusaient à admettre que cet amour seul ne faisait pas le bonheur de l'aimée. Les Girondins avaient fait leur temps, telle était la tragique vérité. Ils surent disparaître avec le plus beau courage. Le 31 octobre 1793, cinq charrettes quittaient la prison où les Girondins avaient été détenus jusqu'alors. Le peuple de Paris s'était accoutumé au spectacle des sinistres voitures. Mais ce jour-là, il se passa quelque chose de particulier. Les passants virent les malheureux entonner une chanson. Les Girondins chantaient *La Marseillaise*, l'hymne à la patrie et à la liberté. Ils chantaient encore en gravissant les marches de la guillotine et jusque sous le couteau. On n'entendit plus finalement qu'une seule voix, celle, puissante et solennelle, de Vergniaud...

Mort de Marat

Dans l'histoire confuse et agitée de la Révolution, pendant l'été et l'automne 1793, trois figures de femmes se détachent avec netteté. Toutes trois finiront leur existence d'une manière alors habituelle. Toutes trois mourront sur l'échafaud.

La première est Marie-Antoinette. Ses dernières années d'épreuves l'avaient beaucoup accablée mais aussi grandie. La reine était parvenue à la résignation. Même ses gardiens du Temple admiraient la malheureuse qui faisait front avec tant de dignité. Marie-Antoinette n'ignorait pas combien dérisoires étaient ses chances de retrouver sa liberté, d'échapper au sort de son époux. Son attitude n'en était que plus fière. La sentence de mort contre " la veuve Capet " fut prononcée le 16 octobre 1793 et exécutée le lendemain.

Marie-Antoinette, la " veuve Capet ", sur la charrette du bourreau, le 16 octobre 1793. (Dessin de J. L. David.)

La deuxième femme était Madame Roland, l' " âme des Girondins ", l'irréconciliable ennemie de Marie-Antoinette, qu'elle allait pourtant suivre de quelques semaines sur l'échafaud. Arrêtée en même temps que ces hommes qu'elle avait si bien inspirés, Madame Roland dit calmement : " Aujourd'hui un palais, demain une prison, voilà le sort des justes. " Elle resta l'inspiratrice jusqu'à la fin. En prison, ses compagnons de malheur admiraient sa serviabilité, son optimisme, sa bonté, sa force de caractère. Avant de monter elle-même à l'échafaud, elle a, dit-on, encouragé ainsi un de ses compagnons, complètement brisé par l'épreuve : " Passez devant, vous n'auriez pas la force de voir couler mon sang. "

La troisième femme est *Charlotte Corday*, la jeune fille qui, par un beau soir de l'été 1793, avait à Caen pris la diligence de Paris où elle avait loué une chambre dans un petit hôtel. Le samedi 13 juillet, tôt dans la matinée, elle se rendit au Palais Royal où elle s'acheta un grand couteau de cuisine. Dans une voiture de place, elle se fit conduire chez le citoyen Marat. Elle ne put se faire recevoir, mais revint dans la soirée et fut alors introduite chez " l'ami du peuple ". Marat souffrait d'une maladie de la peau lui imposant des bains prolongés; il reçut donc sa visiteuse

assis dans sa baignoire " sabot ". Charlotte engagea avec
le tribun une conversation animée. Soudain, elle tira le
couteau de sous ses vêtements et frappa. Quelques minutes
plus tard, Marat rendait le dernier soupir. Peu avant son
exécution, Charlotte Corday dira simplement : " Quelle
paix ! " Elle n'avait pas fait le moindre geste pour échapper
aux conséquences de son acte, cette " mission " remplie
avec le plus grand calme, le plus beau sang-froid. Charlotte
était sûre d'avoir rendu un grand service à sa patrie. Car,
à ses yeux, Marat était l'incarnation du mal. En assassinant
Marat, elle espérait porter un coup mortel à la Terreur qui
avait détruit les Girondins et rongeait le pays entier.

Marie-Antoinette, Madame Roland et Charlotte Corday
représentent les principaux courants contre lesquels les
Jacobins eurent à lutter une fois seuls au pouvoir après
leur coup d'État du 2 juin. Marie-Antoinette incarnait la
réaction royaliste, Madame Roland l'esprit " déviation-
niste " des Girondins, Charlotte Corday l'opposition des
campagnes contre la tyrannie de Paris, en un mot tout ce
qui, dans la terminologie de la Révolution, avait nom
" fédéralisme ".

Le Comité de Salut public

Après le 2 juin, Danton resta le grand homme du
Comité de Salut public, où il s'intéressait plus particulièrement à la politique étrangère. On vit apparaître à ses
côtés de nouveaux noms que la France n'allait bientôt
prononcer qu'avec crainte. Deux d'entre eux étaient
connus pour de très proches collaborateurs de Robespierre.
L'un était le jeune *Saint-Just*, homme de sang-froid,
insensible, inflexible, flegmatique à l'extrême et peut-
être le plus fanatique de tous ces fanatiques. " Il
faut gouverner par la force ceux qui ne peuvent l'être
par la justice ", proclamait-il. Pendant tout un temps,
Saint-Just parut se croire obligé vis-à-vis de la France
et de lui-même, d'envoyer à la guillotine tous ceux
qu'il soupçonnait de s'écarter du droit chemin des vertus
civiques. En cela, il était fidèlement soutenu par *Couthon*,
l'autre fidèle collaborateur de Robespierre, un avocat au
caractère puritain, vraiment un homme comme les aimait
l'Incorruptible.

Ensuite venait Robespierre lui-même, qui n'entra au
Comité de Salut public que vers la fin de juillet 1793. En

août, *Carnot* en devint membre à son tour. Carnot était un officier du génie, âgé d'une quarantaine d'années. Robespierre avait résolu de concentrer toutes les forces de la République pour battre l'ennemi de l'extérieur et relâcher l'étreinte où les armées alliées tenaient le pays, de la Manche aux Pyrénées. Carnot reçut l'ordre de faire l'impossible pour rompre cet encerclement. Carnot ne perdit certes pas son temps. Peu après sa nomination au ministère de la Guerre, il fit promulguer le fameux décret de " levée en masse ", instaurant l'armée populaire française, modèle des actuelles armées de milice. La France était à présent considérée comme une grande ville en état de siège. Le pays devint un énorme camp retranché dont Paris était l'arsenal. L'ennemi avait pour cri de guerre : " la paix et le roi ". La France répondait : " La guerre et la République ". " La France, s'écria Robespierre, combat les rois, les aristocrates et les tyrans. " La République devait l'emporter.

Carnot était un organisateur génial. Ses efforts furent couronnés d'éclatants succès. En septembre 1793, les armées républicaines battent les Anglais près de Hondschoote, les forçant à lever le siège de Dunkerque. En octobre, elles écrasent les Autrichiens à Wattignies. En décembre, elles refoulent les armées ennemies vers l'est. En même temps, elles contraignent les Anglais à évacuer Toulon, base de la flotte française en Méditerranée que la Grande-Bretagne avait occupée au mois d'août.

Pour le régime jacobin, Toulon ne fut pas seulement une victoire sur l'étranger, mais aussi un grand succès sur le front intérieur. La guerre civile atteignait son point culminant.

En réalité, cette République que Danton disait une et indivisible, était, au cours de l'été 1793, en train de se morceler. D'importantes parties du territoire étaient en rébellion ouverte contre Paris et refusaient de se laisser mener plus longtemps par les sans-culottes. Les provinces souhaitaient prendre leur propre sort en main. En mars 1793, les " Chouans " de Vendée s'étaient soulevés contre la République. " Maquisards " avant la lettre, rudes, primitifs mais fort courageux, ils se révélaient insaisissables. Cette révolte, conduite par les nobles, était d'autant plus grave qu'elle n'était pas la seule.

Après l'arrestation des chefs de la Gironde, le 2 juin, les autres membres du parti s'étaient dispersés sur tout le territoire. De leurs diverses cachettes, ils excitaient les populations contre le régime jacobin. Aux approches de l'été, tout faisait croire au succès final de la rébellion. De tous les adversaires de Paris, les Toulonais allèrent le plus loin; en août, ils ouvrirent les portes de leur ville à l'étranger, aux Anglais. Les Jacobins lancèrent alors une contre-offensive foudroyante. L'une après l'autre, les villes révoltées tombèrent entre leurs mains, ce qui fut l'occasion d'horribles massacres. Lorsque les armées vendéennes eurent été vaincues au cours de l'automne, la Terreur s'installa dans ces régions, au nom de l'unité, du patriotisme et de la liberté.

La Terreur

A l'automne de l'année 1793 et au printemps de l'année suivante, le nombre moyen des détenus dans les prisons parisiennes étaient probablement de huit mille environ. Ailleurs dans le pays, il faut multiplier ce chiffre par dix. Mais le Tribunal révolutionnaire travaillait fort efficacement à vider les prisons; du printemps 1793 à l'été 1794, on estime à trois mille le nombre des guillotinés. Le nombre des victimes en province se monte à quelques dizaines de milliers. Et, tandis que le Tribunal révolutionnaire accomplissait sa tâche, le Comité de Salut public envoyait d'autres hommes et d'autres femmes en prison.

La Terreur dura un peu plus d'un an. Robespierre jugeait indispensable d'abattre les " ennemis " de l'intérieur pour sauver la République, la Révolution et la liberté. Étaient considérés comme ennemis de la Révolution non plus seulement ses adversaires manifestes mais aussi les tièdes, les indifférents, les pusillanimes que comptait encore le parti révolutionnaire, tous ceux qui ne réalisaient pas pleinement les exigences de la Révolution. La guillotine changea de clientèle. On n'y voyait plus seulement monter les aristocrates mais aussi, et de plus en plus, des gens venus des classes inférieures de la société.

" Périssent vingt-cinq millions d'hommes plutôt que la République une et indivisible! " aurait dit un des partisans de Robespierre. C'était la conséquence extrême mais logique de la doctrine robespierrienne : mieux valait mourir et faire mourir les autres que de vivre dans un pays sans civisme. Mais les victimes offertes en holocauste à ce sublime idéal de vertu républicaine avaient femme ou mari, des enfants, des parents, des amis. Rien d'étonnant donc que tous ces gens en vinssent à se demander si un tel système pouvait trouver quelque justification.

Mort de Danton

Danton lui-même commençait à douter. L'ancien chef des Cordeliers avait peur, ne reconnaissait plus sa Révolution. Elle se montrait par trop étroitement doctrinaire et Danton n'aimait pas les dogmes.

En sa qualité de président du Comité de Salut public, Danton était parvenu, en avril 1793, à faire voter par la Convention une motion dans laquelle la France promettait solennellement de ne pas s'immiscer dans les affaires intérieures des autres États. C'était là son de cloche tout nouveau.

Mais Danton ne put se maintenir à la tête du Comité de Salut public; il ne fut pas réélu au début de juillet. Cela signifiait que sa position dominante était mise en question et que les partisans de Robespierre se tournaient contre lui. Aux yeux de ces hommes, Danton faisait figure de défaitiste.

Danton quitta donc le devant de la scène. Plusieurs mois durant il ne parut pas à la Convention. Il s'était retiré sur une terre qu'il venait d'acquérir dans sa région natale. Les nerfs brisés, le tribun en avait, selon ses propres termes, plus qu'assez des hommes!

Danton fit sa rentrée à Paris en novembre 1793. A vrai dire, il ne restait plus que deux grands hommes sur le champ de bataille de la Révolution : Robespierre et lui. L'ultime combat allait à présent se livrer.

Il y avait toutefois encore *Hébert*, radical extrémiste, un des chefs de la Commune, éditeur du journal le plus répandu dans le pays. Dans la lutte contre les Girondins, Hébert s'était tenu aux côtés de Marat. Ses partisans exigeaient une sévère épuration parmi les hommes en place et voulaient en outre extirper toute forme de christianisme, remplacer le culte chrétien par celui de la déesse Raison. La chronologie chrétienne fut abolie pour faire place au calendrier républicain. Officiellement, le calendrier républicain allait rester en vigueur jusqu'au premier janvier 1806.

L'athéisme absolu figurait au programme des hébertistes. A leur initiative, le culte de la déesse Raison se déroula à Notre-Dame pour la première fois vers la fin de l'automne 1793.

CALEN

POUR L'AN TROISIEME

SAISONS.

L'AUTOMNE commence le 1 Vendémiaire.

L'HIVER, le 2 Nivose.
Le PRINTEMPS, le 1 Germinal.
L'ÉTÉ, le 3 Messidor.

	VENDÉMIAIRE,	BRUMAIRE,	FRIMAIRE,
	ou	*ou*	*ou*
	MOIS DES VENDANGES.	MOIS DES BROUILLARDS.	MOIS DES GELÉES

VENDÉMIAIRE

N. L. le 3 à 5 h. 3 m. du matin.
P. Q. le 11 à 6 h. 42 m. du mat.
Pl. L. le 18 à minuit 37 minut.
D. Q. le 24 à 7 h. 9 m. du soir.

BRUMAIRE

N. L. le 2 à 10 hr. 47 m. du soir.
P. Q. le 10 à 6 h. 56 m. du soir.
Pl. L. le 18 à 10 h. 4 m. du mat.
D. Q. le 24 à 11 h. 37 m. du m.

FRIMAIRE

N. L. le 2 à 4 h. 28 m. du fo
P. Q. le 10 à 5 h. 8 m. du m
Pl. L. le 16 à 8 h. 35 m. du m
D. Q. le 24 à 7 h. 18 m. du m

NOUVEAU STYLE.		V. Style.	NOUVEAU STYLE.		V. Style.	NOUVEAU STYLE.	V. S
Primdi	1 Raisin	L. 22	Primdi	1 Pomme	M. 22	Primdi	1 Raiponce	V. 2
Duodi	2 Safran	M. 23	Duodi	2 Céleri	M. 23	Duodi	2 Turneps	S. 2
Tridi	3 Châtaignes	M. 24	Tridi	3 Poire	V. 24	Tridi	3 Chicorée	D.
Quartidi	4 Colchique	J. 25	Quartidi	4 Betterave	S. 25	Quartidi	4 Nèfle	L. 2
Quintidi	5 CHEVAL	V. 26	Quintidi	5 OIE	D. 26	Quintidi	5 COCHON	M.
Sextidi	6 Balsamine	S. 27	Sextidi	6 Héliotrope	L. 27	Sextidi	6 Mâche	M. 2
Septidi	7 Carottes	D. 28	Septidi	7 Figue	M. 28	Septidi	7 Chou-fleur	J.
Octidi	8 Amaranthe	L. 29	Octidi	8 Scorsonère	M. 29	Octidi	8 Epicia	V.
Nonidi	9 Panais	M. 30	Nonidi	9 Alisier	J. 30	Nonidi	9 Genièvre	S.
Décadi	10 CUVE	M. 1	Décadi	10 CHARRUE	V. 31	Décadi	10 PIOCHE	D.
Primdi	11 Pomme-de-terre	J. 2	Primdi	11 Salsifis	S. 1	Primdi	11 Thuya	L.
Duodi	12 Immortelle	V. 3	Duodi	12 Cornnette	D. 2	Duodi	12 Raifort	M.
Tridi	13 Potiron	S. 4	Tridi	13 Poireterre	L. 3	Tridi	13 Cèdre	M.
Quartidi	14 Réféda	D. 5	Quartidi	14 Endive	M. 4	Quartidi	14 Sapin	J.
Quintidi	15 ANE	L. 6	Quintidi	15 DINDON	M. 5	Quintidi	15 LAIE	V.
Sextidi	16 Belle-de-nuit	M. 7	Sextidi	16 Chiroul	J. 6	Sextidi	16 Ajonc	S.
Septidi	17 Citrouille	M. 8	Septidi	17 Cresson	V. 7	Septidi	17 Cyprès	D.
Octidi	18 Safrain	J. 9	Octidi	18 Dentelaire	S. 8	Octidi	18 Lierre	L.
Nonidi	19 Tournesol	V. 10	Nonidi	19 Grenade	D. 9	Nonidi	19 Bouleau	M.
Décadi	20 PRESSOIR	S. 11	Décadi	20 HERSE	L. 10	Décadi	20 HOYAU	M.
Primdi	21 Chanvre	D. 12	Primdi	21 Bacchante	M. 11	Primdi	21 Erable-sucre	J.
Duodi	22 Pêche	L. 13	Duodi	22 Olive	M. 12	Duodi	22 Bruyère	V.
Tridi	23 Navet	M. 14	Tridi	23 Garance	J. 13	Tridi	23 Roseau	S.
Quartidi	24 Grenebenne	M. 15	Quartidi	24 Orange	V. 14	Quartidi	24 Oseille	D.
Quintidi	25 BŒUF	J. 16	Quintidi	25 JARS	S. 15	Quintidi	25 GRILLON	L.
Sextidi	26 Aubergine	V. 17	Sextidi	26 Pistache	D. 16	Sextidi	26 Pignon	M.
Septidi	27 Piment	S. 18	Septidi	27 Macjonc	L. 17	Septidi	27 Liège	M.
Octidi	28 Tomate	D. 19	Octidi	28 Coing	M. 18	Octidi	28 Truffe	J.
Nonidi	29 Orge	L. 20	Nonidi	29 Cormier	M. 19	Nonidi	29 Olive	V.
Décadi	30 TONNEAU	M. 21	Décadi	30 ROULEAU	J. 20	Décadi	30 PELLE	M.

Le 24 novembre 1793, le " calendrier républicain" fit commencer l'année au 22 septembre (équinoxe d'automne), la divisa en 12 mois de 30 jours, plus 5 jours réservés aux fêtes républicaines, divisa les mois eux-mêmes

...DRIER
...E L'ÈRE RÉPUBLICAINE.

ÉCLIPSES.

Deux de Soleil : la première arrivera le 2 Pluviose ; la seconde, le 28 Messidor.

Deux de Lune : la première aura lieu le 15 Pluviose ; la seconde, le 13 Thermidor. Visibles en Europe.

NIVOSE,	PLUVIOSE,	VENTOSE,
ou	*ou*	*ou*
MOIS DES NEIGES.	MOIS DES PLUIES.	MOIS DES VENTS.

..L. le 2 à 9 h. 33 m. du mat.		N. L. le 2 à minuit 18 minutes.		N. L. le 2 à 1 h. 14 m. du soir.	
..Q. le 9 à 1 h. 34 m. du soir.		P. Q. le 8 à 9 h. 12 m. du soir.		P. Q. le 8 à 5 h. 12 m. du mat.	
..L. le 16 à 9 h. 42 m. du mat.		Pl. L. le 16 à minuit 41 minutes.		Pl. L. le 15 à 5 h. 10 m. du soir.	
..Q. le 24 à 5 heures du mat.		D. Q. le 24 à 1 h. 17 m. du mat.		D. Q. le 23 à 9 h. 18 m. du soir.	
				N. L. le 30 à 11 h. 51 m. du soir.	

NOUVEAU STYLE.		V. Style.	NOUVEAU STYLE.		V. Style.	NOUVEAU STYLE.		V. Style.
..ndi	1 Neige	D. 21	Primdi	1 Lauréole	M. 20	Primdi	1 Tussilage	J. 19
..odi	2 Glace	L. 22	Duodi	2 Mousse	M. 21	Duodi	2 Cornouiller	V. 20
..di	3 Miel	M. 23	Tridi	3 Fragon	J. 22	Tridi	3 Violier	S. 21
..artidi	4 Cire	M. 24	Quartidi	4 Perce-neige	V. 23	Quartidi	4 Troène	D. 22
..ntidi	5 CHIEN	J. 25	Quintidi	5 TAUREAU	S. 24	Quintidi	5 BOUC	L. 23
..xidi	6 Fumier	S. 26	Sextidi	6 Laurier-thym	D. 25	Sextidi	6 Asaret	M. 24
..tidi	7 Pétrole	D. 27	Septidi	7 Mûie	L. 26	Septidi	7 Alaterne	M. 25
..di	8 Houille	D. 28	Octidi	8 Mézéréon	M. 27	Octidi	8 Violette	J. 26
..nidi	9 Résine	M. 29	Nonidi	9 Peuplier	M. 28	Nonidi	9 Marceau	V. 27
..adi	10 FLÉAU	M. 30	*Décadi*	10 COIGNÉE	J. 29	*Décadi*	10 BÊCHE	S. 28
..di	11 Poix	M. 31	Primdi	11 Ellébore	V. 30	Primdi	11 Narcisse	D. 1
..odi	12 Therébentine	V. 1	Duodi	12 Broceli	S. 31	Duodi	12 Orme	L. 2
..di	13 Argile	V. 2	Tridi	13 Laurier	D. 1	Tridi	13 Fumeterre	M. 3
..artidi	14 Morne	S. 3	Quartidi	14 Coudrier	L. 2	Quartidi	14 Vélar	M. 4
..ntidi	15 LAPIN	D. 4	Quintidi	15 VACHE	M. 3	Quintidi	15 CHÈVRE	J. 5
..xidi	16 Plâtre	L. 5	Sextidi	16 Buis	M. 4	Sextidi	16 Epinards	V. 6
..tidi	17 Pierre à chaux	M. 6	Septidi	17 Lichen	J. 5	Septidi	17 Doronic	S. 7
..di	18 Ardoise	M. 7	Octidi	18 If	V. 6	Octidi	18 Mouron	D. 8
..nidi	19 Sable	J. 8	Nonidi	19 Pulmonaire	S. 7	Nonidi	19 Cerfeuil	L. 9
..adi	20 VAN	V. 9	*Décadi*	20 SERPETTE	D. 8	*Décadi*	20 CORDEAU	M. 10
..di	21 Grès	S. 10	Primdi	21 Thlaspi	L. 9	Primdi	21 Mandragore	M. 11
..odi	22 Silex	D. 11	Duodi	22 Thimelé	M. 10	Duodi	22 Persil	J. 12
..di	23 Mercure	L. 12	Tridi	23 Chiendent	M. 11	Tridi	23 Cochléaria	V. 13
..artidi	24 Plomb	M. 13	Quartidi	24 Trainasse	J. 12	Quartidi	24 Pâquerette	S. 14
..tidi	25 CHAT	M. 14	Quintidi	25 VEAU	V. 13	Quintidi	25 CHEVREAU	D. 15
..idi	26 Etain	J. 15	Sextidi	26 Guède	S. 14	Sextidi	26 Pissenlit	L. 16
..idi	27 Cuivre	V. 16	Septidi	27 Noisetier	D. 15	Septidi	27 Silvye	M. 17
..di	28 Fer	S. 17	Octidi	28 Ciclamen	L. 16	Octidi	28 Capillaire	M. 18
..nidi	29 Sel	D. 18	Nonidi	29 Chélidoine	M. 17	Nonidi	29 Frêne	J. 19
..adi	30 CRIBLE	L. 19	*Décadi*	30 TRAINEAU	M. 18	*Décadi*	30 PLANTOIR	V. 20

en trois décades et leur donna des noms évoquant les variations saison-
nières. Le Ier vendémiaire de l'an III correspond au 22 septembre 1794
" vieux style ".

Danton réprouvait l'hébertisme, Robespierre également. L'Incorruptible prit ses distances vis-à-vis de l'athéisme : il le considérait comme un phénomène aristocratique et voyait dans les représentations des hébertistes une mascarade indigne de la Révolution. Il résolut d'y mettre un terme. Sur ce point, Danton se déclarait prêt à collaborer. C'était d'ailleurs la dernière fois que les deux rivaux se trouvaient d'accord.

En décembre 1793, Camille Desmoulins, l'ami de Danton, sortit la première livraison de son nouveau journal *Le Vieux Cordelier*. Le numéro fit sensation. On s'en arrachait les exemplaires. La feuille contenait une série d'attaques virulentes contre Hébert et ses partisans. *Le Vieux Cordelier* ouvrit la voie aux événements qui allaient suivre. En mars 1794, les hébertistes étaient arrêtés puis envoyés à l'échafaud.

Les hébertistes furent guillotinés le 24 mars. Quelques jours auparavant, Robespierre avait encore déjeuné en compagnie de Danton. Huit jours plus tard — le 30 mars — Danton fut arrêté à son domicile et avec lui ses proches collaborateurs, parmi lesquels Camille Desmoulins. Jusqu'au dernier moment, Danton avait rassuré sa femme, disant : " Ne crains rien. Ils n'oseront pas ! " Mais " ils " osèrent et l'emmenèrent avec eux.

Saint-Just connut l'instant suprême de sa brève carrière en montant à la tribune de la Convention pour accuser Danton et ses amis. Danton se défendit comme un beau diable, lança toute une série d'accusations contre l'homme de la Terreur. Tout cela en vain : il fut condamné à mort en même temps que ses amis.

Depuis longtemps déjà, comme nous l'avons vu, Danton était fatigué, horriblement fatigué; mais les derniers temps de sa vie n'en portent pas la trace. Jusqu'à la fin, il sut se montrer courageux, parfaitement maître de lui. Ses dernières paroles furent pour le bourreau : " N'oublie pas de montrer ma tête au peuple. Elle en vaut la peine ! "

C'était le cinq avril 1794, par un beau jour ensoleillé; les marronniers étaient en fleurs et tout Paris était venu voir mourir le grand Danton.

" Le bonheur, dit Robespierre, c'est la vertu ! "

Mort de Robespierre

Le 8 juin 1794, Maximilien Robespierre, président de la Convention, se rendit au Champ de Mars à la tête de ses collègues. Il était vêtu de son célèbre habit bleu ciel et d'une culotte jaune. A la main, il tenait un bouquet de fleurs des champs aux couleurs de la République. C'était l'instant le plus solennel de sa carrière. Il était à présent le premier citoyen de la Nation. Il régnait dans une absolue majesté. Des grands hommes de la Révolution, il était le seul à survivre. Aujourd'hui, il allait célébrer la grandiose cérémonie où il donnerait à son peuple une nouvelle religion, seule digne des idéaux révolutionnaires : le culte de l'Etre Suprême qui reconnaissait l'existence de Dieu et l'immortalité de l'âme, mais avait " aussi peu à faire avec la superstition catholique qu'avec le cynisme athée ". Le culte de l'Etre Suprême était un hommage à la Raison s'incarnant en tout premier lieu dans la vertu individuelle et civique, l'hommage de Robespierre à son grand et vénéré maître, Jean-Jacques Rousseau.

Le dix juin de la même année, un décret définissait dans leurs moindres détails les attributions du Tribunal révolutionnaire. Sa tâche consistait à punir les ennemis de la Nation. Seraient considérés comme tels tous ceux qui travaillaient en faveur des opinions monarchistes et contre les idées révolutionnaires, tous ceux qui feraient obstacle, d'une façon ou d'une autre, aux opérations militaires de la Nation. Le Tribunal n'avait le choix qu'entre deux sentences : l'acquittement ou la mort. Il n'y avait ni témoins ni défenseurs. Le décret contenait en outre un paragraphe qui ne manqua pas de semer l'inquiétude parmi les membres de la Convention : ceux-ci pouvaient être mis en accusation sans l'accord de l'assemblée.

En fait, ce décret supprimait d'un trait de plume l'ensemble du droit, judiciaire comme politique. Le pouvoir exécutif tombait aux mains d'un parti libre d'agir à sa guise. La guillotine fonctionna de plus belle. Chaque jour voyait en moyenne tomber trente têtes.

Les Français avaient dû s'habituer à bien des choses pendant la Révolution. Ils avaient pris l'habitude de s'appeler l'un l'autre " citoyen " ou " citoyenne "; ils avaient pris l'habitude de nommer le Palais Royal " Palais-Égalité " et les Tuileries " Palais National ". Ils avaient pris l'habitude de la guerre, des émeutes, des discours chantant la vertu et le bonheur futur de l'humanité. Mais l'atmosphère d'angoisse qui régnait partout dans le pays en cet été 1794, l'impression générale d'insécurité dans l'ombre de la guillotine, cette fois, c'en était trop. Si le décret du 10 juin devait être appliqué dans toute sa rigueur, personne en France ne serait plus jamais sûr de voir se lever le lendemain.

Le 9 thermidor (27 juillet) Robespierre lançait une violente attaque contre certains Conventionnels suspects d'opposition (et, de fait, ils avaient conspiré contre le dictateur). Il fallait donc s'attendre à une nouvelle et sanglante épuration. Mais les conspirateurs prirent Robespierre de vitesse. Dans la salle de la Convention des cris s'élevèrent : " Mort au tyran! " Ce fut le signal du tumulte; Robespierre et ses amis furent placés en état d'arrestation. Le lendemain, l'Incorruptible faisait à son tour connaissance avec la guillotine.

LES AIGLES IMPERIALES

LES PARVENUS

Un an environ après la chute de Robespierre — exactement en septembre 1795 — la France reçut une troisième constitution, la Constitution de l'An III. Ce compromis se fixait un double objectif : empêcher toute dictature d'un homme ou d'un groupe politique et assurer l'exercice pacifique du pouvoir à la bourgeoisie possédante.

La Convention, autrefois si puissante et si redoutée, disparut. La France restait une république mais, il ne fut plus question du suffrage universel prévu dans la seconde constitution (celle de 1793, qui ne fut jamais appliquée). Plus question non plus d'une influence directe du peuple sur l'administration. Les privilèges allèrent aux gens nantis. Seuls ceux qui possédaient une certaine fortune obtinrent le droit d'élire les membres de la représentation nationale, formée dorénavant de deux chambres : le Conseil des Anciens (250 représentants âgés de plus de quarante ans) et le Conseil des Cinq-Cents.

Cette représentation détenait le pouvoir législatif : les projets de loi adoptés par les Cinq-Cents étaient soumis au vote des Anciens. Ceux-ci nommaient, sur proposition des Cinq-Cents, les cinq membres du Directoire, organe de l'exécutif. On voulait la séparation des pouvoirs, dans l'esprit de Montesquieu, supprimer tout ce qui rappelait Rousseau et l'idéal d'égalité.

L'évolution de la France au cours de ces années peut, dans ses grandes lignes, se résumer comme suit : la réaction gagna du terrain, le culte catholique fut rétabli, on revint à la liberté de conscience. Les clubs politiques, parmi lesquels le trop fameux Club des Jacobins, furent fermés. Le royalisme relevait la tête.

Mais face aux royalistes se tenait une phalange ultra-radicale, que les hommes au pouvoir combattaient par tous les moyens. Les assignats, l'argent-papier introduit par la Révolution, tombaient à des cours de plus en plus bas; ils devaient finalement perdre toute valeur. Les prix des denrées montaient à la même cadence. La disette fit son apparition. La France connut alors des troubles qui tournaient parfois à l'émeute.

Au terme de la Constitution de l'An III, le pouvoir exécutif revenait au Directoire. Et le Directoire, c'était d'abord Barras, ancien vicomte et ancien Jacobin, l'un des régicides mais aussi l'un de ceux à qui Robespierre devait d'être monté sur l'échafaud.

Barras avait l'urbanité du parfait aristocrate et la morale du parfait aventurier. Très élégant et dénué de tout scrupule, Barras était le plus impudent des politiciens, cherchait la compagnie des jolies femmes et donnait des fêtes fastueuses à ce demi-monde d'arrivistes et de parvenus qui se rassemblait autour de sa personne. Autrefois, Barras avait été très bon Jacobin et très actif commissaire de la Convention; si actif même que l'Incorruptible, toujours très soucieux de morale politique, avait jugé nécessaire d'examiner de plus près ses actes, ses prévarications et ses cruautés. De là, l'impérieuse nécessité pour Barras et ses partisans d'écarter à tout prix Robespierre. De là aussi, leur grand désir d'apparaître après le coup d'État comme les tenants d'une réconciliation nationale.

Un an avant la nouvelle constitution, à l'été 1794, les hommes de la Terreur, les disciples de Marat et les séides de la Convention n'avaient plus songé qu'à leur tête. S'ils s'étaient mis brusquement à prêcher la clémence et l'humanité, au grand plaisir du peuple, c'était en pensant d'abord à leur précieuse personne. Ils avaient donc lancé leur offensive contre le régime de Robespierre et envoyé à la guillotine ses derniers représentants, parmi lesquels Fouquier-Tinville.

Cette " terreur blanche " avait fait rage au printemps 1795. Barras et consorts s'étaient également tournés contre les réactionnaires et les royalistes, qui luttaient pour le rétablissement des Bourbons. Puis, ils s'étaient installés au pouvoir pour jouir enfin de leur triomphe.

A cette époque, un jeune officier battait le pavé de Paris à la recherche d'un emploi et se livrait à des commentaires désabusés sur les mœurs du temps : " Les hommes sont fous des femmes, ne pensent qu'à elles, leur consacrent toute leur vie. " *Napoléon Bonaparte*, car c'est de lui qu'il s'agit, était alors, aux dires d'un témoin oculaire, affreusement maigre et fort misérable; il marchait d'un pas lourd, les cheveux longs et mal soignés répandus sur le col de sa veste grise, les souliers sales et peu à sa taille. Il n'avait pas de gants et en acheter une paire lui semblait une dépense tout à fait inutile. Ces femmes dont le jeune militaire parlait avec si peu d'admiration étaient pourtant les plus célèbres beautés du Directoire. De leur groupe se détachait en tout premier lieu la célèbre *Madame Tallien*, " Notre Dame de Thermidor ", l'épouse de ce Tallien qui après la chute de Robespierre en 1794 avait tracé la nouvelle voie politique en compagnie de Barras; on prétendait d'ailleurs qu'il partageait les faveurs de sa femme avec son puissant collègue. *Madame Recamier* aidait Madame Tallien à régner sur la mode et la vie mondaine. *Joséphine de Beauharnais* enfin prenait la troisième place dans ce trio des Grâces, la belle Créole alanguie, modérément intelligente mais d'un charme indéniable. Joséphine, veuve d'un aristocrate guillotiné était la maîtresse de Barras qui l'avait installée dans un petit mais luxueux hôtel particulier; elle se montrait au Bois dans une jolie voiture de promenade, tirée par deux chevaux noirs, cadeaux de Barras et anciens locataires des écuries royales.

Fouché et Talleyrand

Guglielmo Ferrero a dit de la Révolution française qu'elle fut l'une des plus grandes aventures de l'humanité. Un homme de cette époque avait toutes raisons de croire à l'aspect aventureux d'une existence révolutionnaire. Le tremblement de terre politique l'avait provisoirement poussé à l'écart mais, après avoir survécu à la catastrophe, il allait monter très haut par la suite.

D'abord professeur chez les Oratoriens, *Fouché* jeta son froc aux orties dès les premiers temps de la Révolution. Il fut élu à la Convention en 1792 et devint l'un des maîtres de la Terreur : " Fouché de Lyon ". Envoyé par la Convention dans cette ville, la deuxième de France, il y organisa

le massacre avec la plus impitoyable efficacité. Joseph
Fouché avait voté la mort du roi. Il vota la mort de
Robespierre. Car il était de ceux qu'avait stigmatisés
l'Incorruptible, Robespierre l'ayant même accusé d'être le
chef de la conspiration dirigée contre lui. Fouché parvint
à se tirer indemne de l'affaire.

Mais il connut de bien mauvais jours après Thermidor.
Trop compromis par ses actions passées, il dut quitter
la scène politique et se terrer dans un taudis parisien.
Son vieux camarade Barras, maintenant chef du Directoire
et premier magistrat de France, vint l'en sortir.

Vers la même époque, Monsieur *de Talleyrand*, futur
collègue du futur ministre de la Police, reçut une lettre
fort bienvenue : l'autorisation de rentrer en France.

Talleyrand avait joué un rôle considérable dans les
premières périodes de la Révolution mais la victoire des
courants extrémistes lui avait inspiré un exil volontaire
dans des régions moins troublées, en Angleterre d'abord
puis en Amérique. De fait, la Convention l'avait condamné
à mort en décembre 1792. Il fit sa rentrée dans la capitale
en automne 1796, après quatre ans d'absence. L'année
suivante, le Directoire (lisez Barras) le nommait ministre des
Affaires étrangères de la République. Monsieur de
Talleyrand touchait ainsi au but de toutes ses ambitions.
Sa nomination lui fit dire qu'il comptait bien, maintenant,
rassembler une immense fortune...

Talleyrand faisait toujours sensation dans les salons
parisiens, s'y montrait à la fois inaccessible et charmant.
Aux dires d'un contemporain, il se tenait généralement
assis sur un sofa, dans une pose pleine de nonchalance. Son
visage restait figé, impénétrable. Le ministre portait les
cheveux poudrés, à l'ancienne mode. De temps à autre,
il lançait un trait, aussi perspicace que mordant, puis
retombait lentement dans sa lassitude distinguée.

Nous voyons ainsi apparaître, l'un après l'autre, les
futurs premiers rôles d'un des plus grands drames de
l'histoire universelle. Joseph Fouché rampait hors de sa
tanière. Talleyrand traversait l'Atlantique pour revenir
en France. Joséphine de Beauharnais passait la revue de sa
garde-robe.

Barras, le chef corrompu du Directoire, réalisa bien peu
de choses pendant son gouvernement mais il fit tous les
personnages dont nous venons de parler. Il offrit en outre

sa chance à celui qui allait devenir le héros du grand spectacle, le maître de tous les autres, mais qui n'était encore qu'un jeune officier miséreux courant les rues et vouant une haine cordiale à tous les Parisiens assez riches pour vivre dans le luxe et l'abondance. C'est Barras qui a préparé la route à Napoléon.

LE GÉNÉRAL

Vendémiaire et Joséphine de Beauharnais

" L'honneur et les dames ! " Telle était la devise qu'un jeune capitaine de hussards, *Joachim Murat*, avait fait graver sur son sabre.

Ce Gascon était fils d'aubergiste ; d'innombrables charges de cavalerie en firent un maréchal de France et un roi de Naples. Mais il finit devant le peloton d'exécution. Joachim Murat fit une entrée en scène fracassante. Dans la nuit du 4 au 5 octobre 1795, ou plutôt dans la nuit du 12 au 13 vendémiaire an IV, il reçut l'ordre de partir immédiatement avec ses hommes pour un arsenal situé en dehors de Paris. Là se trouvaient des pièces d'artillerie dont Murat devait prendre possession. La mission fut ponctuellement accomplie. Murat s'assura des canons, les mit en batterie non loin des Tuileries.

Dans Paris, l'émeute grondait. Les royalistes s'étaient rassemblés pour abattre la République. Barras, chargé de la défense mais peu sûr de ses talents militaires, se souvint d'un jeune capitaine d'artillerie qui s'était distingué au siège de Toulon et l'avait depuis lors accablé sous une pluie de requêtes. Le Directeur fit appeler Napoléon Bonaparte et lui confia le commandement des troupes. Ce fut Bonaparte qui dépêcha Murat à l'arsenal, et lorsqu'il eut ses canons, il s'en servit avec énormément de compétence contre les émeutiers. Le résultat ne se fit pas attendre. Le 13 vendémiaire à 6 heures du soir, la révolte était réprimée. L'ordre et le calme régnaient dans les rues de Paris, et le 2 mars 1796, le général Bonaparte prenait le commandement de l'armée d'Italie. Une semaine plus tard, il épousait Joséphine de Beauharnais.

Joséphine avait fait le meilleur choix parmi les nombreux aventuriers qui hantaient son salon, sans pouvoir pressentir, naturellement, où devait la mener son nouvel époux. Elle le trompa joyeusement dès qu'il fut parti en campagne mais sut se faire pardonner les scandales de l'absence en se montrant par la suite femme dévouée, admirative et charmante.

Elle partagea les plus grands triomphes de Bonaparte, devint " Notre·Dame des Victoires " et Impératrice des Français, vécut dans une richesse dont elle n'eût osé rêver. Joséphine obtint donc tout ce qu'elle souhaitait, lorsqu'elle résolut d'assurer son avenir et celui de ses enfants, Eugène et Hortense. Certes, elle allait se voir répudier par la suite, mais il est un de ses triomphes dont personne n'a pu la déposséder : celui d'avoir été le grand amour de Napoléon Bonaparte.

En épousant Joséphine, son aînée de six ans, le jeune général désargenté s'acquit du jour au lendemain une place fort enviable dans la *society* très mélangée du Directoire.

L'époque offrait de grandes perspectives à un jeune soldat, doué, volontaire, et point trop scrupuleux. Les armées révolutionnaires et la situation européenne offraient d'immenses possibilités. Les armées de la République venaient d'ailleurs de remporter des victoires triomphales.

L'occupation des Provinces-Unies et l'annexion de la Belgique

Les Provinces-Unies étaient mûres pour l'annexion. Au cours du XVIIIe siècle, les idées françaises, les idées des " Lumières " avaient gagné toujours plus de terrain dans la république et influencé profondément une partie considérable de la bourgeoisie. Lors de la Révolution française, les patriotes francophiles espérèrent un soutien des révolutionnaires. L'émigration forcée de Guillaume V en Angleterre vint encore renforcer leurs espoirs. Après une " révolution de velours ", sans un seul mort ni même un seul coup de feu, les Français envahirent paisiblement le territoire sous les acclamations des " patriotes ". Mais ils rafraîchirent aussitôt les enthousiasmes en présentant la note de leur *protection :* la république devait payer les armées françaises de son indépendance.

Quant aux Pays-Bas autrichiens, la principauté ecclésiastique de Liège, la principauté de Stavelot-Malmédy, le duché de Bouillon et autres seigneuries belges, ils avaient été annexés à la France par un décret du 1er octobre 1795. Mais le Directoire y rencontra des difficultés beaucoup plus grandes qu'en Hollande.

La constitution française n'admettant " ni vœux religieux ni aucun engagement contraire aux droits naturels de l'homme ", les ordres religieux furent supprimés : tous les biens meubles et immeubles des communautés furent confisqués et vendus au profit de l'État. Cependant, dans les campagnes et les bois, la résistance nationale s'esquissait.

Entre-temps, la Prusse avait dû signer en 1795 la fameuse paix de Bâle par laquelle Frédéric-Guillaume II quittait la coalition antifrançaise formée par William Pitt et cédait les possessions prussiennes à l'ouest du Rhin.

De son côté, l'Espagne avait déposé les armes en juillet 1795 et cédé à la France ses possessions de Saint-Domingue. La grande coalition commençait à tomber en lambeaux. Son initiatrice, la Grande-Bretagne, restait seule avec l'Autriche et Naples.

La campagne d'Italie et la République cisalpine

Bonaparte remporta ses triomphes grâce à une combinaison de qualités qui allaient bientôt faire de lui le plus célèbre général français mais aussi le personnage le plus détesté et le plus craint de l'Europe entière. Il possédait évidemment des connaissances militaires et un sens tactique touchant au génie. Artilleur, il savait employer l'artillerie mieux que personne.

Bonaparte vouait un souverain mépris au droit des gens et spécialement au concept de neutralité. D'une rapidité phénoménale dans l'action, il savait mieux qu'aucun autre général gagner la troupe à sa cause.

La campagne, commencée en mars 1796, se termine à l'automne 1797 et n'est qu'une longue suite de victoires.

En quatre semaines, Bonaparte avait occupé tout le Piémont. Un autre mois et il s'était emparé de la Lombardie, puis de Milan, livrant sur ces entrefaites la célèbre bataille de Lodi. En novembre, il triomphait des Autrichiens à Arcole, saisissant un drapeau et menant l'assaut au premier rang. Nouvelle victoire à Rivoli en janvier 1797. En février, il forçait les États pontificaux à la capitulation. Puis, après avoir pénétré dans les territoires héréditaires autrichiens et menacé directement Vienne, il signait un armistice avec l'empereur en avril 1797. Peu après, il occupait la République vénitienne, neutre, mais c'était là détail sans importance.

Bonaparte fit savoir au doge que la vieille et glorieuse

L'ITALIE APRÈS LA PAIX
DE CAMPO FORMIO

république avait cessé d'exister. Les territoires de Venise lui venaient bien à point, comme le monde allait s'en apercevoir en 1797. Cette année-là, la paix de Campo Formio donnait à la France les territoires autrichiens de Belgique et de Milan; en compensation, l'Autriche recevait les possessions vénitiennes jusqu'à l'Adige à l'ouest et, en outre, la Dalmatie.

" Le premier résultat des victoires remportées par les soldats de la Révolution et de la République est donc d'anéantir une autre République au profit d'un Empire " disait, non sans amertume, un contemporain.

Partout sur le continent, la marche triomphale des armées françaises fit chanter la fin de l'Angleterre. Ce n'était pas la première fois qu'on l' " enterrait " en paroles, et ce ne serait certes pas la dernière. Il faut pourtant reconnaître que la situation du Royaume-Uni pendant les cinq dernières années du XVIIIe siècle n'avait rien de réjouissant. Le pays vivait dans le trouble, dans une profonde inquiétude. Les hivers furent alors particulièrement rigoureux. Les mauvaises récoltes faisaient monter les prix à un niveau jamais atteint. La population — particulièrement la classe ouvrière, toujours plus nombreuse dans les villes — avait beaucoup à souffrir. Ces soucis firent croître à proportion la haine pour les Jacobins français. Le gouvernement prit des mesures draconiennes pour empêcher les idées révolutionnaires de prendre pied dans le pays. L'Habeas Corpus, cette pierre angulaire de tout le droit anglais, fut même abrogé provisoirement; les lois les plus strictes s'efforcèrent de combattre toute velléité de trahison. L'opposition criait à la tyrannie.

Mais le Premier ministre, William Pitt, réagit aux critiques avec le plus parfait sang-froid et le plus parfait mépris. Il poursuivit calmement son action, toujours aussi orgueilleux et inaccessible qu'auparavant.

Il continua une guerre que pourtant il déplorait fort car elle risquait de ruiner ou d'endommager gravement tout ce qu'il avait bâti en des temps plus heureux; la Banque d'Angleterre et les milieux commerciaux ne cessaient d'ailleurs de le lui répéter. Mais la guerre était indispensable et Pitt la mena jusqu'au bout, tout en cherchant les possibilités d'y mettre fin. William Pitt était alors littéralement rongé par l'inquiétude. Après les événements de 1797, l'Angleterre se trouvait seule devant la plus grande puissance militaire que l'Europe eût connue depuis longtemps. Le Royaume traversait l'une des périodes les plus sombres de son histoire.

Au même moment, Bonaparte disait à l'un de ses amis : " J'ai pris goût au pouvoir et ne puis plus le laisser. "

En effet, il avait créé en Italie un autre État vassal de la France, la République cisalpine, formée d'anciens territoires autrichiens, vénitiens et italiens, au nord et au sud du Pô. Le conquérant y fit ses premières expériences dans l'art de gouverner, et ses progrès furent très rapides. En fort peu de temps, il installa dans ces possessions italiennes l'ordre juridique et social que la Révolution avait établi en France. Théoriquement, la République cisalpine était gouvernée par une assemblée groupant les élus du peuple ; en fait, c'étaient Bonaparte et ses soldats qui décidaient de tout. Le moindre signe d'opposition chez les Italiens provoquait une intervention immédiate, et brutale, des occupants. Le système de gouvernement utilisé là par Bonaparte peut être qualifié de " Terreur militaire " ; il servait entre autres choses à extorquer de grosses sommes aux populations.

Au reste, Bonaparte ne plaçait pas les problèmes italiens au centre de ses préoccupations ; il pensait surtout à gagner le grand combat contre l'Angleterre et à lui dicter une paix définitive. Etre un grand capitaine ne lui suffisait déjà plus ; il voulait être aussi un grand homme d'État.

A cette époque, Bonaparte " tient sa cour " dans un château proche de Milan. C'est ici qu'il éprouve pour la première fois le sentiment véritable de son triomphe en se voyant entouré du faste qui va toujours de pair avec la puissance. Ici, Joséphine éclate dans toute sa beauté et toute sa séduction, se montre hôtesse parfaite, déjà presque l'égale d'une reine. Ici fait son apparition dans l'histoire la surprenante famille Bonaparte, le clan qui va déterminer la vie de l'Europe pendant une dizaine d'années. Ici paradent les jeunes généraux républicains dont le monde entier va bientôt prononcer les noms avec une admiration mêlée d'angoisse. On rencontre à Mombello Joachim Murat, l'étincelant cavalier, qui peut enfin assouvir sa passion des beaux uniformes ; le rude *Augereau*, toujours un juron aux lèvres ; *Berthier*, chétif et malgracieux, futur chef d'état-major et bras droit de l'empereur, " cette Cendrillon dont j'ai fait un aigle ". Le très mondain

Marmont dîne également à la table de Bonaparte, avec
Soult le taciturne et le turbulent *Junot*. Tous ces hommes, et
d'autres encore, formeront bientôt les cadres supérieurs
de la Grande Armée, peut-être la plus célèbre de toutes les
armées et merveilleux instrument aux mains de son chef.
A l'automne 1797, le futur Napoléon Ier se languit déjà à
Milan : " En Italie, il n'y a plus guère d'occasions d'accomplir de grandes choses. " Ces paroles s'adressent au nouveau
ministre des Relations extérieures de la République,
monsieur de Talleyrand, déjà inévitable et fort intéressé
par Bonaparte. Ce jeune général, pense-t-il, a tous les
talents pour jouer un grand rôle non seulement sur les
champs de bataille mais aussi dans le gouvernement des
États; il faut par conséquent le traiter avec les plus grands
égards. Talleyrand entame donc une correspondance
régulière avec ce stratège à qui la fortune semble ne rien
vouloir refuser. Ses longues lettres allient beaucoup
d'élégance à quelque flagornerie. Après Campo Formio,
Talleyrand écrit : " Voilà bien une victoire à la Bonaparte.
Le Directoire est content, le public exulte, tout va
bien ! "
    Bonaparte était loin d'être insensible à de telles attentions.
Dès ce moment, le ministre des Relations extérieures a
toute sa confiance.

L'expédition d'Égypte et l'amiral Nelson

    Bonaparte quittait à nouveau Paris en mai 1798, et
s'embarquait avec une flotte à destination de l'Égypte.
Dès le mois de janvier, un espion britannique prisonnier
à Paris avait pu faire parvenir un message à son gouvernement · le bruit courait que Bonaparte allait entreprendre
une expédition en Égypte. Le gouvernement de Sa Majesté
reçut bien le message mais décida de n'y accorder aucune
importance. Il ne pouvait trouver la moindre justification
à ces " bruits ". Ce qui n'avait d'ailleurs rien d'étonnant :
de toutes les aventures militaires de l'aventurier Bonaparte,
l'expédition d'Égypte était la plus fantastique. Bien entendu,
certaines considérations réalistes étaient à la base de
l'entreprise mais elles restaient très vagues. Napoléon
a dit par la suite que la France aurait conquis les Indes
en s'emparant de l'Égypte. Le but de l'expédition était
donc de frapper l'Angleterre via l'Égypte. Car, à cette
époque, le gouvernement français s'occupait beaucoup

plus de l'Angleterre que de tout autre pays. L'Autriche ayant capitulé, il s'agissait maintenant de briser les reins à ces insulaires obstinés. Les Français préparaient une invasion des îles britanniques. Des contingents de leur armée se concentraient sur la Manche; sur l'autre rive, on attendait l'arrivée de l'ennemi. L'Angleterre n'ignorait pas que, depuis longtemps, le rêve des gouvernements révolutionnaires était de dicter la paix à Londres.

Bonaparte se rendit sur la côte pour examiner la situation. Il en revint après quelques semaines, persuadé que le plan d'invasion ne valait rien. La France ne pouvait rien contre les forces navales anglaises patrouillant le *Channel*. L'Angleterre devait être attaquée sur d'autres terrains.

Bonaparte s'embarqua le 19 mai 1798, à Toulon. Le 21 mai, une escadre anglaise quittait Cadix, dans le sud de l'Espagne, pour en rejoindre une autre croisant déjà en Méditerranée. La jonction eut lieu le 6 juin. Les deux escadres réunies avaient ordre d'anéantir à tout prix la flotte française partie de Toulon.

L'amiral commandant les forces anglaises était un certain *Horatio Nelson*, un de ces hommes qui font l'impossible pour exécuter les ordres reçus. Nelson ignorait la destination de Bonaparte, pensait à Naples, au Portugal ou à l'Irlande. Le 22 juin, les Anglais aperçurent des voiles françaises, loin sur l'horizon. Mais elles disparurent presque aussitôt. En fait, les routes des deux flottes s'étaient simplement croisées.

Nelson s'écria : " Le diable protège les siens ! " Le 29 juin, il débarquait à Alexandrie et ne pouvait que constater l'absence de tout Français. Nelson reprit aussitôt la mer pour continuer la poursuite. Quarante-huit heures plus tard, la flotte française s'ancrait devant Alexandrie et Bonaparte mettait le pied sur le sol égyptien.

" Soldats, du haut de ces pyramides, quarante siècles vous contemplent ! "... Après avoir passé la revue de ses troupes, Bonaparte prit aussitôt l'offensive. Il bouscula l'armée des Mameluks, s'empara du Caire et se mit à gouverner, comme à Milan, ce pays qui le fascinait.

L'Orient stimulait son imagination, lui donnait le désir des plus grands exploits. Il défia les énormes difficultés, présentes dès le début de ses opérations : la chaleur, la soif, le sable, la peste qui couchait les soldats et mettait les généraux au désespoir, les rapides frégates anglaises bloquant la Méditerranée. Rien ne put éteindre cet enthousiasme, lui faire abandonner la tâche que lui imposait sa curiosité passionnée : Napoléon Bonaparte voulait pénétrer tous les secrets de ce monde ensorceleur.

Car, outre ses soldats et ses généraux, il emmenait une équipe de savants. En jetant les bases de l'égyptologie moderne, ces érudits offrirent d'ailleurs son unique résultat valable à l'expédition. En effet, les choses allaient plutôt mal et présentaient un danger suffisant pour faire dire à Bonaparte : " Nous n'avons plus de flotte, eh bien, il faut mourir ici ou en sortir grands comme les Anciens! Cet événement nous contraint à accomplir de grandes choses, nous les accomplirons. " Car l'amiral britannique avait débusqué sa proie et découvert la flotte française près d'Aboukir. Le premier août, il était passé à l'attaque et avait remporté une glorieuse victoire. Quarante mille Français, l'élite de l'armée, étaient coupés de la France.

Horatio Nelson parlait volontiers de " ces Français sans foi ni loi ". Sa haine des Français en général et de Napoléon Bonaparte en particulier était aussi intense que son amour pour sa propre patrie et son propre peuple. Nelson considérait que sa mission terrestre consistait à délivrer l'Angleterre et le monde de ce Bonaparte détesté. L'adversaire ne l'impressionnait pas du tout. Nelson jugeait sa volonté, son endurance et ses capacités militaires au moins égales à celles du grand aventurier français. L'amiral était persuadé que son pays finirait bien un jour par remporter la victoire décisive. " Si nous restons fidèles à nous-mêmes, nous ne devons nous faire aucun souci à propos de ce Bonaparte. " Certains ont fait remarquer, et à très juste titre, que les exploits de Nelson s'expliquent uniquement par la conviction morale dont ils procèdent. Une fois convaincu de servir la juste cause, Horatio Nelson luttait jusqu'à son dernier souffle. Avec pour devise que les actions les plus hardies sont les meilleures.

Ce fut cette devise qu'il suivit le 1er août 1798 en apprenant que la flotte française était enfin signalée. Ce jour allait donc montrer au monde ce que valait l'amiral Nelson, ses équipages et ses navires! " Avant 24 heures, j'aurai soit la pairie, soit une tombe à Westminster! "

A toutes voiles, les escadres de Nelson se jetèrent sur la flotte française, restée à l'abri de la côte. On vit alors une jolie petite exhibition de savoir-faire maritime : cinq navires anglais parvinrent à entrer dans l'étroit passage, en eau peu profonde, séparant la ligne française du rivage.

Cette fine manœuvre mit l'adversaire entre deux feux. Les conséquences en furent effrayantes. Les vaisseaux français coulèrent l'un après l'autre. La flotte de Bonaparte fut presque entièrement anéantie. Nelson, blessé, commença la dictée de son rapport : " Le Seigneur Tout-Puissant a béni les armes de Votre Majesté... "

Le lendemain soir, plusieurs officiers français survivants dînaient dans la cabine de leur vainqueur. Une chose pareille n'était plus arrivée depuis le jour où le duc de Marlborough avait invité à sa table, après Blenheim, un maréchal de France et deux généraux français.

Bonaparte se mit en marche vers l'est, vers la Syrie. Cette fois, ce fut pour rencontrer une armée turque. Avec l'aide des Anglais, le sultan avait envoyé des troupes pour repousser l'envahisseur de l'Égypte, qu'il considérait comme sa propriété personnelle. En mars 1799, les Français occupaient Jaffa, massacrant la population. Deux semaines plus tard, Napoléon Bonaparte se trouvait devant Saint-Jean-d'Acre, forteresse dont la garnison était commandée par un officier britannique. Les Anglais avaient retenu Bonaparte sur la Manche. Ils avaient ensuite détruit sa flotte. A présent, ils empêchaient la poursuite de sa fantastique expédition vers l'Orient. Car Bonaparte n'alla pas plus loin que Saint-Jean-d'Acre. Cette ville fit s'écrouler ses rêves, tomber ses projets en poussière.

Il dut lever le siège et faire retraite, après avoir perdu 5 000 hommes. Cette retraite fut terrible, un affreux cauchemar de peste et de puanteur, de chaleur et de soif. Bonaparte ordonna de laisser tous les chevaux pour les malades et les blessés; lui-même allait à pied devant ses hommes vaincus, son armée fourbue et pleine d'angoisse pour l'avenir. Pourtant, en juin, il était à nouveau au Caire et détruisait un corps expéditionnaire turc débarqué à Aboukir. Mais le 23 août, il se rembarquait à destination de la France. Napoléon Bonaparte en avait assez de l'Orient. Comme un déserteur, il abandonnait ses troupes derrière lui.

Le coup d'État du 18 Brumaire

" La France, dit William Pitt, doit à tout prix être rejetée à l'intérieur de ses frontières, il faut la contraindre à rendre ses conquêtes. " A l'automne 1798, au moment où Pitt prononçait ces paroles, la situation en Europe se présentait comme suit : en février, avec l'accord de Bonaparte et même sur son instigation, le Directoire avait fait occuper Rome, chassé le Pape et institué la République romaine. Le pillage systématique de la Ville Éternelle avait fourni une partie des fonds nécessaires à la campagne d'Égypte.

En mars de la même année, le Directoire avait créé la République helvétique. La France avait besoin du territoire suisse comme voie d'accès pour ses troupes vers la République cisalpine, via Genève et le col du Simplon. De plus, le trésor de la Confédération venait fort à point aux Directeurs. Les troupes françaises, prétendûment appelées par certains cercles helvétiques, occupèrent le pays.

En mai, Bonaparte avait entamé l'expédition d'Égypte. Plus que jamais, les autres peuples voyaient en la France un agresseur cynique, un pays capable des pires injustices et violences. Partout, les Français étaient craints et détestés.

Au début de 1799, William Pitt parvint à mettre sur pied une nouvelle coalition. Nelson lui avait préparé la voie par sa victoire d'Aboukir. Cette coalition rassemblait l'Angleterre, l'Autriche, la Russie, la Turquie et le royaume de Naples. Ce qui changeait beaucoup la situation. A présent, l'initiative passait aux Alliés et les Français devaient battre en retraite. En Allemagne, ils furent rejetés de l'autre côté du Rhin. En Italie, le général russe *Souvarov* (qu'un contemporain anglais décrit comme un mélange de héros et de démon) opérait avec une rapidité qui jusque-là n'avait appartenu qu'au seul Bonaparte. Les Français durent évacuer la Lombardie.

Leurs bastions tombaient les uns après les autres. A l'été 1799, les Alliés préparaient l'invasion de la France. Depuis les jours critiques de 1793, les Français n'avaient plus affronté si grave menace.

Ce fut *Masséna* qui sauva la France. Déjà populaire à cette époque, le général était un homme quelque peu excentrique, renfermé, taciturne; mais sur le champ de bataille, il devenait tout autre, aussi rapide qu'efficace. Son heure de gloire allait maintenant sonner. Masséna se cramponna aux positions qu'il occupait près de Zürich, tandis que les armées ennemies l'encerclaient lentement. Le Français attendit son heure avec patience et sang-froid.

Il savait que Souvarov avait quitté l'Italie par les cols alpins pour venir livrer la bataille décisive. Masséna sut choisir le moment idéal pour attaquer près de Zürich les détachements ennemis qui lui faisaient face et briser le cercle. Puis, il força Souvarov à repasser les cols neigeux des Alpes pour sauver ce qui restait de son armée.

La France ne devait pas connaître l'invasion.

Le 9 octobre 1799, Bonaparte débarquait dans le Midi de la France; le 16, il était à Paris. Ce voyage avait été une véritable marche triomphale. Des foules immenses avaient acclamé en lui le héros, l'homme qui allait sauver la France. Le général put constater, avec une satisfaction facilement imaginable, que le peuple ne lui attribuait aucune responsabilité dans le fiasco égyptien. Son auréole n'en était nullement ternie.

"A l'arrivée du général Bonaparte, raconte Marmont, toutes les ambitions se mirent en mouvement; c'était le soleil levant : tous les regards se tournaient vers lui; on ne pouvait se méprendre sur le rôle qu'il allait jouer."

A Paris, Barras courut à sa rencontre. Le Directeur était accompagné d'un de ses collègues, un homme qui faisait sa seconde entrée sur la scène politique. Car cet abbé Siéyès, l'un des premiers acteurs de la Révolution, avait été reçu au sein du Directoire. Derrière Barras et Siéyès, deux autres personnages : Fouché, maintenant ministre de la Police, et Talleyrand.

La France du Directoire avait connu de violentes secousses politiques. Après la révolte parisienne de vendémiaire an IV (octobre 1795), le républicanisme intégral était revenu à la mode.

Les Jacobins, appelés maintenant Néo-Jacobins, reprirent de l'influence, préchèrent à nouveau les idées de la grande époque révolutionnaire, les principes de quatre-vingt-treize.

Le club des Jacobins fut rouvert. La population parisienne, prise des plus sombres pressentiments, craignait une nouvelle Terreur.

L'autre éventualité, un coup d'État royaliste et le rétablissement des Bourbons, semblait tout aussi possible.

Pendant ce temps-là, la situation économique et financière ne cessait de s'aggraver; les impôts drastiques finirent par menacer l'économie française de stagnation complète. Des manufactures fermaient leurs portes, le chômage augmentait, l'argent commençait à disparaître du marché.

La France se trouvait au seuil d'un chaos général. Et les armées ennemies poussaient aux frontières.

A ce moment, Fouché prit les choses en main. Revenu au pouvoir, il jouait maintenant au parangon des vertus civiques. Joseph Fouché était devenu l'ami de l'ordre et de la loi.

Les Jacobins s'opposaient à l'ordre établi : il devait donc les tenir sous son contrôle. Un beau jour, le ministre de la Police fit une visite à leur célèbre club, y annonça sans ambages la fermeture du local. Les membres se retrouvèrent sur le trottoir et Fouché ferma lui-même la porte à clef. Cette façon d'agir était tout à fait au goût de Barras. Et aussi à celui de Siéyès. L'abbé Siéyès avait contribué à mettre la Révolution en marche, et quand on lui demandait ce qu'il avait fait ensuite, sous la Terreur, il répondait, non sans un certain orgueil : " J'ai survécu ". Pour y parvenir, Siéyès s'était caché dans une retraite sûre, où il avait pu continuer son étude des théories constitutionnelles. Siéyès méprisait et haïssait de tout son cœur la constitution du Directoire, ne désirait rien tant que son abolition. Pour se faire, il avait, selon ses propres termes, " besoin d'une épée ", d'un militaire pouvant se charger du côté pratique des choses. Siéyès porta son choix sur Bonaparte.

Bonaparte, lui, choisit Siéyès pour son principal instrument. A son retour en France, le général souhaitait, pour le moins autant que l'abbé, mettre un terme à la constitution établie et au pouvoir en place. Siéyès pouvait lui être très utile. C'était un vétéran de la Révolution.

La participation de l'abbé à un coup d'État serait pour le peuple et le monde la garantie que l'initiative restait fidèle aux grands idéaux révolutionnaires; le coup de force en serait " légalisé " aux yeux des Français.

On pouvait prétendre vouloir uniquement " sauver la Révolution ". Mais Siéyès ne devait se faire aucune illusion sur son influence personnelle dans l'ordre nouveau. Bonaparte entendait bien garder le pouvoir pour lui seul.

Le coup d'État s'accomplit les 18 et 19 brumaire (9 et 10 novembre 1799); il fut prétexte à quelques scènes parmi les plus célèbres de l'histoire de France. Après de longues délibérations, Bonaparte, Siéyès, Talleyrand et Fouché se partagèrent les rôles. Première phase : invoquer l'excuse d'une conjuration jacobine pour amener la représentation populaire à ajourner sa séance d'un jour et se réunir le lendemain au château de Saint-Cloud, loin de toute immixtion populaire. Jusque-là, tout alla bien. Bonaparte prit d'emblée le ton qui convenait : " Qu'avez-vous fait de cette France que je vous ai laissée en brillante situation? Je vous ai donné la paix et je retrouve la guerre. Je vous ai donné des victoires et je ne retrouve que des défaites. Je vous ai donné toutes les richesses de l'Italie. Je retrouve des lois de brigands et la misère. Qu'avez-vous fait des centaines de milliers de Français qui étaient mes amis et partageaient ma gloire? Ils sont morts! "

Le même jour Barras fut prié, avec beaucoup de politesse mais autant de fermeté, de signer la démission préparée pour lui. Il s'y résigna tout de suite et sans autrement protester. On l'escorta jusqu'à sa propriété de campagne, et Barras disparut de l'histoire.

Tout ceci fut fait le premier jour. Le lendemain devait être décisif. Au Conseil des Cinq-Cents, où les Jacobins avaient beaucoup d'influence, Bonaparte fut d'abord couvert de cris hostiles : " A bas le dictateur! Hors-la-loi! Hors-la-loi! " Ce même cri avait décidé la mort de Robespierre. Bonaparte prit peur. Mais son frère Lucien sauva la situation. En sa qualité de président, il fit appel aux troupes présentes pour défendre la loi contre cette assemblée de bandits voulant la juguler. Les soldats furent sensibles à cette belle formule. Les tambours battirent la charge. Murat lança un commandement à ses hommes : " F...-moi tout ce monde dehors! " C'était la traduction des sentiments du peuple français... Et, sans une goutte de sang, la comédie s'acheva par une fuite éperdue des représentants et par des toges pourpres abandonnées en hâte dans les buissons des alentours!

Le même soir, une fraction des Cinq-Cents fut à nouveau convoquée et contrainte de déposer un projet de loi confiant à trois consuls la place laissée vide par le Directoire. Le projet fut immédiatement sanctionné par le Conseil des Anciens.

Bonaparte était l'un de ces consuls. Théoriquement, il gouvernait donc la République avec ses deux collègues. En fait, il était le seul maître de la France.

NAPOLÉON BONAPARTE

Cet homme qui prenait en main les destinées de la France n'était pas Français de naissance. Il était Corse et avait l'italien pour langue maternelle. Jusqu'à sa mort, il parla le français avec un accent corse. L' " île de beauté " avait été annexée au royaume de France en 1768, *Napoleone di Buonaparte* naquit un an après la prise de possession. A cette époque, le sentiment d'indépendance était toujours bien vivant chez les Corses, gens de traditions solides, de mœurs sauvages et de tempérament volcanique.

Le jeune Napoléon eut pour premier rêve de libérer la Corse et devenir le maître du pays. Son père, un gentilhomme corse pauvre comme Job, de caractère aventureux, très léger et nonchalant, lui avait obtenu une place gratuite à l'École militaire de Brienne. Par la suite, Napoléon fut admis à Saint-Cyr. Auprès de ses camarades, il passait pour excentrique, contrariant, hautain et renfermé. Napoléon fuyait leur compagnie pour ne pas entendre les quolibets sur son accent, ses manières farouches et ses pauvres habits; il haïssait ses camarades riches, distingués, élégants et heureux de vivre. Pour se venger d'eux en les surpassant là où c'était possible, il se plongea dans l'étude, non seulement des branches " militaires " comme les mathématiques, mais aussi de l'histoire, de la géographie et de la littérature.

Tout l'intéressait, toutes les questions concernant les hommes, leur vie et leur histoire, le passé des peuples et leur mode de gouvernement. Il adorait les *Commentaires sur la Guerre des Gaules*. César prit une place définitive dans sa galerie de héros, aux côtés d'Alexandre le Grand.

" Napoléon n'est pas un gentleman ", disait son grand adversaire et futur vainqueur, le duc de *Wellington*. Les humiliations subies au cours de sa jeunesse avaient laissé des traces profondes, qui se remarquaient encore dans ses relations avec sa seconde épouse, fille d'un empereur. On ne peut y voir cependant un complexe d'infériorité dans le sens habituel du terme.

Napoléon était sincèrement convaincu d'être le plus grand monarque de l'histoire et le plus doué de tous les hommes. Mais il ne réussit jamais à oublier complètement sa situation de " parvenu ".

On trouve chez Napoléon des traits de l'homme primitif, la fierté corse, l'incoercible sentiment de son droit, un individualisme que seuls les liens de famille pouvaient tempérer, un caractère soupçonneux et rancunier, le tout s'accompagnant d'une générosité aussi débordante qu'impulsive. Anatole France dit que son inégalable volonté se dirigeait vers tout ce qu'apprécie et convoite le commun des mortels.

Pour la postérité, le caractère primitif du personnage disparaît en grande partie derrière sa légende. Il en allait autrement pour les contemporains qui, entre autres choses, devaient subir son vocabulaire pompeux, sa recherche de l'effet romantique. L'un et l'autre lui venaient de la littérature contemporaine, qu'il lisait avec grand plaisir. Ce caractère s'exprimait, et avec quelle force, dans ses célèbres crises de rage, dans les scènes furieuses qu'il faisait à ses collaborateurs et aux diplomates étrangers, dans la terrible cruauté qu'il montra vis-à-vis de certains hommes et de certains peuples, alors que d'autre part il savait tomber dans une profonde mélancolie le soir d'une grande victoire, au spectacle des morts et aux cris des blessés.

Autre trait primitif chez Napoléon : son attitude plus ou moins naïve vis-à-vis de lui-même. Cet homme n'avait aucun sens de l'humour, se prenait mortellement au sérieux. "Aucune trace chez lui, dit un historien britannique, de la nonchalance joyeuse propre au caractère du peuple français. Napoléon était incapable de rejeter par une plaisanterie un détail insignifiant."

L'Armée et la Révolution

En septembre 1785, Napoléon Bonaparte obtint son brevet d'officier et sa nomination de sous-lieutenant dans un régiment d'artillerie. Ce fut un jour mémorable, un pas décisif dans son existence.

Après quelques années éclatait la Révolution. Bonaparte n'y trouva d'abord que raisons d'allégresse car il y voyait de grandes possibilités d'avenir. Il s'affilia au club des Jacobins, mais ne prit aucune part directe aux événements de la Révolution. Dès ce moment, on constate déjà une évolution de son idéal politique. Bien qu'il fût, depuis toujours, chaud partisan des idées radicales du XVIIIe siècle, les excès de la Révolution ne laissaient pas de l'effaroucher. Épris de liberté comme tous les Corses, il n'en détestait pas moins tout ce qui touchait au désordre, à l'anarchie.

Bonaparte se trouvait à Paris lorsque le raz-de-marée révolutionnaire submergea l'Ancien Régime, du 20 juin au 18 août 1789. L'attaque des Tuileries ne lui inspira que dégoût. Au point qu'il dit à un camarade : " Ces Jacobins sont complètement fous. Mais nous finirons bien par avoir raison de cette canaille. "

A ses yeux, Louis XVI n'était rien d'autre qu'un velléitaire. Plus tard, lorsque le rideau fut tombé sur son propre drame, il arrivait à Napoléon de philosopher sur les rois, les grands hommes d'État et les généraux de la France. A son avis, le plus grand monarque français était sans conteste Louis XIV. " Lui et moi, nous sommes les seuls à compter. A certain moment, il avait 400 000 hommes sous les armes; un tel roi ne peut pas avoir été un homme ordinaire. "

Charlemagne lui faisait aussi grande impression. Par contre, Henri IV manquait de sérieux, jugement qui dans la bouche d'un Napoléon prend toute son importance. Il tenait le maréchal de Turenne pour le plus grand capitaine de l'histoire française : " Turenne faisait exactement ce que j'aurais fait moi-même. Si j'avais eu un Turenne, j'aurais régné sur tout l'univers! "

Napoléon n'avait peut-être pas de Turenne mais il avait ses officiers et ses soldats. Et c'est dans l'attitude de Bonaparte envers ses vétérans qu'on voit apparaître ses plus belles qualités. Les hommes vénéraient son génie militaire mais l'aimaient aussi pour lui-même, acceptant avec joie ses plus dures exigences, se faisaient tuer pour leur chef et mouraient fièrement. Les soldats aimaient Napoléon, tels qu'ils l'avaient vu sur le pont d'Arcole, dans les sables brûlants de l'Égypte, pendant l'affreuse retraite dans les neiges russes. Ils respectaient son courage, répondaient à son enthousiasme par une ardeur égale, à ses exploits personnels par des prodiges d'héroïsme. La confiance des hommes en leur chef était illimitée et inconditionnelle. A leurs yeux, l'empereur avait toujours raison. L'empereur était infaillible. S'ils devaient toujours marcher, toujours combattre, l'explication en était bien simple : l'empereur était entouré d'envieux et d'ennemis, il fallait donc le protéger de leurs assauts. C'était un privilège et un immense honneur que de lutter pour un tel homme. Pris dans une psychose de masse datant de la Révolution, les soldats allaient au feu comme à une fête.

" La garde meurt mais ne se rend pas! " La plus célèbre entre toutes les phrases historiques fameuses semble bien avoir été inventée après coup; mais, authentique ou non, elle nous donne une idée de l'enthousiasme que Napoléon Ier savait inspirer à ses hommes.

Cela, c'est l'avers de la médaille. Et le revers? Une fois le rideau tombé, un personnage qui avait joué un grand rôle au début de la Révolution et rentrait maintenant en scène, le marquis de La Fayette, eut ce commentaire : " Dans les déserts d'Afrique, sur les bords de Guadalquivir et du Tage, dans les plaines de la Vistule, dans les neiges de Russie, trois millions d'hommes en dix ans ont donné leur vie pour un seul. Pour un seul homme, c'est assez, c'est plus qu'assez! "

LE PREMIER CONSUL

" La Révolution est terminée! "

La bataille de Marengo fut un cauchemar.

Le 14 juin 1800, à trois heures de l'après-midi, Napoléon Bonaparte, Premier consul et général en chef de la République, était un homme vaincu. Ses troupes — celles-là mêmes avec lesquelles il avait peu avant, comme Hannibal, tenté et réussi une audacieuse traversée des Alpes — ses troupes étaient en pleine retraite, sous une pluie de boulets. Les Autrichiens déferlaient sur toute la plaine. Le repli français se mua en véritable débandade. Alors, le général *Desaix* apparut, à la tête de sa division. La panique s'arrêta aussitôt; les troupes françaises, regroupées, passèrent à la contre-attaque. Encore quelques heures et la défaite initiale devenait une éclatante victoire. La chance avait souri à Bonaparte lors de sa traversée vers l'Égypte et pendant le coup d'État du 18 Brumaire; son étoile lui resta fidèle à Marengo. Desaix, venu au bon moment, choisit le bon moment pour disparaître. Car le véritable vainqueur de Marengo tomba sur le champ de bataille, à la tête de sa division. Et Napoléon Bonaparte recueillit tous les lauriers. Dès lors, plus personne ne discute sa position; son pouvoir en devient inébranlable.

La paix fut signée en février 1801, à Lunéville. En décembre de l'année précédente, le général Moreau avait remporté une grande victoire sur les Autrichiens à Hohenlinden, près de Münich. Cette paix fut un grand triomphe pour la France. L'empereur d'Autriche dut lui céder toute la rive gauche du Rhin, de la Suisse aux Pays-Bas. L'objectif dont avaient rêvé plusieurs générations de Français était maintenant atteint : la France avait le Rhin pour frontière. Les princes allemands, qui de ce fait perdaient leurs territoires, se voyaient offrir des compensations sur l'autre rive. L'empereur d'Autriche dut également reconnaître *de jure* les quatre "républiques-sœurs " : la République batave (Pays-Bas septentrionaux), la République cisalpine (Lombardie), la République helvétique (Suisse) et la République ligure (Gênes). Toutes quatre devenaient en fait possessions françaises.

De nos jours encore, bon nombre de Français voient les premières années du Consulat sous des couleurs idylliques. On a dit que c'était la période la plus féconde et la plus glorieuse de l'histoire française, comparable seulement au règne d'Henri IV. Et peut-être les Français voient-ils l'époque à travers des hautes fenêtres de la Malmaison, le château des environs de Paris où le Premier consul aimait à se retirer, à se promener dans le parc avec Joséphine, où il offrait à ses amis dîners et représentations théâtrales et pouvait, quant à lui, travailler au jardin pendant la journée. Sur le décor de la Malmaison, Napoléon nous apparaît comme un homme heureux, travaillant à de grandes choses et, en premier lieu, à la reconstruction de la France.

" Il ne vous faut point de général dans cette place, déclara-t-il; il faut un homme civil... Nous avons fini le roman de la Révolution; il faut en commencer l'histoire et voir ce qu'il y a de réel et de possible dans l'application des principes et non ce qu'il y a de spéculatif et d'hypothétique. Suivre une autre marche serait philosopher et non gouverner. "

Car Bonaparte était devenu le seul maître du pays. Le Premier consul, à qui la nouvelle constitution accordait un mandat de dix ans, détenait tout le pouvoir exécutif. Les deux autres consuls, *Cambacérès* et *Lebrun*, voyaient leurs attributions réduites à celles de simples conseillers. Le Premier consul choisissait lui-même ses ministres.

En théorie, deux assemblées détenaient le pouvoir législatif : le Tribunat et le Corps législatif. Dès les premiers temps, leur action fut entièrement paralysée. Tous les projets de loi devaient être préparés et présentés par un conseil d'Etat, dont les membres étaient choisis par le Premier consul; cet organisme devint le centre effectif du gouvernement. Bonaparte sortit décret sur décret pour le rétablissement de l'ordre dans le pays; il voulait couper court à toute querelle partisane, tout éventuel coup d'Etat, et mettre un terme à l'insécurité générale. Ainsi, chaque citoyen put se livrer sans encombre à ses occupations personnelles et au soin de ses intérêts particuliers.

Un nouveau système administratif, par ailleurs promis à la célébrité, fut mis en place quelques mois à peine après Brumaire. Chaque département — cette unité administrative créée par la Révolution — serait administré par un préfet, nanti de pouvoirs étendus. Il ne fut plus question d'autonomie locale.

Sous la direction de Napoléon, des juristes élaborèrent un Code civil (appelé Code Napoléon) qui est une adaptation de l'œuvre des légistes romains à un monde où tous les citoyens sont égaux devant la loi. Promulgué pour les Français, le Code Napoléon étendit promptement son influence sur toutes les législations d'Europe occidentale.

Ces deux grands ouvrages — le nouveau système administratif et le Code civil — s'accompagnèrent d'une série d'autres réformes. Napoléon portait un intérêt tout particulier aux questions d'enseignement. Une loi de 1802 créa les lycées, sortes d'internats dont les élèves étaient choisis par le gouvernement et où les futurs officiers et fonctionnaires recevaient leur première formation.

En ces premières années du XIXe siècle, Napoléon offrit tout à son peuple : le calme, la sécurité, l'ordre, le bien-être ; tout, sauf la liberté.

Dans son souci d'imposer la réconciliation et l'ordre, le Premier consul n'oublia pas la nécessité de rassurer les intérêts en même temps que les esprits. L'aurait-il oublié, que l'obsédante situation du Trésor le lui aurait rappelé. Dès la seconde moitié de novembre 1799, les mesures centralisatrices furent prises, en vue de renflouer ce Trésor et d'assurer les recettes. Un directeur général des contributions directes, des directeurs départementaux, des contrôleurs et des inspecteurs, des receveurs et des percepteurs, c'est toute une armée d'agents du Pouvoir central qui, désormais, répartit et perçut les impôts. En commençant par la perception, évidemment.

Les banquiers ne manquaient pas en France depuis la Révolution, et ils avaient depuis peu leurs propres instituts d'émission. Les plus entreprenants se nommaient Perregaux, Recamier et Desprez ; ils contrôlaient notamment la Caisse des comptes courants. Comme ils désiraient étendre leurs affaires au moment précis où Bonaparte s'efforçait de faire oublier la faillite des assignats et de rendre confiance aux milieux commerciaux, un accord fut promptement négocié. Le 13 février 1800, la Caisse des comptes courants devint la Banque de France, institut privé au capital de 30 millions, qui s'engageait à mettre en portefeuille 3 millions de rescriptions.

Cela ne résolvait qu'en partie les problèmes financiers de l'Etat. Celui-ci demeurait sous la coupe des banquiers et des fournisseurs aux armées. Bonaparte en souffrit particulièrement pendant la paix d'Amiens. La Banque de France n'escomptait que parcimonieusement le papier commercial et, faute du numéraire que la thésaurisation continuait à engloutir, l'économie française manquait de capitaux.

Or, le Premier consul était acculé au mercantilisme pour se procurer du métal précieux à l'étranger. Il ne cessait d'ailleurs d'encourager l'industrie de luxe et l'exportation de ses produits. Le 7 avril 1803, il définit légalement le " franc germinal " par un poids d'argent de 5 grammes, le rapport entre l'argent et l'or étant fixé à 1/15,5. Le 14 avril suivant, la Banque de France était réorganisée. C'en était fini des dividendes scandaleux des actionnaires : le revenu fut limité à 6 %! Le capital de la Banque de France fut porté à 45 millions, avec fonds de réserve. Le monopole de l'émission à Paris lui fut accordé et elle absorba la Caisse d'Escompte du Commerce, mais il lui fallut désormais prendre sans atermoiement ni réticence toutes les rescriptions des receveurs. Une solide base de stabilité fut ainsi créée pour la trésorerie et le commerce.

Ayant assaini les finances, le Premier consul donna une impulsion nouvelle au commerce et à l'industrie. Il construisit des ports, des routes et des canaux, encouragea les sciences et les arts ; il désirait créer une société laborieuse et riche, formée de bons et honnêtes citoyens, méritant d'être récompensés par la Légion d'Honneur, le nouvel ordre qu'il venait de créer. En un mot, Bonaparte voulait une société de citoyens comblés mais obéissants qui ne songeraient jamais à la moindre révolte contre son gouvernement. Pour leur rendre la soumission plus aisée, il s'empressa dès son arrivée au pouvoir de supprimer la plupart des journaux et de soumettre les autres à la censure la plus rigoureuse. N'étaient admises que les opinions ayant l'accord des autorités; bien entendu, on ne tolérait aucune critique contre le pouvoir du Premier consul.

Aussi opposé aux conceptions radicales et libérales qu'à l'Ancien Régime, Napoléon avait besoin d'une importante force armée mais aussi d'une police puissante, et donc de Joseph Fouché.

L'histoire du régime napoléonien se confond dès lors avec l'histoire de Fouché. Immédiatement après le 18 Brumaire, Bonaparte s'était assuré les services de Fouché, qui allait rester ministre de la Police. Ainsi commençait une très étroite collaboration entre ces deux hommes qui se détestaient cordialement et intriguaient l'un contre l'autre mais dont l'un ne pouvait se passer de l'autre.

Revenu de Marengo à Paris, Napoléon voulut appliquer une politique d'union et de réconciliation nationale. Il voulut montrer, par tous les moyens possibles, à quel point il se plaçait au-dessus des vieilles querelles. Allant jusqu'à tendre la main aux royalistes, il décida, en avril 1802, une amnistie générale en faveur des émigrés.

" Comment avoir de l'ordre dans un Etat sans une religion? demanda-t-il aux sceptiques. La Société ne peut exister sans l'inégalité des fortunes, et l'inégalité des fortunes ne peut exister sans la religion... Et puis, le gouvernement, s'il n'est maître des prêtres a tout à craindre d'eux... Il faut détruire l'influence des évêques émigrés. L'autorité du pape est nécessaire pour cela... "

C'est dans cet esprit, où la foi religieuse ne tient aucune place, que Napoléon signa avec le pape Pie VII le Concordat de 1801 qui ramena précisément la paix dans les consciences. Le catholicisme fut déclaré " religion de la majorité des Français. " Des biens d'Église confisqués auparavant, seraient restitués ceux qui n'avaient pas été vendus comme biens nationaux. Les évêques présentés par l'Etat seraient nommés par le Pape. Le Concordat fit une excellente impression sur l'opinion publique française; on en donnera pour exemple la remarque de deux vieilles dames très pieuses à un voyageur anglais : " Il nous a fallu vivre dix années sans notre Dieu; le brave Bonaparte nous l'a rendu. " Mais les anciens antagonismes n'avaient pas disparu pour autant. Le royalisme n'était pas mort, non plus d'ailleurs que le jacobinisme idéaliste. *Louis XVIII*, frère du roi Louis XVI, attendait en exil la chute ou la mort du Premier consul. Le même espoir animait une foule de réactionnaires irréconciliables avec le nouveau régime et dont les agents se montraient fort actifs, partout en France. Pour les tenir en respect, force était au Premier consul de recourir à Fouché.

La France de Napoléon devint un Etat policier et Fouché son symbole. Peu d'hommes étaient aussi craints dans le pays. Car le ministre de la Police n'avait pas la main douce et travaillait de façon systématique. Il ne manquait ni de zèle, ni de sang-froid. Ses services tenaient un registre détaillé de tous les suspects circulant dans le pays. Tôt ou tard, ils devaient tomber dans ses filets. En fait, la grande importance de Fouché dans la France napoléonienne était un signe de faiblesse cachée.

Talleyrand et la paix avec l'Angleterre

Talleyrand lisait en Napoléon comme en un livre ouvert; il comprenait toute sa force, toutes ses possibilités, mais aussi toutes ses faiblesses.

Lorsque Talleyrand fut nommé ministre des Relations extérieures immédiatement après le coup d'Etat, il vit aussitôt sa chance et résolut de ne pas la laisser fuir. Monsieur de Talleyrand était un phénomène unique à la cour du Premier consul, l'aristocrate au milieu des parvenus, le représentant de l'Ancien Régime, avec tout ce que cela implique d'urbanité, de raffinement, d'aisance innée. Il parlait au Premier consul comme Versailles à Louis XIV et Louis XV. Très élégant, il était d'une intelligence extrême; très spirituel, il agissait toujours avec la plus grande efficacité. Talleyrand était incomparable, non seulement pour ses qualités décoratives " de représentation ", mais aussi pour sa profonde compétence. Il régnait en souverain sur la politique étrangère, son domaine de prédilection. Le Premier consul lui refusait rarement une audience et prenait plaisir à ces entrevues; car Napoléon ne souhaitait rien tant que d'apprendre et Talleyrand pouvait lui enseigner beaucoup de choses.

Pour sa part, Napoléon évaluait fort exactement la personnalité de son ministre, comprenait fort bien qu'un tel homme pût devenir très dangereux. Il connaissait toutes les faiblesses personnelles de Talleyrand : son amour de l'argent, du faste et des jolies femmes.

Aussi contrôlait-il sévèrement les importants subsides mis à sa disposition. Napoléon tenait énormément aux bonnes mœurs de sa " cour ", et c'est au nom de la décence qu'il força son ministre des Relations extérieures à légaliser ses relations avec l'une de ses maîtresses, une certaine Madame Grand, surnommée " la belle Indienne "; cette dame, depuis longtemps demi-mondaine renommée, comptait parmi les plus jolies mais aussi les plus vulgaires de la capitale. Pour Talleyrand, ce mariage imposé était plus qu'un camouflet mais une véritable gifle; on sait qu'il refusait obstinément de mentionner son épouse dans la conversation.

Lorsqu'en 1799, Talleyrand devint ministre du Consulat, sa vision des problèmes de politique extérieure et intérieure lui fixait deux objectifs. En premier lieu, il voulait réintroduire un système de gouvernement monarchiste, mais cette fois une monarchie constitutionnelle, suivant dans les grandes lignes l'exemple anglais, avec le type de constitution envisagé par les premiers précurseurs de la Révolution française. Napoléon recevrait la couronne, Talleyrand deviendrait son principal ministre et le plus puissant. En second lieu, Talleyrand voulait la paix, une paix authentique et raisonnable, surtout avec l'Angleterre. A ce propos, écoutons l'historien anglais Arthur Bryant. " Alors que les Français payaient leurs victoires sur le champ de bataille par des monceaux de cadavres, l'Angleterre payait ses propres succès par une chute dans le standard de vie de ses travailleurs en conséquence du " laissez-faire ", ou libre jeu des forces économiques. " Le combat entre la France et l'Angleterre devenait un duel entre le sabre et la machine. Sans sa révolution industrielle, l'Angleterre eût été incapable de s'opposer victorieusement à la France de Napoléon. Les armes et autres produits que les nouvelles fabriques sortaient sur un rythme toujours plus accéléré furent des facteurs essentiels dans la défaite napoléonienne.

La paix d'Amiens

William Pitt voulait offrir à la Grande-Bretagne une stabilité et une unité définitives. A cet égard, c'était l'Irlande qui présentait le plus gros problème. L'Irlande avait exploité les difficultés anglaises au cours des guerres révolutionnaires pour conspirer avec la France et venir en révolte ouverte. Le soulèvement fut réprimé. Mais Londres s'attendait à voir Bonaparte employer l'Irlande comme tremplin d'une invasion. Pour écarter cette menace, le ministre-président avait fait promulguer une loi très importante, réunissant le Parlement britannique et le Parlement irlandais. Ce texte ne peut se comparer qu'à la loi d'union entre l'Ecosse et l'Angleterre. La Loi d'Union avec l'Irlande entra en vigueur le 1er janvier 1801. Pitt voulut ensuite faire un pas de plus dans la même direction, assurer de bons rapports avec l'Irlande en émancipant les catholiques irlandais par le droit d'occuper des fonctions de l'Etat et de siéger au Parlement. La promesse en était pratiquement faite aux Irlandais lorsque le roi — ce même Georges III toujours frappé de faiblesse mentale — partit en guerre contre le projet. Le souverain entra dans une rage folle, dit qu'il n'approuverait jamais cette initiative et considérerait comme son ennemi personnel quiconque lui donnerait son soutien.

William Pitt était un gentleman et pour un gentleman la démission restait la seule issue possible.

Il quitta ses fonctions en février 1801, abandonna sans amertume cette maison de Downing Street où il résidait depuis 1783. Le grand Pitt se dit alors parfaitement heureux de finir ses jours comme un simple citoyen. Et il offrit un soutien loyal à son successeur, Henry Addington, l'homme qui, l'année suivante, allait signer la paix d'Amiens.

Henry Addington était convaincu que l'Angleterre ne pourrait jamais vaincre Napoléon. Pour lui plus encore que pour ses compatriotes, un fait valait un Lord-Maire. Or les faits le forçaient à admettre que le pays était las de cette guerre, épuisé, divisé, et aussi que l'Angleterre se trouvait seule dans sa lutte contre la nation la plus puissante du Continent. Il n'y avait qu'une conclusion possible : l'Angleterre devait chercher la paix.

Toutefois, Addington négligeait quelque peu un facteur important. Si la France dominait le Continent, le Royaume-Uni régnait sur les mers. La guerre lui avait permis d'accroître ses possessions coloniales au détriment de la France, de l'Espagne et de la Hollande. Des troupes anglaises avaient occupé Malte, une île d'une énorme importance stratégique. Au printemps 1801, d'autres avaient remporté une telle victoire sur les Français en Egypte que Napoléon s'était vu forcé de mettre fin à son aventure orientale. Et, à peu près au même moment, Horatio Nelson avait passé le Sund à la tête d'une forte escadre pour remporter un succès difficile mais foudroyant sur les Danois. Après la Méditerranée, Nelson offrait ainsi la Baltique à son roi. Son triomphe du Sund signifiait également la fin de la ligue de neutralité armée qui, depuis 1800, liait Paul Ier (le tsar fou), la Suède, la Prusse et le Danemark contre l'Angleterre.

Certes, Addington devinait la portée de ces événements mais n'en était pas suffisamment convaincu pour s'en inspirer dans l'action. Il préféra suivre l'opinion publique anglaise, qui exigeait la suspension des hostilités. Le 26 mars 1802 fut signée la paix d'Amiens, par laquelle la Grande-Bretagne devait rendre à la France, à l'Espagne et à la Hollande toutes leurs possessions coloniales conquises pendant la guerre, à l'exception toutefois de Ceylan et de la Trinité. En outre, elle devait évacuer Malte. Pour sa part, la France rendait l'Egypte à la Turquie, évacuait Naples et les Etats pontificaux. Tout cela signifiait que l'Angleterre reconnaissait pour la première fois la Révolution et la République française.

Elle reconnaissait en outre les " frontières naturelles " de la France, admettait la main-mise française sur la Belgique et toute la rive gauche du Rhin. C'était précisément pour contenir la même expansion de la part de Louis XIV que Marlborough s'en était allé en guerre. Et c'était pour préserver l'indépendance de ces mêmes territoires que l'Angleterre s'était jetée dans la lutte contre la Révolution. La paix d'Amiens marquait donc un très sérieux recul de la part de l'Angleterre.

Le 2 août 1802, après un vote populaire, Napoléon Bonaparte était proclamé consul à vie. C'était la récompense des triomphes offerts au peuple français.

L'EMPEREUR

La guerre reprit en 1803. Cette fois, il ne s'agissait plus de détruire quelques petits Etats de second rang; deux grandes puissances s'engageaient dans une lutte à mort. Une fois rompue la paix d'Amiens, Napoléon savait que ses objectifs allaient lui imposer la guerre dans toute l'Europe et même, par-delà les océans, dans les autres parties du monde. Il fallait maintenant battre le rappel de tous les moyens disponibles, mener un conflit total, à l'échelle de l'univers.

Napoléon avait interprété à sa manière l'esprit et la

lettre de la paix d'Amiens, considérait que l'Angleterre s'était engagée à ne plus s'immiscer dans les affaires du Continent. En conséquence, et sous le couvert du traité, il entreprit une série de réformes qu'il jugeait utiles et même nécessaires au renforcement de l'influence française. Il força la République cisalpine à le choisir comme président, avec une nouvelle constitution à l'exemple français; annexa le Piémont, le plus important territoire du royaume de Sardaigne; occupa la Suisse où des troubles avaient éclaté contre la France; il se garda bien d'évacuer les Pays-Bas.

S'appuyant sur les dispositions du traité de Lunéville promettant des compensations sur la rive droite du Rhin aux princes allemands dépossédés de leurs territoires sur la rive gauche, Napoléon se mit à occuper des biens ecclésiastiques dans différentes régions d'Allemagne. Ces mesures causèrent un bouleversement complet dans l'équilibre politique de l'Allemagne. L'empereur de Vienne fut mis hors course. Napoléon amorçait ainsi le démembrement du Saint-Empire romain germanique et l'abrogation du vieux système impérial.

En offrant de façon si généreuse les territoires confisqués, Napoléon se fit parmi les princes allemands nombre de partisans et de vassaux; quelques années plus tard, ces roitelets devaient lui prêter la main pour asséner le coup mortel au vieil Empire.

Ce fut cette politique de conquêtes en temps de paix qui provoqua la déclaration de guerre des Anglais à la France et l'établissement du camp de Boulogne. Napoléon envisageait alors une attaque directe sur l'Angleterre. " Que nous soyons six heures les maîtres de la Manche et nous sommes les maîtres du monde! "

Ces années 1803-1805 furent pour l'Angleterre le temps de " la grande peur ", comme un siècle et demi plus tard, lorsque l'Allemagne hitlérienne voulut imposer son pouvoir au monde. Napoléon concentra aux environs de Boulogne sa grande armée, la plus belle machine de guerre existant à l'époque, 120 000 hommes prêts à sauter la Manche pour envahir l'Angleterre. Tout au long de sa côte septentrionale, Napoléon fit installer de nouveaux ports ou améliorer les anciens.

Les chantiers français travaillaient fébrilement à construire les péniches à fond plat qui emmèneraient de l'autre côté les troupes devant un jour défiler dans le parc Saint James.

Chaque Britannique croyait en la prompte arrivée des soldats français. On s'attendait à ce que Napoléon — " le petit Boney " — profitât d'une nuit brumeuse pour prendre pied sur la côte anglaise. On s'attendait à voir d'un jour à l'autre la cavalerie française déferler vers Londres à travers la paisible campagne du Kent et du Surrey. Les Anglais abandonnaient famille et métier pour s'engager dans les corps de volontaires. Marchands et cultivateurs, avocats et politiciens s'exerçaient sans désemparer au maniement d'armes.

La *Home Guard* se préparait à recevoir chaudement l'envahisseur, et devant les côtes croisait la flotte britannique, " dernière ligne de défense de l'Angleterre ". Ses équipages brûlaient de montrer au petit Bonaparte que la *Navy* manœuvrait sur mer mieux encore que l'Armée française sur le terrain de ses triomphes.

Le 2 décembre 1804, Napoléon Bonaparte se faisait, à Notre-Dame, couronner empereur des Français. Monsieur de Talleyrand, toujours la prudence même, avait élevé quelques objections contre le terme choisi; Napoléon lui avait répondu qu'empereur sonnait beaucoup mieux que roi et en imposait beaucoup plus. La couronne impériale lui semblait préférable pour d'autres motifs encore. Napoléon ne voulait pas de l'héritage des Bourbons. Se considérant comme le successeur de César et de Charlemagne, il choisit son titre en conséquence. De plus, il ne se contenterait pas de régner sur la France : l'Occident tout entier serait son Empire.

Le Pape fut invité à jouer son rôle dans l'apothéose de Napoléon Bonaparte. Un millénaire auparavant, c'était le Pape qui avait couronné Charlemagne à Rome. Conformément aux idées que Napoléon se faisait de sa propre signification historique, le Saint-Père devait maintenant venir à Paris pour couronner le nouvel empereur d'Occident. Mais son rôle fut strictement limité à sa compétence spirituelle : une fois oint par le Pape, Napoléon se posa lui-même la couronne sur la tête. Car il ne devait cette élévation qu'à ses seuls mérites, et se considérait comme l'autorité suprême en ce monde.

La tradition veut qu'on entendît les salves d'honneur jusque sur la côte anglaise. Le lendemain du couronnement,

Napoléon Ier inspectait ses troupes sur le Champ de Mars. Les régiments reçurent leurs nouveaux emblèmes, les aigles impériales, symboles de la puissance et de la victoire. C'était sous ce même signe que les légions romaines avaient conquis la gloire aux quatre coins du monde alors connu.

Au printemps, William Pitt s'était réinstallé à Downing Street. L'Angleterre le jugeait seul capable d'affronter pareille situation, seul pilote pouvant mener le navire de l'Etat loin de cette tempête. Mais Pitt était las, marqué par les efforts, les soucis et la maladie. Alors qu'il devait compter avec un roi plus qu'à demi fou et un Parlement toujours prêt à ruer dans les brancards, son adversaire Napoléon était seigneur et maître en France. Napoléon pouvait tout exiger de son peuple et le savait fort bien. Que Pitt pût maintenant compter sur l'aide d'une nouvelle étoile au firmament politique anglais ne pouvait, en aucune façon, inquiéter l'Empereur.

George Canning était fils d'un aristocrate irlandais, fort joyeux compagnon et maudit par sa famille pour s'être mésallié par amour. L'impudent avait osé offrir son nom à une actrice! Le petit George passa les huit premières années de sa vie avec sa mère, en tournée sur les scènes provinciales. Ensuite, un parent le fit étudier à Eton puis à Oxford. George sut exploiter au maximum la chance ainsi donnée. En 1793, à vingt-trois ans, il devint membre des Communes et, de 1796 à 1799, fut sous-secrétaire d'Etat aux Affaires étrangères. Après un riche mariage, Canning se fit une réputation flatteuse. Le Tout-Londres ne l'appelait autrement que " le brillant jeune homme ". Pitt suivait sa carrière avec une bienveillance paternelle, le considérait comme son véritable héritier politique. George Canning était très doué, exceptionnellement spirituel et fort impertinent. Il savait asséner les sarcasmes les plus dévastateurs en vers fort bien venus.

D'après Canning, la puissance de Napoléon reposait moins sur sa propre force que sur la faiblesse de ses adversaires. Si ces derniers parvenaient à s'unir, ils devaient pouvoir le vaincre.

Le tsar Alexandre Ier de Russie

Napoléon disait ne voir que des nains parmi les monarques d'Europe.

Toutefois, quelques années auparavant, un homme lui

avait paru plein de valeur. C'était le tsar Paul Ier, fils et successeur de la Grande Catherine; certes tyran et réactionnaire, Paul s'était d'abord posé en défenseur du trône et de l'autel, avait envoyé contre les Français son redoutable général Souvarov. Mais il était venu à récipiscence après le 18 Brumaire, lorsque Bonaparte avait proclamé solennellement la fin de la Révolution. Paul s'était dit alors que le nouveau maître de la France partageait avec lui le même idéal d'ordre et de paix. Il se hâta donc de suspendre les hostilités et même de signer une alliance avec Napoléon. Malheureusement, Paul fut assez stupide pour pousser ses sujets à bout et se faire assassiner en 1801. On murmurait alors que l'ambassadeur d'Angleterre n'était pas tout à fait étranger à ce drame. Il est certain que le tsarevitch, le futur Alexandre Ier, était lui au courant du complot.

Napoléon comprenait fort bien la signification, récente mais considérable, de la Russie dans la politique européenne. Il basa donc son action diplomatique sur le fait que rien n'opposait la France et la Russie, les deux grandes puissances qui flanquaient le continent européen : elles pouvaient se donner la main pour en partager l'hégémonie. Le tsar Alexandre refusa tout d'abord de trop s'engager : les deux pays, dit-il, devaient travailler au bonheur de l'Europe. Une telle réponse ne pouvait satisfaire Napoléon. Alexandre restait pour lui une énigme.

Dans *Guerre et Paix* de Tolstoï, la demoiselle d'honneur Anna Pavlovna prononce quelques paroles qui ne pourraient mieux introduire le roman : " Un très grand rôle est dévolu à notre tsar bien-aimé. Dieu ne l'abandonnera pas. Il remplira sa mission, écrasera l'hydre révolutionnaire, encore plus terrible aujourd'hui dans la personne de ce monstre, de cet assassin ! " Ce monstre, c'est Napoléon.

Durant les premières années du XIXe siècle, Alexandre fut très populaire auprès des Russes. Il avait mis fin au régime de terreur imposé par Paul Ier. Ensuite, il avait proclamé bien haut son intention d'abolir le despotisme et l'esclavage, d'inaugurer une ère de réformes et de liberté. Alexandre se donnait pour devise : prospérité générale en Russie et bonheur personnel pour chaque Russe. Aux yeux de son peuple, le nouveau tsar était un ange envoyé sur terre par le Seigneur.

Alexandre Ier avait certainement les meilleures intentions du monde. Dans sa jeunesse, il avait profondément subi l'influence du Suisse La Harpe, son précepteur, qui lui avait transmis son enthousiasme pour les philosophes des Lumières. Dans les premières années de son règne, il s'était choisi un cercle de conseillers jeunes et dynamiques; ensemble, ils tiraient les plans de réformes libérales. Alexandre était de caractère enthousiaste, sensible, généreux; il aimait plaire et voulait être aimé; lorsqu'une idée lui semblait juste, elle ne pouvait trouver de plus ardent défenseur. Mais le tsar était un parfait velléitaire.

Petit à petit, devant le manque de résultats pratiques, sa grande idée de bonheur pour tous les Russes cessa de l'intéresser. Les réformes dont il avait tant rêvé restèrent à l'état de projet. Alexandre se donna alors une autre tâche, plus grandiose encore à ses yeux : se faire l'instrument de Dieu pour abattre l'Ogre corse. Plutôt que la Russie, Alexandre allait vouloir libérer l'Europe entière.

Exécution du duc d'Enghien et Troisième Coalition

Quand Anna Pavlovna traite Napoléon d'assassin, elle fait allusion à certain épisode qui fit pencher définitivement le tsar contre la France. Ce drame sanglant voit la première scène de son premier acte se dérouler par une sombre nuit du mois d'août 1803. Le chef royaliste *Cadoudal*, qui jusque-là résidait en Angleterre, débarque en secret sur la côte de la Manche et se rend, bien pourvu d'argent anglais, à Paris. Il y vient assassiner le Premier consul, et permettre ainsi le retour des Bourbons. Cadoudal compte unir les différents groupes de l'opposition et espère le concours des Jacobins. A Paris, dans le Nord et l'Ouest, on organisera des soulèvements populaires. Au premier signe de succès, l'Angleterre enverra des renforts armés aux rebelles.

Cadoudal tente d'entrer en contact avec le général *Moreau*, le vainqueur d'Hohenlinden. Moreau est une recrue de choix. Fort bien placé dans le clan militaire, il compte parmi les adversaires les plus résolus du Premier consul car il ne peut pardonner à Bonaparte d'avoir, le 18 Brumaire, jugulé la liberté et réduit à néant l'idéal de la Révolution. Moreau est avant tout révolutionnaire; il refuse donc de contribuer en quoi que ce soit à l'éventuel retour des Bourbons, fait répondre qu'il ne souhaite pas rencontrer Cadoudal. Ce dernier poursuit sa mission. Avec de piètres résultats. Au début de février, la police se résout à intervenir. Il est probable qu'elle a toujours été au courant du complot et que l'agent de Londres ayant travaillé le plus activement au départ de Cadoudal pour la France était au service de Fouché. Moreau est arrêté le 15 février. Quelques semaines plus tard, Cadoudal subit le même sort, à Paris, en pleine rue. Il est exécuté. Moreau s'en tire avec une peine de prison et reçoit, par la suite, l'autorisation de s'exiler en Amérique.

L'Affaire fit sensation. Mais le deuxième acte allait être plus étonnant encore. La police crut savoir qu'un des princes de la maison de Bourbon comptait se rendre en France pour se mettre à la tête des conjurés. On se demanda de quel prince il pouvait bien s'agir. On se souvint alors qu'un membre de la maison de Bourbon-Condé, le duc *d'Enghien*, habitait la petite ville d'Ettenheim, dans l'Etat de Bade, à deux pas de la frontière française. Le prince attendu à Paris ne pouvait être que le duc d'Enghien, d'autant plus qu'on le savait en contact avec *Dumouriez*. Ce rapport était inexact. Le duc d'Enghien ne conspirait pas le moins du monde. C'était un jeune homme très idéaliste, qui détestait le régime de Bonaparte mais n'aurait jamais, au grand jamais, voulu participer à un meurtre, fût-ce pour le service de sa cause. Enghien désirait combattre à visage découvert. Bonaparte n'en décide pas moins — encouragé en cela par Talleyrand et Fouché — d'envoyer un détachement de cavalerie au-delà de la frontière pour s'emparer du duc. Le 15 mars 1804, Enghien est conduit en captivité. Le 21 mars, à l'aube, il est fusillé dans les fossés de Vincennes. Comme on l'a dit, c'était plus qu'un crime, c'était une faute.

Néanmoins, la salve de Vincennes mit Napoléon Bonaparte sur le trône impérial. Car Napoléon justifiait d'abord son avènement par l'existence d'un grand complot dont le jeune duc d'Enghien aurait été l'un des chefs. La sécurité intérieure exigeait, disait-il, que le Premier consul reçût une charge héréditaire à même de décourager les factieux. N'empêche que l'exécution était une tache sur l'honneur de Bonaparte. Dans toute l'Europe, des cris de haine et de mépris s'élevèrent à son encontre. Alexandre Ier mûrissait, lentement mais sûrement, sa rupture avec la France napoléonienne. En avril 1805, il offrait à l'Angleterre, moyennant de gros subsides, de mettre un demi-million d'hommes au service de la lutte contre Napoléon. Quelques mois plus tard, l'Autriche se joignait aux deux alliés. La Troisième Coalition était née.

François II avait longuement réfléchi avant de se décider à reprendre les armes contre Bonaparte. Depuis son accession au trône, en 1792, il n'avait connu que des défaites.

L'Autrichien avait perdu la Belgique, vu son influence en Italie passer à la France. Il avait dû supporter la mainmise de Napoléon sur les affaires intérieures de l'Allemagne après le traité de Lunéville. Enfin, François avait reconnu Napoléon comme empereur des Français et accepté en conséquence de n'être plus qu'empereur d'Autriche après avoir été le chef du Saint-Empire romain de la nation germanique.

François II s'était accroché longtemps à une idée rassurante : le coup d'Etat du 18 Brumaire était pour Bonaparte un brevet de conservatisme, puisqu'il mettait fin à la Révolution. Longtemps, l'empereur d'Autriche et ses conseillers avaient jugé préférable de rester bons amis avec le maître de la France.

François attendit jusqu'au printemps 1805 pour changer d'opinion, forcé par les événements. Ce lui fut un choc profond d'apprendre que Bonaparte avait changé la République italienne en un royaume d'Italie et pris personnellement la couronne de Lombardie. François comprit alors que Napoléon cherchait à renverser tout le système politique existant. Il n'y avait donc aucune alternative : l'Autriche devait reprendre la lutte.

François II n'était pas le seul souverain avec qui Napoléon dût compter quand, à l'époque du camp de Boulogne, il dressait ses plans d'opérations : il y avait encore *Frédéric-Guillaume III* de Prusse. Napoléon avait peu de respect pour le Prussien, le trouvait très faible de caractère et, comme il le dit plus tard, " aussi bête qu'un sergent ". Frédéric-Guillaume avait suivi, dans une prudence angoissée, la politique de neutralité choisie par la Prusse après le traité de Bâle en 1795. Cette doctrine lui faisait refuser toute immixtion dans les grands problèmes du temps. La Prusse laissait les autres Etats, y compris ceux d'Allemagne, lutter contre Napoléon si tel était leur désir; elle-même voulait profiter de la confusion générale pour trouver autant d'avantages que possible; on ne pouvait pêcher en eau plus trouble.

Le jeune *Metternich*, nommé ambassadeur impérial à Berlin en 1803, décrivait cette politique prussienne comme un modèle de lâcheté et d'égoïsme. A ses yeux, la Prusse se dérobait à toutes les obligations du droit des gens et de la morale pour ne songer qu'à ses propres intérêts. Au printemps et à l'été 1805, alors qu'approchait l'heure de la grande décision, la Prusse refusait toujours de prendre parti.

Elle voulait suivre sa propre voie, toute de prudence et de sécurité. La Prusse voulait garder des relations cordiales avec le puissant empereur des Français et cela pour un motif surtout : Frédéric-Guillaume III espérait augmenter considérablement ses territoires par l'entremise bienveillante de Napoléon Ier. Celui-ci avait en effet occupé le Hanovre (pays héréditaire des monarques anglais) et fait savoir à Berlin que la Prusse recevrait l'électorat si elle continuait à se bien conduire.

La victoire de Nelson à Trafalgar

Vint l'automne 1805, l'automne des grands événements. Le 2 septembre, Napoléon levait brusquement le camp de Boulogne, las de manger des yeux la côte anglaise sans pouvoir s'embarquer, las de voir ses péniches à fond plat chavirer allègrement une fois en mer. Malade de nervosité et d'impatience, il avait vainement attendu l'apparition de la flotte française devant attaquer les escadres britanniques qui bloquaient la Manche. Mais l'amiral français, incapable de forcer la ligne ennemie, ne vint jamais.

L'armée française fit brusquement volte-face et emportant ses aigles s'ébranla vers l'est à marches forcées en direction de la capitale autrichienne. Pour la première fois, Napoléon organisait ces contingents "avant-garde d'un grand peuple" en une "Grande Armée" : sept corps, placés chacun sous les ordres d'un maréchal.

Le 15 septembre, Nelson vint prendre le commandement de la flotte anglaise qui opérait en vue des côtes espagnoles.

Le 20 octobre, le commandant en chef autrichien, le général *Mack*, capitulait à Ulm avec la moitié de l'armée autrichienne.

Le 21 octobre, Nelson passait à l'attaque, au large de Trafalgar, pointe sud-ouest de l'Espagne, contre les flottes française et espagnole réunies. Le 2 décembre, Napoléon remportait à Austerlitz la plus célèbre de toutes ses victoires.

Nelson était mort à Trafalgar. Dans les rues de Londres, par un jour de janvier 1806, tout un peuple, tête découverte, l'accompagnait à sa dernière demeure, dans la cathédrale Saint-Paul. Les officiers et matelots de son navire-amiral, *le Victory*, rendaient les derniers honneurs à leur chef vénéré.

Pendant tout un temps, le peuple et le roi d'Angleterre avaient fait grise mine au héros. Après son triomphe d'Aboukir, Nelson s'était follement épris d'*Emma Hamilton*, femme très belle mais au passé plus que douteux, qui s'était fait épouser par l'ambassadeur d'Angleterre à Naples. Nelson avait alors rompu avec sa femme et s'était ainsi fermé les portes de la société et d'une bonne partie de l'Europe. Jusqu'à sa mort, Nelson était resté fidèle à sa chère Emma. La nation anglaise avait à présent oublié tout cela. A sa mort, Nelson était devenu l'idole du peuple britannique.

A Trafalgar, les derniers ordres de Nelson avant la bataille s'achevèrent sur la phrase fameuse : "*England expects everyone to do his duty*" (L'Angleterre s'attend à ce que chacun fasse son devoir). Ce fut le signal de l'attaque qui allait détruire la flotte française. Nelson écartait ainsi toute menace d'invasion, assurait pour longtemps la domination anglaise sur mer. Trafalgar pourtant ne signifiait pas l'écrasement de la France napoléonienne. Lorsque Nelson mourut frappé d'une balle, le 21 octobre à midi, il ignorait encore que Napoléon avait levé le camp de Boulogne; il ne pouvait par conséquent imaginer le moins du monde ce qui s'était passé la veille aux environs d'Ulm. L'amiral mourut dans l'heureuse certitude d'avoir sauvé sa patrie et fait mordre la poussière à Bonaparte.

Le 23 janvier 1806, quelques semaines après que la dépouille mortelle de Nelson eût été déposée à la cathédrale Saint-Paul, l'époque voyait disparaître un autre de ses grands hommes. William Pitt n'avait pas eu la même chance que Nelson : au moment de rendre l'âme, il savait que son dernier ouvrage, la Troisième Coalition, était anéanti par les victoires de l'Ogre et que l'œuvre de toute sa vie était menacée. La nouvelle d'Austerlitz lui porta le dernier coup. En l'apprenant, il donna l'ordre d'enrouler la carte d'Europe accrochée au mur de son cabinet, disant qu'on n'en aurait plus besoin avant dix années. Ses dernières paroles furent pour plaindre la patrie à laquelle il s'était dévoué sa vie entière.

Plus tard, Napoléon dit à propos des opérations militaires ayant amené la capitulation d'Ulm que c'était la campagne la plus heureuse, la plus courte et la plus brillante de l'Histoire. Il n'avait eu, disait-il, qu'à marcher de l'avant pour vaincre le général Mack. Et d'Ulm, la marche se poursuivit en direction du sud-est... Le 13 novembre, l'empereur faisait son entrée à Vienne et s'installait au palais impérial de Schönbrunn. Le 2 décembre, il livrait bataille près d'Austerlitz à l'armée russe et aux restes de l'armée autrichienne. Avant la fin du jour, l'armée russe était dispersée, en déroute, anéantie pour une grande part. La fleur de la jeunesse russe jonchait la plaine; le tsar avait fui le champ de bataille, la rage au cœur et, comme nous le dit un témoin, avec " une expression sauvage " dans les yeux.

Napoléon adressait à ses hommes la célèbre proclamation : " Soldats, je suis content de vous! Plus tard il vous suffira de dire : " J'étais à Austerlitz " pour que chacun s'écrie : " Voilà un héros! "

La paix fut immédiatement signée avec l'Autriche à Pressbourg (Bratislava) le 27 décembre. Les conditions françaises étaient particulièrement dures. François II dut rétrocéder les territoires italiens dont la possession lui avait été reconnue par le traité de Campo Formio : ces régions seraient annexées au royaume d'Italie. L'empereur d'Autriche dut également céder ses terres héréditaires de Souabe, à partager entre les alliés allemands de Napoléon. François II perdait ainsi trois millions de sujets et un sixième de ses revenus d'État. Il avait en outre à payer de très importantes réparations.

Metternich fut nommé ambassadeur à Paris au cours de l'été 1806. Ce nouveau poste lui permit d'approcher Napoléon de très près et de percer l'homme à jour. Né en 1773, Metternich était donc encore relativement jeune. Le prince appartenait à une vieille famille de l'aristocratie rhénane. Dans sa jeunesse, le spectacle de la Révolution et de ses effets en Allemagne occidentale l'avait dressé, de façon irrévocable, contre le mouvement français. Les polémiques d'Edmund Burke vinrent encore renforcer

Metternich dans sa conviction : il fallait, par tous les moyens possibles, combattre la Révolution, même dans la forme que lui avait donnée Napoléon Bonaparte.

Le prince de Metternich devint la coqueluche des salons parisiens. Il possédait la parfaite aisance de l'aristocrate, parlait un français très pur. Les Parisiennes étaient tout simplement folles du nouvel ambassadeur dont la première épouse avait dit un jour qu'elle ne comprenait pas comment une femme pourrait bien lui résister.

Quant aux hommes, ils respectaient Metternich ; certains toutefois en vinrent petit à petit à le considérer comme un personnage superficiel, léger et dépourvu de caractère. George Canning devait l'appeler par la suite " le plus grand coquin, le plus grand menteur d'Europe, et peut-être même de tout le monde civilisé ! " Beaucoup d'autres étaient enclins à lui donner raison. Metternich disait volontiers que si sa tête appartenait en partie à son souverain, son cœur était à lui seul. A Paris, le prince offrit très volontiers ce cœur à la sœur de Napoléon, l'épouse de Murat, l'aimable Caroline, qu'il trouvait proprement ensorcelante. Toutefois, si le cœur était pris, la tête restait libre : Metternich sut tirer de Caroline nombre de renseignements précieux. Outre cette agréable compagnie, l'Autrichien trouvait à Paris les meilleurs maîtres possibles : de longues conversations avec Talleyrand lui apprirent beaucoup de choses en fait de diplomatie. Metternich devint l'un de ses meilleurs disciples, de même d'ailleurs que celui de Fouché. Qui eût pu lui enseigner mieux l'art de l'intrigue et de l'espionnage ?

En apprenant la catastrophe d'Austerlitz, Metternich s'était écrié : " Le monde est perdu, l'Europe brûle ! " Ce n'était rien encore. Les choses n'allaient pas en rester à Austerlitz et au traité de Pressbourg. Dès lors, Napoléon se mit sérieusement à bouleverser tout le système politique européen.

Au printemps 1806, il fit occuper le royaume de Naples, chassant les Bourbons de leur trône et offrant leur couronne à son propre frère Joseph. En juin de la même année, il transforma la Hollande en un royaume pour son autre frère Louis. En juillet, il décida nombre de villes allemandes à se détacher du Saint-Empire pour s'unir à la Confédération du Rhin, dont il s'instituait officiellement le protecteur. A la Confédération appartenaient notamment le grand-duché de Bade, la Bavière et le Wurtemberg, leurs princes recevaient le titre de roi. Le six août, Napoléon obligeait l'empereur François à dissoudre définitivement le Saint-Empire romain de la Nation germanique. François II, chef du Saint-Empire, fut de ce jour François Ier, empereur d'Autriche.

Septembre 1806 vit partir un autre de ces grands hommes qui avaient si longtemps donné forme et couleur à l'histoire de leur époque : Charles James Fox mourut dans le courant de ce mois. A la mort de Pitt, Fox avait été nommé ministre des Affaires étrangères et fut en cette qualité le chef du nouveau gouvernement. Fox n'aimait rien tant que la paix et la liberté, voulait rendre ses compatriotes aussi heureux, libres et joyeux qu'il ne l'était lui-même. Il avait accepté ses nouvelles fonctions dans l'espoir de pouvoir mettre fin à la guerre. Car Fox jugeait la guerre incompatible avec la civilisation. Personnellement, il était d'une civilité exemplaire en ces temps placés sous le signe de la force brutale. Un jour, il mit à la porte un Français venu lui proposer l'assassinat de Napoléon. Puis il s'assit à sa table, écrivit à son vieil ami Talleyrand pour le mettre au courant du complot. Mais la paix tant désirée ne vint pas. Fox fut au contraire obligé d'étendre encore les hostilités. Sur l'ordre de Napoléon, les Prussiens s'en furent occuper le Hanovre. Fox rompit immédiatement les relations diplomatiques avec Berlin, qualifiant l'attitude de la Prusse de "mélange de méprisable servilité et de détestable brigandage". L'Anglais comprenait parfaitement que la situation n'offrait plus aucune possibilité de compromis avec la France. "L'Europe est au bord du gouffre", disait-il.

A la mort de Fox, un contemporain écrivit : "La race des géants s'est éteinte, nous voilà livrés aux nabots."

La Prusse, la Pologne et la paix de Tilsit

Aucun compromis avec Napoléon n'était plus possible. Le pusillanime roi de Prusse, Frédéric-Guillaume III, finit par s'en rendre compte à ses dépens : Napoléon l'avait trompé en offrant de rendre le Hanovre à l'Angleterre. Frédéric-Guillaume se rangea donc aux côtés de la Russie et se mit en campagne contre Napoléon. Le roi de Prusse se fiait beaucoup à son armée, héritage du grand Frédéric; mais le corps des officiers avait beaucoup vieilli, manquait d'imagination et vivait toujours sur le souvenir de Rossbach et de Leuthen. Napoléon frappa comme l'éclair. Le 8 octobre 1806, il envahit la Saxe. Le 14 octobre, il écrasait une armée prussienne à Iéna et le même jour, *Davout*, l'un de ses meilleurs maréchaux, en battait une autre à Auerstädt. Le 27 octobre, l'Empereur faisait son entrée à Berlin. La Prusse s'effondrait comme un château de cartes. " Quel peuple! Quel pays! s'écria Napoléon. Les Autrichiens manquent d'énergie mais ils ont au moins leur honneur! " Puis, de Berlin, l'empereur se dirigea vers l'est, pénétrant sur les anciens territoires polonais, à la rencontre des Russes.

Suivit une campagne d'hiver qui exigea de Napoléon et de ses troupes des efforts surhumains. L'empereur se fixait un objectif grandiose : il voulait, une fois pour toutes, imposer sa loi au continent entier et il pensait réussir bientôt. Napoléon brava la neige, le brouillard, les marais, les chemins défoncés. Il partageait les privations de ses soldats, souffrait avec eux du froid et de la faim, de la saleté et du manque de logements convenables. Il lui arrivait de rester en selle 24 heures sur 24. Les balles sifflaient autour de lui dans le cimetière d'où, en février 1807, il dirigeait la bataille d'Eylau. Son armée subit des pertes effroyables, il s'en fallut de peu qu'elle ne perdît cette sanglante journée. L'invincibilité de l'armée française était mise en question. Mais en juin 1807, l'empereur remportait sur les Russes la bataille décisive de Friedland, " le Marengo de la Prusse orientale ".

" Mes aigles se sont posées près du Niémen! " Le 25 juin, l'empereur des Français et le tsar de toutes les Russies eurent une entrevue sur un radeau au milieu de ce fleuve. Les deux monarques se donnèrent l'accolade. Le 7 juillet 1807, était signée la paix de Tilsit. Le sort du continent était réglé. Le 21 novembre 1806, Napoléon, toujours aussi grand maître de la mise en scène, avait fait proclamer la " Déclaration de Berlin ", qui énonçait les principes fondamentaux de l'Empire. Ce texte allait, par la suite, dominer toute la politique internationale. Il finit par prendre une telle importance que Napoléon lui-même ne put se soustraire à ses effets. Car la Déclaration de Berlin instaurait le fameux " Blocus continental ". Tout commerce et toutes relations avec la Grande-Bretagne étaient interdits aux peuples dépendant de la France.

Napoléon voulait porter un coup mortel à l'Angleterre en refusant les débouchés européens à l'industrie anglaise. En frappant l'industrie et le commerce, on toucherait le pays au cœur. Napoléon répondait ainsi à Trafalgar où, par ailleurs, il refusait de voir une défaite. Mais dès 1807, moins d'un an après le décret de Berlin, les manufacturiers demandèrent un prêt de six millions sur leurs marchandises invendues.

Plus étroitement que jamais, Napoléon était prisonnier de son système élémentaire. S'il voulait remporter la guerre économique contre l'Angleterre, il devait conquérir l'Europe entière, et la dominer. Il ne pouvait se préoccuper des intérêts réels des pays dépendants ou occupés, puisqu'il lui fallait à tout prix leur faire acheter les produits de l'industrie française. Chaque pays, chaque port, devait être fermé aux exportations anglaises. Après avoir écrasé la Prusse par une campagne de quelques semaines, Napoléon dominait toute la côte allemande jusqu'à la Vistule. La Prusse devait donc s'incliner devant les décrets impériaux. Il fallait mettre la Russie dans la même situation. L'empire du tsar devait entrer lui aussi dans le Blocus continental. C'était pour atteindre cet objectif que Napoléon, à l'hiver 1806-1807, avait conduit ses armées dans les neiges de Prusse orientale et de Pologne pour en chasser les troupes russes; et c'était toujours dans le même but qu'il négociait sur le Niémen avec Alexandre Ier.

Plus tard, Napoléon dit que les jours de Tilsit avaient été les plus heureux de sa vie. Il y avait de quoi. Tous ses rêves semblaient s'être réalisés. Pendant les négociations, il montra au tsar comment la Russie et la France pourraient se partager le monde. Si les deux empires se portaient assistance — et quelle raison y avait-il pour qu'il en fût autrement? — l'Angleterre, la Prusse et tout autre pays deviendraient du même coup quantités négligeables. Un avenir glorieux s'ouvrait à la Russie et à la France. Alexandre entendait ces propositions avec grand plaisir. " Bien loin de sacrifier quelque chose, écrivait-il, nous sortons de la lutte avec un certain éclat. " Alexandre Ier adorait les effets dramatiques, le théâtral. Rien ne pouvait donc lui plaire mieux que d'entendre les soldats français et russes appeler Napoléon et le tsar " empereur d'Occident " et " empereur d'Orient ".

Le traité signé à Tilsit stipulait que la Russie adhérerait

au Blocus continental, proclamait entre les deux pays une alliance à la fois défensive et offensive, ce qui donna lieu à l'attaque russe de 1808 sur la Suède, qui refusait de fermer ses portes aux Anglais et en fut punie par la perte de la Finlande. La Prusse ne fut pas effacée de la carte car elle avait en Alexandre, grand admirateur de la belle reine Louise, un défenseur résolu; mais le territoire prussien fut sensiblement amputé. Les territoires à l'ouest de l'Elbe furent incorporés au royaume de Westphalie, nouvellement créé pour le plus jeune frère de Napoléon, Jérôme. Les régions arrachées à la Pologne lors des deuxième et troisième partages furent érigées en duché de Varsovie et offertes au duc de Saxe, élevé au rang de roi et vassal de Napoléon. Ce prince avait adhéré à la Confédération du Rhin, créée par l'empereur des Français.

Les effets du Blocus continental

Peu après la paix de Tilsit, en août 1807, Talleyrand donnait sa démission. Proprement dégoûté par la scène de Tilsit, le " diable boîteux " ne voulait plus mener les affaires étrangères de l'Empire français. Il se refusait à servir encore un souverain dont l'attitude n'était pas dictée par le froid calcul et la saine raison mais par un orgueil et une ambition réellement insensés, par des caprices, " des conseils venus des sots qu'il préfère écouter ". Il estimait ne plus pouvoir exécuter des ordres dont il désapprouvait jusqu'au principe.

Le Blocus continental se traduisit par un nivellement des États sur une énorme échelle. Tous les peuples du continent eurent à s'incliner devant la loi venue de Paris. Aux yeux de Napoléon, tous ces pays ne présentaient aucune différence fondamentale; il les mesurait tous à la même aune. " Le climat de l'Europe est partout le même. " Ce système eut des suites étonnantes, spectaculaires, et finalement catastrophiques. Le " bouclage " hermétique du continent porta certes un grave préjudice à l'Angleterre : l'exportation y fut réduite à néant, maintes fabriques durent y fermer leurs portes, les entrepôts y regorgeaient de marchandises sans débouchés; mais les nations continentales eurent également à souffrir du Blocus. Les peuples " nivelés " devaient bientôt apprendre à leurs dépens ce qu'il en coûtait de se soumettre au vouloir despotique d'un seul homme. Un nonce du pape disait à cette époque que l'Europe entière était devenue une immense prison. En mars 1807, un nouveau cabinet fut formé à Londres; George Canning y était ministre des Affaires étrangères et un jeune Irlandais, Lord *Castlereagh*, ministre de la Guerre. La propagande française clamait aux quatre coins du continent qu'Albion entrait dans sa dernière heure. Mais le nouveau gouvernement britannique allait montrer que son pays était plus vivant que jamais encore.

Sous Canning et Castlereagh, l'Angleterre va passer à l'offensive. Napoléon avait décrété son exclusion du continent. Les Anglais devaient donc à toute force faire sentir leur présence en Europe. Canning résolut de frapper un grand coup. Cet homme qui avait dit un jour que la politique est chose bien propre à vous endurcir le cœur, se montra en cette occurrence parfait politicien. De sa jeunesse aventureuse Canning avait gardé le goût du risque. L'aventure lui tendait à nouveau les bras : il répondit avec une énergie farouche. Croyant savoir Napoléon sur le point d'envoyer un ultimatum au Danemark neutre, il envoya en 1807 une flotte dans la Baltique, soumit Copenhague à un bombardement meurtrier, força le pays à la capitulation le 7 septembre et mit la main sur la flotte danoise qu'il ne voulait pas voir tomber dans celle de Napoléon. Cet acte, dit l'un des biographes de Canning, était pour lui " une désagréable nécessité ".

Napoléon réagit au Portugal. Ses efforts pour réduire l'Angleterre à merci l'avaient mené de Milan à Vienne, puis à Berlin, enfin à Tilsit. Le même objectif allait le pousser plus loin encore. Le Portugal était depuis toujours l'allié de l'Angleterre. Cette alliance devait être rompue coûte que coûte. Pour le succès du Blocus, il était indispensable que le Portugal fermât lui aussi ses portes aux Anglais. En novembre 1807 Napoléon proclama déchue la maison de Bragance. Le général Junot reçut l'ordre d'aller à marches forcées occuper le Portugal. Le pays fut complètement envahi par les Français mais la flotte portugaise parvint à se mettre en sécurité. Une escadre anglaise transporta la famille royale au Brésil. Napoléon ne pouvait se passer du Portugal ni surtout de ses côtes qui devaient absolument être gardées par les Français. La même chose valait pour le littoral espagnol. Aussi l'Espagne vint-elle ensuite au programme. Que l'on conquît la Péninsule, et le but du Blocus continental serait atteint !

L'Espagne se soulève. Wellington

La machine de guerre se remit en marche. En février 1808, le maréchal Murat reçut le commandement des troupes réunies par Napoléon pour attaquer l'Espagne. En mars, le roi d'Espagne *Charles IV* fut forcé d'abdiquer en faveur de son fils *Ferdinand VII*. En avril, l'empereur fit occuper les États pontificaux, que gouvernerait dorénavant une sorte de vice-roi français. En mai, Napoléon eut dans la ville-frontière de Bayonne une entrevue avec Charles IV et le nouveau roi. Conséquence de ces pourparlers, où Napoléon avait déployé toute sa ruse, le père et le fils perdirent tous deux la couronne espagnole. Ferdinand fut conduit comme prisonnier d'État au château de Valençay, propriété de Talleyrand. Joseph, frère de l'empereur, monta sur le trône d'Espagne. Murat lui succédait comme roi de Naples.

Les soldats français n'avaient que dérision pour leurs adversaires espagnols. " Prendre l'Espagne, disait un général, c'est pour nous aussi simple que de prendre son petit déjeuner ! " Et l'empereur d'opiner du bonnet : en ces jours-là, Napoléon était d'excellente humeur.

Mais les Espagnols étaient loin de considérer la chose comme une bonne plaisanterie. Le 2 mai 1808, il y eut des coups de feu dans les rues de Madrid. On criait de partout " Mort aux Français ! ". Toute la ville fut bientôt en émeute. Des officiers et des soldats français furent massacrés par une population déchaînée. Murat fit donner ses troupes. Les rues furent vite nettoyées. A la tombée du soir, il y régnait un silence de tombeau, que brisaient par instants les salves des pelotons français exécutant les patriotes espagnols. Goya a peint et gravé ces scènes. Le grand artiste espagnol, témoin de la répression, exprime à merveille toute l'horreur de la guerre.

On raconte qu'un vieillard espagnol, mis au mur pour avoir tué quelques soldats français, s'écria : " Je meurs tranquille. Que chaque Espagnol fasse comme moi et mon pays est sauvé ! " Les événements lui donnèrent raison car son exemple fut suivi dans toute l'Espagne. La révolte, étouffée à Madrid, se répandit de ville en ville et de région en région. Ce furent surtout les pauvres, les plus humbles, qui se lancèrent dans la lutte, les riches et les intellectuels se tinrent plus ou moins à distance. Mais les masses populaires combattaient avec une haine sauvage. Il n'était pas rare qu'un détachement français pénétrant dans une ville vît pendre aux murs et aux clôtures les cadavres de camarades affreusement mutilés.

Napoléon haussa d'abord les épaules. Ce n'était pas sa première rencontre avec un soulèvement populaire; il en avait maté quelques-uns naguère en Italie et en Égypte. Pour ramener les Espagnols à de meilleurs sentiments, il suffisait d'agir avec toute la fermeté voulue. Les pelotons d'exécution devaient donc continuer leur travail.

L'affaire devint plus sérieuse le 1er juillet 1808; ce jour-là, on apprit qu'une forte armée française avait été battue à Baylen, en Andalousie, et forcée à la capitulation. C'était, triomphait le général espagnol, la plus grande humiliation jamais subie par les arrogants soldats de Napoléon. Celui-ci, de plus en plus nerveux, estimait qu'il fallait absolument arracher la décision en Espagne avant le début de 1809. D'autant plus que les Anglais s'étaient engagés dans une guerre terrestre; Napoléon y voyait une imprudence à exploiter au plus tôt.

Car les Anglais avaient fait leur réapparition sur la scène militaire, non seulement avec leur flotte mais aussi

Fantassins espagnols en 1809. Fantassin et cavalier français en 1809 (d'après des dessins d'époque de W. Bradford).

avec une armée. Le soulèvement espagnol leur offrait l'occasion qu'ils attendaient depuis si longtemps : attaquer Napoléon dans le dos, creuser une brèche dans le mur qui isolait le continent, prendre pied en Europe, ouvrir ce que nous appellerions aujourd'hui un second front.

Canning prit la parole aux Communes. Officiellement, l'Espagne était en guerre avec l'Angleterre. Mais, dit le ministre, le gouvernement de Sa Majesté ne pouvait se considérer en état de guerre contre une nation s'opposant avec tant de courage à l'ennemi de toute l'humanité.

Londres reçut à bras ouverts les envoyés espagnols. On leur promit des armes, de l'argent. En juillet 1808, un corps expéditionnaire fut envoyé au Portugal. Bien que placé officiellement sous les ordres d'un autre général, le contingent obéissait, en fait, à un chef de trente-neuf ans, *Arthur Wellesley*, plus connu sous son titre futur de duc de Wellington. Dans les dernières années du XVIIIe et les premières du XIXe siècle, il avait reçu son baptême du feu aux Indes, où il avait combattu avec son frère, Lord Wellesley, contre le terrible Tippo Sahib, sultan de Mysore, un rebelle en qui Napoléon avait mis beaucoup d'espoirs. Lorsque Wellington débarque au Portugal en 1808, il a donc déjà eu affaire, fût-ce de loin et indirectement, avec Napoléon.

Wellington était un homme calme, très sûr de lui; à peine débarqué, il infligea une cuisante défaite au maréchal Junot. Le chef officiel du corps expéditionnaire ne put cependant pas empêcher Junot et ses troupes de s'enfuir par mer; c'était une grosse déception pour les Anglais. Mais Wellington ne jouait au Portugal que le prologue d'une grande carrière.

Le baron de Stein

Le froid commençait déjà à se faire sentir en ce début d'automne 1808 lorsque Napoléon fit son entrée à Erfurt. Il amenait sa Vieille Garde et une troupe théâtrale de Paris. Talleyrand était aussi du voyage car il pouvait se révéler utile en cette occasion. Les vieux grognards, les jeunes actrices et monsieur de Talleyrand, toujours égal à lui-même, devaient impressionner favorablement le tsar *Alexandre*, que Napoléon conviait à une rencontre. Il y avait d'autres invités : les vassaux allemands, les roitelets toujours prêts à servir le grand monarque les ayant si bien comblés de territoires. Erfurt leur permettrait de témoigner à leur bienfaiteur tous les égards convenables.

Talleyrand était là pour impressionner le tsar; il y réussit à merveille, mais d'une tout autre manière que ne l'avait escompté Napoléon. Alors qu'à Erfurt une fête succédait à une autre, un petit groupe se réunissait le soir chez la princesse *de Tours et Taxis*, une sœur de la reine *Louise de Prusse*. Talleyrand comptait parmi les convives habituels; de temps à autre, Sa Majesté le tsar faisait une apparition dans le petit cercle. Ces visites permirent au ministre français de parler au Russe, à cœur ouvert. " Sire, dit Talleyrand, l'Europe attend de vous son salut et il ne vous sera possible de la satisfaire qu'en ne cédant pas à Napoléon. Le peuple français est civilisé, son empereur ne l'est pas. Le maître de toutes les Russies est civilisé mais son peuple ne l'est pas. Aussi importe-t-il que le tsar de Russie se joigne au peuple de France. " C'était une trahison flagrante. Mais monsieur de Talleyrand n'employait pas de mots si crus pour décrire son initiative. " A Erfurt, disait-il, j'ai sauvé l'Europe. "

En fait, il avait peut-être raison. Car c'était au nom de la civilisation qu'il avait poussé le tsar à ne pas céder devant Napoléon.

Au moment de quitter Erfurt, Napoléon avait obtenu la promesse d'une aide russe à la France en cas d'attaque autrichienne. Alexandre n'avait pas voulu s'engager plus avant. De son côté, Napoléon avait promis au tsar de lui abandonner la Moldavie, la Valachie et, de surcroît, la Finlande.

D'Erfurt, Napoléon partit pour l'Espagne avec une partie de ses meilleures troupes, des vétérans capables, pensait-il de mater définitivement la révolte. L'empereur fit son entrée à Madrid en décembre 1808 et, de son quartier général, il publia un curieux ordre du jour disant à peu près ceci :

" 1. Un homme nommé Stein, qui tente de créer du trouble en Allemagne, est par le présent ordre déclaré ennemi de la France et de la Confédération du Rhin.

2. Les biens que le nommé Stein pourrait posséder sur les territoires de la France ou de la Confédération seront confisqués. En quelque lieu que se rencontrera Stein, il sera mis en état d'arrestation par nos troupes ou celles de nos alliés ".

" Un homme nommé Stein "... c'était tout simplement

le baron *Karl von und zum Stein*, encore tout récemment Premier ministre du roi de Prusse. Et cet ordre d'arrestation semble montrer l'empereur tout prêt à serrer quelque peu la bride aux Prussiens. Car à présent, les Espagnols n'étaient plus seuls à ruer dans les brancards. Une vive opposition commençait à se dessiner chez les Allemands. Stein était sans aucun doute le premier personnage dans ce mouvement de résistance. Né dans une famille noble d'Allemagne occidentale, il était entré en 1780 au service de la Prusse. En 1796, il était à la tête de tous les territoires prussiens sis à l'ouest et, en 1804, nommé ministre du roi et chef du département du Commerce et des Accises. Frédéric-Guillaume III n'avait entériné cette nomination que bien à contrecœur. Car il n'aimait pas ce baron de Stein, qu'il considérait comme " un génie excentrique " et " une tête chaude ". A ce moment, Stein avait déjà exprimé des idées personnelles sur la façon de gouverner la Prusse et d'envisager l'avenir de l'Allemagne.

Comme beaucoup d'autres Allemands, Stein voyait dans la Révolution française un événement de portée capitale; ce fut une expérience décisive pour l'évolution de sa doctrine politique. Le baron était ouvert aux idées des " philosophes ". Il professait le plus grand respect pour Montesquieu et Turgot; mais Rousseau lui restait pour une bonne part lettre morte; quant à Voltaire, il l'exécrait de bon cœur. Stein avait suivi d'un œil assez favorable les premières phases de la Révolution. Il y voyait une parenté avec les conceptions politiques des Anglais, pour lesquelles il avait de la sympathie. Stein resta sa vie entière un chaud partisan de la Grande-Bretagne et de son système de gouvernement.

Toutefois, lorsque la Révolution eût accompli son déplacement vers le radicalisme, Stein s'en écarta tout aussitôt. Dès lors, il fit cause commune avec les émigrés et les paysans royalistes de Vendée. Stein déplorait " l'anarchie et l'immoralité " qui s'étaient abattues sur la France. Il exprimait bien haut sa conviction que les Allemands " pacifiques et de haute moralité " ne seraient point contaminés par cette peste.

Lorsque les bandes révolutionnaires françaises envahirent l'Allemagne, lorsque le vieux Saint-Empire de la Nation germanique se mit à trembler sur ses bases, lorsque les princes allemands capitulèrent pour faire cause commune avec l'envahisseur, lorsque Napoléon développa ses gigantesques plans de conquête, les aspirations de Stein se tournèrent vers un avenir meilleur, où tous les Allemands se sentiraient citoyens d'un seul et même peuple et formeraient un vaste État unitaire. De fonctionnaire prussien, il se mua en patriote allemand. Son but était de créer une Allemagne forte, capable de se dresser victorieusement contre la France et de rétablir l'équilibre européen. A son avis, le seul État en mesure de prendre la direction de tous les Allemands était la Prusse. Mais il importait avant tout de donner au pays une nouvelle constitution et une nouvelle structure sociale. Stein était un conservateur partisan de certaines réformes libérales, et non un révolutionnaire. La France de 1789 avait voulu établir un ordre nouveau, basé sur les idéaux philosophiques et humanitaires. En Prusse, on ne désira plus qu'accomplir une œuvre nationale, l'établissement de l'unité allemande. Stein fut le pionnier du nationalisme qui allait se faire jour partout en Europe, du nouveau mouvement populaire qui se dresserait contre la volonté de nivellement universel de Napoléon et finirait par triompher. En automne 1807, *Johann Gottlieb Fichte* tint à Berlin ses célèbres *Discours à la Nation allemande*, qui, sous leur masque philosophique, étaient en fait un appel patriotique d'une vigueur encore inconnue en Allemagne. C'est à la même époque que Stein commence son œuvre de réforme, plus que nécessaire dans une Prusse somme toute encore très arriérée. Stein abolit le servage. Toute terre était désormais libre. Il supprima le système des castes, rendant ainsi possible une libre circulation entre les différentes classes sociales; chaque citoyen serait libre d'embrasser la profession de son choix. Il limita le pouvoir absolu de la couronne : le conseil de cabinet fut supprimé et remplacé par un conseil de ministres spécialisés et responsables, qui furent dorénavant les conseillers du roi. Stein introduisit une profonde réforme dans l'administration municipale et, avec la collaboration de deux généraux — *Gneisenau* et *Scharnhorst*, (qui devaient jouer plus tard un rôle décisif dans la guerre de libération) — il jeta les bases d'une nouvelle armée. Celle-ci, comme tout le reste, serait mise au service de la nation. Elle serait basée sur le principe du service obligatoire pour tous les hommes valides. L'Allemagne, avait dit Fichte dans ses célèbres *Discours*, gardait son droit à l'existence, parce qu'elle était indispensable à l'humanité et que rien ne pouvait la remplacer à cet égard. Selon lui, l'Allemagne était plus que toute autre nation au monde la championne de l'idéal humanitaire. Ces idées et sentiments gagnèrent bientôt du terrain dans toutes les régions d'Allemagne, secouèrent l'apathie des habitants, en effaçant leur sentiment d'infériorité et en leur donnant la volonté et la force de résistance.

Le chœur des patriotes allemands était dirigé par Fichte, mais aussi par l'historien et critique *Ernst Moritz Arndt*, qui dès 1802, avait insisté sur le besoin de former entre Allemands " un seul peuple et un seul État ".

Son idéalisme teinté de romantisme lui valut une énorme influence sur l'opinion publique dans l'Allemagne contemporaine.

A ces deux hommes se joignaient le théologien *Schleiermacher* et bon nombre d'autres penseurs. Des sociétés patriotiques secrètes se créèrent dans toutes les provinces. La plus célèbre de ces sociétés était le *Tugendbund* (Union de la Vertu), dont les membres se recrutaient surtout parmi les officiers, les fonctionnaires et les universitaires; les statuts du Tugendbund donnaient comme objectifs de l'association " relever l'esprit public, que les malheurs de la nation avaient jeté dans le désespoir, hâter la reconstruction de l'armée et faire revivre le patriotisme et les sentiments de loyalisme à l'égard de la maison régnante ".

Chaque membre était tenu de faire la chasse aux traîtres. C'est sur la toile de fond de cette action patriotique qu'il faut considérer la dernière période du gouvernement Stein. Au printemps de 1808, il avait définitivement acquis la conviction qu'un soulèvement national contre Napoléon était devenu nécessaire. La rébellion espagnole avait fait sur lui une impression profonde. Ce que les Espagnols avaient su accomplir, les Allemands en seraient bien capables. Stein établit donc les plans d'une révolte partant de Prusse, pour s'étendre ensuite aux autres régions d'Allemagne avec l'appui secret de l'Autriche. Il ne craignit pas de mettre au courant de ses projets le tsar Alexandre, à ce moment en route pour la réunion d'Erfurt, où il devait être l'invité du roi de Prusse. Vers la même époque, une lettre très compromettante pour Stein fut interceptée par des espions français. Le ministre fut forcé de donner sa démission et de chercher son salut dans la fuite à l'étranger. Il devint ainsi " le nommé Stein " que, dans son ordre du jour de Madrid, Napoléon avait mis au ban de l'Empire.

L'œuvre de Stein fut poursuivie par d'autres Allemands, en tout premier lieu par le prince *Charles-Auguste d'Harden-berg*, nommé en 1810 Premier ministre du roi de Prusse. Stein était doté de principes inébranlables et d'un moral de granit. Hardenberg était, quant à lui, un cavalier dans le style du dix-huitième siècle et un très brillant diplomate; il connaissait mieux les hommes. C'est avec une adresse consommée qu'il parvint à se mener lui-même, la Prusse et l'œuvre indispensable de réforme, à travers les années difficiles qui allaient suivre. Force lui fut d'abandonner certaines idées de Stein, mais il sauva l'essentiel de son œuvre et put l'achever. Cela jusqu'au moment où tomba la décision, que dès 1808 Stein avait tenté de forcer.

Le mariage avec Marie-Louise d'Autriche

En 1809, Napoléon remportait une autre victoire, et des plus éclatantes, à Wagram. L'empereur imposait une nouvelle humiliation à l'Autriche, que le traité de Schönbrunn amputait encore de trois millions et demi de sujets et d'une bonne partie de son territoire déjà fort réduit. La victoire de Wagram avait toutefois été précédée des batailles d'Aspern et d'Esslingen, où Napoléon — mis en présence d'un de ses meilleurs rivaux en stratégie, l'archiduc *Charles d'Autriche* — se fit battre. La nouvelle se répandit comme une traînée de poudre à travers l'Europe. Napoléon n'était donc pas invincible! Cette année 1809 est vraiment très fertile en événements de première importance. Wellington réapparaît dans la péninsule ibérique, délivre le Portugal, envahit l'Espagne (où la révolte flambe toujours) et inflige aux Français la cuisante défaite de Talavera.

Napoléon arrête le Pape et le fait déporter dans le Midi de la France. Plus au nord, Alexandre Ier arrache la Finlande à la Suède; c'est sa récompense pour l'accord conclu à Tilsit avec Napoléon.

Cette même année, sur le front de l'intérieur, une crise éclate entre Napoléon et Talleyrand. Brusquement, et de façon très voyante, Talleyrand s'était rapproché de Fouché bien que tous deux fussent à couteaux tirés depuis longtemps déjà. Ce qui ne les empêcha point de se rencontrer, d'avoir de longues consultations; le sujet en était sans doute la succession au trône dans le cas où Napoléon vînt à tomber sur le champ de bataille.

Mais l'empereur rentra d'Espagne à bride abattue, réunit ses conseillers, se déchaîna contre Talleyrand. Il parla toute une longue demi-heure, fou de rage. Talleyrand resta très calme sous l'orage, le visage impassible bien que d'une pâleur mortelle.

"Vous n'êtes qu'un voleur, un lâche et un traître! Vous ne croyez pas en Dieu, toute votre vie vous avez failli à vos devoirs, vous avez trompé et trahi tout le monde. Pour vous rien n'est sacré, vous vendriez votre propre père! Vous mériteriez que je vous brise entre mes mains comme un verre!" Après cette scène terrible, Talleyrand eut encore le sang-froid de faire un mot, d'ailleurs promis à la célébrité : "Dommage qu'un si grand homme soit si mal élevé!" La rupture avec Napoléon était maintenant un fait accompli.

Napoléon Ier n'avait pas fini d'étonner. En 1810, il causait une nouvelle sensation, peut-être la plus grande. Répudiant Joséphine, il épousait *Marie-Louise*, fille de l'empereur *François Ier* d'Autriche, " la première princesse du monde ". Le " parvenu " corse entrait par là dans une des plus grandes maisons régnantes d'Europe, unissant ainsi, aux dires de certains, la Révolution à la légitimité. Joséphine n'avait pu lui donner d'enfants. Or, il voulait à présent créer une dynastie pour assurer son trône et son œuvre : Napoléon voulait un fils. Metternich avait fait beaucoup pour ce mariage.

Après la catastrophe subie par l'Autriche en 1809, le prince était devenu ministre des Affaires étrangères; son premier objectif fut d'établir des relations supportables avec la France pour permettre à son pays de sauver ce qui pouvait encore l'être. Marie-Louise accepta l'époux que son père souhaitait lui voir prendre.

En cette année 1810, Paris vivait dans une attente anxieuse. Que pouvait-il donc arriver?

A l'automne 1809, en Angleterre, les deux plus grands politiques du pays, Canning et Castlereagh, avaient quitté le gouvernement d'un même geste, à la suite d'un différend personnel, différend qui culmina d'ailleurs dans un duel célèbre. Mais la Grande-Bretagne ne ralentit pas pour autant son effort de guerre. Un nouveau gouvernement tory vit le jour, sous la direction de *Spencer Perceval*, un homme très respecté, résolu à poursuivre la guerre jusqu'à la victoire. Perceval appuyait Wellington. En 1810-1811, ce dernier était parvenu à chasser de Lisbonne et à battre ensuite à Fuentes de Oñoro, en Espagne, Masséna, héros de Zürich, duc de Rivoli et prince d'Essling, le plus expérimenté, le plus fin et le plus opiniâtre des maréchaux de Napoléon.

La campagne de Russie

Metternich fit un nouveau séjour à Paris en 1810, très heureux de retrouver les charmantes Parisiennes et les longues conversations avec son ami Talleyrand. Mais il devait y apprendre quelque chose bien propre à le réjouir plus encore : les relations entre Napoléon et Alexandre ne s'amélioraient pas le moins du monde. Cette alliance semblait bien battre de l'aile. Metternich constatait avec le même plaisir que cette fois l'initiative d'une rupture appartiendrait davantage au tsar qu'à l'empereur des Français. Car Alexandre avait tiré fort peu de profit du traité de Tilsit et des bouleversements politiques provoqués par lui. De plus l'alliance française, suivant les lourdes humiliations d'Austerlitz et de Friedland, était fort impopulaire en Russie.

Le tsar lui-même y avait perdu de son prestige. Le temps était bien révolu où Alexandre était considéré comme un envoyé de Dieu sur la terre. Le tsar n'était plus aux yeux de son peuple qu'un stratège fort médiocre et un souverain n'ayant fait que nuire aux intérêts de son pays. Cette hostilité lui rappela, fort opportunément, qu'il " suivait sur le trône les assassins de son grand-père et de son père et vivait au milieu de gens qui souhaitaient l'assassiner à son tour ".

Dans cette situation, Alexandre en revint aux projets si ardemment essayés pendant la première période de son règne, sa grande réforme nationale. " A l'étranger, la situation était généralement meilleure qu'en Russie, mais en Russie les hommes étaient meilleurs qu'à l'étranger. " L'auteur de ces paroles avait attiré l'attention du tsar au moment de Tilsit. Alexandre avait trouvé la formule des plus pertinentes et l'homme qui l'avait prononcée, un certain *Mikhaïl Mikhaïlovitch Speranski*, fascinant d'éloquence et d'idéalisme libéral. Speranski devint ainsi son principal conseiller. Depuis 1808, c'était l'homme le plus puissant de Russie après le tsar.

Durant quelques années, Speranski travailla jour et nuit pour réformer la Russie sur le modèle occidental. Il s'attaqua aux privilèges de la noblesse et fit l'impossible pour délivrer la paysannerie du servage. Il combattit la corruption des fonctionnaires, s'efforça de rendre l'administration plus efficace. Speranski comptait achever sa grande œuvre en faisant donner à la Russie une constitution à l'exemple de celle que le Premier consul avait offerte à la France après le 18 Brumaire. Le tsar resterait l'empereur de toutes les Russies mais son pouvoir se fonderait sur une constitution. La Russie aurait son assemblée législative et les ministres seraient tenus responsables de leurs actes politiques.

Un jour du printemps 1812, Speranski fut comme à l'accoutumée appelé en conférence auprès du tsar. Après sa visite au palais impérial, il n'était plus le favori de Sa Majesté; un lieu de résidence lui était en outre assigné dans une province lointaine. Sa dernière entrevue avec le tsar avait été extrêmement animée, pathétique, comme toutes les scènes auxquelles Alexandre était mêlé. Le tsar avait, en termes des plus violents, accusé son ami de haute trahison. Speranski avait, aux dires de l'empereur, vendu d'importants secrets d'État aux agents de la France. Au terme de l'entretien, le tsar avait cependant donné libre cours à ses sentiments. " Lorsque je le quittai, raconta plus tard Speranski, je sentis ses larmes sur ma joue. "

Peu de temps après, Alexandre quittait sa capitale pour se rendre auprès de ses troupes en marche vers les frontières occidentales de l'empire.

La chute de Speranski servit de préambule à la guerre contre Napoléon. Speranski incarnait pour certains la déplaisante sympathie que le tsar nourrissait à l'égard de la France napoléonienne. Alexandre s'était dit qu'il lui était impossible de garder Speranski comme conseiller s'il changeait le cours de sa politique étrangère. En collaboration avec son favori, qui allait être appelé plus tard le plus grand homme d'État russe dans la première moitié du XIXe siècle, il avait repris en main son ancien programme de réformes. Il estimait devoir se concentrer à présent sur l'autre rôle que depuis longtemps il ambitionnait de jouer, celui de libérateur de l'Europe et de vainqueur de Napoléon. Les paroles que Talleyrand et Stein lui avaient dites à Erfurt lui restaient en mémoire. Alexandre s'écarta donc, progressivement, de Napoléon. Il couvrait sa retraite d'un déluge d'assurances solennelles mais combien vagues, de faux-fuyants, de demi-promesses et de mensonges. Le traité de Tilsit lui imposait de contribuer à la guerre contre l'Autriche; Alexandre limita son action à des manœuvres de pure forme. Ensuite, il se désintéressa du Blocus continental, qui s'était montré néfaste pour l'économie russe. Renforçant son armée, il envoya des troupes sur la frontière polonaise. En guerre contre la Turquie, il traita avec ce pays, fit des promesses à l'Angleterre où Lord Castlereagh avait, en mars 1812, repris en main le portefeuille des Affaires étrangères qu'il allait conserver pendant dix ans, jusqu'à sa mort. En avril, il signait une alliance avec la Suède, où *Bernadotte*, l'ancien maréchal de Napoléon, avait été placé sur le trône; Bernadotte n'hésita guère à trahir. Enfin, le 12 avril 1812, Alexandre adressait un ultimatum à Napoléon, dans lequel il le sommait d'évacuer la Prusse.

Au printemps 1812, on rapportait à Pétersbourg que l'Allemagne semblait revenue au temps des grandes invasions. D'interminables colonnes militaires couvraient les routes menant à l'Est. Jamais encore, les 600 000 hommes de la Grande Armée n'avaient fourni spectacle plus imposant. Et l'homme qui la commandait régnait encore sur la majeure partie du continent européen. Dans cette nouvelle guerre, Napoléon avait pour alliés son beau-père, l'empereur d'Autriche, et aussi le roi de Prusse, bouc émissaire traditionnel, forcé une fois encore d'obéir aux ordres. Jusque-là tout se passait de façon satisfaisante. Napoléon devait être heureux en ce moment : Marie-Louise lui avait donné, au printemps 1811, un fils qui, dès le berceau, avait reçu le beau titre de " roi de Rome ". L'empereur avait maintenant un héritier mâle, qui pourrait poursuivre son œuvre.

L'armée russe était depuis le mois d'août, sous les ordres du maréchal *Koutousov*, un vieux renard de la stratégie. Koutousov battit en retraite. Les Russes voulaient éviter aussi longtemps que possible la bataille rangée, car ils n'ignoraient pas que Napoléon voulait leur porter ainsi le coup décisif. Koutousov reculait donc, pratiquant ce que nous appellerions aujourd'hui la tactique de la terre brûlée. Tout flambait sur le passage des colonnes russes. En conséquence l'armée française rencontrait déjà de graves difficultés d'approvisionnement, souffrait en outre des rigueurs de l'été russe, aussi chaud que l'hiver est froid en ces régions.

Comme on approchait de Moscou, l'armée russe fit halte et livra sa première bataille. Sa résistance acharnée fit de Borodino, le 7 septembre 1812, l'un des engagements les plus terribles des guerres napoléoniennes. L'empereur devait le reconnaître lui-même par la suite. De cinquante à soixante mille hommes tombèrent sur le champ de bataille, et notamment un grand nombre de généraux français. Le 15 septembre, Napoléon fit son entrée à Moscou. La population avait abandonné la ville. Puis éclata le célèbre incendie. Du Kremlin, la vieille forteresse des tsars, Napoléon vit les flammes gagner de maison en maison, de quartier en quartier jusqu'à ce que Moscou ne fût qu'une mer de feu. Les Russes avaient eux-mêmes allumé l'incendie. Ne pouvant défendre leur capitale, ils ne voulaient pas laisser l'envahisseur tirer parti de ses avantages. En l'espace de quelques jours seulement, Moscou n'était plus que ruines. Napoléon se trouvait dans une impasse. L'adversaire était inaccessible. Poursuivre Koutousov à l'est de Moscou eût été une folie, hiverner à Moscou même était tout aussi impensable. A plusieurs reprises, Napoléon fit savoir au tsar Alexandre par des voies détournées, qu'il était prêt à mettre un terme à la guerre. Une paix eût sauvé à la fois son armée et son prestige. Mais Alexandre restait muet. Enfin, Napoléon décida d'évacuer la Russie; il en donna l'ordre le 18 octobre.

Pendant la retraite, l'empereur écrivait laconiquement à Marie-Louise qu'il faisait grand froid. Plus tard, après cette catastrophique campagne, il devait dire : " C'est l'hiver qui nous a brisés. Nous fûmes victimes du climat. "

Car l'hiver était venu très tôt cette année-là. La température ne cessait de descendre, les routes devenaient de véritables patinoires, la tempête de neige faisait rage sur la plaine. Les soldats de la Grande Armée marchaient à la rencontre de leur destin. Des milliers mouraient de faim et de froid. Les hommes n'avaient aucun équipement d'hiver, marchaient jour après jour dans des conditions inhumaines. Puis, ils trébuchaient et tombaient, presque

L'EUROPE NAPOLÉONIENNE
1812

0   750

aussitôt pris par le gel. On jetait les traînards au fossé et
les rangs se reformaient, chaque matin plus clairsemés. La
colonne laissait la route bordée de cadavres, hommes et
chevaux. Les soldats marchaient, habités maintenant d'une
seule pensée : sauver sa peau, sortir de cet enfer, quitte à
refuser au camarade encore plus mal en point la voiture
ou le cheval que l'on avait pu s'approprier. La retraite
connut son plus mauvais jour quand il fallut passer, sur
des ponts en flammes, la tristement célèbre Bérésina, un
affluent du Dniéper. C'est là que le maréchal Ney (surnommé
par Napoléon " le brave des braves ") fit de véritables
prodiges pour sauver ses hommes. Et sans trop de résultats.

Lorsqu'au début décembre, l'empereur quitta ses troupes
pour rentrer aussi vite que possible à Paris, la Grande
Armée était réduite à quelques contingents morcelés. Elle
venait de publier son fameux 29e bulletin, informant le
monde de la terrible catastrophe subie par l'armée française.
Le communiqué se terminait sur ces mots : " La santé de
l'empereur est meilleure que jamais! "

Le regroupement des adversaires

Dans une proclamation du début de 1813, Napoléon
avait assuré que le territoire entier de l'Empire resterait
intact. Il voulait se faire croire à lui-même qu'il allait
remporter de nouvelles victoires sur l'Elbe ou la Vistule.
La Grande Armée avait été engloutie; il n'en restait que
des fragments. Mais en peu de mois, l'empereur eut de
nouveau à sa disposition une armée de 500 000 hommes.
Avec elle, il envahit l'Allemagne en 1813.

La décision était proche. Sur la scène centrale,
l'Allemagne, apparaissaient à présent un certain nombre
d'hommes qui, à divers égards, avaient joué un grand rôle
dans les événements des derniers lustres. Le tsar de Russie
Alexandre Ier, esprit tout à la fois chimérique et plein
de calcul, idéaliste et ambitieux, amenait ses cosaques;
Yorck de Wartenburg, le général commandant l'armée
prussienne mise à la disposition de Napoléon, passait aux
Russes avec tous ses hommes, sans demander l'avis de
Berlin. Avec le tsar venait son conseiller allemand, le baron
de Stein, tout disposé à se mettre à la tête de ceux de ses
compatriotes décidés à chasser les Français et à bâtir une
Allemagne unie et d'esprit libéral. De Suède était venu
Jean-Baptiste Bernadotte, à présent prince héritier Charles-

Jean, pour prendre sa part de la lutte contre son ancien chef et rival. D'Amérique était venu Moreau, pour se venger de l'homme qui avait mis fin à la Révolution et l'avait banni de l'autre côté de l'Océan. De Vienne était venu Metternich, dont la tâche essentielle consistait alors à établir le moment précis où l'Autriche pourrait se jeter dans la lutte sans courir trop de risques. Enfin, apparut au tournant des années 1813-1814, Lord Castlereagh, ministre anglais des Affaires étrangères, chargé d'une mission sans pareille dans toute l'histoire de son pays. En l'espace de seize mois, l'énergie de Castlereagh parvint à terminer victorieusement la guerre.

LA GUERRE ANGLO-AMÉRICAINE

Lord Castlereagh dut assister, en mai 1812, à un événement unique en son genre : l'assassinat, en plein Parlement, par un fou, du Premier ministre Spencer Perceval. Son successeur fut Lord *Liverpool*, un tory qui n'était peut-être pas des plus doués, mais qui montrait une opiniâtre résolution et connaissait parfaitement la vie parlementaire anglaise. C'était le début d'un très long mandat, dépassé seulement par celui de William Pitt le Jeune. Lord Liverpool était conservateur au point qu'un contemporain français crut pouvoir le caractériser de la sorte : " S'il avait été présent au premier jour de la Création, il se serait écrié, sans aucun doute : " Au nom de Dieu, conservons ce chaos! "

A cette époque, George III était irrémédiablement fou. Après 1812, le vieux roi n'eut plus conscience d'aucun événement. Il avait perdu tout contact avec ce monde qui lui avait apporté tant de souffrances.

Castlereagh eut à réaliser son programme de politique étrangère avec le prince régent, le futur *George IV*, qui jusque-là s'était rendu célèbre par ses scandales, mais dont il fallait tout de même tenir compte. C'était, dit un historien anglais, un homme rusé, menteur et égoïste, dont la vie privée était aussi corrompue que la vie publique et qui ne comprenait rien de rien à son époque.

En outre, dès le début de sa longue carrière au Foreign Office, Castlereagh dut affronter une guerre contre les Etats-Unis. Les Américains avaient déclaré la guerre à l'époque où Napoléon envahissait la Russie.

A George Washington, démissionnaire et décédé deux ans plus tard, avait d'abord succédé John Adams (1797-1801) puis Thomas Jefferson. L'ancien ambassadeur à Paris fut très heureux de son élection; il y voyait le triomphe du grand idéal de liberté qu'il avait si longtemps servi et auquel il continuait à donner son ardente conviction.

Cet hommage rendu à sa personne lui inspira de très hauts faits. Jefferson réorganisa sur des bases solides le parti républicain, tout en faisant les plus grands efforts pour réconcilier les deux partis nationaux. Il assainit les finances publiques. En 1803, il achetait à Napoléon, pour 15 millions de dollars, toute la Louisiane y compris la Nouvelle-Orléans, le territoire situé entre le Mississipi et les Montagnes Rocheuses, des plaines immenses offrant de très grandes possibilités aux pionniers américains s'avançant vers l'ouest. C'était de la très haute politique. Thomas Jefferson doublait d'un seul coup — et pour un prix dérisoire — le territoire des États. Il arrêtait définitivement toute immixtion d'une grande puissance européenne dans la marche vers l'ouest du peuple américain. C'est à juste titre que l'ambassadeur américain à Paris put déclarer : " De ce jour, les Etats-Unis prennent place parmi les grandes puissances. " Cependant, Thomas Jefferson ne rêvait nullement d'une politique expansionniste. Son idéal n'était que de paix et de démocratie. Ses regards étaient fixés sur l'Amérique, pays de la liberté et des conceptions républicaines, pays du progrès. A ses yeux, son pays était infiniment plus beau et plus pur que l'Ancien Monde. Thomas Jefferson se moquait bien de l'Europe !

Mais l'Europe ne pouvait se passer de l'Amérique et ne voulait pas la laisser en paix. Jetant les regards vers l'Est, Jefferson y voyait " d'une part un conquérant qui parcourt le monde semant partout le pillage et la destruction; d'autre part, un pirate qui répand sur les mers le malheur et la ruine ". Ce mot de " pirate " reflète fort bien la haine que l'Amérique portait à la Grande-Bretagne depuis la guerre de libération. Cette animosité reçut alors un nouvel aliment. Napoléon mettait le couteau sur la gorge des Britanniques. Ceux-ci luttaient pour leur vie, pour l'existence même de l'empire. Aussi s'embarrassaient-ils fort peu de délicatesse, sur mer comme ailleurs. La situation ne leur permettait aucune générosité. Les Anglais s'arrogèrent, à la recherche de leurs déserteurs, le droit de visiter tous les vaisseaux rencontrés, y compris et surtout les navires américains. En même temps, les Anglais répliquèrent au blocus napoléonien en déclarant de bonne prise tous les navires ayant touché à des ports français.

Aux Etats-Unis où la navigation était précisément de grande importance pour la prospérité nationale, les sentiments populaires parvenaient au point d'ébullition. Thomas Jefferson s'en inquiétait beaucoup. Il craignait que des citoyens américains isolés ne se missent dans des situations dangereuses pour la neutralité du pays et le maintien de la paix. C'est pourquoi, en décembre 1807, Jefferson établit sa politique d'embargo : aucun navire ne pouvait quitter un port américain sans l'approbation du président. Toutes les exportations américaines étaient ainsi placées sous un contrôle très strict. Jefferson voulait par une " guerre froide " forcer l'Angleterre et la France aux concessions. Ni l'une ni l'autre nation ne pouvait se passer des marchandises américaines. Elles auraient donc à laisser les navires américains naviguer en paix.

Cette politique fut un fiasco. La colère qu'elle provoqua se tourna aussi bien contre le président fédéral que contre l'Angleterre.

Durant toute sa carrière politique, Jefferson s'était appuyé sur les agriculteurs. Son rêve avait toujours été de faire de la nouvelle république un Etat agraire de fermiers libres et indépendants. Mais dès ce moment avait commencé la grande évolution qui allait imprimer sa marque à l'histoire des Etats-Unis. De grands capitaux s'étaient accumulés et l'argent commençait à déployer sa force magique. Cette évolution se marquait surtout dans les Etats de la Nouvelle-Angleterre, dans les ports septentrionaux. Les marchands de Boston et de New York subissaient d'énormes pertes lorsque leurs navires ne pouvaient prendre la mer. Ils ne manquèrent pas de protester. Ces Etats menaçaient de se séparer de l'Union si rien n'était fait pour les aider. Ils forcèrent Jefferson à démissionner. Lorsque le président quitta le pouvoir en 1809, il avait dû mettre fin à sa politique d'embargo.

Les choses se décidèrent en 1812. Les âpres discussions sur le commerce maritime se poursuivaient entre Londres et Washington. Les Américains exigèrent de leur gouvernement qu'il ne se soumît pas plus longtemps au bon plaisir de l'Angleterre et qu'il agît au lieu de traiter. Il fallait, disait-on, profiter de la situation difficile où se trouvait pour le moment le gouvernement de Londres pour annexer le Canada. *James Madison*, successeur de Jefferson, l'homme que l'on avait surnommé, " le père de la Constitution ", fit tout ce qui était en son pouvoir pour contenir aussi longtemps que possible les bellicistes américains, mais dut finalement céder. La déclaration de guerre des Etats-Unis fut remise à Lord Castlereagh.

Pour l'Angleterre, cette guerre venait fort mal à propos, juste avant que tous les acteurs ne se réunissent en Europe pour jouer le dernier acte du drame napoléonien. Le conflit fut d'ailleurs très pauvre en faits mémorables ou actes d'héroïsme. Le Canada ne fut pas annexé. Certes, la flotte anglaise subit un certain dommage. A titre de représailles, les Anglais firent incendier Washington. Le traité de Gand, en 1814, vint mettre fin à une guerre qui n'avait fait qu'attiser une haine contre nature entre nations-sœurs.

L'entrevue de Dresde

Lorsque Metternich quitta, au soir du 26 juin 1813, le cabinet de Napoléon à Dresde, il fut immédiatement entouré de maréchaux et de ministres français. Un des maréchaux dit : " Songez que l'Europe a besoin de la paix. Ceci s'applique avant tout à la France. La France n'a qu'un désir : la paix ! "

De tous les événements qui se succèdent rapidement au cours de cette année 1813, l'entrevue entre Napoléon et Metternich est certes l'une des scènes les plus connues et les plus dramatiques. Plus tard, Metternich ne devait jamais oublier cette rencontre. Il y faisait souvent allusion et toujours avec le même plaisir. Il était venu reconnaître le terrain, voir si Napoléon, enfin las de la guerre, était disposé à conclure la paix sur des bases raisonnables pour les autres nations. Peut-être l'Autriche pourrait-elle amener le gendre de l'empereur François, le mari de Marie-Louise, à déposer les armes? Metternich était connu pour sa morgue et sa suffisance. Si l'on peut ajouter foi à ses propres dires, il s'est conduit à Dresde avec la plus belle assurance. Il dit à Napoléon ce qu'il avait vu et entendu, fit part à son interlocuteur de ce qu'il pensait pouvoir en conclure. Metternich avait vu les nouvelles troupes de l'empereur; elles se composaient, dit-il, pour la plus grande part d'adolescents. Et que ferait Sa Majesté quand elle aurait aussi perdu ces très jeunes hommes?

Sur ce, Napoléon entra dans une rage folle. L'empereur jeta son chapeau dans un coin, sans que Metternich fît le moindre geste pour le ramasser, et s'écria : " Vous n'êtes pas soldat! Vous ne savez rien de ce qui se passe dans l'âme d'un soldat. J'ai grandi sur les champs de bataille et pour un homme tel que moi, un million d'hommes, c'est peu de chose. "

Puis il se calma, s'en fut lui-même ramasser son chapeau et dit : " Je perdrai peut-être mon trône, mais sous ses ruines j'engloutirai le monde entier. "

" Sire, dit Metternich prenant congé sur une courbette, vous êtes un homme perdu! "

La défaite de Leipzig

Pour Napoléon, la campagne de 1813 avait commencé sous les meilleurs auspices. Le 2 mai, il battait les armées réunies des Russes et des Prussiens à Gross-Görschen, aux environs de Leipzig. Quelques semaines plus tard, nouvelle victoire à Bautzen, en Silésie. Napoléon n'avait rien perdu de son génie stratégique. Mais quelque chose faisait défaut, quelque chose avait changé. Auparavant, l'empereur savait exploiter ses victoires avec la rapidité de l'éclair. En juin, Bautzen prouva qu'il savait encore vaincre, mais aussitôt après, l'empereur signait un armistice dont il devait se repentir longtemps.

Dans la première moitié de 1813, la Prusse avait donné l'événement sensationnel en se soulevant contre Napoléon. Au mois de mars, le roi Frédéric-Guillaume s'était rangé aux côtés de la Russie, avait déclaré la guerre à la France et lancé sa célèbre proclamation : " A mon Peuple "; il l'avait fait à son corps défendant. Comme toujours, Frédéric-Guillaume était pessimiste, d'une prudence exagérée. Son peuple ne put que lui forcer la main, son peuple incarné par des hommes d'Etat comme Stein et Hardenberg, des soldats comme Gneisenau, Scharnhorst et Blücher — le " maréchal Vorwärts ", le " vieux guerrier au regard d'adolescent ", des poètes et philosophes comme Ernst Moritz Arndt. Et la jeunesse, et les étudiants qui, pleins d'un fol enthousiasme nationaliste, se présentaient en masse comme volontaires. A l'exemple des Espagnols, ils voulaient délivrer la patrie des envahisseurs, des tyrans étrangers. Ils voulaient libérer la Prusse puis l'Allemagne tout entière.

Quand Frédéric-Guillaume fit cette proclamation à son peuple, il songeait au rétablissement des frontières prussiennes d'avant 1806. La jeunesse et ses chefs se fixaient un but autrement grandiose. Leur idéal était l'unité de l'Allemagne, la création d'un nouvel empire germanique, meilleur, plus puissant, plus libre et plus démocratique. Ils avaient le sentiment de combattre pour le bien contre le mal. A présent que la haine du Français osait enfin s'exprimer, les Allemands donnèrent pour chefs à leur guerre de libération la Prusse et l'esprit prussien. Car l'enthousiasme nationaliste ne régnait pas dans toutes les contrées de l'Allemagne. Au sud et à l'ouest, les princes, admirateurs de Napoléon, s'opposaient à la résistance.

Ce qu'il y avait de neuf dans l'Allemagne de cette époque, on le devait à la Prusse. L'initiative fit boule de neige : en août, l'Autriche adhérait à la coalition; on forma trois armées contre la France : l'armée de Bohême, sous le prince *Schwarzenberg*, l'armée de Silésie sous *Blücher*, enfin l'armée du Nord, sous le prince Charles-Jean de Suède. Cette dernière était chargée de protéger Berlin. Le cercle se refermait. Sur le front européen méridional, les Anglais avaient, en juin 1813, remporté sur les Français la grande victoire de Vittoria. Les troupes de Wellington marchaient sur la frontière française. La guerre d'Espagne avait pris fin. La guerre d'Allemagne n'en avait plus pour longtemps. Napoléon fut battu à Leipzig, le 16 octobre, par les armées réunies des Alliés. Lorsque, après trois jours d'un dur combat, il donna à ses troupes l'ordre de retraite, l'empereur se savait vaincu. Cette fois, il ne lui était plus possible d'imputer sa défaite aux circonstances, au froid, à la neige et à l'incendie comme il avait pu le faire au retour de Moscou. Lui-même et ses maréchaux avaient bel et bien été vaincus par les Alliés dans cette formidable " Bataille des Nations " qui lui avait pris 60 000 ou 70 000 de ses " adolescents ". Dans cette bataille périt le général Moreau qui, selon certains, y donnait finalement sa vie pour les idéaux révolutionnaires.

En novembre, Napoléon, avec ce qui lui restait de troupes, repassait le Rhin.

C'était le début du démembrement. La Confédération du Rhin fut abolie, la Bavière et la Saxe se détachèrent de

Napoléon. Jérôme Bonaparte fut chassé de Westphalie, comme Joseph, d'Espagne. Les Hollandais se soulevèrent et Murat, roi de Naples, fit des avances à l'Autriche pour sauver son trône. Dans les derniers jours de 1813, les armées alliées entraient en France.

L'abdication de Napoléon

Le 25 janvier, Napoléon prit congé de sa femme et de son fils pour rejoindre l'armée; il ne devait jamais revoir l'impératrice ni le roi de Rome.

" Je suis toujours le même qu'à Wagram et Austerlitz ", disait alors l'empereur. Il semblait bien avoir raison. Il sut combattre comme un lion dans des circonstances pour lui toutes nouvelles car il devait maintenant défendre le sol même de la France; son énergie et sa rapidité de manœuvre furent une surprise complète pour l'adversaire. Napoléon défit Blücher, mit Schwarzenberg dans une position très difficile. Dans son angoisse et sa colère, l'Empereur montra tout ce dont la France était capable. Pourtant, ses actions baissaient de mois en mois. Vers la fin de l'année 1813, Metternich l'avait fait sonder en vue d'un traité sur la base des " frontières naturelles " de la France, le Rhin, les Alpes et les Pyrénées. Napoléon fit la sourde oreille. Au début de l'année suivante, en 1814, il fit savoir au congrès allié réuni à Chatillon qu'il acceptait la première proposition comme base des pourparlers; cette fois, les Alliés ne voulurent rien accorder de plus que les frontières de 1792. La guerre se poursuivit.

Les diplomates voulaient résoudre le problème par l'abdication de Napoléon et l'avènement de son fils sous une régence. De cette manière, on pourrait sauver la dynastie des Bonaparte. Il convenait admirablement au prince de Metternich que le petit-fils de son empereur montât sur le trône de France, surtout si sa mère était régente.

Par contre, les pensées de Lord Castlereagh s'envolaient vers un château anglais, Hartwell, et vers son locataire : le duc *de Provence*[1], frère aîné de Louis XVI et futur

[1] Louis XVI et Marie-Antoinette avaient eu un fils, né en 1781, qui fut enfermé au Temple avec ses parents en 1892; après la mort de Louis XVI, les royalistes le proclamèrent roi sous le nom de Louis XVII. Malgré l'énorme littérature consacrée jusqu'à nos jours à l'" énigme du Temple ", on reste dans l'incertitude quant au sort exact de l'enfant.

Louis XVIII. Le prince avait pu échapper au Paris de la Révolution et vivait depuis lors en exil, sans argent ni pouvoir mais toujours prétendant au trône. Lord Castlereagh n'avait que peu d'estime pour la France et les Français, qu'il assimilait à des brigands. Il n'en fallait pas moins s'occuper d'eux et régler leurs affaires. Le ministre britannique préférait jouer la carte de la sécurité en adoptant le point de vue légitimiste; il mit donc la restauration des Bourbons à son programme, et le duc de Provence devint son candidat.

Mais le tsar Alexandre Ier avait également son mot à dire. Or, le retour des Bourbons ne lui plaisait guère. Il ne pouvait les souffrir, eux qui s'appuyaient sur de vieilles traditions que le tsar jugeait irritantes. Alexandre avait par conséquent lui aussi son protégé : le prince-héritier de Suède, Charles-Jean, qui sans prendre part à l'invasion de la France, son ancienne patrie, avait, de Leipzig, conduit son armée en direction du nord-ouest, attaqué le Danemark et arraché ce pays à la Norvège.

A ce premier stade déjà, avant même la défaite de Napoléon, l'Alliance semblait divisée par une controverse opposant d'une part la Russie et d'autre part l'Angleterre et l'Autriche; cette divergence de vues allait revêtir une grande importance. Castlereagh et Metternich ne souhaitaient nullement l'hégémonie russe en Europe centrale. Ils n'avaient pas combattu Napoléon pour en arriver là.

Mais aussi longtemps que l'empereur des Français n'avait pas mordu la poussière, il fallait à toute force maintenir la coalition debout. Au début de mars 1814, le traité de Chaumont vint lier la Prusse, la Russie, la Grande-Bretagne et l'Autriche pour vingt ans encore après la fin des hostilités. La guerre se poursuivrait jusqu'à la réalisation des objectifs communs, et les quatre puissances ne cesseraient de collaborer, une fois la paix conclue.

Paris tomba. Pendant la dernière semaine de mars 1814, les Alliés poussèrent vers la capitale, défendue par l'un des plus vieux frères d'armes de Napoléon, le maréchal Marmont. Le 29 mars, l'impératrice Marie-Louise quittait la ville avec son fils; le 30, le maréchal Blücher occupait Montmartre. Le lendemain, les Alliés faisaient leur entrée dans Paris, le tsar à leur tête.

En ce jour glorieux, Alexandre a dû penser aux défaites de 1812, à Moscou en flammes. Il fêtait maintenant son plus grand triomphe, touchait au but de la longue marche commencée dans les profondeurs de la plaine russe. Alexandre s'en fut voir son ami Talleyrand, lui dit son intention de loger sous son toit et conclut ainsi : " Vous avez ma confiance et celle de mes alliés. Vous connaissez la France, ses besoins et ses désirs. Dites-nous ce que nous devons faire. " Le 31 mars 1814, fut donc également jour de triomphe pour monsieur de Talleyrand. Les maréchaux, cette fois, renonçaient. Ils avaient lutté pour Lisbonne, Madrid, Rome, Milan, Turin, Venise, Berne, Munich, Naples, Berlin, Dresde, Varsovie, Le Caire, Jérusalem et Moscou, " pour finir par se battre devant les murs de leur propre capitale ". C'en était trop. Les maréchaux déposèrent les armes. A Fontainebleau où Napoléon avait son Quartier général, on apprit que Marmont avait trahi et placé ses troupes à la disposition du prince de Schwarzenberg, ce qui devait le faire surnommer " Judas " pour le reste de ses jours. Les autres maréchaux déclarèrent à l'empereur que l'armée ne voulait plus marcher. Une seule issue restait possible : la capitulation. Le 11 avril, Napoléon signait l'abandon de son trône. L'acte d'abdication était ainsi rédigé : " Les Puissances ayant affirmé que l'empereur Napoléon est le seul obstacle au rétablissement de la paix en Europe, l'empereur Napoléon, fidèle à son serment, déclare renoncer pour lui et pour son fils aux trônes de France et d'Italie, et ajoute qu'il n'est aucun sacrifice, y compris celui de sa propre vie, auquel il ne veuille consentir dans l'intérêt de la France. "

Les Alliés décidèrent de laisser à Napoléon le titre impérial; il deviendrait souverain de l'île d'Elbe et toucherait un subside annuel de deux millions de francs. Marie-Louise recevrait le duché de Parme. Le 20 avril, Napoléon fit ses adieux à la Vieille Garde et embrassa son drapeau. Puis, il monta en voiture. Le voyage pour l'île d'Elbe était commencé. Napoléon trouva son île fort belle mais fort petite. Il y a peu de choses à dire de son séjour. L'empereur se mit très rapidement au fait des problèmes locaux et gouverna sa petite principauté avec beaucoup de sagesse. Il organisait des parades régulières pour les 1 200 soldats qu'on avait bien voulu lui laisser et, par ailleurs, s'ennuyait mortellement.

Le roi Louis XVIII et le premier traité de Paris

Un gouvernement provisoire fut mis en place dès les premiers jours de l'occupation alliée. Talleyrand se trouvait à sa tête. Sa première mesure fut d'envoyer quelques sous-ordres au Louvre pour y retirer des archives impériales toutes les pièces compromettantes pour leur maître.

Talleyrand provoqua le décret sénatorial qui, au début d'avril, rappelait *Louis XVIII* sur le trône. Il s'en fut accueillir le roi à son retour d'Angleterre, quelques semaines plus tard. Ce fut encore Talleyrand — placé aux Affaires étrangères dans le premier ministère de Louis XVIII — qui mena brillamment les négociations avec les Alliés. Le résultat en fut le premier traité de Paris daté du 30 mai 1814.

Les historiens anglais ont l'habitude d'insister sur la grande indulgence des conditions faites aux vaincus. Ils n'ont certes pas tort. L'honneur de cette belle attitude revient en premier lieu à Lord Castlereagh. A cette époque, le ministre anglais écrivait à son ami Lord Liverpool quelques lignes qu'il serait dommage de ne pas citer : " Notre tâche n'est pas de rassembler des trophées mais de ramener le monde à ses habitudes pacifiques. "

Le traité de paix replaçait la France dans ses frontières de 1792 mais y ajoutait quelques territoires dont la Sarre et une partie de la Savoie. La France approuvait l'union de la Belgique et de la Hollande; elle n'aurait pas à verser de réparations; mieux encore, elle pourrait garder les grands trésors artistiques dont les Français s'étaient emparés pendant la guerre. La France retrouverait l'essentiel des colonies perdues au cours des hostilités. Lord Castlereagh renonçait fort élégamment à de nombreuses acquisitions anglaises, ne gardant pour son pays que Malte, le cap de Bonne Espérance, Ceylan et quelques îles françaises, dont l'île Maurice dans l'océan Indien.

Ainsi débutait le règne de Louis XVIII. Le roi avait environ soixante ans. Très gros, il souffrait cruellement de la goutte et de l'asthme, mais n'abandonnait jamais cette parfaite dignité qu'il jugeait convenir à sa haute position. Le roi n'était pas sans talents; son premier ministre des Affaires étrangères, juge difficile s'il en fut, louait fort l'intelligence de sa conversation. La propre conversation de Talleyrand, lorsque le roi le recevait en audience, était claire, sans aucune équivoque. Le ministre insistait sur la nécessité, pour la monarchie restaurée, de s'adapter aux nouvelles traditions établies par la République et l'Empire. De toute évidence, il ne pouvait être question d'un retour au système politique de 1789 et aux principes de l'Ancien Régime. Le monarque devait s'adapter à des idées plus libérales, donner au pays une constitution sur le modèle anglais, faire montre de souplesse et de modération. Louis était prêt, quoique sans grand enthousiasme, à suivre ces conseils. La France obtint donc sa " Charte constitution-nelle ", couramment appelée " la Charte ", qui prévoyait une représentation nationale composée de deux Chambres.

Le Congrès de Vienne

Le traité conclu à Paris le 30 mai 1814 prévoyait la réunion d'un grand congrès à Vienne pour trancher les épineux problèmes que posait à l'Europe la liquidation de l'Empire napoléonien. L'empereur d'Autriche devait offrir l'hospitalité au Congrès et son ministre des Affaires étrangères remplir les fonctions de président. Le prince de Metternich reçut ainsi l'outil dont il allait forger sa gloire future.

Ce fut un très brillant spectacle, bien propre à inspirer le " mot " célèbre : " Le Congrès s'amuse mais n'avance pas! " Tout ce que l'Europe comptait de grands personnages parut à Vienne en septembre 1814. A la Hofburg, l'empereur François recevait un autre empereur, quatre rois et une foule de princes. Toutes ces Majestés et Altesses amenaient évidemment avec eux conseillers et gentilshommes, domes-tiques et cochers, chevaux et grands équipages. Au château, on dînait chaque soir à quarante tables. François Ier, peu enclin aux joies de la vie mondaine et moins encore aux dépenses inconsidérées, voyait tout ce faste avec une certaine inquiétude. Son souci était d'ailleurs parfaitement justifié. Lorsque le rideau tomba sur les splendeurs du Congrès, les caisses de l'Etat autrichien y avaient laissé des millions.

Si l'empereur se préoccupait de son argent, Metternich, lui, fut l'âme des réjouissances. Le prince avait donné l'ordre d'amuser les délégations étrangères à n'importe quel prix. Le Congrès allait donc se dérouler dans une suite ininterrompue de festivités, un tourbillon de banquets, bals, réceptions, concerts, représentations théâtrales, parties de chasse et de traîneau dans le Wienerwald. Le tsar Alexandre chassait comme les autres, mais courait moins souvent le cerf que le guilledou. Ce fut l'occasion de quelques conflits avec son hôte Metternich, tout aussi chaud admirateur du beau sexe : les heurts de cette sorte ne contribuaient que médiocrement à la sympathie mutuelle. De nombreux autres participants suivirent l'exemple du tsar et du prince. D'où l'atmosphère lourde d'intrigues amoureuses aussi bien que politiques. Le tsar de toutes les Russies avait à ses côtés son ministre des Affaires étrangères et plusieurs autres grands dignitaires de sa cour. Alexandre n'en prétendait pas moins être son propre négociateur et il agit en conséquence. Cet homme bourré de contradictions fut à Vienne plus compliqué et plus énigmatique que jamais encore. Son attention se concentrait avant tout sur un pays bien particulier, la Pologne. Vers la fin du XVIIIe siècle, ce pays avait été partagé de façon scandaleuse entre la Russie, l'Autriche et la Prusse. Alexandre semblait disposé à rendre aux Polonais leur Etat après en avoir à nouveau réuni les trois parties. En cela, il faisait mine d'être investi d'une mission divine, mais on peut dire aussi qu'il ne pensait qu'à faire de la Pologne un Etat vassal de la Russie, pour étendre sa sphère d'influence en Europe. Talleyrand disait que la Russie, en réunifiant la Pologne, ne désirait nullement perdre ce qu'elle avait jusque-là conquis du territoire polonais, mais qu'elle voulait faire revivre la Pologne afin d'obtenir ce qu'elle n'avait pas conquis.

Aux côtés du tsar se tenait son fidèle ami le roi Frédéric-Guillaume de Prusse, qui s'était fait accompagner à Vienne par le prince de Hardenberg (tandis que le baron Stein servait de conseiller au tsar dans les affaires allemandes). Frédéric-Guillaume était tout disposé à suivre Alexandre dans la question polonaise, à condition, ainsi que le lui conseillait Hardenberg, d'obtenir une compensation raisonnable. La Saxe, toute la Saxe, ferait bien l'affaire. Le roi de ce pays avait été jusqu'à la fin un fidèle partisan de Napoléon; n'avait-il pas ainsi renoncé par avance à son droit au trône? C'était selon Hardenberg l'occasion pour la Prusse de prendre en main la direction de l'Allemagne et de se faire valoir au rang de grande puissance.

Les intérêts autrichiens étaient évidemment représentés par le prince de Metternich. Lequel avait maintes raisons de ne pas aimer Alexandre; la moindre n'était pas les projets russes en Pologne que l'Autriche voyait avec une véritable répugnance. Metternich ne songeait pas un instant à sacrifier ce que l'Autriche avait obtenu par les partages de la Pologne, fût-ce contre des compensations du côté de l'Italie. Durant le cauchemar des guerres napoléoniennes, son seul but avait été de restaurer l'ordre et la paix et de créer un équilibre entre les puissances européennes. La restauration d'une Pologne dirigée par la Russie compromettait cet équilibre. Il en serait de même pour l'annexion de la Saxe à la Prusse, d'autant plus qu'on savait maintenant que Frédéric-Guillaume n'était guère qu'une marionnette entre les mains d'Alexandre. Le prince de Metternich était bien résolu à contrecarrer les projets du tsar.

Les intérêts de l'Angleterre étaient représentés au Congrès par Lord Castlereagh jusqu'à ce qu'il fût, en février 1815, remplacé par le duc de Wellington. Les objectifs du ministre anglais étaient clairs et simples : il désirait uniquement sauvegarder et défendre contre de nouvelles attaques la suprématie navale de l'Angleterre. Pour cela, il ne lui fallait rien d'autre que la paix et l'équilibre des nations. Castlereagh n'exigeait pas le moindre gain de territoire, tout au moins pas sur le continent. Il n'exigeait rien sinon de voir les autres puissances, les Alliés surtout, collaborer honnêtement à la ligne adoptée par le Congrès et assurer ainsi l'avenir de l'Europe. Le Royaume-Uni, disait Castlereagh, ne désirait rien gagner mais il avait beaucoup à perdre. Ce qui impliquait la politique conservatrice de l'équilibre européen.

Pour Castlereagh, il fallait agir de façon telle que la France ne pût venir encore bouleverser l'Europe. Sur ce point il avait, en mars de cette année, obtenu à Chaumont ce qu'il désirait. Mais il s'aperçut bientôt que d'autres puissances au sein même de la coalition mettaient déjà en péril, par leurs visées expansionnistes, le grand édifice pacifique dont il rêvait. La première de ces puissances était la Russie. Si l'on voulait assurer la paix européenne, on ne pouvait aider la Russie à jouer un rôle prédominant en Europe. Force était donc à Lord Castlereagh de s'opposer aux projets du tsar en Pologne.

Pour le représentant de la France au Congrès, c'était une occasion à ne pas manquer. Talleyrand parut à Vienne avec une jeune parente, l'adorable comtesse *de Périgord*, les plus beaux yeux de toute la France; elle sut aussi les faire admirer dans les salons viennois. Monsieur de Talleyrand allait bientôt se réjouir d'avoir emmené compagne si " utile ".

Talleyrand voulait tout d'abord faire reconnaître la France comme une puissance de premier rang, siégeant aux côtés des quatre vainqueurs et votant aux délibérations; il y parvint par un gambit d'ouverture absolument magistral. En second lieu, Talleyrand souhaitait rétablir la paix. La France, répétait-il, avec une ardente conviction, était fort satisfaite de ce qu'elle avait pu garder. Elle ne désirait plus maintenant que cultiver son jardin et vaquer à ses propres affaires. Pour que cela fût possible, il fallait contenir l'expansionnisme russe et le nationalisme arrogant des Prussiens. Castlereagh et Metternich étaient arrivés aux mêmes conclusions, à peu de chose près. Talleyrand s'empressa d'entreprendre ses deux collègues, et il apparut que le trio se comprenait à merveille.

Au début de l'année suivante, il semblait bien qu'au lieu d'une paix durable, le Congrès de Vienne allait provoquer une nouvelle guerre, cette fois entre les anciens Alliés. Aussi Talleyrand proposa-t-il un traité secret entre la France, la Grande-Bretagne et l'Autriche. D'après cet accord, les trois puissances s'aideraient mutuellement si l'une d'elles " avait à subir quelque attaque suite aux propositions pour le prolongement du traité de Paris, propositions auxquelles toutes trois ont souscrit ". L'accord fut signé le 3 janvier 1815.

Talleyrand triomphait à nouveau! " La coalition est brisée. La France n'est plus isolée en Europe! "

Cette nouvelle retentissante allait évidemment s'ébruiter rapidement. La Russie et la Prusse amorcèrent une courbe rentrante. En février, toutes deux étaient prêtes à régler le problème. L'accord démembrait de la façon suivante le duché de Varsovie créé par Napoléon : l'Autriche recevait la Galicie et la Prusse s'octroyait Posen; le reste du territoire devenait un royaume de Pologne nanti de sa propre constitution et représentation nationale (" la Pologne du Congrès "). Toutefois le nouvel Etat aurait le tsar pour chef et ne pourrait mener de politique étrangère indépendante.

La Prusse reçut une grande partie de la Saxe — dont les autres régions continuaient à former un royaume indépendant — et le plus gros de la Rhénanie. Cette dernière acquisition était fort importante; " par la pénétration en Allemagne occidentale, la Prusse entrait dans la plus vieille et la meilleure des Allemagnes. " Castlereagh ne voyait aucun inconvénient à ce que la Prusse reçût la Rhénanie; cela ne pouvait que renforcer la barrière dressée par l'Anglais devant une France toujours suspecte à ses yeux. L'Autriche n'avait pourtant pas les mêmes raisons de se réjouir : ces gains de territoire allaient offrir à la Prusse une position prédominante en Allemagne.

En outre, le Congrès décréta la cession à l'Autriche de Venise et de la Dalmatie, rétablit pour ainsi dire tous les anciens Etats d'Italie et réunit en un royaume unitaire la Belgique et la Hollande. Le prudent Castlereagh accordait une énorme importance à ce dernier point, l'embouchure de l'Escaut ne devant point retomber aux mains des Français.

L'accord finit également par se faire sur la question allemande. Il fut décidé de ne pas relever le Saint-Empire romain de la Nation germanique, mais non pour établir à sa place l'Etat allemand unifié dont rêvaient les réformateurs prussiens. Après de longs débats, le principe d'une confédération allemande assez lâche fut admis. Elle se composerait de 38 états souverains; les questions communes seraient traitées par une Diète siégeant à Francfort-sur-le-Main, sous la présidence de l'Autriche.

Les rêves du baron de Stein et d'Ernst Moritz Arndt ne se réalisaient donc pas. On laissait passer l'occasion de créer une Confédération germanique basée sur des idées libérales de civilisation et d'humanité.

Au moment où le Congrès de Vienne votait ces résolutions, l'Europe était une fois de plus jetée dans la guerre.

Les Cent Jours et Waterloo

Le 7 mars 1815, vers six heures du matin, Metternich avait été réveillé par un courrier venant d'Italie. L'homme apportait un message du consul autrichien à Gênes : Napoléon avait quitté l'île d'Elbe.

Dans les derniers jours de février, l'empereur était parvenu à s'embarquer subrepticement avec ses 1 200 hommes de troupe. Il débarqua sur la côte française, non loin de Cannes.

En France l'autorité royale se disloqua lamentablement. Les titres successifs du journal officiel, le *Moniteur*, en reflètent l'image :

L'ogre de Corse vient de débarquer au golfe Juan.

Le tigre est arrivé à Gap.

Le monstre a couché à Grenoble.

Le tyran a traversé Lyon.

L'usurpateur est à quarante lieues de la capitale.

Bonaparte avance à grands pas, mais il n'entrera jamais à Paris.

Napoléon sera demain sous nos remparts.

L'Empereur est arrivé à Fontainebleau.

Sa Majesté impériale a fait son entrée hier au château des Tuileries, au milieu de ses fidèles sujets...

Mais les puissances alliées n'étaient nullement disposées à permettre le rétablissement du pouvoir de Napoléon.

Le 13, le Congrès de Vienne avait proclamé Napoléon Bonaparte hors la loi parce que perturbateur de la paix européenne. Le 18 mars, était reconduite la coalition que Talleyrand avait fait éclater par sa proposition du 3 janvier. La plupart des nations jurèrent solennellement de ne déposer les armes qu'une fois l'ennemi de l'Europe hors d'état de nuire. Le 19 mars, par une soirée pluvieuse et froide, Louis XVIII, toujours digne malgré l'épreuve, montait lourdement dans une berline qui attendait devant une des entrées latérales des Tuileries. Il se rendait à Gand. Le roi retournait dans cet exil qu'il détestait tant. Le 22 mars, Wellington écrivait de Vienne : " Je pars pour les Pays-Bas où je vais prendre le commandement de notre armée. "

Napoléon avait repris son trône sans coup férir, sans qu'il en coûtât une seule vie humaine. Il était revenu, disait-il, pour délivrer la France des émigrés et mettre fin à leurs menées réactionnaires. Il voulait assurer la paix ; ce disant, il s'adressait, bien sûr, aux nations dont les représentants étaient toujours à Vienne. Napoléon comptait se mettre au service de la paix et de la liberté.

Il fit établir une constitution libérale et forma un nouveau gouvernement où plusieurs vétérans de la Révolution eurent leur place, entre autres Carnot, " l'organisateur de la victoire ", et Fouché, soudain réapparu après une longue disgrâce. Fouché redevint ministre de la Police car Napoléon croyait bien ne pouvoir se passer de lui. Fouché exploita tout aussitôt sa position pour intriguer auprès de tous ceux avec qui il entrait en contact : " Il tâchait d'effrayer l'empereur, écrivit un de ses contemporains, il flattait les républicains, calmait la France, clignait de l'œil à l'Europe, souriait à Louis XVIII et faisait des gestes très significatifs à l'adresse de Talleyrand. " Enfin, Napoléon mit sur pied une nouvelle armée.

Goethe considérait la mise hors la loi de Napoléon comme un simple geste de propagande. En quoi il se trompait. Devant l'Ogre revenu, l'Europe ne formait plus maintenant qu'une seule puissance. Quand monsieur de Talleyrand dit que l'Histoire n'avait jamais rien connu de pareil à cette nouvelle agression napoléonienne contre l'humanité, il n'était pas loin d'exprimer la pensée de tous. Une fois de plus, des armées étrangères se mirent en marche vers les frontières françaises. En Belgique, Wellington rassemblait une armée devant protéger Bruxelles et, de Prusse, Blücher faisait mouvement pour le rejoindre. Napoléon s'avançait à leur rencontre dans l'intention de les battre séparément. Le célèbre uniforme gris apparaissait à nouveau sur le champ de bataille.

Le 16 juin 1815, à Ligny, Napoléon battit le maréchal Blücher, mais sans pouvoir l'anéantir; puis il marcha contre Wellington, installé sur quelques collines de Mont-Saint-Jean près de Waterloo, aux environs de Bruxelles. L'empereur supposait bien que Blücher accourrait à marches forcées au secours de son allié anglais. Il savait aussi que pour remporter la victoire finale, il lui fallait battre Wellington avant l'arrivée de Blücher. Le matin du 18 juin, Napoléon inspecta ses troupes qui le saluèrent d'une immense ovation. A midi, il ordonnait l'assaut. Mais lorsque Blücher parvint sur le champ de bataille, Napoléon n'avait encore pu mettre en fuite Wellington et ses habits rouges. Les Anglais avaient repoussé coup sur coup plusieurs charges de la cavalerie française. Rarement bataille fut aussi acharnée et aussi incertaine! Le facteur décisif en fut l'épuisement des Français devant l'opiniâtre résistance britannique. Avec l'arrivée de Blücher, c'en fut trop. A la tombée de la nuit, l'armée française commençait à se désintégrer. On vit le maréchal *Ney* barrer la route aux fuyards, les adjurer de reprendre leur formation de combat. On vit l'empereur partir à pied avec la Garde, le visage sombre, sans un mot. Sa dernière armée était défaite, dispersée, son artillerie perdue. C'était la fin.

Le 22 juin, Napoléon signait à Paris sa seconde abdication. L' " empire des Cent Jours " avait vécu. Le vaincu se retira à la Malmaison, le château où il avait vécu ses plus belles années avec Joséphine, maintenant décédée depuis un an déjà. Il y prit congé de ses derniers amis et de la France. Puis il partit pour la côte atlantique où il comptait s'embarquer pour le Nouveau Monde. Des vaisseaux de la Royal Navy lui barrèrent la route. Napoléon résolut alors de se rendre aux Anglais, dont il connaissait la magnanimité. Peut-être lui permettraient-ils de finir ses jours comme gentilhomme campagnard, sous un faux nom, quelque part en Angleterre?

A la mi-juin 1815, Napoléon se mit à la disposition de la Grande-Bretagne. Au début d'août, le navire de ligne *Northumberland* prenait la mer avec à son bord l'ancien empereur des Français, à destination de Sainte-Hélène. Napoléon n'avait pas quarante-six ans.

Le deuxième traité de Paris

Louis XVIII revint donc en France, refit une nouvelle entrée à Paris mais cette fois sans susciter le moindre enthousiasme populaire. Un nouveau gouvernement fut formé avec, à sa tête, le duc de Talleyrand et au ministère de la Police, l'éternel Fouché. Lequel se vit enjoindre d'établir les listes de proscription; Fouché s'acquitta de cette tâche avec une belle promptitude. Beaucoup pensaient d'ailleurs que le nom du ministre eût mieux fait en tête de la liste que ceux de Ney et de Carnot. Sa désagréable mission accomplie, Fouché cessait d'être utile. A l'automne 1815, il fut envoyé à Dresde comme ambassadeur de France. Puis la représentation nationale française sortit un décret exilant à vie tous les " régicides ayant occupé de hautes fonctions pendant les Cent Jours ". Ce fut la fin de Fouché. Il dut quitter Dresde, chercher refuge en Autriche et partir mourir à Trieste en 1820.

Monsieur de Talleyrand reçut aussi son congé. En septembre 1815, il dut résilier ses fonctions; Louis XVIII qui le considérait comme l'un des assassins du duc d'Enghien, croyait enfin pouvoir se passer de lui. Son poste passa au duc *de Richelieu*, homme sage et fort intelligent, qui avait vécu longtemps en exil sur le territoire russe.

Richelieu devait représenter son pays aux négociations finales qui amenèrent, en novembre 1815, le deuxième traité de Paris. Le duc trouva les représentants alliés raisonnables et prêts aux concessions.

Castlereagh jugeait impensable de détruire la France et cela pour deux raisons : la France était nécessaire pour contrebalancer l'influence russe et trop de dureté dans la politique alliée pouvait pousser les Français à faire une nouvelle révolution. Cela Castlereagh et ses collègues voulaient l'éviter à tout prix. L'Anglais savait fort bien que les révolutions sont des phénomènes contagieux et mieux encore toutes les chances que l'Angleterre de son temps offrait à un éventuel mouvement révolutionnaire.

La paix fut une nouvelle fois favorable à la France, mais dans une mesure moindre qu'en 1814. La France serait désormais réduite à ses frontières de 1789, ce qui signifiait notamment la perte de la Sarre, annexée à la Prusse. La France payerait des dommages de guerre d'un montant de sept cent millions de francs ; elle avait à restituer les trésors d'art enlevés par les armées de la République et de l'Empire. En outre, une armée alliée forte de 150 000 hommes occuperait pendant cinq ans le Nord du pays.

Le 3 juin 1815, quelques jours avant la bataille de Waterloo, le Congrès de Vienne avait publié son acte final qui résumait les différents accords conclus au long des débats. Cet acte allait être pour longtemps la base du nouveau droit des gens devant assurer l'ordre européen.

En complément au deuxième traité de Paris fut signé, au siège de l'ambassade britannique dans la capitale française, un protocole au traité de Chaumont de mars 1814, au terme duquel était constituée une Quadruple-Alliance entre l'Angleterre, la Prusse, la Russie et l'Autriche. La clause la plus importante prévoyait que les représentants des puissances signataires se réuniraient périodiquement pour discuter des mesures à prendre en faveur de l'ordre, de la paix et du bien des peuples. De cette façon fut introduit en Europe le système des conférences internationales, idée louable en soi, mais qui s'avérerait bientôt, pour cette époque et combien de générations futures, d'un rapport assez décevant !

Alexandre Ier proposa aux princes chrétiens un pacte

rédigé par lui-même, selon lequel les rapports entre souverains seraient désormais réglés par " les hautes vérités présentes dans la doctrine de Notre Sauveur ". Les princes chrétiens formeraient dorénavant une confrérie; eux-mêmes et leurs peuples se conduiraient en dignes membres de la communauté chrétienne. Le terme de Sainte-Alliance était donc tout désigné. L'empereur d'Autriche et le roi de Prusse y apposèrent leur signature. D'autres souverains se contentèrent d'une adhésion de principe. L'idée grandiose du pieux Alexandre fut très diversement commentée. Goethe déclarait que l'Europe n'avait encore jamais connu d'idée aussi bienfaisante pour l'humanité. Castlereagh, au contraire, y vit l'occasion de rappeler que la santé mentale du tsar n'était pas des meilleures; à son avis, le pacte était un mélange de mysticisme et de stupidité. Talleyrand était du même avis, ainsi que Metternich. Ce dernier prétendit tout d'abord que la Sainte-Alliance n'était qu'un " néant sonore ". Puis, il revint fort opportunément sur sa première position. Car l'Alliance lui offrait un merveilleux appui dans sa lutte contre les tendances libérales et radicales du temps. En fait, c'était sur ce point que l'idée du tsar allait prendre son sens véritable, connaître sa plus grande signification.

Un radical de l'époque disait, non sans raison, que Waterloo avait vu la défaite du despotisme militaire devant le despotisme féodal.

Napoléon à Sainte-Hélène

Lorsque Napoléon, prisonnier à Sainte-Hélène, apprit les clauses du deuxième traité signé dans son ancienne capitale, il en fut très étonné. L'ex-empereur ne pouvait comprendre cet accord et moins encore Lord Castlereagh. Pourquoi donc le ministre britannique des Affaires étrangères n'avait-il pas exigé plus, infiniment plus? C'était peut-être parce que l'Angleterre touchait à ce but auquel William Pitt le Jeune avait consacré toute sa vie. Les Anglais pouvaient se permettre d'être généreux; de plus, ils savaient que cette magnanimité serait, dans l'avenir, un très bon investissement. Lorsque les aigles napoléoniennes eurent enfin les serres coupées, la Grande-Bretagne possédait le plus puissant empire du monde. Les principes directeurs de la politique anglaise étaient nettement établis : équilibre européen et maîtrise des mers.

La Grande-Bretagne voulait faire sa politique et son commerce à l'échelle mondiale. Elle voulait, comme le dit si bien son hymne national, " régner sur les vagues ". Le succès fut tel que pendant tout un siècle aucune autre puissance n'allait oser mettre en question sa suprématie navale.

En ces jours-là, si Napoléon accordait quelques pensées au surprenant pacifisme de Lord Castlereagh, il s'occupait bien plus de ce qui s'était passé avant la conclusion de la paix. A Sainte-Hélène, Napoléon Bonaparte fait un retour sur sa propre histoire. Pendant des heures, il dicte à ses compagnons d'exil souvenirs et commentaires; des jours durant, il raconte le passé. Ainsi naît le *Mémorial de Sainte-Hélène*; l'ouvrage est composé en partie sous la dictée directe de Napoléon, ces éléments sont eux-mêmes complétés par des notes tendancieuses de ses derniers collaborateurs, tout spécialement le marquis de *Las Cases*.

Publiés en 1828, ces mémoires et ces notes furent le dernier grand triomphe de l'empereur. Rien n'a mieux contribué à son éternel souvenir, à faire revivre pour la postérité l'enthousiasme qui habitait les grognards de Marengo et d'Austerlitz, et le peuple français sous le Consulat. Le *Mémorial* a créé la légende de Napoléon qui allait devenir un facteur important dans l'histoire du XIXe siècle.

On a beaucoup écrit sur les souffrances et les humiliations de l'empereur, que ses gardiens de Sainte-Hélène, pour son plus grand déplaisir, n'appelaient jamais autrement que " général Bonaparte ". Certes, il faut attribuer certains récits sur ce long " martyre " au grand talent que la victime mettait au service de sa propagande. Il n'en reste pas moins que les dernières scènes de sa vie furent indéniablement tragiques. Son biographe anglais, *Lord Rosebery*, considère la résidence de Napoléon à Sainte-Hélène comme une vaste " étable ". Son gardien, Sir *Hudson Lowe*, homme de peu d'esprit, inculte et mesquin, vivait dans la perpétuelle angoisse d'une évasion. Selon Rosebery, Lowe n'était vraiment pas un gentleman. Napoléon ne pouvait ouvrir une fenêtre sans apercevoir une sentinelle en armes, ni recevoir une lettre qui ne fût censurée par le gouverneur. L'empereur n'était plus qu'un prisonnier et l'on ne se faisait point faute de le traiter comme tel.

Les notes du général *Bertrand* jettent une lumière

nouvelle sur les derniers mois de janvier à mai 1821. Bertrand compte parmi les quelques fidèles qui n'ont jamais voulu abandonner leur empereur. Son journal laisse entendre que Napoléon était un homme brisé par la maladie. Il souffrait beaucoup de l'estomac et de brusques accès de fièvre, il avait grand peine à manger et ne pouvait garder un repas. L'entourage et Napoléon lui-même savaient pertinemment que la fin était proche.

" Je veux ce que veulent les Français ", dit Napoléon au printemps de cette année 1821 qui allait voir sa mort. En une autre occasion, Bertrand nota ces paroles : " Dans cinq cents ans, les Français ne rêveront que de moi. Ils ne parleront plus que de nos éclatantes victoires. Malheur alors à celui qui dira du mal de moi. Quand je lis aujourd'hui le récit de ces campagnes, je suis profondément ému. A cette lecture, un Français ne peut que se sentir un héros. "

Napoléon mourut le 8 mai 1821, probablement d'un cancer à l'estomac. Il fut enterré à Sainte-Hélène. Sur son cercueil, on déposa l'habit qu'il portait à Marengo.

INDEX

Un index général de tous les volumes de l'Histoire Universelle sera publié en même temps que le dernier tome.

TABLE DES MATIERES

Achevé d'imprimer sur les presses de **Scorpion**,
à Verviers, pour le compte des nouvelles éditions **Marabout**.
D. octobre 1983/0099/176
ISBN 2-501-00460-4

marabout université

Les grandes disciplines du Savoir

Anthologies

Biographies

Histoire

Sexologie et psychologie

(voir aussi à Marabout Service : Psychologie, Education et Sexualité)

Dictionnaires

Encyclopédies

marabout service

L'utile, le pratique, l'agréable

Astrologie, Prédictions, Esotérisme

Gastronomie

Maison, jardin, animaux familiers, bricolage

Nature

Psychologie

Education

Sexualité

Santé

Série Jeux Sport Cérébral MARABOUT-KEESING

Dictionnaires/para-scolaire

Vie quotidienne